EUROPAVERLAG

Raymond Unger

Die Heldenreise des Bürgers

Vom Untertan zum Souverän

EUROPAVERLAG

»Versuchen Sie nicht, die bestehenden staatlichen Verhältnisse zu ändern, ehe Sie Ordnung in Ihre eigenen Erfahrungen gebracht haben. Ein bisschen Demut kann Ihnen nämlich nicht schaden. Wenn Sie nicht einmal in Ihren eigenen vier Wänden Frieden schaffen können, wie kommen Sie dann darauf, Sie könnten eine Stadt regieren?«

– Jordan B. Peterson (Beyond Order, 2021)

»Die Demokratie ist eine voraussetzungsreiche Staatsform. Sie bedarf des gebildeten Staatsbürgers. Und wenn dieser nicht gebildet, sondern indoktriniert ist, ist sie eine Hölle.«

– Matthias Burchardt (B&B Folge 42, 2022)

Inhalt

Vorwort 11

Kapitel I – Die Krise 17

Politikkrise 17
- Wiedergutmacher 17
- Bürgerbeschimpfung 23
- An die Wand 28
- Goldregen 35

Coronakrise 42
- Hexenjagd 42
- Elefantenherde 50
- Nebenwirkungen 59
- Unerwartet 72

Ukrainekrise 82
- Einfache Sache 82
- Souveräne Ukraine 97
- Total gut? – Ukraine 103
- Total böse? – Russland 117

Kapitel II – Die Reise ... 137

Vorbereitung ... 137
- Haus aufräumen ... 137
- Monomythos ... 142
- Zwei Seelen ... 148
- Einladung ... 153

Abenteuer ... 155
- 1. Station – Das karge Land ... 155
- 2. Station – Der Bote ... 160
- 3. Station – Der Ruf ... 162
- 4. Station – Die Weigerung ... 168
- 5. Station – Der Aufbruch ... 171
- 6. Station – Der Drache ... 174
- 7. Station – Die Initiation ... 179
- 8. Station – Die Feinde ... 184
- 9. Station – Das Verlassen der Eltern ... 187
- 10. Station – Der Rückweg ... 190
- 11. Station – Der Dienst ... 193

Kapitel III – Die Wandlung ... 199

Weltbilder ... 199
- Materialismus ... 199
- Grüne Ideologie ... 204
- Philanthrokapitalismus ... 212
- Technokratie ... 221
- Abschaffung der Seele ... 227
- Transhumanismus ... 234

Medien 243
Diskurshoheit 243
Spätes Erwachen 247
Freie Publizisten 257

Psychologie 263
Massenbildung 263
Viktor E. Frankl 274
Kollektivschuld 280
Einzigartig verantwortlich 287

Kapitel IV – Die Verantwortung 298

Schöpferkraft 298
Weg des Künstlers 298
Kunst und Gesellschaft 305
Kunst = Mensch 316
Beuys vs. Warhol 322

Drachenschwerter 330
Schatten 330
Schreiben 335
Malen 339
Schild 343

Scheinkämpfe 347
Intellektualisierung 347
Vermeidung 354
Regression 359

Kapitel V – Das Bekenntnis 368

Der Zauberlehrling 368
Der megatechnische Pharao 376
Das Schöpferische 381

Anmerkungen 387

Bibliografie Corona 387
Bibliografie allgemein 388
Endnoten 393

Vorwort

Die Idee zu diesem Buch entstand im März 2022, nach einem Interview mit dem Kommunikationswissenschaftler der Ludwig-Maximilians-Universität München, Prof. Dr. Michael Meyen. Ende 2021 hatte ich mit Meyen über seinen *Spiegel*-Bestseller *Die Propaganda Matrix* korrespondiert, dem ich in *Das Impfbuch*[1] einigen Raum gab. Im Vorgespräch zum Interview stellte Meyen mir gegenüber klar, dass es ihm um eine Unterhaltung über meine *gesamte* Arbeit gehen würde, einschließlich meines Wirkens als Künstler. Prof. Meyen hatte zur Vorbereitung auf das Gespräch alle meine Bücher gelesen, darunter auch mein erstes Sachbuch mit dem Titel *Die Heldenreise des Künstlers*, das ich in den Jahren 2011/2012 geschrieben hatte. Zu Recht stellte Meyen eine Verbindung meines *therapeutischen* und *künstlerischen* Wirkens und meiner *politischen* Betrachtungen her, denn das eine war ohne das andere nicht zu verstehen.

In meinen vorangegangenen drei Büchern hatte ich vorwiegend die Rolle eines Analysten und Kritikers der politischen Verhältnisse eingenommen, inzwischen drängten meine Leser auf konkrete, politische Lösungsansätze. Der Eindruck meiner Leserschaft, ich hätte diese bislang noch gar nicht geliefert, lag vermutlich in der Unkenntnis meiner therapeutischen und künstlerischen Arbeit. Indirekt hatte ich in verschiedenen Ansätzen bereits Antworten auf politische Fragen gegeben.

Nachdem ich mit Prof. Meyen telefoniert hatte, nahm ich nach Jahren *Die Heldenreise des Künstlers* selbst wieder in die Hand und stellte fest – mein über zehn Jahre altes Buch war immer noch aktuell und durchaus politisch. Als Ratgeber für professionelle Künstler wurde das Buch jedoch – trotz seiner politischen Implikationen – eher als Fachbuch wahrgenommen. Doch mit dem Abstand von zehn Jahren noch einmal gelesen stellte ich fest, dass viele Sätze universelle Gültigkeit haben. Wenn ich allein das Wort »Künstler« mit »Bürger« ersetzte, machten viele Kernaussagen vor dem Hintergrund der aktuellen Probleme großen Sinn. Wirklich verwundern sollte mich dieser Effekt allerdings nicht, schließlich hatte ich das Buch bereits damals nach einem archetypischen Mythos konzipiert. Als ich die Selbstwerdung im kreativen Prozess beschrieb, schilderte ich letztendlich den universellen Weg zur menschlichen Reifung, der sich im Urmythos der Heldenreise abbildet. Und dieser Prozess ist nicht spezifisch für Künstler, die tiefe Kunst schaffen wollen – er gilt für jeden Menschen, der an einem sinnerfüllten und nicht fremdbestimmten Leben interessiert ist:

> »In meiner persönlichen Geschichte von Einsamkeit, Krise und Wandlung erkannte ich den Archetyp der Heldenreise wieder. Die Choreografie des Mythos kennt jeder Kinobesucher und Romanleser: Der Held hat ein Problem, er verweigert sich der Lösung, das Problem verschärft sich, der Held muss seine Angst überwinden, er verlässt seine Heimat, kämpft allein für die Lösung, wird für seinen Mut belohnt und ist fortan eine Ressource für seine Gemeinschaft. Im Mythos geht es dabei nur scheinbar um ein im Außen erlebtes Abenteuer auf Leben und Tod. In Wirklichkeit geht es um einen innerpsychischen Prozess zur Reife, die Individuation.«[2]

Als Handbuch für Künstler gedacht, hatte ich mit *Die Heldenreise des Künstlers* bereits die Grundlage von *Die Heldenreise des Bürgers* geschrieben. Die Erfahrung, dass archetypische Inhalte bezüglich des Heldenmythos nicht allein für die zugedachte Leserschaft interessant sind, hatte auch der US-amerikanische Drehbuchautor und Publizist Christopher Vogler gemacht. Sein ursprünglich als Handbuch für Autoren konzipiertes Werk *The Writer's Journey* (Die Odyssee des Drehbuchschreibers) wurde zum Weltbeststeller, weit über die angedachte Leserschaft hinaus:

> »In diesem Buch habe ich den konzeptionellen Begriff der ›Reise des Helden‹ beschrieben, der aus der Tiefenpsychologie von Carl Gustav Jung sowie aus den Mythosstudien von Joseph Campbell entwickelt ist. Es ging mir darum, die Verbindung zwischen diesen Ideen und dem zeitgenössischen Geschichtenerzählen herzustellen, in der Hoffnung, eine praktische Anleitung könnte zu jenen kostbaren Gaben hinführen, die in der tiefsten Vergangenheit wie auch in unserem innersten Selbst verborgen sind. Ich begann nach Strukturen für das Geschichtenerzählen zu suchen, doch auf dem Weg fand ich noch etwas mehr: eine Welt voller Lebensgrundsätze. Ich kam zu der Überzeugung, dass die ›Reise des Helden‹ nichts anderes als ein Handbuch des Lebens ist, ein vollständiger Ratgeber in der Kunst, Mensch zu sein.«[3]

Vogler, der nach dem Urvater der Mythenforschung Joseph Campbell zur weltweit anerkannten Koryphäe über den Heldenmythos avancierte, hat im aktualisierten Vorwort seines Buches einen interessanten Aspekt nachgetragen, der sicherlich auch für die Rezeption dieses Buches relevant ist. Nachdem der Autor weltweit Vorträge über den Mythos gehalten hatte, kommt er zu dem Schluss, dass in Deutschland eine »herophobe Kultur« vorherrsche. Vogler hatte festgestellt, dass es abgesehen von Australien kein weiteres Land auf der Welt gab, in dem der Mythos auf derart große Ressentiments gestoßen war:

»Die deutsche Kultur scheint zum Begriff ›Held‹ ein sehr ambivalentes Verhältnis zu haben. Es gibt zwar in Deutschland eine weit zurückreichende Tradition der Heldenverehrung, doch zwei Weltkriege und die Erfahrung des Nationalsozialismus machen es fast unmöglich, unvoreingenommen mit dieser Tradition umzugehen. Nationalsozialismus und der deutsche Militarismus haben die Symbole des Heldenmythos für ihre Zwecke missbraucht, indem sie damit Unterwerfung, Entmenschlichung und Zerstörung beschworen haben. Wie jeder Archetypus, jede Philosophie oder Weltanschauung kann auch die Gestalt des Heros manipuliert und mit verheerender Wirkung für ideologische Zwecke eingesetzt werden. Als es dann nach dem Zweiten Weltkrieg um die Reorganisation kultureller Werte ging, legte man begreiflicherweise keinen Wert auf die Idee des Helden. Leidenschaftslose, kühle Anti-Helden entsprechen dem derzeit in Deutschland vorherrschenden Geschmack eher. [...] Man kann sich in Deutschland an fantasievollen Heldengeschichten aus anderen Kulturen erfreuen – doch mit romantischen Heldengestalten aus dem eigenen kulturellen Bestand wird man sich dort, zumindest zurzeit, kaum anfreunden.«[4]

Um zu vermitteln, dass es im Heldenmythos nicht um klassisches Heldentum geht, sondern um *Selbstwerdung*, ist Deutschland sicherlich ein besonders schwieriges Terrain. Dennoch haben mein Verleger und ich entschieden, mit dem vorliegenden Werk eine zeitgenössische Adaption meines ehemaligen Künstlerbuches herauszugeben, denn im Prozess der persönlichen Nachreifung des »Helden auf seiner Reise« kann der Schlüssel zur Lösung vieler gesellschaftlicher Probleme liegen. Trotz einiger direkt übernommener Passagen aus meinem Künstlerbuch, die wir zugunsten des Leseflusses bewusst nicht kursiv und als Zitat gesetzt haben, handelt es sich bei *Die Heldenreise des Bürgers* um ein völlig neu konzipiertes Buch.

Mit dem vorliegenden Werk schließt sich außerdem der Kreis einer großen Trilogie von knapp 1400 Seiten. In *Die Wiedergutmacher* (Europa Verlag 2018) beschrieb ich die Grundzüge des transgenerationalen Kriegstraumas und zeigte die politische Übersteuerung in der sogenannten »Willkommenskultur« auf. *Vom Verlust der Freiheit* (Europa Verlag 2021) beschreibt das politische Unmaß in Bezug auf Gender-, Klima- und Coronapolitik. *Die Heldenreise des Bürgers* ist, neben einem – zum tieferen Verständnis der großen gesellschaftlichen Krise unbedingt notwendigen – Ausflug in die zugrundeliegenden politischen Themen, nun dem Lösungsansatz gewidmet, der Nachreifung des Bürgers zum Souverän. In vier Hauptkapiteln wechselt die Perspektive *Welt, Ich, Welt, Ich:*

- KAPITEL I betrachtet die weltlichen Missstände bezüglich der Politikkrise, der Coronakrise und der Ukrainekrise.
- KAPITEL II beschreibt die persönliche Selbstentwicklung anhand von elf Stationen des Monomythos der Heldenreise.
- KAPITEL III beschäftigt sich wiederum mit weltlichen Ideologien und Machtstrukturen, auf die der in die Welt zurückgekehrte »Held« zweifellos stoßen wird.
- Kapitel IV widmet sich schließlich der persönlichen Installation authentischer Lebensinhalte, damit der Held in einer kranken Welt als verantwortungsbewusster Mentor wirken kann.

  KAPITEL V stellt zum Schluss des Buches die Frage nach der Verantwortung des Individuums für das Ganze und resümiert den weltanschaulichen Konflikt, als Kernursache der gesellschaftlichen Spaltung. Zunächst möchte ich jedoch in Kapitel I die Grundthese meiner vorangegangenen Bücher – Unmündigkeit des Bürgers – anhand von drei Themenkomplexen wiederholen und exemplarisch abbilden:

Servilität – hinsichtlich politischer Bevormundung

Leugnung – der tatsächlichen Hintergründe der Coronakrise

Schwarz-Weiß-Denken – bezüglich des Ukrainekrieges.

Kapitel I – Die Krise

Politikkrise

Wiedergutmacher

In den letzten Gesellschaftskritiken beschäftigte ich mich mit den deutschen Sonderwegen bezüglich Migration, Gender-Studies, Klimaschutz und der Coronapandemie im Vergleich zu anderen, europäischen Nationen. In *Die Wiedergutmacher* und *Vom Verlust der Freiheit* untersuchte ich das transgenerationale Kriegstrauma als eine mögliche Ursache für die Übersteuerung in der Umsetzung globaler Agenden. Der Mangel authentisch-liebevoller Zuwendung durch kriegstraumatisierte Eltern erzeugte bei der Nachfolgegeneration der deutschen Babyboomer Selbstzweifel und Schuldgefühle. Narzisstische Persönlichkeitsmuster, die sich aufgrund des Transtraumas herausbildeten, resonieren in besonderer Weise mit global lancierten Schuld- und Angstnarrativen, hinter denen sich oftmals oligarchische Interessen verbergen. Supranationale Agenden werden seitens UN, IWF, IPCC und WHO lanciert und überschreiben demokratisch ausgehandelte Entscheidungen auf nationaler Ebene. Dass diese ehemals ehrbaren Organisationen ihren altruistischen Charakter weitgehend verloren haben, da sie von privaten Investoren abhängig sind, wird von der Politikergeneration der Babyboomer negiert. Hierzulande reagiert man stattdessen mit vorauseilendem Gehorsam und Übererfüllung:

Nach mühsam abgewendetem Bankenkollaps im Jahr 2008 schulterte der deutsche Steuerzahler die Hauptlast aller europäischen Bürgschaften. Als es 2011 zum nuklearen Zwischenfall in Fukushima kam, beschloss allein Deutschland das Ende der friedlichen Kernkraftnutzung – bei gleichzeitigem Kohleausstieg. Das nachfolgende Programm einer rigorosen Energiewende nach Empfehlungen des IPCC zeitigt seitdem die höchsten Energiepreise weltweit. 2015 nahm kein anderes Land mehr Flüchtlinge auf als Deutschland, ungeachtet großer Belastungen für den Sozialstaat, das Gesundheitssystem und die Sicherheitslage. Und 2020/2021 erließ Deutschland im internationalen Vergleich die striktesten Pandemieschutzgesetze und bediente damit nahezu mustergültig alle WHO-Vorgaben – ohne Rücksicht auf die heimische Wirtschaft und den sozialen Frieden.

Aufgrund der »German Angst« lassen sich Urängste durch Krisennarrative wie Klimakollaps, Viruspandemien, Krieg und Energiemangel in Deutschland in noch stärkerem Maße evozieren als bei anderen europäischen Nationen, so meine Grundthese. Als sich beispielweise andere Länder längst aus der Angst-Hypnose zur Coronakrise befreit hatten und zur Normalität übergegangen waren, diskutierte man in Deutschland trotz entspannter Lage immer noch eine Impfpflicht. Als einziges Land der westlichen Welt stellte sich Deutschland damit in eine Reihe mit Indonesien, Ecuador, Tadschikistan und Turkmenistan. Nur um Haaresbreite konnte das verheerende Unterfangen in letzter Minute abgewendet werden, und auch dies nur vorerst.

Dass abgesehen von meiner These des Transtraumas weitere und weitaus ältere Spezifika der deutschen Volksseele greifen, ist unübersehbar. Das Psychogramm ist einer manischen Depression nicht unähnlich, auch historisch gesehen waren tiefe Selbstabwertung und Grandiositätsfantasien immer gleichzeitig vorhanden. Bezüglich der mangelnden deutschen Bodenhaftung erkannte der ungarische Staatsrechtler István Bibó bereits 1942 narzisstisch-schizoide Muster, die heute mehr denn je Gültigkeit haben:

»Lossagung der Gemeinschaft von den Realitäten, Unfähigkeit zur Lösung der vom Leben aufgegebenen Probleme, unsichere und überdimensionierte Selbsteinschätzung, sowie irreale und unverhältnismäßige Reaktion auf die Einflüsse der Außenwelt.«[5]

Alle ideologisch motivierten deutschen Sonderwege lassen sich auf zwei Kernaspekte zurückführen: die neurotische Selbstablehnung deutscher Eliten einerseits, bei gleichzeitigem Ausnutzen dieses Umstandes durch oligarchische globale Interessengruppen andererseits. Denn wenn es um den Abbau nationaler, demokratischer Machtstrukturen zugunsten oligarchischer Netzwerke geht, findet man in der zeitgenössischen deutschen Politikergeneration stets die willfährigsten Mitstreiter.

Wer sich intensiver mit dem Thema des transgenerationalen Kriegstraumas beschäftigt hat, erkennt die inhärente Struktur von Schuld, Sühne und Selbstablehnung bei den Folgegenerationen. Nicht wenige deutsche Eliten haben ihre nie aufgearbeitete innerpsychische Selbstablehnung externalisiert und auf das Kollektiv übertragen. Hinter Aussagen wie »Vaterlandsliebe fand ich stets zum Kotzen. Ich wusste mit Deutschland noch nie etwas anzufangen und weiß es bis heute nicht«[6] könnte sich beispielsweise eine tiefe Enttäuschung über den abwesenden Vater verbergen. Wenn sich deutsche Minister nach der Selbstauflösung ihrer Nation sehnen, verwundert die allgemeine Willfährigkeit zugunsten globaler Agenden nicht. Bezüglich einer neuen Weltordnung im Sinne des vom Weltwirtschaftsforum in Davos geforderten »Great Reset«, bei der demokratische Kräfte zugunsten einer Weltregierung entmachtet werden sollen, nimmt Deutschland daher eine Schlüssel- und Vorreiterrolle ein.

Bei dem Begriff »Weltmacht« denken viele Menschen immer noch in nationalen Kategorien. Man diskutiert die Ablösung der

»Weltmacht USA« durch die neue »Weltmacht China« und fragt sich, welche Rolle Russland und Indien dabei spielen könnten. Doch spätestens die Coronakrise hat gezeigt, dass offenbar noch ganz andere Mächte im Hintergrund wirken, wodurch sich die nationale Machtvorstellung als anachronistisch entlarvt. *Teile* der USA arbeiten mit China zusammen – andere nicht. Die wirkliche Weltmacht besteht heute vielmehr in der Allianz aus den großen Vermögensverwaltern der Wall Street und den Digitalkonzernen des Silicon Valley. Diese wiederum sind Anteilseigner globaler Pharma-, Biotech-, Waffen-, Öl-, Nahrungsmittel- und Medienkonzerne. Die Vorstellung, dass souveräne, demokratische Staaten ihre originären Interessen gegen diese globalen Kartelle durchsetzen können, ist ein bewusst gesetztes Narrativ – dennoch ist sie falsch. Die Mär einer funktionierenden, nationalen Demokratie, in der jede Stimme zählt, wird elegant mit den woken Versprechen einer gerechteren Welt verbunden. Doch in Wirklichkeit haben die wahren Machthaber die Sehnsüchte der Menschen nur adaptiert und für ihre Interessen eingespannt. In den Thinktanks von BlackRock, Vanguard und Co. frisst man Kreide, um danach Hohelieder auf Diversität, Gerechtigkeit, Klimaschutz, Gesundheit und Nachhaltigkeit zu singen. Das Pferd, mit dem man dann ohne jede Gegenwehr von Gewinn zu Gewinn reitet, heißt »wissenschaftliche Notwendigkeit«. Globale Player organisieren ihre Macht über hypermoralische Nötigung und Angstmacherei. Unerwachsene, konformistische Individuen erliegen dieser Taktik sofort, schließlich will man »gut« und »solidarisch« sein und das »Richtige« tun. Was genau diese totalitäre Herrschaftsform einer *Technokratie* ist, erläutere ich in Kapitel III.

Im angeblichen Feldzug gegen Terror, Seuchen und Klimakollaps wird plötzlich möglich, wogegen sich freie Bürger früher vehement gewehrt hätten. Mit der bereitwilligen Preisgabe ihrer Geldflüsse und Daten legen die Menschen ihr Schicksal in die

Hände einer kleinen Machtelite – und immer ganz vorn mit dabei: die Deutschen.

Schleichend, aber stetig wurden unter den globalen Angstnarrativen zum Klima- und Pandemieschutz die elementarsten Bürgerrechte abgeschafft: Unverletzlichkeit des eigenen Körpers, Versammlungsfreiheit, Meinungsfreiheit, Schutz der eigenen Wohnung, Schutz der eigenen Daten und Schutz des Briefgeheimnisses können mit den modifizierten Klima- und Pandemieschutzgesetzen jederzeit ausgehebelt werden. Artikel 1 des deutschen Grundgesetzes *»Die Würde des Menschen ist unantastbar«* gilt nicht mehr uneingeschränkt. Und die große Mehrheit der deutschen Bürger protestiert nicht gegen diese Ungeheuerlichkeiten, denn das Volk hat seine Stimme verloren.

Den Hintergründen zu dieser kurz skizzierten, erschreckenden Lage bin ich in meinen letzten Büchern auf den Grund gegangen. In *Die Wiedergutmacher* beschrieb ich dysfunktionale Prozesse wie misslungene Triangulierung, Parentifizierung und Doppelbindung, die letztendlich zu einer Infantilisierung führen. Die tiefenpsychologischen Mechanismen des Transtraumas, die ich als maßgeblichen Grund für die Verunsicherung der deutschen Seele ansehe, muss ich für dieses Buch als bekannt voraussetzen. Eine kurze Skizze des Problems schilderte ich im Vorwort von *Vom Verlust der Freiheit*:

> »Therapeuten wie Hans-Joachim Maaz weisen zu Recht darauf hin, dass es zwei Arten von Freiheit gibt: eine formal politische, die in einer offenen Gesellschaft wie der unseren eigentlich garantiert sein sollte, und eine innerpsychische. Das Problem ist: Die eine Freiheit bedingt die andere. Verunsicherte, unreife Individuen können nichts zur Sicherung und Ausgestaltung freier Gesellschaften beitragen. [...] Menschen ohne Selbstbewusstsein sind zum Konformis-

mus verdammt. Und Menschen ohne Selbstbewusstsein haben Probleme mit dem Eigenen, das nicht erkannt, geschweige denn geliebt und geschützt werden kann. Da Menschen mit diesem Psychogramm keine echte, innerpsychische Freiheit kennengelernt haben, sind sie auch kaum in der Lage, gesellschaftlichen Freiheitsverlust wahrzunehmen. Mehr noch: Normierende, autoritäre Strukturen werden sogar als entlastend erlebt. Viele Menschen, die mit diesem Psychogramm in der Kindheit beschämt wurden, fühlen sich auf eigentümliche Weise einsam und schuldig, ohne ergründen zu können, woran dies liegt. Allerdings finden viele Betroffene schnell heraus, dass sich Scham-, Schuld- und Minderwertigkeitsgefühle erfolgreich ableiten lassen, indem man Macht über andere erlangt. Wer eine gesellschaftliche Position erringen kann, in der er andere beschämen, maßregeln und belehren kann, vorzugsweise mithilfe zeitgenössischer Moralen, kann seinen innerpsychischen Schmerz erfolgreich lindern. Derartige Machtpositionen finden sich naturgemäß in den Bereichen Ausbildung und Lehre, Politik, Medien und Kultur. In Wirklichkeit können narzisstische Persönlichkeiten jedoch weder in der eigenen Familie noch in einer Liebesbeziehung noch im gesellschaftspolitischen Raum frei, innovativ und wahrhaftig interagieren. Im Gegenteil: Zu echter Bindung unfähig, sind diese Charaktere auf ständigen Zuspruch von außen angewiesen; dies bringt Mitläufertum und Opportunismus mit sich.«[7]

Der *Europa Verlag* hat neben meinen Büchern viele hervorragende Titel zum Thema »Kriegsenkel« herausgegeben. Klassiker sind darüber hinaus auch die Pionierarbeiten der Journalistin und Buchautorin Sabine Bode, siehe Literurverzeichnis im Anhang.

Bürgerbeschimpfung

Inzwischen hat die Summe aller deutschen Sonderwege das Land an den Rand der sozialen und wirtschaftlichen Leistungsfähigkeit gebracht. Mit dem letzten großen Narrativ jedoch, der bedingungslosen Solidarität mit der Ukraine, bei gleichzeitig maximaler Abstrafung Russlands, werden allen deutschen Sonderwegen zusätzlich ungeahnte Verschärfungen auferlegt. Abgesehen von einer realen Kriegsgefahr für Deutschland sind die Folgen scharfer Sanktionen gegen Russland unkalkulierbar. Preise für Gas, Rohöl, Weizen und Düngemittel werden auf dem deutschen Markt explodieren. Angesichts der Kumulation durch die vorangegangenen Belastungen, insbesondere der »Energiewende«, befürchten Ökonomen den Niedergang des gesamten deutschen Mittelstandes. Massenarbeitslosigkeit, Hyperinflation und Energiekrise scheinen für die kommenden Jahre unausweichlich. Der Statistikexperte Jan Schoenmakers, Gründer der Analyse- und Beratungsfirma *Hase & Igel*, bewertet die kommende Entwicklung im *Cicero* wie folgt:

> »Wie soll man es nennen, wenn Menschen binnen kurzer Zeit mehr als 20 Prozent ihrer Lebensgrundlage verlieren? Ist es noch eine Krise oder schon eine Katastrophe? Welchen Namen man auch immer geben will – wir erleben gerade in Deutschland den wohl größten und breitesten Wohlstandsverlust, der sich seit der Hyperinflation vor 100 Jahren außerhalb der beiden Weltkriege ereignet hat. [...] Nehmen wir eine Familie mit vier Kindern, die auf dem Land in einem sanierten Altbau lebt und bei der die beiden berufstätigen Eltern zur Arbeit pendeln. [...] Alles in allem hat diese Familie alleine durch die Teuerung dieser unmittelbaren, täglichen Versorgungsgüter und erzwungenen Abgaben 8800 bis 12.500 Euro (mit/ohne kommende Strompreisexplosion) weniger Geld zur Verfügung. Bei einem Medianeinkommen

von 45.000 Euro netto sind das atemberaubende 20 bis 28 Prozent weniger Geld für Ernährung und Kleidung, für die Fahrt zum Arbeitsplatz, für die Miete oder das Abbezahlen des Kredits (dessen Verlängerung ebenfalls um mehr als 200 Prozent teurer geworden ist). Wir sprechen über Menschen, die im Dunkeln und Kalten sitzen, weil sie sich Strom und Gas nicht mehr leisten können. Menschen, die ihren Job verlieren, weil der Weg zur Arbeit ihre finanziellen Möglichkeiten übersteigt. Menschen, die ihre Bleibe verlieren, weil sie kein Geld mehr für Miete oder Kredittilgung haben. In einem der bislang reichsten Industrieländer der Welt. Holz, Stahl, Kupfer, Beton haben sich im Preis verdrei- oder gar vervierfacht. Oder nehmen wir den mittelständischen Betrieb: Dieselben Preissteigerungen bei Strom, Gas und Kraftstoffen nehmen ihm wirtschaftlich die Luft zum Atmen und machen die Produktion in dem Land, dessen Wettbewerbsfähigkeit bereits vor der Krise unter den höchsten Energiekosten litt, unwirtschaftlich. […] Der Betrieb steht nicht mehr nur mit dem Rücken zur Wand – er ist bereits weiter: Mithilfe einer Unternehmensberatung werden händeringend Käufer zum Discountpreis gesucht, die die Firma übernehmen, solange sie überhaupt noch etwas wert ist, und wenigstens einige Jobs erhalten. Das ist die Realität in Deutschland im dritten Quartal 2022. Doch Wirtschaftsminister Habeck empfiehlt kürzere Duschzeiten oder kleinere Flachbildfernseher – und erweckt damit den Eindruck, dass man mit milden Opfern auf der Wellenlänge des schicken Minimalismus Neuköllner Hipster durch die Krise käme.«[8]

Was in Kürze auf den deutschen Bürger und Steuerzahler zukommen wird, birgt enormen sozialen Sprengstoff. Die Regierung weiß das, und um den »bescheuerten Wutbürger« (Nikolaus

Blome) in den Griff zu bekommen, ist seitens der politisch Verantwortlichen ein kluges Wutmanagement unerlässlich.

Die staatliche Erzählung folgt einer Doppelstrategie: Zum einen werden die großen Krisen als unabänderliche Schicksalsereignisse dargestellt, gegen die man ein Stück weit machtlos ist. Zum anderen wird die aufkommende Wut der Bürger kanalisiert, indem Schuldige benannt werden. Bevor jemand auf die Idee kommt, politische Entscheidungen zu hinterfragen, wird der Unmut gegen »die Ungeimpften« oder »die Russen« entfacht. Wer dennoch hohe Energie- und Verbraucherpreise, Aufzehrung von Ersparnissen, hohe Steuerlast, Anstieg der Kriminalität im urbanen Raum und den allgemeinen Freiheitsverlust beklagt, muss damit rechnen, in das Lager der »rechten Wutbürger« verschoben zu werden. Bereits im Sommer 2022 beginnt man sich gegen den »Wutwinter« 2022/2023 zu wappnen. Nikolaus Blome, der im Zuge der Coronakrise forderte, die ganze Republik möge mit Fingern auf Menschen zeigen, die auf ihr Grundrecht der körperlichen Unversehrtheit bestehen, lässt sich auch diesmal nicht lumpen:

> »Es mehren sich die Hinweise, dass es stets dieselben sind, die da am lautesten krakeelen, nicht nur im Osten des Landes. Das macht es einfacher und schwerer zugleich. Einfacher, weil man die Pappenheimer inzwischen kennt und ihr Weltbild nicht neu kartografieren muss. Schwerer, weil die Betroffenen nach eigenen Angaben zunächst Sorge hatten, ›umgevolkt‹, dann beim Impfen ›gechippt‹ und jetzt enteignet zu werden, obwohl die Ukraine doch Russland angegriffen habe. Wie viel Verfolgungswahn geht in einen einzelnen Kopf? Sollte man es also nicht gleich lassen mit der Ansprache? ›Bürger‹ ist kein geschützter Begriff, das ist mir klar. Jeder kann sich ›Bürger‹ nennen, auch wenn er mit einem schiedlich-friedlichen Gemeinwesen,

> Toleranz, Mehrheitsfindung oder sonstigen Gepflogenheiten einer bürgerlich-zivilen Gesellschaft absolut nichts am Aluhut hat. Aber es gibt eben auch eine Grenze, jenseits derer sind bestimmte Bürger nicht mehr besorgt, sondern bescheuert, und es wäre an der Zeit, das einmal laut auszusprechen.«[9]

Derartige Hexenjagden werden bewusst lanciert und gehören zum deutschen Alltag. *ARD*-Kommentatoren wie Detlef Flintz geben den Eduard von Schnitzler von heute und peitschen in den *Tagesthemen* das Publikum auf den gewünschten Kurs ein:

> »Er ist da, der Preisschock – gut so! Denn nur, wenn Öl und Gas spürbar teurer werden, kriegen wir die Erderwärmung in den Griff. Mehr Windräder und Solarenergie? So lange können wir nicht warten und sollten froh sein, wenn wir gezwungen werden, Konsum und Produktion zu ändern. Achtsames Heizen, weniger Energiefresser im Haushalt, keine Kurzstreckenflüge, aber auch Stahl moderner herstellen, und Aluminium. Und – wollten wir das nicht sowieso? [...] Bitte also keine Diskussionen drüber, wie wir, ähnlich wie Junkies, wieder an billige fossile Rohstoffe kommen [...].«[10]

Ich muss zugeben – mehr Double-Bind-Kommunikation und schwarze Pädagogik in drei Sätzen habe ich selten gehört:

- Der Kommentator freut sich, dass die Bürger via hoher Energiepreise abgestraft werden.
- Über diese gerechte Strafe soll sich nun auch der Bürger selbst freuen, weil er das gewünschte Verhalten ansonsten nicht lernen würde.
- Danach werden dem Bürger konkrete Handlungsanweisungen aufgenötigt, da er von sich aus zu dumm ist, das Richtige zu tun.

– Und schließlich wird ihm nach plumper Vergewaltigermanier, »Komm, du willst es doch auch«, obendrein noch erklärt, dass er alle Zwangsbeglückungen »sowieso gewollt habe«.

Um die Double-Bind-Kommunikation komplett zu machen, wird dem Zuschauer am Ende untersagt, über all dies zu diskutieren – wer es dennoch wagen sollte, steht als süchtiger »Junkie« da. Dieser Abschluss ist geradezu klassisch, denn das Wesen dieser Methode liegt im Verbot des Opfers, den Übergriff in einer Metakommunikation aufzudecken. Chapeau, Detlef Flintz – besser und knapper kann man schwarze Pädagogik kaum einsetzen. Der autoritäre Duktus »darüber wird gar nicht diskutiert«, wird unterdessen auch von Robert Habeck benutzt. In Bezug auf die explodierenden Energiepreise gibt er zu verstehen:

> »Da kommt schon ein bisschen was zusammen. Aber das ist nicht das, was Deutschland diskutieren wird und auch tragen wird und wird tragen müssen im nächsten Jahr.«[11]

Das Problem sind jedoch weniger Menschen wie Flintz und Habeck, hinter deren Wortwahl jeder Psychologe entsprechende Vorprägungen vermuten muss. Problematisch sind vielmehr die Bürger, bei denen diese Formen des Übergriffs ein familiäres Heimatgefühl auslösen, weil unbewusste Anteile darin elterliche Fürsorge erkennen wollen.

Längst überwunden geglaubte massenpsychologische Effekte wie gruppenbezogener Hass, Rassismus und Ausgrenzung von Minderheiten lassen sich auf diese schwarzpädagogische Weise lancieren – solange es nur »die Richtigen« trifft. Was Topjournalisten als verachtenswert ausgegeben, wie »die Querdenker«, »die Klimaleugner«, »die Ungeimpften« oder »die Russen«, darf und soll nach Lust und Laune pauschal und als Gruppe beschämt und diskriminiert werden. Die Leichtigkeit, mit der sich gruppenbezogener Hass initiieren lässt, ist symptomatisch für infantile Gesellschaften, die kurz vor dem Umschlag in einen totalitären Gewaltraum stehen.

Allabendlich in *Tagesschau*-Spezials und Talkshows präsentierte Katstrophenmeldungen, stets mit den richtigen Schuldigen im Blick, schwören die Bürger auf schwere Zeiten ein. Eine faktenbasierte Untersuchung der komplexen Hintergründe gilt bereits als Verrat am Kollektiv. Im Schatten der bürgerlichen Überforderung ist die ehemalige Debattenkultur westdeutscher Nachkriegspolitik einer technokratischen Experten- und Lobbypolitik gewichen, die politische Handlungsoptionen als »alterativlos« ausgibt. Die Rechtfertigung dieser neuen Top-down-Politik fußt auf der Behauptung, die globalen Probleme seien viel zu komplex, als dass sich Lösungen im Konsens nationaler, demokratischer Meinungsbildung finden ließen. Spätestens im Rahmen der Coronakrise ist der vielbeschworene »mündige Bürger« zum unmündigen Kind geschrumpft, dem gesagt werden muss, was zu tun ist. Eine Rücknahme dieses Politikstils ist nicht in Sicht. Politische Entscheider, die den Prozess des Erwachsenwerdens selbst nicht vollzogen haben, halten sich wohlfeil an die Empfehlungen von »Experten«, die vorgeben, das kompromisslos Gute zu wählen. Fakten und Realitäten, die Zielkonflikte aufdecken, werden dabei geleugnet.

An die Wand

Die große Frage lautet: Wird es den politisch Verantwortlichen nebst willfährigen Medien dauerhaft gelingen, die politischen Entscheidungen der Neuzeit auch weiterhin als alternativlos auszugeben? Sofern trotz hypermoralischem Dauerfeuer der Leitmedien immer mehr Bürger herausfinden, dass es bezüglich der drängenden Fragen durchaus alternative Handlungsoptionen gegeben hätte, kann es für die Politik recht ungemütlich werden. Das eigentlich zynische am Scherbenhaufen, vor dem Deutschland inzwischen steht, ist, dass sämtliche als Krisenmanagement ausgegebenen »Notwendigkeiten« keinerlei Not gewendet haben – im Gegenteil. Alle Entscheidungen bezüglich Massenmigration, Lockdowns, Atomausstieg, Energiewende, Ende des Verbrennungsmotors und Russland-Sanktionen haben die Not der Deutschen vergrößert. In Wirklichkeit hätte man es jederzeit auch ganz anders handhaben können. Die prekäre Lage Deutschlands ist keinem unabwendbaren Schicksal geschuldet. Sie fußt auf ideologisch getriebenen Entscheidungen von »Wiedergutmachern«[12], die weniger das Wohl ihrer Bürger im Sinn haben als die neurotische Selbstbestätigung, dem Rest der Welt beweisen zu müssen, diesmal im Team der Guten zu spielen. Mehr noch: Man will nicht nur zum guten Team gehören, *man will es anführen.*

Noch wollen viele Bürger nicht glauben, dass Deutschland aus ideologischen Gründen an die Wand gefahren wird und nicht aufgrund höherer, unabwendbarer Probleme. Dabei lässt sich das Offensichtliche eigentlich weder verdrängen noch leugnen:

> »Obwohl Experten gleich nach Kriegsbeginn forderten, alles an Kohle- und Atomkraft zu mobilisieren, was noch da ist, zögerte Habeck mit dem notwendigen grünen Tabubruch. […] Das ist der eigentliche, kaum verzeihliche Fehler der Bundesregierung. Die Folgen sind extrem: Am Großhandelsmarkt haben sich die Kosten für Gas verzehnfacht. Am Freitag durchbrach der Strompreis am Terminmarkt die Schwelle von 1000 Euro pro Megawattstunde. Eine Preissteigerung von 3000 Prozent gegenüber früheren Normalwerten. Diese Lawine rollt jetzt auch noch auf die Verbraucher zu. Vielleicht liegt der größte Fehler des Robert Habeck auf einer anderen Ebene. Er gehört einer Partei an, die stets nur einer Sorte Ratgebern Glauben schenkte, nämlich jenen, die seit Jahren

> – und zum Teil sogar noch nach Kriegsbeginn – Sätze dieser Qualität von sich gaben: ›Die Erneuerbaren stehen bereit.‹ ›Kohle- und Atomstrom verstopfen nur die Netze.‹ ›Wir brauchen kein LNG.‹ Nichts davon stimmte. [...] Dass die Erneuerbaren eben nicht bereitstanden, sehen wir jetzt, nachdem schon 12 Gigawatt Kohlestrom und fast alle Atommeiler diesem ideologischen Quark zum Opfer gefallen sind – und sich der Strompreis am Großhandelsmarkt verdreißigfacht hat.«[13]

Nur widerwillig und unter größtem politischem Druck stimmt Habeck schließlich doch noch dem vorläufigen Weiterbetrieb von wenigstens zwei Kernkraftwerken zu. Angesichts weiterer fataler Fehlentscheidungen in der Energie-, Gesundheits- und Außenpolitik stellen einige Analysten zunehmend die Vorsatzfrage: »Was, wenn das alles genau so gewollt ist?«

> »Auf gestörte, ideologisch verzerrte Wahrnehmung folgt in immer kürzeren Abständen eine unbrauchbare Lösung, die das Problem nicht behebt, sondern verdoppelt. Selbst simpelste Tatsachen und Daten, errechenbar mit dem kleinen Einmaleins, etwa ein seit Monaten absehbarer Strommangel, müssen bei Olaf Scholz, Robert Habeck und ihrem Kabinett erst durch einen stets scharf gestellten Filter, woraufhin sie um bis zu 180 Grad verdreht und durch Echos und Resonanzen bis zur Unkenntlichkeit verfälscht im Großhirn ankommen. [...] Bei den Grünen kommt dazu noch die verbreitete Überzeugung (für die Greta Thunberg in New York von Angela Merkel angehimmelt wurde), jeder Mensch an sich sei bereits wegen Ressourcenverbrauch und Umweltverschmutzung einer zu viel auf der Erde und im Prinzip ein Irrtum der Geschichte. Sie lieben jeden

zusätzlichen Cent etwa in Form einer ›Gasumlage‹ deswegen abgöttisch [...]. Fassen wir das alles zusammen in einen allgemeinen Befund, so lautet dieser: Nicht eine bestmögliche Lebensqualität, über deren Bestandteile man immer streiten kann und soll, zu der aber zwingend ein Höchstmaß an persönlicher Freiheit zu gehören hat, ist bei objektiver Betrachtung der zurückliegenden neun Monate das eigentliche Ziel dieser Bundesregierung, sondern im Gegenteil eine zunehmende Reduktion eben dieser Lebensqualität, eine möglichst weitgehende Beschränkung eben dieser persönlichen Freiheit, egal, auf welches Politikfeld man schaut. Und inzwischen sagen sich immer mehr Menschen: Das kann kein Zufall mehr sein, das kann auch kein Ergebnis individueller Unzulänglichkeiten sein, intellektueller wie charakterlicher, dahinter muss etwas anderes stecken. Was also, wenn es genau so gewollt ist und nicht anders? Was, wenn die von dieser Koalition geradezu planmäßig mit den verschiedensten Methoden betriebene Deindustrialisierung des Landes gar nicht als unerwünschte, aber leider unvermeidliche Nebenwirkung betrachtet wird, sondern als Hauptziel, das nun dank glücklicher Umstände, dank Herrn Putin und einer Inflation, die wohl vom Himmel fiel, sogar noch zehn Jahre früher erreicht werden kann als ursprünglich geplant und weit über den Hauptgegner Autoindustrie hinausgeht? Was also, wenn das alles Absicht ist?«[14]

So gesehen läuft Deutschlands Deindustrialisierung erfolgreich an, immer mehr Betriebe gehen in die Insolvenz oder wandern ab. Ironischerweise werden davon auch einige der heißgeliebten neuen Technologien betroffen sein, wie Windkraft und Solar:

»Mittlerweile gibt es eine ziemlich lange Liste von Unternehmen, die ihre Produktion entweder drosseln, um abzuwarten, oder die Tätigkeit ganz einstellen. Zu denen, die sie vorerst auf null senken, gehören die deutschen Niederlassungen des indischen Stahlherstellers Arcelor Mittal in Hamburg und Bremen. Zu denen, die ihre Produktion ganz beenden, zählen der Windturbinenhersteller Nordex mit seinem Werk in Rostock (Verlagerung nach Indien), der französische Stahlkonzern Vallourec mit seinen Standorten Düsseldorf und Mühlheim, das Fliesenwerk von Villeroy & Boch im saarländischen Merzig (Verlagerung in die Türkei), Ford in Saarlouis (Fortsetzung der Produktion in Valencia) und der Automobilzulieferer Mahle im baden-württembergischen Gaildorf. Das Unternehmen Hakle in Düsseldorf geht wegen der Energie- und Rohstoffkosten in eine Planinsolvenz; wie viele Arbeitsplätze übrig bleiben, muss sich in den nächsten Monaten zeigen.
Bei der geplanten Schließung und Verlagerung von gleich drei Werken des Automobilzulieferers Kostal im Sauerland handelt es sich um einen besonderen Fall. Das Unternehmen gibt seine Standorte nicht nur wegen der hohen Energiekosten auf, sondern auch, weil mittlerweile alle Autobahnbrücken im Sauerland als marode gelten.«[15]

Und während ganze Industriezweige ins Ausland abwandern, viele davon in die USA, schwärmt die Vorsitzende der Grünen Ricarda Lang von einer nahen Zukunft, in der Deutschland restlos auf fossile Energieträger verzichtet. Dass Deutschland zwischenzeitlich auf Gedeih und Verderb auf amerikanisches Fracking-Gas angewiesen ist, nachdem eine »unbekannte Macht« beide Nord-Stream-Pipelines gesprengt hat, sieht man bei den Grünen eher gelassen. Das zehnmal so teure US-Gas betrachtet man ohnehin nur als Übergangslösung, bis man komplett auf erneuerbare Energien umgestiegen ist. Bei diesem Wunschtraum negiert man gleich drei Fakten, die sich jeder Mittelschüler ausrechnen kann: Erstens ist die Energiewende in der geplanten Form in der kommenden Mangelwirtschaft keinesfalls mehr zu stemmen. Zweitens müssten, sofern man beharrlich auf Kernkraft verzichtet, trotzdem fossile Kraftwerke am Netz bleiben, damit sogenannte »Dunkelflauten« ausgeglichen werden können. Und drittens sind Gas und Öl nicht einfach nur fossile Brennstoffe, um Strom zu erzeugen, sondern Grundbaustoffe für Hunderte chemische Verbindungen, allen voran für lebenswichtige Dünger. Sollten strom- und gasintensive Schlüsselindustrien wie BASF aus Deutschland abwandern, wäre ganz Europa von einer industriellen Rezession betroffen. Milliardeninvestitionen wären unwiederbringlich vernichtet, da sich komplexe chemische Anlagen mit Tausenden Kilometern Rohrleitungen bereits nach kurzer Zeit des Stillstands nie wieder nutzen lassen. Der Komplettverzicht auf Gas und Öl ist der Weg in die Steinzeit. Doch wer auf diese simplen Fakten hinweist, wie kürzlich der Präsident des Verbands der Chemieindustrie Markus Steilemann, gilt als böser Spielverderber:

> »Markus Steilemann warnt den Wirtschaftsminister vor dem Kollaps des Industriestandorts Deutschland. Es drohe gigantischer Strommangel, da der geplante Ausbau der Windkraft nicht zu stemmen sei. Konkret warnt Steilemann: Um Habecks Energieziele bis 2030 zu erreichen, bräuchte man ›jeden Tag zehn Windkraftanlagen. Eine davon braucht 4000 Tonnen Stahl; das ist ein halber Eiffelturm. Das heißt, fünf Eiffeltürme jeden Tag. Und das für die nächsten 8 Jahre.‹ Steilemann knallhart: ›Das möchte ich mal sehen, wie wir das auf den Weg kriegen.‹ Deutschland drohe der Absturz ›vom Industrieland zum Industriemuseum‹.«[16]

Wie alle von der Realität abgehobenen Ideologien kommt auch die linksgrüne Gesinnung an einen Kulminationspunkt, der die Ideale als Fiktion entlarvt. Der Offenbarungseid wird im legendären Interview des deutschen Bundesministers für Wirtschaft und Klimaschutz, Robert Habeck, mit der Journalistin Sandra Maischberger am 6. September 2022 geleistet:

> »Und dann passiert etwas, womit kein Zuschauer von Maischberger noch gerechnet hätte: Sie stellt eine Nachfrage. Wenn es denn aber an Strom fehle und Unternehmen nicht mehr produzieren könnten, gingen sie ja pleite: ›Rechnen Sie mit einer Insolvenzwelle?‹, fragt Maischberger. Es folgt die Geburtsstunde von Robert-Antoinette Habeck. Nein, damit rechne er nicht. Sie könnten ja auch einfach aufhören zu produzieren. Dann sind sie nicht insolvent, hörten nur auf zu verkaufen. Denn: ›Es kann sein, dass sich bestimmte Geschäfte nicht mehr rentieren.‹ Nun kommt sogar Maischberger nicht mehr an Nachfragen vorbei: Wenn sie aufhören zu produzieren, haben sie keine Einnahmen mehr, aber weiterhin Kosten. Gehen sie dann nicht doch in die Insolvenz? Nein, sie müssen einfach nur rechtzeitig aufhören zu produzieren.«[17]

Da sich Habeck nachfolgend ausgerechnet des Beispiels eines Bäckers annahm, der aufgrund der hohen Strompreise einfach mal seine Produktion einstellen sollte – ohne dabei insolvent zu gehen –, brach nach der Maischberger-Sendung ein ungeahnter Shitstorm gegen den Minister los. Die sozialen Medien karikierten den Fauxpas in mannigfaltiger Weise. Über die Ungeheuerlichkeit einer derartigen Realitätsverweigerung witzelte *Der Postillon*:

> »Berlin (dpo) – Er weiß, wie man die Herzen berührt: Bundeswirtschaftsminister Robert Habeck hat heute tröstende Worte an eine Beerdigungsgesellschaft gerichtet, die sich anlässlich des Todes von Heidrun Märting (†93) versammelt hatte.
> ›Keine Sorge!‹, beruhigte der Grünen-Politiker die Trauernden. ›Ihre Oma ist nicht tot, sie hat nur einfach erst mal aufgehört zu atmen.‹«[18]

Goldregen

Wer die vorgegebenen IPCC-Klimaziele allen Ernstes erfüllen will, weiß ganz genau, dass Wirtschaft und Wohlstand schrumpfen müssen – nur öffentlich *sagen* darf er es nicht. Ist Habeck also wirklich einfach nur dumm? Oder findet hier womöglich eine recht kluge Lobbypolitik statt, die im Schatten des Totschlagarguments »Putin hat Schuld« Milliarden in die Kassen linksgrüner Schlüsseltechnologien schaufelt und dabei gleichzeitig unliebsame Industrien zerstört? Bekanntermaßen gehen Firmen und mittelständische Betriebe aufgrund der galoppierenden Energiepreise bankrott, genauer: aufgrund der explodierenden *Strompreise*. Allgemein wird so getan, als seien allein die steigenden Gaspreise dafür verantwortlich, oder kürzer: Putin! In Wirklichkeit sorgt ein ganz anderer Mechanismus dafür, dass der Strompreis *künstlich* nach oben getrieben wird, die sogenannte »Merit-Order«. Die Regel ist einfach:

> »Das letzte, zur Deckung des Strombedarfs gerade noch notwendige Kraftwerk, das definitionsgemäß auch das teuerste ist, setzt nämlich den Preis für alle anderen.«[19]

Obgleich der hohe Anteil der erneuerbaren Energien bei jeder Gelegenheit gepriesen wird, müssen zur Erhaltung der Grundlast natürlich immer zusätzlich Gaskraftwerke am Netz bleiben, da die

Energieversorgung allein über Wind und Solar zu instabil wäre. Dass man auf Gedeih und Verderb auf Gaskraftwerke und damit auf russisches Gas angewiesen war, liegt an der ideologischen Grundsatzentscheidung, auf Kernkraft zu verzichten. Allein dieses Dogma der Grünen, willfährig umgesetzt durch Angela Merkel, hatte die Deutschen in die Arme von Putin getrieben. Keine andere Industrienation der Welt hat eine so schwerwiegende Entscheidung getroffen und sich damit derart ausgeliefert.

Doch zurück zur Merit-Order: Sofern zur Stromversorgung nur *ein* Gaskraftwerk mitläuft, was auch auf längere Sicht unabdingbar ist, orientiert sich der Strompreis an diesem *einen* Erzeuger. Amerikanisches Fracking-Gas ist bekanntermaßen unrentabel und muss höchst umweltbelastend in Tankern nach Deutschland verschifft werden. Da Fracking-Gas Mangelwahre ist und das Vielfache des russischen Gases kostet, kann auf lange Sicht in Gaskraftwerken nur zu exorbitant hohen Preisen Gas in Strom verwandelt werden. Auch das nach Sanktionen und Gegensanktionen spärlich fließende russische Gas erlebte eine Preisexplosion:

> »Seit einem Jahr hat er [der Gaspreis] sich an den Terminmärkten um mehr als 1000 Prozent verteuert. Im August 2021 hatte der für den europäischen Gashandel richtungsweisende Terminkontrakt TTF an der Energiebörse in Amsterdam noch 26 Euro je Megawattstunde gekostet. Jetzt liegt er schon bei 316 Euro je Megawattstunde.«[20]

Aufgrund der Merit-Order, die besagt, dass sich der Marktpreis für Strom immer am höchsten Produktionspreis orientieren muss, dürfen anschließend alle anderen Unternehmen ebenfalls erhöhte Preise erheben – auch wenn sie um ein Vielfaches billiger produzieren. Seit der Gaspreisproblematik werden auf diese Weise

Milliardengewinne insbesondere in die Kassen der Unternehmen für erneuerbare Energien gespült. Solange die absurde Merit-Order gilt, dürften daher Fracking-Gas-Lobbyisten und Windkraftlobbyisten äußerst interessante Schnittmengen in ihren Interessenlagen entdecken.

Für die grüne Windkraft- und Solarindustrie bedeutet der Ukrainekrieg einen nie gekannten Goldregen. Niemals zuvor sind diese Branchen obszöner mit Geld überschüttet worden – ohne zusätzliche Leistungen erbringen zu müssen. So titelt der *Fokus:* »Minister Habeck gewährt Windmüllern milliardenschwere Zusatzgewinne.«

> »Auch 2022 werden die Mitnahme-Effekte für die Ökoenergiebranche weiter kräftig zulegen. Dass die Gaspreise dieses Jahr wieder in den Keller gehen, ist nicht zu erwarten. Ein Bracheninsider, der nicht namentlich genannt werden möchte, hat für FOCUS Online vorgerechnet, dass bei einem durchschnittlichen Börsenstrompreis von 185 Euro/MWh dieses Jahr rund 9,1 Milliarden Euro an Zusatzgewinn herausspringen. Vor allem die Windenergiebranche würde 2022 davon mit 7,9 Milliarden Euro profitieren. Der Stromverbraucher sieht davon jedoch nichts.«[21]

Die Milliardengewinne der grünen Stromindustrie bezahlt jeder einzelne Bundesbürger, der sich dafür krummlegen muss. Nebenbei bemerkt: Ähnliche Rekordgewinne von mehreren Hundert Prozent fahren seit dem Ukrainekrieg auch die Mineralölkonzerne ein. Die Mechanismen dazu wären jedoch ein eigenes Kapitel wert, das hier den Rahmen sprengen würde.

Natürlich wäre es ein Leichtes, ein Gesetz zu verabschieden, das die absurde Merit-Order der Industrie modifiziert. Dass der Beraterstab der grünen Regierung vermutlich viele Gründe finden wird, um diese notwendige Reform so lange wie möglich hinauszuzögern, ist nicht schwer vorherzusagen. Andere europäische Länder haben diesbezüglich längst gehandelt. Hier wurde der absurde Strompreismechanismus, der im Wesentlichen für die vielen Firmenpleiten verantwortlich ist, längst gedeckelt.

Die Strompreise ungebremst nach oben zu treiben, ist aus Sicht linksgrüner Ideologie jedoch doppelt folgerichtig: Zum einen stärkt man damit Industriezweige, an deren Notwendigkeit man unverbrüchlich glaubt. Zum anderen sollen die Bürger über die Preisexplosion auf die harte Tour erzogen werden, damit sie ein für alle Mal lernen, Energie zu sparen. Und dafür sind die neuen Horrorpreise nun einmal wesentlich effektiver als die reine Angstmache bezüglich eines nahen Hitzetodes. Wie weiter oben bereits ausgeführt – man freut sich offen darüber, dass der »Preisschock« endlich da ist. Dass man damit ganze Industriezweige tötet und nachfolgend Elend und Massenarbeitslosigkeit produziert, ist ein Zielkonflikt, den man nicht sehen will.

Natürlich ist Deutschland energietechnisch keine Insel. Ebenso wie bei Merkels Alleingang in der sogenannten Flüchtlingskrise empfinden europäische Nachbarn die ideologische und selbstzerstörerische Politik Deutschlands als konkrete Bedrohung. Sofern Deutschland in einem hausgemachten Blackout untergeht, will man nicht unbedingt mit dabei sein:

> »Sollte ›Deutschland keine Verantwortung für seine Energiesicherheit übernehmen‹, droht der schwedische Grünen-Politiker Take Aanstoot gar damit, das ›Baltic Cable‹ zu kappen. Das Hochspannungskabel durch die Ostsee verbindet das deutsche mit dem schwedischen Stromnetz. Auf Twitter schreibt er: ›Wenn Deutschland keine Verantwortung für seine Energiesicherheit übernimmt, werde ich unserer Regierung vorschlagen, das Ostseekabel zu kappen.

Solidarität funktioniert nur, solange sich niemand selbst Schaden zufügt.‹«[22]

Ungeachtet der dramatischen Lage reagiert ein Großteil der deutschen Bürger eher mit tiefer Verunsicherung als mit Wut. Noch will man den allgemeinen Beteuerungen glauben, die Misere sei höheren Gewalten geschuldet, allen voran Putin und Corona. Seit Jahren in den großen Angsterzählungen gefangen und in moralische Schulddebatten verstrickt, haben viele Bürger die Errungenschaften einer ehemals freien Gesellschaft ohne Gegenwehr preisgegeben. Lautstarker Protest ist ohnehin nicht Sache der Deutschen, stattdessen leidet man still vor sich hin. Im Zuge der Coronakrise erreichen Krankenstände durch Depressionen, Burn-outs und psychosomatische Probleme ein Rekordniveau, dasselbe gilt für Suizidraten, insbesondere bei jungen Menschen. Die geradezu hysterischen Prognosen des Gründers des Potsdam-Instituts für Klimafolgenforschung, Hans Joachim Schellnhuber, fruchten tatsächlich: *»Ich sage Ihnen, dass wir unsere Kinder in einen globalen Schulbus hineinschieben, der mit 98 % Wahrscheinlichkeit tödlich verunglückt.«*[23] Warum soll sich »die letzte Generation« nicht sofort umbringen? Doch vorher kann man sich ja noch mal mit Superkleber auf einer Autobahn festkleben, Kunstwerke mit Tomatensoße überschütten oder Lkw-Reifen mit einem Akkubohrer zerstören.

Angesichts immer neuer Bedrohungsszenarien und übermächtig erscheinender Probleme fühlen sich viele Menschen ohnmächtig und politisch gelähmt. Im Dickicht sich stetig ändernder Regeln und Verbote geht es im Alltag allenfalls noch darum, den groben Überblick zu behalten. Angesichts monatlich modifizierter Infektions- und Klimaschutzregeln, aber auch aufgrund politisch korrekter Denkvorgaben zu Gender, Diversität, Zuwanderung und Solidarität mit der Ukraine fühlen sich viele Bürger überfordert. Wer seine gesellschaftliche Ächtung vermeiden will, ist ohnehin viel zu beschäftigt, um die politische Transformation als Ganzes zu hinterfragen, hinter der sich in Wahrheit ein mächtiger Kulturkampf verbirgt.

Doch wer die Strategie einmal verstanden hat, erkennt die Manipulation in allen großen Narrativen. Real dringliche und komplexe Probleme wie Migration, Gender, Klima, Rassismus, Krieg und Pandemien werden vereinfacht, moralisch aufgeladen und argumentativ missbraucht. Wenn überhaupt, so entsteht Wut bei jenen, die dieses Prinzip verstanden haben. Nicht selten und nicht zufälligerweise kommt dieser Widerspruch von den allseits verfemten »alten, weißen Männern«, die in einer Zeit vor der Digitalisierung sozialisiert wurden. »Alte Männer« und »alte Frauen« sind in einer Debattenkultur aufgewachsen, in der man noch Argumente austauschte, anstatt sich zu beschimpfen, in der man noch Bücher las und in der man noch wusste, was eine These ist. Exemplarisch möchte ich einen solchen Dinosaurier zu Wort kommen lassen, da sich in seinem »Wutbeitrag« die ganze Bandbreite der manipulativen Narrative offenbart. Prof. Dr. Knut Löschke, Jahrgang 1950, Mitglied des Hochschulrats der Universität Leipzig, Kuratoriumsmitglied des Max-Planck-Instituts für Mathematik in den Naturwissenschaften, Aufsichtsratsvorsitzender des Universitätsklinikums Leipzig und des IT-Beratungsunternehmens Softline AG, schreibt:

> »Ich habe es satt, oder, um es noch klarer auszudrücken: Ich habe die Schnauze voll vom permanenten und immer religiöser werdenden Klima-Geschwafel, von Energiewende-Fantasien, von Elektroauto-Anbetungen, von Gruselgeschichten über Weltuntergangsszenarien von Corona über Feuersbrünste bis Wetterkatastrophen. Ich kann die Leute nicht mehr ertragen, die das täglich in Mikrofone und Kameras schreien oder in Zeitungen drucken. Ich leide

darunter, miterleben zu müssen, wie aus der Naturwissenschaft eine Hure der Politik gemacht wird.
Ich habe es satt, mir von missbrauchten, pubertierenden Kindern vorschreiben zu lassen, wofür ich mich zu schämen habe. Ich habe es satt, mir von irgendwelchen Gestörten erklären zu lassen, dass ich Schuld habe an allem und an jedem – vor allem aber als Deutscher für das frühere, heutige und zukünftige Elend der ganzen Welt.
Ich habe es satt, dass mir religiöse und sexuelle Minderheiten, die ihre wohl verbrieften Minderheitenrechte mit pausenloser medialer Unterstützung schamlos ausnutzen, vorschreiben wollen, was ich tun und sagen darf und was nicht.
Ich habe es satt, wenn völlig Übergeschnappte meine deutsche Muttersprache verhunzen und mir glauben beibringen zu müssen, wie ich mainstreamgerecht zu schreiben und zu sprechen habe.
Ich habe es satt mitzuerleben, wie völlig Ungebildete, die in ihrem Leben nichts weiter geleistet haben als das Tragen einer fremden Aktentasche, glauben, Deutschland regieren zu können.
Ich kann es nicht mehr ertragen, wenn unter dem Vorwand einer ›bunten Gesellschaft‹ Recht und Sicherheit dahinschwinden und man abends aus dem Hauptbahnhof kommend über Dreck, Schmutz, Obdachlose, Drogensüchtige und Beschaffungskriminelle steigen muss, vorbei an vollgekrakelten Wänden.
Ich möchte, dass in meinem Land die Menschen, gleich welchen Geschlechts, welcher Hautfarbe und gleich welcher Herkunft, wertgeschätzt und unterstützt werden, die täglich mit ihrer fleißigen, produktiven und wertschöpfenden Arbeit den Reichtum der ganzen Gesellschaft hervorbringen:

die Mitarbeiter in den Unternehmen, die Handwerker, die Freiberufler, die vielen engagierten und sozial handelnden Unternehmer der kleinen und mittelständischen Wirtschaft. Ich möchte, dass die Lehrer unserer Kinder, die Ärzte und Pfleger unserer Kranken und Hilfebedürftigen die Anerkennung, die Wertschätzung und die Unterstützung erhalten, die sie täglich verdienen. Ich möchte, dass sich die Jungen und Ungestümen in den wohlgesetzten Grenzen unseres Rechtsraumes austoben, aber sich auch vor ihren Eltern und Großeltern, vor den Alten und Erfahrenen verneigen, weil sie die Erschaffer ihres Wohlstands und ihrer Freiheit sind.«[24]

Coronakrise

Hexenjagd

Als alle Welt noch unverbrüchlich an Inzidenzzahlen, PCR-Tests, Maskentragen, wirksame Impfungen und Lockdowns glaubte, schrieb ich mit *Vom Verlust der Freiheit* und *Das Impfbuch* zwei Aufklärungsbücher zum Thema Covid.

In *Das Impfbuch* behandelte ich alle wesentlichen Axiome des Corona-Narrativs, die sich bei näherer Betrachtung als unhaltbar erwiesen haben. Die zu 95 Prozent wirksamen und sicheren RNA-»Impfungen« waren in Wirklichkeit unwirksam und unsicher. PCR-Tests mit zu hohen Amplifikationszyklen stellten sich als unbrauchbar heraus – in der Folge erwiesen sich auch alle Inzidenzwerte als sinnlos. Namhafte Lockdown-Metastudien zeigten bereits zu einem frühen Zeitpunkt der Pandemie, dass Maskentragen und Lockdowns keinerlei Einfluss auf das Infektionsgeschehen gehabt hatten. Zudem verschärfte der kuriose Abbau Tausender Intensivbetten inmitten der Pandemie die systemimmanente Überforderung des Gesundheitssystems vollends. Schlussendlich widmete ich mich der sinnentleerten Zahl der »Coronatoten«, da sich diese aus der manipulativen Definition »an und mit Corona« gestorben zusammensetzte. Für meine Publikationen auf insgesamt 800 Seiten wurde ich geschnitten, alte Freunde kündigten mir die Freundschaft, da ich als »Querdenker«, »Schwurbler« und gefährlicher »Verschwörungstheoretiker« verunglimpft wurde.

Heute kommen selbst die Leitmedien nicht mehr umhin festzustellen: Jedes tragende Corona-Mem, das die Medien während der Krise vierundzwanzig Stunden am Tag sieben Tage die Woche propagierten, hat sich tatsächlich als falsch herausgestellt. Mehr noch: Die Befürchtungen, dass die Impfungen nur wenig wirksam sind, dafür aber hohe Nebenwirkungen produzieren, haben sich weitaus dramatischer bestätigt als angenommen. Zu Recht erinnert der Sachbuchautor und YouTuber Marc Friedrich daran, was Politik und Medien den Menschen bezüglich der Impfung versprochen hatten:

– *Verhindert Infektion*
– *Verhindert Übertragung*
– *Verhindert Hospitalisierung und Tod*
– *Verbleibt im Muskel*
– *Keine mRNA in der Muttermilch*
Nur zwei Spritzen nötig
– *Wirksam auch bei Virusvarianten*
– *Sicher und geprüft*
– *Keine Alternativen*
– *Führt zu Herdenimmunität*[25]

Nicht *eines* der vollmundigen Impfversprechen konnte eingelöst werden. Sind die Protagonisten und Einpeitscher der sinnlosen und schädlichen Coronamaßnahmen inzwischen zurückgetreten? Haben sich die Verantwortlichen für das tausendfach verursachte Leid entschuldigt? Haben die Inquisitoren der Pandemie inzwischen erkannt, dass sie Millionen Menschen zu Unrecht verunglimpft, diffamiert und sozial ausgegrenzt haben? Ist ihnen bewusst, dass nutzlose Impfungen und wirkungslose Abwehrmaßnahmen zur Explosion psychischer und physischer Erkrankungen führten, die viele Betroffene in den Suizid getrieben haben? Nach 1945 hat es keine Zeit gegeben, in der Bürger mehr Gruppenzwängen, Erpressungen, Nötigungen, Täuschungen, Lügen und Diskriminierungen ausgesetzt waren:

> »Wenn einer Minderheit Schuld daran gegeben wird, dass etwas nicht funktioniert, weil nicht alle mitmachen, nennt man das ›Gruppenzwang‹.
> Wenn man Leuten etwas wegnimmt und nur unter Bedingungen wieder zurückgibt, nennt man das ›Erpressung‹.
> Wenn man Menschen zu einer bestimmten Handlung zwingt, durch Drohungen, nennt man das ›Nötigung‹.
> Wenn man die Wahrheit nur scheibchenweise serviert und manche Sachen verheimlicht, nennt man das ›Täuschung‹.
> Wenn man Versprechen abgibt und sie immer wieder bricht, nennt man das ›Lügen‹.
> Wenn man Menschen in unterschiedliche Kategorien einteilt und sie anschließend unterschiedlich behandelt in Bezug auf ihre Freiheit und Selbstbestimmung, nennt man das ›Diskriminierung‹.«[26]

Anstatt sich der Ungereimtheiten der Coronakrise anzunehmen, hatten die Leitmedien zwei Jahre lang von einem »Killervirus« gesprochen, das sich einzig mit den »hochwirksamen und sicheren Impfungen« bekämpfen ließe. Jede Stimme, die dies anders sah, hatte man als unverantwortlichen »Schwurbler« gebrandmarkt. Besonders verheerend war die journalistische Täterschaft bezüglich neu lancierter Hexenjagden. Mit dem Slogan »Pandemie der

Ungeimpften« hatte man die Diffamierung und Ausgrenzung Ungeimpfter vorangetrieben. Mit dem Finger solle man auf diese trotzige Minderheit zeigen, hieß es in den Leitmedien.[27] Geprügelt[28] gehörten diese dummen Menschen, denn sie allein seien schuld daran, dass die Mehrheit ihre Freiheit verliere. Ethische Bedenken, eine Minderheit derart anzugehen, hatte man nicht, »eine Diskriminierung von Ungeimpften ist ethisch gerechtfertigt«, stellte die *Zeit* lapidar fest.[29] Statt Mahnern betraten nun selbsternannte »Ethiker« die politische Bühne. Dem eigentlich seit Jahren zur Antidiskriminierung erzogenen Bürger wurde erklärt, diesmal habe schon alles seine Richtigkeit mit der Ausgrenzung. Bei der Randgruppe handele es sich schließlich um kranke Blinddärme[30], die vom gesunden Volkskörper absondert werden müssten. An einige Aussagen, zu denen sich Politiker damals hinreißen ließen, erinnert auch die Wirtschaftsredakteurin Christiane Cichy vom *MDR*[31]:

»Tyrannei der Ungeimpften« – Weltärztebund-Vorsitzender Prof. Frank Ulrich Montgomery, *ARD*-Sendung *Anne Will.*

»Ungeimpfte dürfen nicht als Minderheit die Mehrheit terrorisieren« – Marie-Agnes Strack-Zimmermann (FDP) in der *Welt*.

»Kontakte zu Ungeimpften meiden« – Berliner Gesundheitssenatorin Dilek Kalayci (SPD), *Twitter*.

»Ihr seid jetzt raus aus dem gesellschaftlichen Leben« – Tobias Hans, ehemaliger Ministerpräsident des Saarlands, *Saarbrücker Zeitung*.

»Nicht mehr genauso am öffentlichen Leben teilnehmen können« – Ex-Bundesgesundheitsminister Jens Spahn, verschiedene Anlässe.

»Das heute uns alle beeinträchtigende Infektionsgeschehen rührt von den Ungeimpften her. Darüber gibt es gar keinen Zweifel!« – Olaf Scholz, 7. Dezember 2021, nach der Unterzeichnung des Koalitionsvertrags der Ampelparteien.

Viele Opfer hielten den neuen Pranger nicht aus. Etliche

verloren erst ihren Arbeitsplatz und dann ihre Freunde, nicht wenige wurden psychosomatisch krank, einige brachten sich in der Folge sogar um.

> »Aber wirklich und zum Teil existenziell betroffen waren diejenigen, die sich nicht impfen lassen wollten und die gegen die Maßnahmen demonstriert haben. Sie wurden, wie hier in diesem Buch detailliert beschrieben wird, ausgegrenzt, beschimpft, öffentlich stigmatisiert und denunziert in einem noch nie dagewesenen Umfang, sie waren struktureller Gewalt ausgesetzt, wie sie bis dato in diesem Ausmaß in der Bundesrepublik unbekannt war.
> Sie haben zum Teil ihre Arbeit und mithin ihre Existenz verloren, mussten ihre Künstler-, Sänger- oder Pianistenkarrieren beenden, wurden als Schauspieler von Bühnen und Sets ausgeschlossen oder ganz einfach herausgeschmissen, wenn sie eh zu den Unterprivilegierten gehörten, etwa die nicht geimpften Pflegekräfte, die, wie die Berliner Zeitung während dieses Zeitraums titelte, ›wie Hunde vom Hof gejagt‹ wurden.
> Ich persönlich hätte mir nie vorstellen können, dass Derartiges in der Bundesrepublik Deutschland passieren kann, und das nur wenige Monate nachdem 2019 noch pompös 70 Jahre Grundgesetz gefeiert wurden. […] Der erste Artikel des Grundgesetzes lautet: ›Die Würde des Menschen ist unantastbar.‹ Genau diese Menschenwürde aber wurde in der Coronakrise – und zwar auf staatliche Anordnung! – in unerträglicher Weise verletzt.«[32]

Verständlicherweise wollen die politisch Verantwortlichen von alledem inzwischen nichts mehr wissen. Man solle es doch endlich wieder gut sein lassen mit dem leidigen Thema. Ausgerechnet die schärfsten Maßnahmenbefürworter, wie Sachsens Ministerpräsident Michael Kretschmer, ringen sich heute eine schmallippige Entschuldigung ab und bekennen, dass fast alle Maßnahmen überzogen waren:

> »Das kann man nicht ungeschehen machen, aber man kann offen darüber reden. Man kann versuchen, jetzt ein Stück weit nach vorn zu leben, diese Fehler nicht noch einmal zu machen und sich nicht auch noch gegenseitig aufzurechnen.«[33]

»Gegenseitig aufrechnen« ist eine rhetorische Blendgranate, die ähnlich häufig zum Einsatz kommt wie die Floskel »beide Seiten haben Fehler gemacht«. Wirklich? Was wollen die Täter den Opfern zusätzlich denn noch »aufrechnen«? Diese Abrechnung kann nur einseitig erfolgen: Die Opfer stellen ihre Rechnung an die Täter – nicht umgekehrt. Die nachträgliche Vernebelung der Täter-Opfer-Position ist ein plumper Relativierungsversuch, um von der eigenen Schuld abzulenken. Das Manöver bedeutet für Maßnahmenopfer, die vielfach ihre Freunde und ihren Arbeitsplatz verloren haben, eine erneute Verhöhnung und Traumatisierung.

Ende November 2022 kommt es endlich auch in China zum offenen Protest gegen die willkürlichen Coronamaßnahmen, der brutal von Polizeikräften niedergerungen wird. Doch mittlerweile will sich kein deutscher Politiker mehr an die jüngste deutsche Polizeipraxis erinnern. Noch vor wenigen Monaten wurde auch deutschen Bürgern das verbriefte Grundrecht auf Demonstration mit denselben fadenscheinigen Hygieneargumenten untersagt wie in China. Mehr noch, China galt vielen Politikern als Musterland der Pandemiebekämpfung. In der dunkelsten deutschen Geschichte nach 1945 wurden auch hierzulande ergraute Ehepaare von Polizisten verprügelt und Eltern mit Kindern von Wasserwerfern gejagt.[34] Ohne jegliche Aufarbeitung dieses staatlichen Machtmissbrauchs ist es wenige Monate später der deutsche Bundespräsident Frank-Walter Steinmeier, der China ermahnt, das »hohe Gut der Demonstrationsfreiheit« bezüglich der Coronaproteste zu achten:

> »›Als Demokrat kann ich nur sagen: Die Freiheit der Meinungsäußerung ist ein wichtiges Gut‹, sagt der Bundespräsident. ›Und ich kann das, was wir sehen, nur mit der Hoffnung verbinden, dass die staatlichen Behörden in China dieses Recht der Meinungsäußerung, der Demonstrationsfreiheit achten.‹«[35]

Allgemein wird von den Leitmedien der große Vertrauensverlust in die Politik beklagt – Heucheleien wie diese erklären den Grund. Bei all der geleugneten Täterschaft dürfte es naiv sein, ausgerechnet von deutschen Politikern und Journalisten eine große Aufklärungsbereitschaft zu erwarten. Trotz erdrückender Faktenlage seit Beginn 2022 war diesen Gruppen der Wechsel in das Lager der Aufklärer verbaut.

Dennoch – kurz vor Ausbruch des Ukrainekrieges lässt sich tatsächlich ein gewisser Trend zugunsten der Aufklärung beobachten. Zaghaft schaffen es erste kritische Artikel auch in die etablierten Medien. Immerhin darf der Präsident des »Instituts für Qualität und Wirtschaftlichkeit im Gesundheitswesen« Prof. Jürgen Windeler im *ZDF*-Magazin »Berlin direkt« feststellen, dass man sich »viel zu wenig um Evidenz gekümmert hat«. Der *ZDF*-Bericht kommt zu dem eindeutigen Ergebnis, dass die Politik überzogen hat. Länder und Regionen ohne Maßnahmen, wie Schweden, hätten schlussendlich nicht schlechter dagestanden als das rigide Deutschland. Das Erstaunliche: Bereits im Mai 2022 räumt das *ZDF* sogar mit der Mär einer wirksamen Impfung auf:

»Das Robert Koch-Institut publiziert jede Woche einen Bericht zur Coronalage. Darin enthalten eine Tabelle über die Infizierten. Doch seitdem die mit Abstand größte Gruppe die Geboosterten sind, werden diese Zahlen nicht mehr veröffentlicht.«[36]

Mit anderen Worten: Die Impfung wirkt nicht nur nicht, sie hat sogar einen *negativen* Nutzen. Im Grunde hätte allein diese skandalöse Information zu einem medialen Nachbeben führen müssen. Doch im Sommer 2022, bei einer Impfquote von 80 Prozent, war das Interesse an einer rückhaltlosen Aufklärung gering. Wer mag in Nachhinein schon zugeben, zur größten Gruppe der Betrogenen zu gehören, die leichtfertig auf eine falsche Angsterzählung hereingefallen ist? Auch Herbert Grönemeyer versteht die Welt nicht mehr, dass es »ausgerechnet ihn« getroffen hat. Mehrfach geimpft und geboostert, muss er dennoch wegen einer »Coronainfektion« seine Tournee absagen:

»So ein Mist […] Dieses Virus zeigt sich von seiner zähen Seite […] Wir sind alle mehrfachst geimpft, wurden davor getestet, und trotzdem hat es ausgerechnet jetzt uns doch getroffen. Das ist sehr bitter.«[37]

Derartige Erfahrungen und die neuen wissenschaftlichen Erkenntnisse führen so gut wie nie zu einer Revision der bisherigen Sichtweise. Im Gegenteil, aus der Perspektive der Geimpften ist nicht die Impfung »Mist«, sondern das Virus ist ausgesprochen »zäh« … Geimpfte, die nach der Impfung Corona bekommen – laut RKI die größte Gruppe –, preisen ihre Impfentscheidung dennoch als Segen. Die hypothetische Kausalität dient dazu, die eigene Fehlentscheidung zu maskieren. Den logischen Irrwitz kommentiert ein Scherzbold in den sozialen Medien: Die Argumentation sei sinngemäß so, wie nach einem zerrissenen Kondom schwanger zu werden, um danach erleichtert festzustellen, »Zum Glück haben wir verhütet, sonst wären es Zwillinge geworden«.

Anfang 2022 wäre die Zeit reif gewesen, die Machenschaften hinter den Kulissen der Coronapandemie restlos aufzuklären, um zukünftigem Missbrauch vorzubeugen. Doch dann kam der Ukrainekrieg, und mit einem Schlag war jedwede Hoffnung zur nachhaltigen Aufklärung der Hintergründe der Coronapandemie vom Tisch. Noch bevor es auch nur ansatzweise zu einer dringend nötigen politischen Aufarbeitung kommen konnte, verschwand das Thema sang- und klanglos aus den Medien und damit auch aus den Köpfen der Menschen.

Elefantenherde

Aus dem sprichwörtlichen Elefanten in Raum, den niemand sehen will, ist bezüglich der Ungereimtheiten zu Corona inzwischen eine stattliche Elefantenherde geworden. In diesem Buch möchte ich nicht erneut in eine allzu detaillierte Beweisführung einsteigen, dass das Corona-Narrativ vorsätzlich manipuliert war. Nach Hunderten Seiten, die ich dazu geschrieben habe, soll es genug sein. Die Zeit der Analysen ist vorbei. Die Hintergründe sind geklärt, und die belastbaren Ergebnisse bezüglich der verheerenden Impfstoffwirkung liegen vor. Mein Resümee deckt sich mit dem des Philosophen Gunnar Kaiser:

> »Wer im Jahr 2022 noch immer davon ausgeht, dass in den vergangenen Jahren mehr oder weniger alles mit rechten Dingen zuging, alles von höchstens überforderten Politikern doch irgendwie gut gemeint war oder zumindest glimpflich enden wird, der wird durch kein Buch der Welt, sei es noch so gut recherchiert und rhetorisch noch so unwiderstehlich geschrieben, auf den Trichter kommen.«[38]

»Wenn jemand vor zwei, drei Jahren vorausgesagt hätte, dass eine weltweite Pandemie ausgerufen werden würde, die man auf Grundlage eines Testverfahrens feststellt, dessen Tauglichkeit auf einer einzigen, innerhalb von 24 Stunden zur Veröffentlichung freigegebenen, von Forschern mit eklatanten Interessenskonflikten verfassten Studie beruht – ein Testverfahren, das weder zwischen aktiven und vergangenen Infektionen unterscheiden noch eine tatsächliche Erkrankung nachweisen kann und eine hohe Fehlerquote hat, wenn 35 Zyklen überschritten werden, was aber nirgendwo einsehbar kontrolliert wird (ebenso wenig wie die Anzahl der getesteten Gensequenzen), und durch das aufgrund der kaum faktisch belegten Annahme asymptomatischer Ansteckung die bloße Möglichkeit eines Kollapses des Gesundheitssystems prognostiziert wurde, weswegen man quasi unbefristete Lockdowns ausruft, die laut dem renommiertesten Epidemiologen der Welt keinen größeren Nutzen haben, aus Angst vor einer Krankheit, die für 99 % der Menschen relativ ungefährlich und selbst für 99,77 % der positiv Getesteten nicht tödlich ist, deren Todesopfer genauso alt werden wie die Lebenserwartung ist (wobei bei denen nicht einmal zwischen an und mit Corona gestorben unterschieden wird und sie auch lange Zeit nicht obduziert wurden) und es auch in Ländern ohne oder mit wenig Maßnahmen keine signifikante Übersterblichkeit gibt … dafür aber nie dagewesene Eingriffe in Freiheit, Selbstbestimmung und Privatsphäre, eine globale wirtschaftliche Rezession, die Spaltung der Gesellschaft, überfüllte Psychiatrien für Kinder und Jugendliche, denen eine erfüllende Gegenwart verweigert sowie die Zukunft zerstört wurde, und eine voraussichtlich regelmäßige gentechnikbasierte Behandlung durch eine Massenimpfung samt digitalem Impfausweis, der eine

> Impfung mit einem experimentellen Impfstoff bestätigt, der weder sterile Immunität garantiert noch zuverlässig gegen Virusvarianten schützt, dafür aber die Gefahr bedenklicher Nebenwirkungen hat, und von der dann bis in alle Ewigkeit die Gewährung weiterer Privilegien (früher: Grundrechte) abhängig gemacht werden kann … wenn jemand das vor zwei oder drei Jahren vorausgesagt hätte – wie hätten wir reagiert?«[39]

Viele Bürger hatten das logische Denken nach zweijährigem Gaslighting offenbar aufgegeben. Man denke nur an die verrücktesten Handlungsanweisungen zu Weihnachten, wo wann welche Maskenpflichten herrschten, oder rigorose Lockdowns, all das auf der Basis völlig sinnloser Inzidenzwerte. So galt im ersten Coronajahr eine Inzidenz von 100 noch als »wissenschaftlich festgestellter Grenzwert« zur Überforderung des Gesundheitssystems. Ab einem Wert von 100 sperrte Angela Merkel quasi im Alleingang alle Bürger weg und brachte die deutsche Wirtschaft an den Rand des Kollapses. »Die Lage ist ernst, sehr ernst«, betonte der damalige Bundesgesundheitsminister Jens Spahn im Bundestag, als er diesen völlig konstruierten Wert zur Modifikation des Infektionsschutzgesetzes herangezogen hatte. Kurz darauf galt die »bundeseinheitliche Notbremse«: Bei Überschreitung einer Inzidenz von 100 sollten automatisch rigorose Lockdowns greifen – eine Peinlichkeit, über die man heute nicht mehr so gerne spricht. Wenige Monate später lagen die Impfquoten nahe 80 Prozent. Dennoch, oder gerade deshalb, erreichten viele Länder und Regionen plötzlich Inzidenzen von weit über 1500 – weiterhin ohne nennenswerte Überlastungen der Krankenhäuser. Der mit Händen zu greifende Widerspruch hätte in einer gesunden Gesellschaft eigentlich das gesamte Narrativ zum Einsturz bringen müssen. Tatsächlich löste der Skandal seitens der Leitmedien allenfalls Achselzucken aus. Mit Merkels Lockdown bei einem Inzidenzwert von 100 wird schon alles seine Richtigkeit gehabt haben. 2020 war eben alles anders als 2021 … In Wirklichkeit war die Erfindung der »Inzidenzwerte« von Anfang an ein durch Lobbyeinfluss platziertes Instrument zur Visualisierung einer angeblichen Gefahr, die es in der Realität nie gegeben hatte.

Während alle Menschen wie gebannt auf die Ukrainekrise schauten, zerlegte sich die ohnehin brüchige Corona-Erzählung vollends – doch kein etabliertes Medium nahm noch Notiz davon. Dabei geschahen Ungeheuerlichkeiten, die eigentlich zum sofortigen Rücktritt der verantwortlichen Entscheider hätten führen müssen. So erschien auf *Finanznachrichten.de* ein bemerkenswerter Artikel von Dennis Austinat mit dem Titel »*BioNTech: Ist die Party vorbei?*«. Im Artikel wird plötzlich deutlich, dass offenbar *BioNTech-Pfizer* selbst kein größeres Interesse daran hat, eine endgültige Marktzulassung des ursprünglichen Coronaimpfstoffs zu erhalten:

> »Bis auf China werden weltweit die Coronamaßnahmen aufgehoben. Die BioNTech-Aktie leidet darunter, aber auch unter den immer häufiger auftretenden Impfnebenwirkungen – das räumt der Konzern selbst ein. […] BioNTech musste vor der US-Börsenaufsicht SEC zugeben, dass die Wirksamkeit ihres aktuellen Coronaimpfstoffs eventuell nicht für eine dauerhafte behördliche Zulassung ausreichend sein könnte: ›Wir könnten nicht in der Lage sein, eine ausreichende Wirksamkeit oder Sicherheit unseres Covid-19-Impfstoffs und/oder variantenspezifischer Formulierungen nachzuweisen, um eine dauerhafte behördliche Zulassung in den Vereinigten Staaten, Großbritannien, der Europäischen Union oder anderen Ländern zu erlangen, in denen der Impfstoff für den Notfalleinsatz zugelassen oder eine bedingte Marktzulassung erteilt wurde.‹ […] Selbst auf die

> Nebenwirkungen weist BioNTech in ihrem Statement für die SEC hin und erklärte, dass in ihren klinischen Studien oder sogar nach Erhalt der behördlichen Zulassung schwerwiegende unerwünschte Ereignisse auftreten könnten. Außerdem sei die Dauerhaftigkeit der Immunreaktion in klinischen Studien noch nicht nachgewiesen. BioNTech könne außerdem nicht garantieren, dass neu entdeckte oder entwickelte Sicherheitsprobleme nicht auftreten. Das Fazit von BioNTech fällt daher vorsichtig aus: ›Die nachträgliche Entdeckung zuvor unerkannter Probleme könnte den kommerziellen Verkauf des Produkts negativ beeinflussen, zu Einschränkungen des Produkts oder dazu führen, dass das Produkt vom Markt genommen wird.‹«[40]

Anfang 2022 rechnet *BioNTech* offenbar selbst nicht mehr damit, dass ihr millionenfach verimpftes Produkt noch eine endgültige Marktzulassung erhalten könnte. Oder ist es womöglich sogar so: Die Firma ist gar nicht so brennend an einer unbefristeten Zulassung interessiert, denn bisher schütze die »Notfallzulassung« den Konzern davor, selbst in die Haftung gehen zu müssen. Der Treppenwitz könnte kaum größer sein: Ein Impfstoff, der seitens Politik und Medien bis vor Kurzem noch als das sichere Allheilmittel gegen die Pandemie gepriesen wurde, wird wegen zu großer Risiken sang- und klanglos vom Markt genommen. Ein Impfstoff, von dem der Hersteller plötzlich die »nachträgliche Entdeckung zuvor unerkannter Probleme« einräumt und keine ausreichende Wirkung und schwerwiegende Nebenwirkungen konstatiert. Zur Erinnerung: Es handelt sich um denselben Impfstoff, der von 296 Bundestagsabgeordneten als sicher, wirksam, geprüft und zugelassen bezeichnet wurde und der laut Antrag 20/899 *zwangsweise* jedem Bundesbürger ab 18 Jahren verabreicht werden sollte. Doch damit nicht genug: Der Antrag wurde gestellt, als bereits die milde

Variante »Omikron« vorherrschte. Eine zwangsweise Verimpfung des veralteten und vollkommen wirkungslosen Impfstoffs verkam damit zum reinen Politikum.

> »Dazu werden insbesondere erstmals alle erwachsenen Personen persönlich kontaktiert und von ihren Krankenversicherungen über Beratungs- und Impfmöglichkeiten informiert. Darauf aufbauend wird in einem zweiten Schritt eine allgemeine Impfpflicht für Personen über 18 Jahre eingeführt. Die Kampagne wie auch die allgemeine Impfpflicht werden dabei so ausgestaltet, dass sichergestellt ist, dass alle Mitglieder der Gesellschaft erreicht werden. Dies bedeutet, dass Personen, die ihren gewöhnlichen Aufenthalt seit mindestens sechs Monaten in der Bundesrepublik Deutschland haben und das 18. Lebensjahr vollendet haben, verpflichtet sind, ab dem 1. Oktober 2022 über einen Impf- oder Genesenennachweis zu verfügen und diesen auf Anforderung der zuständigen Behörde vorzulegen.«[41]

Angesichts der verheerenden Impfschäden müssten sich in einer freien und wachen Demokratie sämtliche Impfzwangbefürworter des Bundestages nebst ihrem Beraterstab mindestens den unangenehmen Fragen von Journalisten in einer *Tagesschau*-Sondersendung stellen. Natürlich geschah nichts dergleichen. Bis Ende 2022 erschienen die impfkritischen Berichte allenfalls in Wirtschafts- und Börsenblättern, und auch dies nur, um die Entwicklung der Pfizer-Aktie einschätzen zu können. Anstatt ihrem Auftrag gerecht zu werden, berichteten die Leitmedien entweder gar nicht, oder sie spielten den Vorgang als AfD-Propaganda herunter. So wurde dem Bürger erklärt, das Ganze sei lediglich ein juristisches Manöver, mit dem sich die Firma Pfizer vor der aggressiven Börsenaufsicht der USA schützen müsse, den neuen

Informationen dürfe man keine allzu große medizinische Bedeutung beimessen. *Zeit-Online* versuchte sich nach dieser Lesart in bester Faktencheckermanier:

> »Jüngst wird mit Verweis auf ein BioNTech-Dokument aus den USA dem Hersteller unterstellt, er selbst sei gar nicht überzeugt von seinem Impfstoff. Behauptung: ›BioNTech glaubt nicht mal selbst an die Impfung‹, heißt es etwa von der AfD. Bewertung: Falsch. [...] Einige schließen daraus, dass selbst der Hersteller einräumt, ein unwirksames und unsicheres Mittel auf den Markt gebracht zu haben. Doch das stimmt nicht. Die Aussage fällt in einem Warnhinweis mit Vorhersagen der Geschäftsführung (›Cautionary statement regarding forward-looking statements‹). Diese juristischen Angaben sind von der Börsenaufsicht detailliert vorgeschrieben, um mögliche Schadenersatzklagen von Investoren zu vermeiden.«[42]

Laut *Zeit-Online* ist alles in bester Ordnung mit dem Pfizer-Impfstoff. Sofern die Aktie nach derartigen Meldungen dennoch fallen sollte, haben sich die Aktionäre allein durch juristische Spitzfindigkeiten ins Bockshorn jagen lassen. Dass die *Zeit* noch im Mai 2022 ausgerechnet der Firma Pfizer als willfähriger »Faktenchecker« beispringt, ist bemerkenswert. Immerhin war auch damals allgemein bekannt, dass die Firma bereits dutzendfach wegen schweren Betrugs und gefährlicher Köperverletzung verurteilt wurde.

Am Montag den 10. Oktober 2022 sollte Pfizer-Chef Albert Bourla vom Covid-Sonderausschuss des EU-Parlaments befragt werden. Der Sonderausschuss wurde ins Leben gerufen, da sich viele EU-Parlamentarier über die intransparenten Ankaufverfahren der Impfstoffe beschwert hatten. Vertragsverhandlungen fanden zwischen Ursula von der Leyen und Pfizer-Chef Bourla hinter verschlossenen Türen statt, EU-Parlamentariern wurden im Nachhinein lediglich geschwärzte Dokumente ausgehändigt. Das heimliche Verfahren war ein Novum in der Geschichte der EU, erklären EU-Rechnungsprüfer in der *Welt am Sonntag:*

> »Das war der einzige Vertrag, bei dem das gemeinsame Verhandlungsteam entgegen dem Beschluss der Kommission über die Beschaffung von Covid-19-Impfstoffen nicht in diese Verhandlungsphase einbezogen wurde.«[43]

Wegen der geheimen Absprachen hinter den Kulissen ermittelt inzwischen die Staatsanwaltschaft. SMS-Nachrichten zwischen von der Leyen und Pfizer-Chef Bourla, die Licht in den Vorgang hätten bringen können, sind leider auf unerklärliche Weise verschwunden. Damit nicht genug, Bourla brüskierte die EU und sagte seine Teilnahme vor dem Sonderausschuss kurzerhand ab. Stattdessen schickte er seine Vertretung Janine Small vor, ihres Zeichens »President of International Developed Markets« des Pfizer-Konzerns. Small antwortet auf die meisten Fragen der Parlamentarier unverkennbar arrogant, ausweichend bis gar nicht.[44] Allein der Frage nach der dubiosen, nachträglichen Erhöhung des Impfstoffpreises von 15,50 Euro auf plötzlich 19,50 Euro pro Dosis weicht sie viermal aus.

Dann platzt die Bombe vollends, das Nachbeben sollte das Impfstoff-Narrativ einer angeblich »geprüften, sicheren und wirksamen Impfung« endgültig zerstören. Der Niederländer Rob Roos stellt die alles entscheidende Frage: »Wurde vor der Markteinführung getestet, ob der Covidimpfstoff von Pfizer die Übertragung des Virus verhindert? Was wussten wir vor der Markteinführung über die Immunisierung?« Janine Small lächelt, windet sich und antwortet schließlich klipp und klar: »Nein«, dann schiebt sie nach: »Wir mussten wirklich mit der Geschwindigkeit der

Wissenschaft gehen, um zu wissen, was auf dem Markt passiert.« Für Pfizer waren offensichtlich »Marktinteressen« wichtiger als der alles entscheidende Nachweis, dass die Impfungen tatsächlich vor Ansteckung schützen.

Einzig auf dieser Behauptung beruhte aber die gesamte restriktive Coronapolitik der EU. Nur mit dem Argument der Ansteckungsverhinderung folgten Ausgrenzung, Hexenjagden und Diffamierungen gegen Ungeimpfte. Die Parole »Pandemie der Ungeimpften« wurde von Dutzenden Politikern und Journalisten wiederholt, und im Oktober 2022 gibt der Impfstoffhersteller unumwunden zu, dass die millionenfach verabreichten Produkte von Anfang an gar nicht auf Wirksamkeit getestet wurden … Zynisch stellt Pfizer im Nachgang klar, dass man dies auch zu keinem Zeitpunkt behauptet habe. Ein Blick in das Kleingedruckte der Impfstoffverträge könnte hilfreich sein:

> »Der Käufer erkennt an, dass die langfristigen Wirkungen und die Wirksamkeit des Impfstoffs derzeit nicht bekannt sind und dass der Impfstoff unerwünschte Wirkungen haben kann, die derzeit nicht bekannt sind.«[45]

Auch wenn sich der Kunde Europäische Union dies sicher so gewünscht hatte – zu keinem Zeitpunkt hatte Pfizer garantiert, dass die Impfungen tatsächlich wirksam sind. Auch in Bezug auf etwaige Nebenwirkungen ist die Firma aus jeglicher Haftung entlassen. Bereits in *Das Impfbuch* hatte ich auf diese unerhörten Vertragsklauseln hingewiesen, die Ursula von der Leyen ohne Murren geschluckt hatte – aber damals galten derartige Fakten noch als »Verschwörungstheorien«. Ob die EU-Präsidentin bezüglich der Verträge von ihrem Mann Heiko von der Leyen beraten wurde, Direktor des Biopharmaunternehmens *Orgenesis*, an dem auch die Firma Pfizer beteiligt ist, muss offenbleiben.

Inzwischen steht fest: Egal, ob zweimal, dreimal, viermal, plus Booster – keine noch so häufige Impfung schützt wirksam vor Infektion. So zitiert der Epidemiologie Prof. Alexander S. Kekulé in seinem *MDR*-Podcast vom 15. November 2022 eine Studie, die die Aussagen des *ZDF*, »die mit Abstand größte Gruppe auf den Intensivstationen sind die Geboosterten«, bestätigt:

> »[…] Das ist echt Mist für alle, mich eingeschlossen, die der Meinung sind, dass die Impfung wichtig ist. Diese Daten dort zeigen klipp und klar, dass es keinen statistisch irgendwie nachweisbaren Unterschied gibt bezüglich der Schwere der Nachfolgeerkrankung bei zweiten, dritten, vierten Infektionen zwischen Geimpften und Ungeimpften. Das muss man sich mal sozusagen auf dem Ohr zergehen lassen in diesem Fall. Es gibt keinen Unterschied. Die haben das wirklich versucht rauszufinden. […] Das heißt also mit anderen Worten: Ob einer geimpft war oder nicht, hat sein Risiko, bei einer Zweitinfektion noch mal schwer krank zu werden oder sechs Monate später so etwas wie Long Covid dann zu haben, überhaupt nicht verändert – und zwar egal, ob denn nur einmal, zweimal oder dreimal. Also die haben differenziert nach Menschen, die gar nicht geimpft sind, einmal geimpft sind, zweimal geimpft sind oder vollständig geimpft plus einmal geboostert. Mehr hatten sie dann nicht. Also der zweite Booster ist nicht mit drin gewesen.«[46]

Nebenwirkungen

Was sich hinsichtlich der Impfungen jedoch sehr wohl nachweisen lässt, sind die eklatanten Nebenwirkungen. In *Das Impfbuch* habe ich die verschiedenen Pathomechanismen ausführlich beschrieben, hier soll ein kurzer Hinweis genügen. mRNA-»Impfstoffe«

sind im Grunde genommen eine Gentherapie, mit der gesunde Körperzellen umprogrammiert werden. Anstelle physiologischer Eiweiße produziert eine vom Impfstoff befallene Zelle fortan das sogenannte Spike-Protein, die Bindungsstelle des echten SARS-CoV-2-Virus. Die Immunabwehr des Körpers soll an diesen synthetisierten Spikes lernen, das echte Virus abzuwehren. Unglücklicherweise haben die Mahner der experimentellen Methode mit zwei Grundannahmen recht behalten:

1. *Der injizierte Impfstoff verbleibt nicht im Oberarmmuskel nahe der Einstichstelle.*
2. *Das Spike-Protein ist selbst toxisch und in höchstem Maße bioaktiv.*

Da der Körper die toxischen Spike-Proteine unbedingt wieder loswerden will, die Synthese aber unkontrollierbar in allen möglichen Körpergeweben vonstattengeht, greift die Immunabwehr das zuvor gesunde Körpergewebe nach der Impfung direkt an. Hinzu kommt, dass es nach der Impfung zur Bildung sogenannter Autoantikörper kommen kann. In der Folge kommt es vor allem im Endothel der Blutgefäße, Herzmuskel und Lunge zu mannigfaltigen Entzündungsreaktionen, Blutgerinnungsstörungen und Autoimmunreaktionen.

> »1. Das Spike-Protein selbst, ganz ohne das Virusgenom, wirkt toxisch, da es physiologisch wichtige ACE-2-Rezeptoren blockiert und außerdem zu krankhaften Zellfusionen führt.
> 2. Das nach der Impfung veränderte Körpergewebe neigt im Bereich der Blutkapillaren zu Entzündungen, Thrombosen und einer Verminderung von Blutplättchen.
> 3. Aufgrund der hohen Ähnlichkeit der Spike-Proteine mit physiologisch vorkommenden Körpereiweißen könnten

die nach der Impfung gebildeten Antikörper langfristig eine Reihe von Autoimmunkrankheiten auslösen.

4. Die SARS-CoV-2-Impfung steht im Verdacht, paradoxe, ›bindende‹ Antikörper zu produzieren. Greift dieses ›ADE-Phänomen‹, können Reinfektionen mit einem echten Coronavirus bei Geimpften zu wesentlich schwereren Krankheitsverläufen führen.«[47]

Die Palette der diversen Nebenwirkungen untersuchte eine Studie von Professors Harald Matthes an der Berliner Charité. Als Matthes Anfang Mai 2022 als einer der Ersten mit den verheerenden Ergebnissen an die Öffentlichkeit geht, greift noch der übliche Reflex der Leugnung. Der mediale Unfall ereignete sich wieder einmal im letzten noch halbwegs unabhängigen Staatsmedium, dem *Mitteldeutschen Rundfunk* – ein Fauxpas, der damals noch eiligst bereinigt wurde. Das Anfang 2022 noch auf Abwieglung programmierte Mediensystem reagierte schnell. Vor allem die drastische Untererfassung der Impfschäden, über die ich in *Das Impfbuch* gemutmaßt hatte, bestätigte die Matthes-Studie vollends. So lautete der ursprüngliche, erste Absatz des *MDR*-Berichts vom 3. Mai 2022 wie folgt:

> »Die Zahl schwerer Komplikationen nach Impfungen gegen SARS-CoV-2 ist 40 Mal höher, als durch das Paul-Ehrlich-Institut (PEI) bislang erfasst wurde. Das ist eines der Ergebnisse einer langfristigen Beobachtungsstudie der Berliner Charité. Studienleiter Professor Harald Matthes fordert jetzt mehr Anlaufstellen für Betroffene.«[48]

Kurze Zeit später liest sich derselbe Absatz des Artikels so:

> »Die Zahl schwerer Komplikationen nach Impfungen gegen SARS-CoV-2 könnte höher sein, als durch das Paul-Ehrlich-Institut (PEI) bislang erfasst wurde. Das ist eines der vorläufigen Ergebnisse einer bislang unveröffentlichten langfristigen Beobachtungsstudie der Berliner Charité. Der Leiter der Untersuchung, Professor Harald Matthes, fordert jetzt mehr Anlaufstellen für Betroffene.«[49]

Nur zwanzig Tage später, am 23. Mai 2022, sind die Ergebnisse des Professors lediglich »vorläufig« und »unveröffentlicht«, die Komplikationen »könnten« allenfalls höher sein als angenommen – von einer 40-fachen Untererfassung der Impfschäden ist keine Rede mehr. Ohne die sehr hilfreiche »Wayback-Machine«[50] ließen sich derartige Manipulationen im Nachhinein gar nicht mehr aufklären. Doch was hatte die Studie tatsächlich herausgefunden, das einen so drastischen, nachträglichen Eingriff in einen *MDR*-Bericht erforderlich machte? Die Antwort liegt bereits im ersten Satz des Berichts: Das Paul-Ehrlich-Institut hatte die Zahl schwerwiegender Impfreaktionen mit lediglich 0,2 Meldungen pro 1000 Impfdosen angegeben. Viele unabhängige Ärzte hatten protestiert und von einer drastischen Schönung der Situation gesprochen. Zum selben Ergebnis kam auch die Studie der Charité, indem sie eine 40-fache Untererfassung feststellte:

> »Das Ergebnis: Acht von 1.000 Geimpften kämpfen mit schweren Nebenwirkungen. ›Die Zahl ist nicht überraschend‹, erläutert Prof. Dr. Harald Matthes, Leiter der Studie: ›Sie entspricht dem, was man aus anderen Ländern wie Schweden, Israel oder Kanada kennt. Übrigens hatten selbst die Hersteller der Impfstoffe in ihren Studien bereits ähnliche Werte ermittelt. […] Angesichts von etwa einer halben Million Fällen mit schweren Nebenwirkungen nach

> Covidimpfungen in Deutschland, müssen wir Ärzte tätig werden‹, betont Prof. Matthes, der neben seiner Tätigkeit an der Berliner Charité im Vorstand mehrerer medizinischer Fachgesellschaften ist und seit Jahren die Wirkung von Arzneimitteln systematisch untersucht. ›Wir müssen zu Therapieangeboten kommen, auf Kongressen und in der Öffentlichkeit offen darüber diskutieren, ohne dass wir als Impfgegner gelten.‹«[51]

Der eigentliche Skandal: Prof. Matthes hatte, wie etliche seiner Kollegen rund um den Globus, festgestellt, dass eine RNA-Impfung rein statisch gesehen einen *negativen* Nutzen hat. Ende 2022 werden geleakte Daten des Sanitätsdienstes der Bundeswehr genau dies bestätigen; *Die Weltwoche* sticht die Daten durch: Die zu 100 Prozent geimpften Bundeswehrsoldaten haben eine Covidfallquote von 55 Prozent – weitaus häufiger als der Rest der Bevölkerung, die nur eine Fallquote von 43 Prozent aufweist.[52]

Angesichts des dramatischen Volllaufens vieler Arztpraxen mit Impfopfern sprach sich Prof. Matthes für die Schaffung von Spezialambulanzen aus, in denen Impfschäden fachgerecht behandelt werden können. Der Studienleiter monierte, viele Impfopfer würden mit ihren Beschwerden nicht ernst genommen, zudem hätten viele Ärzte Angst, sich mit dem Thema zu beschäftigen. Ich würde ergänzen: Wer als Arzt seine Patienten geimpft hatte, was bekanntlich sehr lukrativ war, kann sich im Nachhinein gar nicht mehr objektiv mit den Impfschäden befassen. Prof. Matthes verglich die Impffolgen mit dem Krankheitsbild »Long Covid«: »Häufig ist das Vorhandensein zu vieler Autoantikörper im Blutplasma der Betroffenen die Ursache des Problems.« Die Lösung seien »spezielle Blutwäschen«, in denen die überschüssigen Antikörper entfernt würden, zudem müsse man durch medikamentöse Immununterdrückung die überschießenden Autoimmunreaktionen des Körpers dämpfen – eben darüber hatte ich in *Das Impfbuch* geschrieben. Mit anderen Worten: Einige Impfopfer werden vorerst zu Dialysepatienten und bekommen hoch dosiertes Kortison, danach folgen längerfristige Rehamaßnahmen.

Der Skandalartikel des *MDR* wurde flankiert durch einen zwölfminütigen Fernsehbericht mit dem Titel »Coronaschutzimpfung – Prof. Harald Matthes über Impfkomplikationen«, in dem erstmalig Impfopfer zu Wort kommen. Dieser mutigen Pionierarbeit werden Ende 2022 viele Berichte folgen, die alle zum selben Ergebnis kommen: mRNA-»Impfungen« können schwere Schäden verursachen. Doch im Mai 2022 wurde der *MDR*-Artikel noch hektisch überabeitet und fortan mit einem Disclaimer versehen:

> »In einer früheren Version dieses Artikels war die Aussage zu lesen, dass die Zahlen der ImpfSurv-Studie zu schwerwiegenden Impfnebenwirkungen sich auch in den Daten anderer Länder wie Schweden, Israel oder Kanada bestätigen. Recherchen des MDR haben das nicht bestätigt. […]
> Von der im Artikel genannten Studie und den enthaltenen Zahlen hat sich die Charité distanziert und eine Überprüfung veranlasst. Die Studie wurde inzwischen offline genommen. Über die Ergebnisse werden wir berichten.«[53]

Dass im weiteren Verlauf Prof. Matthes dasselbe Schicksal ereilte wie alle bisherigen kritischen Wissenschaftler, ist kaum noch verwunderlich. Wenn man heute versucht, die ehemalige Studienseite[54] bei der Charité aufzurufen, erhält man die berühmte Fehlermeldung 404, »Die von Ihnen angeforderte Seite konnte leider nicht gefunden werden.« Charité-Sprecher Markus Heggen wies gegenüber dem *ZDF* eiligst auf »methodische Schwächen« der Studie hin, und die Berliner Wissenschaftssenatorin Ulrike Gote (Grüne) sah »berechtigte Zweifel an der Qualität der Befragung«. Matthes, immerhin ärztlicher Leiter des anthroposophischen Gemeinschaftskrankenhauses Havelhöhe mit einer Stiftungsprofessur am Institut für Sozialmedizin, Epidemiologie und Gesundheitsökonomie der Universitätsmedizin Charité, wurde eilig zu einem »Naturdoktor« umgeschrieben, dessen Studiendesign man von vornherein nicht ernst nehmen dürfe. Es sei daher kein Wunder, dass seine Thesen in »Querdenker«-Kreisen Verbreitung fänden.

Pioniere wie Prof. Matthes hatten es Anfang 2022 noch schwer. Mit Beiträgen wie »Hirnschädigung nach Impfung – wie Hinterbliebene um Aufklärung kämpfen«[55] oder »Long-Covid-Symptome nach Impfung – Impfgeschädigte fühlen sich im Stich gelassen«[56] kommen Ende 2022 jedoch immer mehr Berichte in die öffentlich-rechtlichen Sender, die Matthes rehabilitieren. In der Uniklinik Marburg sollte eigentlich eine Spezialambulanz für Long-Covid-Patienten eingerichtet werden – inzwischen ist die Ambulanz zum Mekka für Impfgeschädigte geworden. Der Leiter Prof. Dr. Bernhard Schieffer berichtet im *ZDF* von schweren neurologischen Schäden und Blutgerinnungsstörungen bei jungen, zuvor kerngesunden Frauen nach mRNA-Impfung. Dr. Muhidien Soufi erklärt, dass sowohl die Krankheit Covid wie auch die Impfung dagegen zum selben Phänomen schwerer immunologischer Störungen führen können: Gewisse Bluteiweiße zeigen in beiden Fällen dieselben signifikanten Veränderungen. Als ich diese These in *Das Impfbuch* vorstellte, galt dies als unverantwortliche Fake News. Der Bedarf an den teuren Blutwäschen, den Prof. Matthes bereits im Frühjahr angemahnt hatte, ist inzwischen riesengroß. Das Blut von den toxischen Autoantikörpern zu reinigen, damit die mannigfaltigen Entzündungen im Körper abheilen können, scheint die einzig wirksame Methode zu sein, um die Impfschäden abzumildern. Derzeit sind viele Patienten so verzweifelt, dass sie die 12.000 Euro teuren Dialysen sogar aus eigener Tasche bezahlen, ohne den Bescheid zur Kostenübernahme durch die Krankenkassen abzuwarten. Allein die Klinik in Marburg kann den Ansturm nicht mehr bewältigen. Inzwischen stehen 6000 Patienten auf einer Warteliste, deren Wartezeit neun Monate beträgt. Nicht jedem Impfopfer kann nach dieser endlosen Wartezeit noch geholfen werden. Im selben Beitrag des *ZDF* kommt auch die Internistin Dr. Beate Jäger zu Wort. Sie zeigt dem *ZDF*-Team Aufnahmen völlig verstopfter Blutgefäße nach Impfung und erklärt, dass die Gerinnungsstörungen so dramatisch werden können, dass es ihr teilweise nicht mehr gelänge, Blut abzunehmen. An der Nadel, mit der sie eben noch das Blut entnehmen wollte, klebte beim Herausziehen stattdessen ein 12 Zentimeter langes Blutgerinnsel. Beate Jäger führt weiter aus, dass es angesichts dieser dramatischen Schäden unethisch sei, erst noch langwierige Studien abzuwarten, den Impfopfern müsse sofort und unbürokratisch geholfen werden.

Bezüglich der Aufdeckung drastischer Untererfassung von Impfnebenwirkungen gab es neben Matthes natürlich weitere Pioniere; dabei gilt die Regel: Je früher der Aufklärer mit seinen Ergebnissen an die Öffentlichkeit ging, desto krasser wurde er diffamiert. So war der ehemalige Vorstand der BKK ProVita Andreas Schöfbeck schon im Februar 2022 aufgrund der internen Daten seiner Krankenkasse zu dem Schluss gekommen, dass die Nebenwirkungen der Coronaimpfungen um ein Vielfaches höher sein müssen als vom Paul-Ehrlich-Institut angegeben. Schöfbeck rechnete die Anzahl der Betroffenen in seiner Krankenkasse bundesweit hoch und kam im Gegensatz zum PEI nicht auf ca. 120.000 Impfopfer, sondern auf mehrere Millionen. Kurz darauf sprach der Chef des Virchowbundes von einer »Schwurbel-BKK«, Schöfbeck wurde gefeuert und saß von einem Tag auf den anderen auf der Straße.

Doch schon im Sommer 2022 stellte sich heraus, dass Schöfbeck mit seiner Schätzung goldrichtig gelegen hatte. Erst auf Nachfrage des Gesundheitsausschusses des Bundestags, Anfrage von MdB Martin Sichert, konnte die Kassenärztliche Vereinigung gezwungen werden, ihre internen Daten herauszugeben. Nach endloser Wartezeit – die Bekanntgabe der Daten von 2021 erfolgte erst im Juni 2022 – war das Ergebnis eine Katastrophe für jeden Impfbefürworter: Wieder einmal hatten alle »Schwurbler« recht gehabt. Die Abrechnungen aller Kassenärzte für das Jahr 2021 offenbarten das Unglaubliche: Von 172.062.925 verabreichten Covidimpfdosen mussten anschließend 2.487.526 Patienten mit Impfnebenwirkungen behandelt werden – verglichen mit herkömmlichen Impfungen der Super-GAU.[57] Dabei wäre die hohe Zahl der Betroffenen überhaupt nicht in die Statistik eingegangen, sofern die Ärzte die Beschwerden nicht als Impfproblem anerkannt hätten. Andernfalls wäre für das Leiden nämlich eine andere Kennziffer vergeben worden.

Der Impfskandal, der erst Ende 2022 schleppend ans Tageslicht kommt, wird seitens der Medien als ganz große Überraschung verkauft. »Wer hätte das schon wissen können«, lautet der Tenor. Nun – ich wusste es. Und mit mir Millionen andere Bundesbürger auch. Bei einer angeblichen Killerseuche, bei der nicht mehr Menschen sterben als in jeder anderen Grippesaison, und einer »Impfung«, zu der man mit Bordellbesuchen und Bratwürsten überredet werden muss, hätte man draufkommen können.

In Wirklichkeit war alles von Anfang an bekannt. Allein die Studien der Hersteller ließen erahnen, was auf die Bürger mit den experimentellen RNA-Impfstoffen zukommen würde. Bereits in *Vom Verlust der Freiheit* zitierte ich die Einschätzung des führenden Covid-19-Experten Frankreichs, Professor Eric Caumes, die er im Jahr 2020 gemacht hatte:

> »Noch nie habe er eine so hohe Häufigkeit von unerwünschten Nebenwirkungen bei einem Impfstoff gesehen, sagte er nach der Durchsicht des Berichts der American Food and Drug Administration (FDA) über den Pfizer-Impf-

stoff gegenüber *Le Parisien*. Besonders junge Menschen seien betroffen, gerade nach der zweiten Dosis. 15,8 % der Geimpften im Alter von 18 bis 55 Jahren hatten demnach beispielsweise nach der zweiten Injektion Fieber, 45 % benötigten Medikamente, um Fieber und Schmerzen zu behandeln. 55 % hatten Kopfschmerzen, und 62 % waren müde. ›Nein, wirklich, das ist viel zu viel‹, sagte er, ›vielleicht gibt es ein Problem …‹«[58]

Das Problem gab es tatsächlich, weltweit und millionenfach. Dennoch bleibt das Paul-Ehrlich-Institut unverdrossen bei nur 244.576 gemeldeten Impfnebenwirkungen[59] – ein Zehntel der tatsächlichen Fälle. Bislang hatte man Aufklärer wie Matthes und Schöfbeck mit einem eleganten Zirkelschuss kaltgestellt: Kritische Berichte *müssen* Schwurbelei sein, da sie in »Querdenker«-Kreisen geteilt würden. Mit dieser Logik ließ sich seit mehr als zwei Jahren jeder kritische Wissenschaftler mundtot machen: In Schritt eins framte man wache und kritische Bürger als radikale Randgruppe. »Querdenker« wurde zum Synonym für Wirrköpfe, Aluhutträger, Reichsbürger und Rechtsextreme. Wenn dann seriöse und kritische Wissenschaftler wie Matthes oder Schöfbeck das offizielle Narrativ hinterfragten, tauchten deren Einschätzungen natürlich in kritischen Netzwerken auf – ergo wurden die Wissenschaftler selbst in die Nähe der »Querdenker« gerückt. Die Liste namhafter Koryphäen, deren Reputation man auf diese Weise verbrannt hat, habe ich in meinen vorangegangenen Büchern veröffentlicht. Dasselbe Schicksal ereilte natürlich auch kritische Journalisten. Wer das offizielle Narrativ nicht unterstützte, war gezwungen, auf sogenannte »freie« oder »alternative« Medien auszuweichen. Um auch dort abweichende Meinungen im Keim zu ersticken, werden alternative Medien bis heute als »verschwörungsideologische Portale«[60] geframt.

Kurz vor Redaktionsschluss zu diesem Buch werden etwaige Spekulationen, wer, wann, was über die schädlichen Impfnebenwirkungen gewusst haben konnte, auf geradezu schockierende Weise offenbart. Bereits im August 2021 hatte in den USA eine Gruppe von 200 kritischen Wissenschaftlern, Ärzten und Fachleuten des Gesundheitswesens auf die Herausgabe der *Pfizer*-Zulassungsstudien geklagt. Aus gutem Grund hatten die Zulassungsbehörde FDA und die Firma *Pfizer* verfügt, die brisanten Dokumente für die nächsten 75 Jahre geheim zu halten. Da es in den USA das »Informationsfreiheitsgesetz« (Freedom of Information ACT Request) gibt, hatte jedoch ein US-Bezirksrichter aus Texas im Januar 2022 entschieden, dass die *Pfizer*-Daten an die nachfragenden Wissenschaftler herausgegeben werden müssen. Das Datenpaket von insgesamt 300.000 Seiten war derart fachspezifisch und umfangreich, dass die Auswertung über eine normale journalistische Tätigkeit unmöglich gewesen wäre. Die linksfeministische Starautorin Naomi Wolf koordinierte daraufhin ein Expertenteam von 3000 Biostatistikern, Laborärzten, Epidemiologien, Pathologen und Wissenschaftlern – viele davon akademische Autoren und Peer-Gutachter –, um die Auswertung der *Pfizer*-Daten vorzunehmen. Die erschütternden Ergebnisse wurden unter dem Titel *War Room / DailyClout Pfizer Documents Analysis Volunteers' Reports eBook: Find Out What Pfizer, FDA Tried to Conceal* als E-Book veröffentlicht und belegten auf Amazon über Wochen in drei Kategorien den ersten Platz. Das Vorwort von Naomi Wolf gibt einen kurzen Überblick auf die Abgründe und Menschenverachtung der Pharmaindustrie:

> »Für uns alle, vor allem aber für die Freiwilligen und Frau Kelly, bestand das nächste Jahr in der Herkulesarbeit, das Material, bei dem eines der mächtigsten Unternehmen der Welt darauf vertraut hatte, dass es nie veröffentlicht wird,

auf 50 verständliche Berichte unter einer gemeinsamen Schlagzeile zu komprimieren. Diese Berichte halten Sie nun in Händen.

Sie werden sehen, dass die 50 Berichte ein möglicherweise massives Verbrechen gegen die Menschheit dokumentieren.

Sie werden sehen, dass Pfizer, wie es scheint, wusste, dass die mRNA-Impfstoffe gar nicht funktionierten.

Sie werden sehen, dass sich die Inhaltsstoffe der mRNA-Injektionen inklusive der Lipid-Nanopartikel (LNP) innerhalb weniger Tage im ganzen Körper verteilen und sich in der Leber, den Nebennieren, der Milz und den Eierstöcken anreichern.

Sie werden sehen, dass Pfizer und die FDA wussten, dass die Injektionen die Herzen von Minderjährigen schädigten, und dass sie dennoch Monate warteten, bis sie die Öffentlichkeit informierten.

Sie werden sehen, dass Pfizer versuchte, über 1000 neue Mitarbeiter einzustellen, nur um die Flut von Meldungen über ›adverse Ereignisse‹ zu bewältigen, die bei ihnen einging und die sie erwartet hatten.

Sie werden sehen, dass 61 Menschen an Schlaganfall verstarben – die Hälfte der Schlaganfall-Nebenwirkungen gab es innerhalb weniger Tage nach der Injektion – und dass fünf Menschen an Leberschäden starben, wobei wiederum viele der Leberschäden kurz nach der Injektion auftraten.

Sie werden neurologische Ereignisse, kardiale Ereignisse, Schlaganfälle, Hirnblutungen sowie Blut-, Lungen- und Beingerinnsel in großem Ausmaß sehen.

Sie werden sehen, dass Kopf-, Gelenk- und Muskelschmerzen als adverse Ereignisse weitestgehend verbreitet sind. Dennoch wurden diese von den Behörden nicht als routinemäßige Nebenwirkungswarnungen gemeldet.

> Das am meisten Beunruhigende ist der erkennbare Rundum-Angriff auf die menschliche Fortpflanzungsfähigkeit: mit Schäden bezüglich der Spermienzahl, der Hoden, der Beweglichkeit der Spermien; es gibt Schäden an Eierstöcken, bezüglich der Menstruationszyklen, der Plazenta.
> Sie werden sehen, dass über 80 Prozent der Schwangerschaften mit Spontanabort, Abbruch oder Fehlgeburt endeten.
> Sie werden sehen, dass 72 Prozent der adversen Ereignisse in einer Sektion der Dokumente bei Frauen auftraten und dass 16 Prozent davon ›reproduktive Störungen‹ waren, wie Pfizer selbst sagt.
> Sie werden ein Dutzend oder mehr Bezeichnungen für die Zerstörung der Menstruationszyklen von erwachsenen und heranwachsenden Frauen finden.
> Sie werden sehen, dass für Pfizer eine ›Exposition‹ mit mRNA-Impfstoff bedeutete: Hautkontakt, Inhalation und sexueller Kontakt, insbesondere zum Zeitpunkt der Empfängnis.
> Die Geschichte hat ihre Bewertung dessen, was Pfizer – und die FDA, die im Besitz all dieser Dokumente war – getan haben, noch nicht abgeschlossen. Wir stehen noch ganz am Anfang dieser Bewertung. Für mich steht allerdings fest, dass die Berichte, die von Spitzenexperten und auf Grundlage der Primärquellen verfasst wurden, aufzeigen, dass wahrscheinlich ein Verbrechen gegen die Menschheit begangen wurde, das in seinem Ausmaß präzedenzlos ist.«

Die Auswertung der *Pfizer*-Studien zeigt auf, dass alles, was Impfkritiker und sogenannte »Schwurbler« bislang nur mutmaßen konnten, weit übertroffen wurde. Auch meine in *Das Impfbuch* veröffentlichte Annahme, dass längst nicht alle Impfungen mit demselben Namen auch dieselben Inhaltsstoffe enthielten, entpuppt sich im Nachhinein als zutreffend. In Wirklichkeit hatte die

Industrie mit verschiedenen Inhaltsstoffen experimentiert, und je nach erhaltener Impfstoffcharge konnte der Impfling Glück oder Pech haben. Impfkritiker hatten von jeher drei Grundproblematiken postuliert, die sich nach Auswertung der *Pfizer*-Files allesamt als zutreffend herausstellten: Der Impfstoff kann zu chronischen Störungen des Immunsystems führen und damit zu mannigfaltigen Krankheiten von Entzündungen bis hin zu Krebs. Der Impfstoff kann Keimzellen und Fortpflanzungsorgane angreifen und führt in der Summe zu einem Rückgang an erfolgreichen Geburten. Der Impfstoff kann von Geimpften über nahen Körperkontakt, das sogenannte »Shedding«, auf Ungeimpfte übertragen werden, diese können fortan denselben Gesundheitsrisiken ausgesetzt sein wie Geimpfte.

Unerwartet

Im Sommer 2022 kommen die Leitmedien nicht mehr umhin, ein völlig neues Phänomen zu protokollieren: Es gibt eine unerwartete und mehr als signifikante Übersterblichkeit. Das Phänomen tritt in allen westlichen Ländern auf, in denen intensiv mit den neuen RNA-Impfstoffen geimpft wurde, afrikanische und Drittweltstaaten sind nicht betroffen. Nur ungern gibt man zu, dass die neue Übersterblichkeit nicht auf das Konto des Coronavirus geht. Zu gern hätte man das beängstigende Phänomen, immerhin starben in Deutschland 16 Prozent mehr Menschen als in den Vorjahren, dem »Killervirus« zugeschrieben. Doch die Daten zeigen zweifelsfrei – am Virus hat es nicht gelegen. Was also hat dieses neue Phänomen ausgelöst? Im warmen Hochsommer 2022 ist sich der *Spiegel* nicht zu blöd, die Klimakrise als mögliche Ursache heranzuziehen:

> »Könnte das an Covid liegen? Das Statistische Bundesamt schrieb zu den deutschen Zahlen, dass Covid sie ›nur zu einem geringen Teil‹ erklärt. Stattdessen korrelieren sie stark

> mit der Temperatur. Am stärksten war die Übersterblichkeit in der Woche vom 18. bis 24. Juli, in der ein Viertel mehr Menschen als erwartet starben.«[61]

Das Hitzetod-Argument stößt jedoch spätestens im Herbst 2022 an seine Grenzen. Im Oktober 2022, bei inzwischen durchaus moderaten Temperaturen, ist die Übersterblichkeit in Deutschland sogar um weitere 3 auf 19 Prozent gestiegen:

> »Im Oktober 2022 sind in Deutschland nach einer Hochrechnung des Statistischen Bundesamts (Destatis) 92.954 Menschen gestorben. Diese Zahl liegt 19 % oder 14.560 Fälle über dem mittleren Wert (Median) der Jahre 2018 bis 2021 für diesen Monat. […] Auch die Covid-19-Todesfallzahlen erreichten Mitte des Monats ein zwischenzeitliches Maximum, können die Differenz aber nur zum Teil erklären. […]
> In welchem Ausmaß weitere Faktoren zu den erhöhten Zahlen im Oktober beigetragen haben, lässt sich derzeit nicht einschätzen.«[62]

Man stehe vor einem »Rätsel«, meldet auch die *Welt* in ihrem Artikel »Rätselhafte Todesfälle in Europa«:

> »Spanien, Portugal, Großbritannien und auch Deutschland – seit April ist die Sterberate in Europa ungewöhnlich stark angestiegen, durchschnittlich um elf Prozent. Besorgniserregend an dieser Sterbewelle ist, dass sie nicht unmittelbar mit der Pandemie zu tun haben kann. […] ›Weder Covid noch Hitzewellen erklären, was hier passiert‹, sagt Salvador Peiró, Forschungsleiter der Fundación de Investigación Sanitaria y Biomédica de la Comunidad Valenciana. […] In der Woche vom 18. bis 24. Juli ist die Zahl der Todesfälle [in Deutsch-

> land] sogar um 24 Prozent erhöht. ›Um die hohen Sterbezahlen zu deuten, bräuchte man Informationen über die Todesursachen, die bislang auch in Deutschland nicht vorliegen‹, sagt Felix zur Nieden, Fachmann für Sterbefalldaten bei Destatis. Seine Vermutung: ›Es könnten unerkannte Covidfälle sein. Oder Hitzetote sowie Folgen von aufgeschobenen Operationen oder Vorsorgeuntersuchungen.‹ [...] In Deutschland rechnet Destatis damit, dass die Aufarbeitung der Sterbeursachen noch Jahre dauern werde. ›Entsprechende Veröffentlichungen, die hier mehr Klarheit bringen können, liegen derzeit noch nicht vor‹, sagt zur Nieden.«[63]
> »Göran Kauermann, Statistikprofessor an der LMU München, sieht einen möglichen Grund für die hohen Zahlen im Oktober in Grippeinfektionen. Darüber könne man aber nur mutmaßen.«[64]

Nachdem die Grippe zwei Jahre lang fast völlig von der Bildfläche verschwunden war, könnte sie nun also der Grund für die eklatante Übersterblichkeit sein. Man stelle sich nur einmal vor, das Phänomen hätte sich tatsächlich im Rahmen der Coronapandemie ereignet – nicht auszudenken, welche Maßnahmen zusätzlich ergriffen worden wären. Zur Erinnerung: Zwei Jahre lang galt jedes einzelne Leben als kostbar und schützenswert, doch bei einer *echten* Übersterblichkeit, nahe 20 Prozent, geht man achselzuckend darüber hinweg. Im Herbst 2022 sitzt ein überaus hässlicher, dicker Elefant im Raum, und die Abwiegler von der Fraktion »es kann nicht sein, was nicht sein darf« haben einen unerwartet harten Job. Inzwischen ist echte Kreativität gefragt, so ist man genötigt, Erklärungen heranzuziehen, die einen hohen Preis haben. In der Argumentationsnot gibt man widerwillig zu, dass möglicherweise die Lockdowns doch ein großer Fehler gewesen sein könnten. Plötzlich sollen die verschleppten Untersuchungen und ausgefallenen Arztbesuche während der Lockdownzeit eine Ursache für das neue Phänomen der Übersterblichkeit sein.

> »Im Juni meldete Eurostat, die Statistikbehörde der EU, den stärksten Anstieg der Sterblichkeit in den Ländern der Iberischen Halbinsel, Spanien mit 17 Prozent, Portugal mit 24 Prozent. Es sind die Länder, die die härtesten Lockdownmaßnahmen verhängt hatten, samt rigoroser Ausgangssperre und zwischenzeitlichem Stopp fast aller wirtschaftlichen Aktivitäten.«[65]

Dass eben diese Länder zugleich auch mit den höchsten Impf- und Boosterquoten Europas aufwarten können, kommt den Verfassern des Artikels jedenfalls nicht in den Sinn. Fakt ist: Die signifikante Zunahme der rätselhaften Übersterblichkeit verläuft parallel zum Beginn der Impfkampagne und auch nur in jenen Ländern, in denen exzessiv geimpft wurde. Doch ob nun »Lockdowns«, »Hitzewelle«, »Grippe«, »Long Covid« oder das neue Phänomen einer »Post-Pandemie-Stressstörung« – eines wird man nicht müde zu betonen: An den neuen RNA-Impfungen hat es ganz sicher nicht gelegen! Einen Zusammenhang zwischen Impfung und Übersterblichkeit festzustellen, gilt offiziell als »Fake News«, dementsprechend schießen Ende 2022 die Faktenchecker aus allen Rohren. Auch die *Tagesschau* fühlt sich genötigt, Stellung zu nehmen:

> »Ein in sozialen Medien verbreitetes Papier soll zeigen, dass es einen Zusammenhang zwischen Übersterblichkeit und Impfquote gebe. Einer Überprüfung hält diese Behauptung jedoch nicht stand – was auch die Autoren so sehen.«[66]

Unter den Stichworten »plötzlich und unerwartet«, »Herzinfarkte«, »Turbotumore«, »akute Hirnblutungen« und anderen lassen sich derzeit Tausende Berichte im Internet finden, die es vor zwei Jahren noch nicht gegeben hat. Im Dezember 2022 wertet der Datenanalyst Tom Lausen die offiziellen Daten der Kassenärztlichen Bundesvereinigung (KBV) nach den Schlüsselcodes R96.0 (plötzlich eingetretener Tod), R96.1 (Todeseintritt innerhalb von weniger als 24 Stunden nach Beginn der Symptome), R98 (Tod ohne Anwesenheit anderer Personen) und R99 (sonstige ungenau oder nicht näher bezeichnete Todesursache) aus. Sein Ergebnis: Was allgemein als »plötzlich und unerwartet« durch die Medien geistert, scheint eine reale Grundlage zu haben. Die Codes von 2021 weisen gegenüber den Vorjahren eine Steigerung von über 1000 Prozent aus. Waren in den Vorjahren pro Tag noch zwischen 13 bis 18 Menschen unerklärlich gestorben, sind es im Jahr 2021 durchschnittlich 100 Todesopfer täglich. Lausen stellt seine Ergebnisse im Rahmen einer AfD-Pressekonferenz vor – ein Grund mehr, seine Ergebnisse in Bausch und Bogen zu verwerfen. Tagesschau und weitere Leitmedien stellten klar: alles nur haltlose Panikmache seitens der AfD.

> »Auch bei der KBV scheinen inzwischen Zweifel an der Qualität der Daten aufgekommen zu sein. Gegenüber der WELT sprach ein führender Forscher aus dem Umfeld des Verbands von einem ›Kohortenfehler‹, der zu einem ›Artefakt‹ geführt habe. Die AfD habe die Daten mit ›überstürzter Sensationslust‹ falsch interpretiert. Was genau bei der Analyse schiefgelaufen ist, ist unklar. Hat die KBV falsche Daten übermittelt? Oder ist Lausen beim Filtern der Daten ein Fehler unterlaufen? Aus dem Umfeld der KBV lautet die Vermutung, dass bereits der übermittelte Datensatz fehlerhaft sei. Doch warum ist das niemandem aufgefallen?«[67]

Der journalistische Reflex, den Zusammenhang von Impfung und Übersterblichkeit kategorisch abzuwehren, noch bevor überhaupt systematische und tiefgreifende Studien vorliegen, erinnert an dem Umgang mit den Impfstoffen vor gut zwei Jahren. Die meisten Journalisten wussten auch damals nicht, worüber sie sprachen, aber die Impfungen galten auf jeden Fall als absolut sicher und hochwirksam. Tatsächlich wird man den Streit über die Ursachen der neuen Übersterblichkeit also getrost aussitzen können. Wie bei der (Nicht-)Impfwirkung wird die Wahrheit ans Licht kommen. Der gegenwärtige Stand der Forschung legt jedenfalls nahe, dass sowohl eine erworbene Coviderkrankung als auch die Impfung dagegen zum selben Phänomen schwerer immunologischer Störungen führen können.

Dass etwas faul ist im Staate Dänemark und dass dieses »Etwas« mit der Impfung zu tun haben könnte, lässt sich inzwischen nur noch schwer abstreiten. Den wohl verwegensten Versuch einer Uminterpretation der Lage leistet sich eine neue These, die auf *Pubmed.gov*, einer offiziellen Seite der US-Regierung, veröffentlicht wurde. Unter dem Titel »Covid 19 vaccines and the misinterpretation of perceived side effects clarity on the safety of vaccines«[68] von Raymond Palmer erschien ein völlig neuer Erklärungsansatz für die mysteriösen Todesfälle seit der Impfung: Psychischer Stress durch Falschinformation seitens der »Schwurbler« und »Impfgegner« soll die neue Sterbewelle verursacht haben:

> »Wenn die Betroffenen also in Panik geraten, besorgt, gestresst sind oder Angst vor der Impfung haben, werden sich ihre Arterien verengen und um den Zeitpunkt der Impfung herum kleiner werden. Dieser biologische Mechanismus (die Verengung von Venen, Arterien und Gefäßen unter psychischem Stress) ist die wahrscheinlichste Ursache für Blutgerinnsel, Schlaganfälle, Herzinfarkte, Schwindel,

> Ohnmacht, Sehstörungen, Geruchs- und Geschmacksverluste, die kurz nach der Verabreichung des Impfstoffs aufgetreten sind.«[69]

Dass es an den »sicheren« Impfstoffen selbst nicht gelegen haben kann, ist für Raymond Palmer eine glasklare Sache:

> »Covid-19-Impfstoffe verwenden viele der gleichen Inhaltsstoffe, die bereits seit vielen Jahren sicher verwendet werden. Der einzige wesentliche Unterschied ist die mRNA.«

In *Das Impfbuch* hatte ich bereits mit Erstaunen festgestellt, dass viele »Faktenchecker« vom Kaliber eines Raymond Palmer nicht einmal über die Basics der »Fakten« informiert sind, die sie mit großer Chuzpe »checken«. Aber vermutlich ist das die Grundvoraussetzung, um einen derartigen Job überhaupt machen zu können. Doch ein Gutes hat die neue Lage doch, wie die *Tagesschau* kurz vor Jahresende meldet: Deutschland hat völlig unerwartet wieder volle Rentenkassen!

> »Zum Jahresende erwartet die gesetzliche Rentenversicherung einen Überschuss von 2,1 Milliarden Euro. Grund sei nicht nur ein stabiler Arbeitsmarkt. Eine höhere Sterblichkeit durch die Coronapandemie führe auch zu weniger Ausgaben.«[70]

Wie wird es in Zukunft weitergehen? Was hat man aus der Coronakrise gelernt? Seit dem Ukrainekrieg ist das Thema in den Hintergrund getreten, und auch um eine Impfpflicht ist der deutsche Bürger noch einmal haarscharf herumgekommen. Doch der Schein trügt; von einer Verschnaufpause zu sprechen, trifft es wohl eher. Im Hintergrund werden derzeit neue Kampagnen besprochen und neue Impfstoffe getestet. Das Milliardengeschäft

»Impfung«, nebst Side-Effekten wie die totale Kontrolle der Bürger, werden sich die Protagonisten einer neuen Weltordnung nicht mehr nehmen lassen. Einer der größten Geldgeber der WHO, Bill Gates, gibt mit seinem aktuellen Buch *Wie wir die nächste Pandemie verhindern* die Marschrichtung vor:

> »Das GERM-Team [Global Epidemic Response and Mobilization Team] soll die Einsatzbereitschaft der Länder ›überprüfen‹, es wird Übungen ›leiten‹. […] Demokratische Institutionen kommen in Gates' Plan nicht vor, das Wort ›Parlament‹ taucht im ganzen Buch genau einmal in einer Fußnote auf […]. Was Gates sich wünscht, ist eine Expertenorganisation mit umfassender Vollmacht, die global handelt, die die Gesundheitssituation in allen Ländern überwacht und alle Auffälligkeiten sofort in einer Datenbank einträgt, die von ihr geführt wird. […] Das mag in der gegenwärtigen Stimmung auf viel Zuspruch stoßen, Früherkennung und schnelles Handeln stehen hoch im Kurs, und die Langsamkeit, die mit politischen und gar demokratischen Prozessen verbunden ist, steht in der Kritik. […] Deshalb ist es wichtig, sich klarzumachen, was bei Gates ganz fehlt: Es sind die ethischen, die politischen und die gesellschaftlichen Kosten einer verabsolutierten Pandemiebekämpfung, die ihn nicht interessieren.«[71]

Parallel zur Buchvorstellung von Gates häufen sich plötzlich Alarmmeldungen in den Leitmedien, dass die schrecklichen Affenpocken in vielen Ländern der Welt ausgebrochen sind, dringender Handlungsbedarf sei geboten. Zu eben dieser Zeit, im Mai 2022, findet auch das große Jahrestreffen der WHO-Mitglieder statt, auf dem über die Verschärfung der »Internationalen Gesundheitsvorschriften« beraten wird. Wenige Wochen nach dem WHO-Treffen verschwindet das Thema der Affenpocken wieder sang- und klanglos aus den Leitmedien. In Deutschland findet im September 2022 schließlich die Abstimmung zur »Neufassung des Infektionsschutzgesetzes« statt, in der noch weitreichendere Befugnisse für den deutschen Staat festgeklopft wurden, die Medien berichten kaum.

Dass es sich bei den WHO-Anweisungen bereits während der Coronakrise nicht um reine »Empfehlungen« zum Gesundheitsschutz handelte, wurde schnell klar. Staaten, die bei Lockdowns und Impfungen nicht vollumfänglich mitmachen wollten, klagten plötzlich über gesperrte Kredite seitens des Internationalen Währungsfonds. Willfährige Staaten hingegen, die alle WHO-Vorgaben klaglos umsetzten, bekamen über den IWF Milliarden Hilfsgelder zugeteilt oder konnten gar mit dem Erlass alter Schulden rechnen. Obgleich die Machtbefugnisse der WHO in den Jahren 2020 und 2021 bereits weitgehend waren, hatte es dennoch Länder gegeben, die sich dem neuen Top-down-Verfahren entzogen. Schweden setzte auf eigene Fachleute, die nicht aus dem Kader der WHO stammten – mit größtem Erfolg, wie man heute weiß. Um Derartiges für die Zukunft auszuschließen, arbeitet man an einer Nachjustierung der Regularien, das von Bill Gates vorgeschlagene »Global Epidemic Response and Mobilization Team« könnte ein wichtiges Instrument dazu werden. Schlussendlich soll die WHO ermächtigt werden, auch *gegen* nationale Entscheidungen jedes Land in einen Lockdown zwingen zu können, so lange, bis der Löwenanteil der Bevölkerung mit den erwünschten Impfstoffen durchgeimpft ist. Ausgearbeitet wird der umfangreiche Reformprozess unter der Ägide der USA, »beraten« durch Bill Gates und flankiert durch großzügige Unterstützung seitens Deutschlands. Der neue internationale »WHO-Pandemievertrag« wird bereits seit Dezember 2021 verhandelt, verbindliche Ergebnisse seien nicht vor 2024 zu erwarten. Angesichts der neuen Regularien stellt das Magazin *Cicero* die bange Frage:

> »Auf dem Weg zur Weltnotstandspolitik. Karl Lauterbach spricht vom ›wichtigsten Projekt‹ seines Ministeriums: Der weltweite ›Pakt gegen die nächste Pandemie‹ stand folglich auch im Mittelpunkt des von Deutschland ausgerichteten G7-Gesundheitsgipfels in Berlin. Ein völkerrechtlicher Vertrag soll die Rolle der Weltgesundheitsorganisation stärken – doch möglicherweise wird die WHO dadurch stärker als ihre demokratischen Mitgliedsländer. Kommen die Lockdowns künftig aus Genf?«[72]

Bezüglich neuer und angepasster Impfstoffe steht jetzt bereits fest, dass diese wiederum auf mRNA-Basis hergestellt werden. Was die ohnehin skandalösen Zulassungsverfahren betraf, hat man inzwischen jegliche Hemmungen verloren. Mittlerweile verzichtet man auf die langwierigen und oftmals nicht befriedigenden Humanstudien ganz. Peter Doshi ist Professor für Pharmazie an der Universität of Maryland und Mitherausgeber des »British Medical Journals« (BMJ), eines der renommiertesten Wissenschaftsmagazine. Im *Welt*-Artikel »US-Gesundheitsbehörde ließ sich von acht Labormäusen überzeugen« erklärt Doshi die neue Zulassungspraxis:

> »Doshi: Bei einem Meeting mit Pfizer Ende Juni hat sich die FDA anhand der Daten von insgesamt acht Mäusen von der Wirksamkeit des Boosters gegen BA.4/BA.5 überzeugen lassen. Daten von menschlichen Probanden wollte der Hersteller nachreichen.
> WELT: Pfizer gibt an, die klinischen Versuche für die BA.4/BA.5-Impfstoffe sollten bald beginnen.
> Doshi: Das mag sein, aber die Bestellung von 170 Millionen Impfdosen erfolgte auf Grundlage von Mausdaten. Das zeigt eine dramatische Absenkung der Standards bei der FDA.«[73]

Was auch immer die nachträglichen klinischen Versuche ergeben werden – die Verträge zu den bereits gekauften Impfdosen werden sicherlich so ausgestaltet sein, dass Rücknahme oder Haftungen ausgeschlossen sind; in Kapitel III, »Spätes Erwachen«, komme ich darauf zurück.

Im Herbst und Winter 2022 werden die Massenmedien schließlich nur noch von zwei Themen beherrscht, Ukrainekrieg und Energiekrise. Die dringende Aufarbeitung der Coronapolitik findet allenfalls rudimentär statt. Ebenso wenig gibt es Berichte über das erneute Anschwellen der Flüchtlingszahlen von Nicht-Ukrainern über die Balkanroute. Im Schatten des Ukrainekrieges sollen wiederum 200.000 Menschen in die sozialen Systeme einwandern, überwiegend junge Männer aus dem nordafrikanischen Raum – damit wären die Ausmaße von 2016/2017 annähernd erreicht.[74] Dazu kommt eine Million ukrainische Flüchtlinge, die seit dem 24. Februar 2022 nach Deutschland gekommen sind. Im Herbst 2022 scheint die Bundesregierung tatsächlich noch zu glauben, dieses hochbrisante Thema aussitzen zu können. Die Leitmedien helfen nach Kräften, indem sie das Problem totschweigen – die Zeit der rührenden Bilder auf zugigen Bahnhöfen ist vorbei. Doch ob im Schatten der Medien oder nicht: Sofern sich deutsche Politiker allen Ernstes eine erneute »Willkommenskultur« à la Merkel leisten, in einem Land, in dem inzwischen die Bürger vor leeren Regalen stehen und das Frieren der eigenen Bevölkerung droht, sehe ich das endgültige Ende des sozialen Friedens voraus.

Ukrainekrise

Einfache Sache

»Ich finde, dass dieser Krieg eine hochmoralische Angelegenheit ist. Dieser Krieg ist ganz einfach: Das ist schwarz-weiß. Das ist Gut gegen Böse. Das ist eine ganz einfache Sache.

Und unsere Antwort, die wir geben müssen, ist:
Auf welcher Seite wollen wir stehen?«[75]

Der Medienprofi Markus Lanz folgt mit seinem moralischen Appell historischen Journalisten nach, die lange vor ihm dieselbe Logik bemühten. Saddam Hussein war der Teufel, genau wie Baschar al-Assad und Muammar al-Gaddafi. Die Sache war immer »ganz einfach«. Schließlich schmiss der barbarische Gegner Babys an die Wand[76] und hortete Massenvernichtungswaffen[77].

Im Furor der Leitmedien über die »einfache Sache« erhält die gesellschaftliche Wiederbelebung gruppenbezogenen Hasses eine neue Folie. Lag der Inbegriff des Unmenschen bis zum 24. Februar 2022 noch bei »den Ungeimpften«, projizierten die Mainstream-Medien das Bild über Nacht auf »die Russen«. Wer in der deutschen Öffentlichkeit russisch sprach, musste mit Beschimpfungen oder gar tätlichen Angriffen rechnen. Nicht selten traf der heilige Volkszorn dabei auch Ukrainer, die sich hernach über blau-gelbe Flaggen und andere Insignien sichtlich mühten, der neuen Wut gegen »die Russen« zu entgehen. Von den Leitmedien bejubelt wurde das Vorhaben, russische Künstler fristlos zu entlassen. Namhafte Komponisten und Sängerinnen standen kurze Zeit später auf der Straße. Russischstämmige Schüler sahen sich genötigt, vor ihren Klassen eine öffentliche Lossagung von ihrem Präsidenten zu bekunden. Und ehemals hochgeschätzte Altpolitiker, einschließlich der Bundeskanzlerin und des Bundespräsidenten, die sich in den letzten 30 Jahren um eine Normalisierung der deutsch-russischen Beziehungen bemüht hatten, galten urplötzlich als verantwortungslose Hasardeure und »Schande für Deutschland«.

Ein politisch derart aufgeladenes und intellektuell unwürdiges Gesellschaftsklima verorteten viele Intellektuelle bislang in der Zeit der großen Weltkriege. Im 20. Jahrhundert seien die Menschen schließlich auch weniger aufgeklärt gewesen als heute, so der allgemeine Tenor. Doch spätestens seit Corona schauen viele Autoren fassungslos auf gruppendynamische Prozesse, die man bislang für komplett historisch gehalten hatte.

Im Zuge des Ukrainekrieges lassen sich viele supranationale Agenden oligarchischer Prägung noch müheloser umsetzen als ohnehin schon. Und das Beste daran: Alle Auswirkungen durch die Verfehlungen in der Geld-, Wirtschafts-, Pandemie- und Energiepolitik lassen sich plötzlich mit dem Argument des Krieges erklären, und einen prächtigen Sündenbock gibt's obendrein: Wladimir Putin. So beginnt das Koalitionspapier der Bundesregierung vom 3. September 2022 mit den Worten:

> »Der völkerrechtswidrige russische Angriffskrieg auf die Ukraine sorgt weltweit für steigende Energie- und Nahrungsmittelpreise. Die damit verbundene Erhöhung der Lebenshaltungskosten wird für viele Bürgerinnen und Bürger in Deutschland zunehmend zu einer großen Belastung. Niemand wird allein gelassen: Die bereits beschlossenen Entlastungsmaßnahmen in Höhe von 30 Milliarden Euro können einen Teil der steigenden Energiekosten abfedern.«[78]

Leitmedien, Regierungen und Kriege bilden ein Trio, bei dem letzten Endes immer die Medien über die Frage von Krieg und Frieden entscheiden, denn: Eigentlich mögen Menschen keine Kriege. Ohne Angstmache, Dämonisierung, moralische Aufladung und Simplifizierung via Leitmedien wird man keine Menschen für den Krieg gewinnen:

> »Einige der wenigen Dinge, die mir Hoffnung machen, ist, dass ich herausfand, dass jeder Krieg der letzten 50 Jahre ein direktes Resultat von Medienlügen war. Die Medien

> hätten jeden dieser Kriege verhindern können, wenn sie nur tief genug recherchiert hätten. Und sie hätten jeden dieser Kriege stoppen können, wenn sie sich nicht nur darauf beschränkt hätten, offizielle Regierungspropaganda zu verbreiten.«[79]

Was für die Coronakrise galt, gilt für den Ukrainekrieg umso mehr: Ohne Medienkompetenz werden die Bürger zum Spielball der Propaganda. Für Lanz beginnt der Ukrainekrieg am 24. Februar 2022 – eine Vorgeschichte gibt es nicht. Aus dem Nichts und ohne jede Bedrohung von außen hat sich Putin in einen irren Diktator verwandelt, der sein Imperium vergrößern will. Die Erzählung ist simpel:

> »Wenn die Ukraine endet, endet auch Europa. Jedenfalls so, wie wir es kannten: als Verheißung von Frieden und Wohlstand. An der polnischen Grenze wird dann ein siegestrunkenes Russland stehen, das weiter obsessiv Demokratien zerstören will. Denn es ist längst die Idee der Demokratie selbst, die für das Regime Putins zur größten Bedrohung geworden ist.«[80]

Wenn der Westen den zweiten Hitler in der Ukraine nicht stoppen könne, seien die baltischen Staaten dran, dann Polen und danach Deutschland. Jedwede Vorgeschichte des Ukrainekrieges stört die Hitler-Analogie. In den Medien setzt sich schnell das Wording »unprovozierter, völkerrechtswidriger Angriffskrieg« durch, vor allem auf das »unprovoziert« legt man größten Wert. Gebrochene Versprechen bezüglich der NATO-Osterweiterung? Gebrochener Minsk-II-Vertrag? Putsch auf dem Euromaidan? Jahrelanger Krieg der Westukraine gegen die russischsprachigen Ostprovinzen? Apartheidpolitik gegen russischstämmige Ukrainer? Angestrebte

NATO-Mitgliedschaft der Ukraine? Angestrebte atomare Wiederbewaffnung? Angekündigte Rückeroberung der Krim? Alles irrelevant, denn jetzt geht es um »freie Demokratie« vs. »Diktatur«.

Die Gut-Böse-Dichotomie von Markus Lanz war eine Widerrede gegen den Philosophen Richard David Precht, der, wie bereits Ulrike Guérot zuvor, auf die Komplexität einer Kriegsdynamik abhob. Da der Dialog zwischen Lanz und Precht[81] die beiden zentralen gesellschaftlichen Grundpositionen abbildet, gesinnungsethische vs. verantwortungsethische Haltung, gehe ich im Folgenden etwas näher darauf ein. In *Die Wiedergutmacher* zitierte ich den Politikwissenschaftler und Historiker Martin Rupps, der in Helmut Schmidt den Prototypen eines verantwortungsethischen Politikers sieht:

> »Bloße Leidenschaft bietet keine Gewähr für richtiges Tun, das Gefühl für die Verantwortung muss hinzukommen. Augenmaß definiert [Max] Weber als ›Fähigkeit, die Realitäten mit innerer Sammlung und Ruhe auf sich wirken zu lassen‹. Politiker mit Leidenschaft, jedoch ohne Augenmaß sind für Weber ›Gesinnungsethiker‹. [...] Politik gilt [Helmut] Schmidt als pragmatisches Handeln zu sittlichen Zwecken. Als Politiker dürfe man seine sittlichen Grundsätze nicht blind in die Tat umsetzen, sondern müsse die Vernunft als Filter dazwischenschalten. Kritische Rationalität und abwägende Vernunft steuern Schmidts Handeln: Motive wie Angst oder Hoffnung, Pessimismus oder Optimismus sind ›für mich verbotene Kategorien‹. Es gehe nicht um das Wünschbare, sondern das tatsächlich Machbare. Und es brauche Selbstdisziplin! Der Politiker solle sich klar darüber sein, ›dass ohne seine eigene politische Selbstdisziplin seine Partei die jeweilige Regierung nicht aufrechterhalten kann‹.«[82]

Für Richard David Precht war im Ukrainekrieg gar nichts »ganz einfach«. Seine Argumentation basierte nicht auf prinzipiellen, gesinnungsethischen Positionen, sondern untersuchte die Frage, mit welchen Maßnahmen sich möglichst schnell weitere Tote verhindern ließen. Prechts Leitlinie war nicht die moralische Wertung über Gut und Böse, schuldig oder unschuldig und folgte damit auch nicht der Logik, es gäbe Tote, über die man sich freuen könne – Russen –, und Tote, die man beweinen müsse – Ukrainer. »Mir tun auch die toten russischen Soldaten leid.« Keinesfalls war Precht bereit, die Kriegstoten, egal auf welcher Seite, gegen die Hungertoten in Afrika aufzurechnen. Denn mit der Fortdauer des Krieges würde es aller Wahrscheinlichkeit nach zusätzlich Millionen Hungertote geben, da Nordafrika auf Gedeih und Verderb von ukrainischen Getreidelieferungen abhängig sei. Doch keine verantwortungs-ethische Überlegung Prechts konnte bei Lanz verfangen. Was auch immer für Argumente pro schnelles Kriegsende vorgebracht wurden – Lanz kam schlussendlich immer zu denselben Kernaussagen: Putin sei nun einmal der schuldige Aggressor und dürfe keinesfalls für seine Aggression belohnt werden. Putin müsse ein für alle Mal lernen, dass sich Kriege nicht lohnen. Und sofern man Putin jetzt nicht besiege, würde er fortan immer weitermachen. Kurzum: *Lanz geht es um das Prinzip, er will Putin erziehen.* Von den Kosten, die bei den Erziehungsmaßnahmen anfallen, auch für die deutsche Bevölkerung, will er nichts hören.

Wie jeder prominente Journalist und Politiker ist auch Lanz von der Richtigkeit seiner gesinnungsethischen Position überzeugt. Zudem ist er voll und ganz mit seinem gefühlten Erziehungsauftrag identifiziert, der sich ab einem gewissen Grad von Hybris automatisch einstellt. Der lateinische Satz *Fiat iustitia et pereat mundus*, »Es soll Gerechtigkeit geschehen, und gehe die Welt darüber zugrunde«, scheint auch der Leitspruch der

»Wiedergutmacher« zu sein. Die Logik hat einen Dreiklang und findet sich in allen woken Narrativen wieder:

1. Es geht primär darum, das moralisch Richtige zu tun.
2. Das Richtige muss kompromisslos umgesetzt werden, da es der Welt als Beispiel dienen soll.
3. Nationale Interessen haben dabei zurückzustehen.

Was der ukrainische Staatschef Wolodymyr Selenskyj monatelang nach Kriegsausbruch mit großer Selbstverständlichkeit tat, nämlich russisches Gas für sein Land beziehen und zudem von Russland Milliarden »Durchleitungsgebühren« kassieren,[83] war für deutsche Politiker aus »Solidarität« mit der Ukraine von Anfang an tabu. Zu den russischen Milliarden legen deutsche Politiker noch einmal deutsche Milliarden drauf, damit das Gas in der Ukraine auch zu Kriegszeiten ungehindert fließt. Zugleich schwören sie heimische Bürger auf einen kalten Winter ein, ruinieren den Wirtschaftsstandort Deutschland und sorgen für Millionen Arbeitslose, aber – richtig ist eben richtig. Wie Markus Lanz will man Russland »bestrafen«, »erziehen« und »ruinieren«, indem man auf russisches Gas verzichtet. Die Tatsache, dass die Einhaltung der linksgrünen Doktrinen weit über den Interessen der deutschen Bürger steht, wird ohne Umschweife bekannt. So erklärt die deutsche Außenministerin Annalena Baerbock auf der *Forum-2000*-Konferenz in Prag, dass ihr bezüglich der Sanktionspläne gegen Russland der deutsche Wählerwille egal sei:

> »Wenn ich den Menschen in der Ukraine das Versprechen gebe: ›Wir stehen an eurer Seite, so lange, wie ihr uns braucht‹, dann will ich auch liefern. Egal, was meine deutschen Wähler denken: Ich möchte für die Ukraine liefern. Und deshalb ist es für mich immer wichtig, immer sehr offen und eindeutig zu sein. Und das bedeutet, dass ich bei jeder

> Maßnahme, die ich ergreife, eindeutig machen muss, dass diese Maßnahme so lange hält, wie die Ukraine mich braucht.«[84]

Baerbock macht anschließend unmissverständlich klar, dass man sich auf der Regierungsbank von etwaigen Protesten seitens deutscher Bürger, die ihre Energierechnungen nicht mehr bezahlen können, keinesfalls beeindrucken lassen wird. Selbst wenn »der Winter für demokratische Politiker eine Herausforderung sein wird« – von Sanktionen gegen Russland werde man nicht abrücken, auch wenn diese noch viele Jahre andauern sollten. Gerhard Papke, ehemaliger Chef der FDP-Fraktion in Nordrhein-Westfalen, kommentiert Baerbocks Aussagen:

> »Eine Außenministerin, die erkennen lässt, dass ihr ein anderes Volk mehr am Herzen liegt als ihr eigenes, ist für ihr Amt offensichtlich ungeeignet. In jedem anderen Land der Welt würde sie entlassen. #Baerbock«[85]

Regierungsfreundliche Medien bemühen sich nach Kräften, den schweren Schaden zu begrenzen. Für die *NZZ* ist Baerbock lediglich ein »kommunikativer Lapsus« unterlaufen. »Schließlich drückt sich staatspolitische Verantwortung mitunter auch darin aus, als richtig Erkanntes trotz mangelnder demoskopischer Unterstützung durchzusetzen.«[86] Da haben wir es also wieder, das einmal »richtig Erkannte«.

Dass die deutsche Außenministerin in ihrer Hybris, das »einzig Richtige« zu tun, die Brüskierung ihrer eigenen Wähler riskiert, ist eine Sache. Geradezu gefährlich wird dieser Impetus jedoch auf dem diplomatischen Parkett. Ein aggressiver Duktus, den man allenfalls bei einer Oppositionsführerin oder einer Parteisekretärin tolerieren würde, kann im hohen Amt der Außenministerin schweren Schaden anrichten. Ungeachtet der deutsch-russischen Geschichte auf internationalem Parkett zu verkünden, Deutschland führe einen Krieg gegen Russland,[87] ist weit mehr als der übliche Baerbocksche Versprecher, an den man sich inzwischen gewöhnen musste. Der Satz war einfach, klar und unmissverständlich, doch das vielleicht Schlimmste daran war: Er fiel fast zeitgleich mit der Entscheidung zur Entsendung deutscher Kampfpanzer in die Ukraine – damit schenkte die Außenministerin der russischen Propaganda ungeahnte Steilvorlagen. Natürlich nutzte Putin diese Anmaßung als Beleg für seine Behauptung, der gesamte Westen führe Krieg gegen Russland. Kurz darauf rissen russische Fernsehmoderatoren alte Narben auf, schürten Urängste und beschworen den Kampfgeist von Stalingrad:

> »Wieder gehe die Gefahr vom Verbund europäischer Nationen aus, und wieder seien es deutsche Panzer ›mit ihren Kreuzen‹, die Russland bedrohten, sagte Präsident Putin. Diejenigen, die die westlichen Völker, unter anderem die Deutschen, in einen Krieg mit Russland führen und dieses auf dem Schlachtfeld besiegen wollten, müssten aber wissen: Es werde dies ein ganz anderer Krieg sein als damals. Russland sei in der Lage zu antworten, und die Antwort begrenze sich nicht auf gepanzerte Fahrzeuge – ein klarer Hinweis auf die atomare Schlagkraft.«[88]

Doch zurück zur linksgrünen Sanktionsideologie, die völlig negiert, dass die restliche Welt, die sich weniger in der Einflusssphäre der USA befindet, das Geschäft mit Russland derweil ungehemmt ausbaut. Dieselbe Hybris und Arroganz lassen sich auch bei der Energiewende beobachten. Während sich Deutschland zur »Rettung des Weltklimas« wirtschaftlich ruiniert, setzen die größten Volkswirtschaften der Welt ungehemmt auf fossile Energieträger.

Russland kann sich trotz Sanktionen daher mühelos neue Märke erschließen und expandiert seinen Rohstoffhandel in Milliardenhöhe. Afrikanische Staaten, Türkei, Indien und China freuen sich riesig über die frei gewordenen Kapazitäten und schließen Megadeals mit Russland ab:

> »CNN und Bloomberg berechnen, dass Russland heute mehr durch den Verkauf von Gas und Öl einnimmt als 2021. […] ›Russland wird von einer Geldflut angetrieben, die in diesem Jahr durchschnittlich 800 Millionen Dollar pro Tag erreichen könnte – und genau das streicht die Rohstoffsupermacht durch Öl und Gas ein.‹ […] Das würde sogar die russischen Energieeinnahmen aus dem Jahr 2021 um ein Fünftel übertreffen.«[89]

Ende August 2022 kann sich sogar der *Spiegel* der Wahrheit nicht mehr länger verschließen und meldet Rekordgewinne von Gazprom:

> »Der russische Gaskonzern Gazprom hat nach eigenen Angaben trotz der westlichen Sanktionen infolge des Ukrainekrieges einen Rekordgewinn im ersten Halbjahr erwirtschaftet. Unter dem Strich stand ein Ergebnis von 2,5 Billionen Rubel, das sind umgerechnet 41,63 Milliarden Euro. Zugleich teilte das Unternehmen mit, es werde nun eine Zwischendividende zahlen. […] Profitieren von der Ausschüttung dürfte vor allem der russische Staat, der mehr als 50 Prozent der Papiere hält.«[90]

Doch da sich deutsche Wiedergutmacherpolitiker nun einmal moralisch wohler fühlen mit einem »Gasboykott«, springt Indien in die Bresche und verkauft Deutschland das in Russland zu

Spottpreisen eingekaufte Öl und Gas mit exorbitanten Preisaufschlägen[91] weiter, aber – richtig ist eben richtig.

Im weiteren Verlauf der Krise beginnen Politik und Medien Ursache und Wirkung zu vertauschen. Nun ist es Putin, der in seiner »hybriden Kriegsführung« den Deutschen das Gas vorenthält, was irgendwann auch stimmt. Den Widersinn, einerseits den Gasboykott zu preisen und darauf zu beharren, Nord Stream 2 geschlossen zu halten, um sich hinterher über Putin zu entrüsten, der nun seinerseits den Gashahn zudreht, kommentiert der Journalist Matthias Matussek mit den Worten:

> »Tja, wie begründet man einen Gasboykott, der uns selber am meisten schadet, und beschwert sich gleichzeitig über den russischen Gaslieferstopp? Geht nicht? Aber doch, die *FAZ* macht es vor, ›der Weg ist steinig, aber der richtige‹ [...].«[92]

Das unwürdige Hickhack wechselseitiger Drohungen nach dem Motto: »Wir wollen kein russisches Gas!« – »Ihr kriegt auch kein russisches Gas!« findet erst ein Ende, als eine unbekannte Macht beide Nord-Stream-Pipelines sprengt. Dabei hatten sich viele Bürger schon auf einen heißen Demo-Herbst 2022 vorbereitet, denn die Devise »Frieren für die Ukraine« teilte nicht jeder. Im September 2022 pinselte der neue »Wutbürger« bereits Spruchbänder mit einer klaren Forderung: »Öffnet Nord Stream 2« – zwei Tonnen TNT kamen dieser Forderung dann endgültig nach. In der deutschen Regierung gibt man sich ob des Terroraktes auf die deutsche Infrastruktur für kurze Zeit ratlos und zerknirscht. Ein deutsches Polizeiboot wird ausgeschickt, um den Tatort zu untersuchen, doch da man vergessen hatte, die richtige Tauchausrüstung für einen Tauchgang bis 70 Meter einzupacken, kehrt man unverrichteter Dinge wieder um.[93] Nur drei Tage nach dem Anschlag rutscht das Thema auf Platz 13 der Topmeldungen bei der *Tagesschau* ab. Das unwiederbringliche Kappen der Energiehauptschlagader Europas bewegt ausländische Medien weitaus länger als die deutsche Regierung. »Nach meiner Wahrnehmung liest, hört und sieht man von den Ermittlungen nach den Terroranschlägen auf unsere ›Wirtschaftsaorta‹ weniger als über die Rückkehr von Dieter Bohlen zu DSDS« – kommentiert der Journalist Markus Langemann das peinliche Schweigen der deutschen Medien.[94]

Tatsächlich hatten die Grünen von jeher keinen Hehl daraus gemacht, Gegner des Pipelineprojekts zu sein. Bei der *Tagesschau* und in vielen Leitmedien kann man anschließend diverse Artikel lesen, die eine Täterschaft Russlands nahelegen – andere Erklärungen seien »wenig plausibel«. Man könne sich auch schlichtweg keine andere Macht vorstellen, die überhaupt die Mittel zu einer derart komplexen Operation habe. Das russische Husarenstück, ausgerechnet unter einer zufällig vor Ort kreisenden amerikanischen NATO-Flotte tonnenweise Sprengstoff zu platzieren, erklärt man so: Putin war verschlagen genug, die Pipeline von Anfang an zu verminen. So brauchte er nur noch auf eine günstige Gelegenheit zu warten und auf den Knopf drücken.[95] Warum Putin bei diesem Plan Milliarden seiner eigenen Infrastruktur zerstört, anstatt einfach den Gashahn zuzudrehen, erklärt man mit Bosheit. Putin wolle Verwirrung stiften und Ängste schüren. Indirekt habe der Diktator mit der Sprengung das Signal setzen wollen, dass er dies jederzeit auch mit der norwegischen Pipeline tun könne. Dem Logikbruch der Argumentation bezüglich der Vorabverminung, geht man dann vorsichtshalber nicht mehr nach … Selbst als Putin erklärt, über den noch intakten Nebenstrang Nord Stream 2b sofort Gas an Europa liefern zu wollen, bleibt man dabei: Putin sei ein verschlagener KGB-Demagoge, der erst seine eigene Pipeline sprengt, um sich danach als Retter zu inszenieren – auf dieses Spiel falle man jedoch keinesfalls herein.

Auch der glasklaren Ankündigung der USA, der Pipeline auf jeden Fall ein Ende zu setzten, ohne auf deutsche oder russische Befindlichkeiten Rücksicht zu nehmen, misst man keinerlei Bedeutung zu:

> »Biden sagte wörtlich: ›Wenn Russland einmarschiert, wird es kein Nord Stream 2 mehr geben, wir werden dem Projekt ein Ende setzen.‹ Und als eine Reporterin fragte, wie genau er das zu tun gedenke, da das Projekt vor allem unter deutscher Kontrolle stehe, sagte Biden nur: ›Ich verspreche, dass wir in der Lage sein werden, es zu tun.‹«[96]

Dass der amerikanische Präsident bereits am 2. Februar 2022 öffentlich erklärt hatte, dem deutsch-russischen Jahrhundertprojekt nach eigenem Gusto »ein Ende zu setzen«, ist eine Machtdemonstration sondergleichen. Dass er dies jedoch ausgerechnet auf einer Pressekonferenz *im Beisein des deutschen Bundeskanzlers* tut, werten selbst amerikanische Kommentatoren als offene Demütigung Deutschlands.

Das dröhnende Schweigen bezüglich des Terroranschlags auf die Schlagader der deutschen Wirtschaft hält bis zum Februar 2023 an. Monatelang schienen weder die deutsche Regierung noch die Leitmedien an einer Aufklärung der Hintergründe interessiert zu sein. Das berühmte Gras, das langsam über die Sache gewachsen war, wurde jäh gerodet, als der Pulitzer-Preisträger Seymour Hersh nach dreimonatiger Recherche einen umfassenden Bericht des Falles vorlegte. Der mehrfach preisgekrönte Journalist, von dem *Cicero* schreibt, man könne »Hershs Rolle für die Selbstreinigungskräfte der amerikanischen Demokratie gar nicht hoch genug einschätzen«,[97] galt bis dato als Koryphäe zur Aufdeckung von Regierungsskandalen und hatte für *The New Yorker* und *The New York Times* geschrieben. Nach Hersh hat sich die

Sache so abgespielt, wie viele Insider gemutmaßt hatten. Auf Weisung des US-Präsidenten Biden hatte die CIA eine streng geheime Operation zur Sprengung der deutschen Pipeline durchgezogen. Mit von der Partie und logistischer Partner war Norwegen. Hershs Begründungen für diese Partnerschaft klingen interessant: Zum einen seien Norweger bekanntermaßen keine besonderen Freunde der Russen und der Deutschen. Norwegen sei eines der ersten NATO-Mitglieder gewesen und stelle mit seinen US-Basen im hohen Norden das Drehkreuz zur Ausspähung Russlands. Der Norweger Jens Stoltenberg sei zudem als NATO-Generalsekretär »der Handschuh, in den die amerikanische Hand passe«. Dass Norwegen Nord Stream von jeher als große Konkurrenz zur eigenen Pipeline gesehen habe, sei überdies kein großes Geheimnis gewesen. Zu guter Letzt verfüge Norwegen durch seine große Erfahrung im Offshore-Bereich selbst über hervorragende Spezialisten, um an einer derartigen Aktion mitzuwirken. Kurz nachdem die USA geheime Verhandlungen mit Norwegen aufgenommen hatten, legten die Norweger allerdings Wert darauf, hohe Beamte in Schweden und Dänemark einzuweihen, so Hersh. Dies sei geboten gewesen, um die Ergebnisse einer nachfolgenden Untersuchung in den Hoheitsgewässern der Anrainerstaaten blockieren zu können. Die konkrete Sprengung der Pipeline mithilfe von Spezialtauchern, die eine Mischung aus Sauerstoff, Stickstoff und Helium atmeten, war schließlich ein logistisches Meisterstück und erinnert an einen James-Bond-Film, Näheres im Hersh-Bericht.[98]

Hershs Quelle aus dem Weißen Haus, die er schützt, äußert sich derart komplex und detailliert, dass es schwerfällt, die Geschichte als reine Fantasie abzutun. Was in einem freien Land mit freier Presse zumindest erfolgen müsste, wäre, den konkreten Behauptungen nachzugehen, um sie zu widerlegen. Selbstverständlich hätte der Bundestag ohnehin einen Untersuchungsausschuss einberufen müssen, um den Anschlag aufzuklären. Was jedoch tatsächlich erfolgte, war eine Diskreditierungskampagne gegen Hersh. Die Versionsgeschichte seines Wikipedia-Eintrags zeigte plötzlich hektische Überarbeitungen, und die *Tagesschau* beeilte sich in einem Faktencheck zu erklären, der 85-Jährige sei zuletzt nur noch »mit fragwürdigen Recherchen« aufgefallen. Hätte Hersh tatsächlich recht, wäre dies einer der größten Politskandale der Nachkriegszeit. Amerika, aber auch die skandinavischen Länder hätten ein sehr hässliches Gesicht gegenüber einem engen »Verbündeten« gezeigt – wer solche Freunde hat, braucht keine Feinde mehr. Sofern Deutschland wirklich eine souveräne Nation ist, wie stets behauptet, müsste das Land allein aus völkerrechtlichen Gründen auf diesen kollektiven Angriff reagieren. Mit einem lapidaren Satz à la Merkel, »Ausspähen unter Freunden, das geht gar nicht« – um danach nie wieder über den Fall zu sprechen –, wäre es diesmal nicht getan. Bezüglich Merkels Wortwahl drängt sich ohnehin die verblüffend ehrliche Aussage des ehemaligen US-Außenministers Henry Kissinger auf: »Amerika hat keine dauerhaften Freunde oder Feinde, nur Interessen.«

Anfang März melden deutsche Leitmedien, eine private »proukrainische Gruppe« von fünf Männern und einer Frau solle hinter den Pipeline-Anschlägen stecken. Die politische Führung in Kiew habe jedoch nicht das Geringste mit der Aktion zu tun. Die Gruppe habe quasi im Alleingang ein privates Boot gemietet und sei von Rostock aus in See gestochen. Da die Terrorgruppe die kleine Jacht in ungereinigtem Zustand an den Eigentümer zurückgegeben habe, hätten die ermittelnden Behörden noch Sprengstoffreste nachweisen können. Zudem habe man, wie bereits nach den Anschlägen vom 11. September, Charlie Hebdo, Bataclan und dem Attentat vom Breitscheidplatz auch diesmal wieder die Ausweise der Attentäter sichergestellt. Ob diese noch ungeheuerlicher klingende Geschichte der Wahrheit entspricht oder ein

Ablenkungsmanöver darstellt, um die immer lauter werdenden Vorwürfe gegen die USA zu entlasten, können nur weitere Untersuchungen ergeben.

Souveräne Ukraine

Die ursprüngliche Idee, die Sanktionen würden Putin innenpolitisch unter Druck setzen, ist krachend gescheitert. Bis zur Verkündigung der Teilmobilisierung standen mehr Russen denn je hinter ihrem Präsidenten. Einige Effekte haben die Sanktionen dennoch:

> »Kein Missverständnis: Russland ist eine Autokratie.
> In seiner tausendjährigen Geschichte ist Russland noch nie demokratisch regiert worden. Die Frage ist, ob unsere Sanktionen dazu beitragen, Russland demokratischer zu machen. Die Antwort lautet: Nein. Sie machen Russland weniger demokratisch.
> Das kann nicht unser Ziel sein. Moralismus heißt, die Folgen des eigenen Handelns auszublenden. [...] Die Sanktionen schaden den [einfachen] Russen, stärken den Kreml und schwächen unsere Wirtschaft. Am härtesten aber treffen sie die Länder in der Dritten Welt, die die Preisexplosionen von Getreide und anderen Rohstoffen, anders als Europa, nicht in einem Ozean von Schulden versenken können – Hungerkrisen und Migrationswellen werden die unmittelbaren Folgen sein.«[99]

Um moralische Heuchelei wird es auch im Dialog zwischen Lanz und Precht gehen. Letzterer fragt, ob man die Deutschen vollends »veräppeln« will, wenn die Außenministerin Annalena Baerbock bezüglich Russlands von einer »wertegeleiteten Außenpolitik«[100] spricht – zugleich aber Länder wie Katar hofiert werden. Zur Erinnerung: Der Krieg im Jemen, maßgeblich von Katar unterstützt[101], forderte bisher 200.000 Todesopfer. Folgt man der Mimik von Lanz, sind ihm die mannigfaltigen Widersprüche und Zielkonflikte, die ihm sein Freund Richard David Precht vor Augen führt, geradezu körperlich unangenehm. Denker wie Richard David Precht sind für Gesinnungsethiker wie Markus Lanz Spielverderber par excellence. Und wie ich bereits schrieb, gilt dasselbe für viele weitere »gute Positionen«, die sich Menschen dieses Typs ebenfalls nur ungern vermiesen lassen. Energiewende, Gender-Mainstreaming, Zwangsimpfungen, Massenmigration und schwere Waffen für die Ukraine sind richtig und gut – und damit basta. Menschen, die dennoch inhärente Zielkonflikte aussprechen, wie Richard David Precht, können vom einem Gesinnungsethiker argumentativ nicht widerlegt werden, da die Kollateralschäden jedweder Prinzipienreiterei viel zu offensichtlich sind. Wie man Spielverderber wie Richard David Precht, Ulrike Guérot und Sahra Wagenknecht dennoch mundtot machen kann, zeigt Lanz in anderen Sendungen zum selben Thema. So erkennt Ulrike Guérot an, dass Putin »der Böse« ist, der die Ukraine völkerrechtswidrig überfallen hat. Ungeachtet dessen weist Guérot auf zwei unangenehme Fakten hin, an denen der Rest der Welt schlichtweg nicht vorbeikommt:

1. Putin ist militärisch prinzipiell nicht zu besiegen.
2. Putin kann diesen Krieg um keinen Preis verlieren.

Alles, was mit einer fortwährenden Aufrüstung der Ukraine erreicht werden könne, seien folglich viele weitere Tote auf beiden Seiten. Zudem implizierten Putins Äußerungen, dass er sich nach zu großer Materialschlacht und zu langer Kriegsdauer gezwungen sehen könnte, ganz andere Waffen einzusetzen:

> »Heute hören wir, dass sie uns auf dem Schlachtfeld besiegen wollen. Nun, was soll ich sagen? Sollen sie es doch versuchen. Wir haben schon viel darüber gehört, dass der Westen uns ›bis auf den letzten Ukrainer‹ bekämpfen

> will. Das ist eine Tragödie für das ukrainische Volk, aber es scheint in diese Richtung zu gehen. Aber jeder sollte wissen, dass wir im Großen und Ganzen noch nichts Ernsthaftes begonnen haben.«[102]

Dass Putin keine leeren Drohungen ausspricht und er sich durchaus etwas »Ernsthafteres« vorstellen kann, ist glaubhaft, so der belarussische Schriftsteller und Politologe Viktor Martinowitsch:

> »Unglücklicherweise sehe ich kein gutes Szenario, mit dem der Krieg enden könnte. Jede Situation, in der die russische Armee verliert oder sich zurückziehen muss, würde in eine Katastrophe führen. Ich bin ziemlich sicher, dass Putin immer davon geträumt hat, Nuklearwaffen einzusetzen. Alles, was ich von russischen Schriftstellerkollegen höre, ist, dass sie den ersten Nuklearschlag erwarten. Sie sind darauf gefasst. Und die Öffentlichkeit in Russland ist darauf vorbereitet. Wenn also der Krieg schlecht für Russland läuft, erwarte ich Nuklearschläge. Und wenn Putin den Einsatz befiehlt, kann die Reaktion den Planeten verwüsten, wie wir wissen.«[103]

Der Meinung von Ulrike Guérot und Viktor Martinowitsch, dass Putin prinzipiell nicht zu besiegen sei, teilt auch der weltweit angesehene Militärstratege Edward Luttwak. Zur Position von Lanz und vielen Grünen-Politikern stellt Luttwak lapidar fest:

> »Die Siegeslobby hätte völlig recht, wenn jemand wüsste, wie man die Erfindung von Atomwaffen rückgängig machen könnte. Das ist vielleicht eine dringend benötigte Kunst. Wir beherrschen sie nur nicht.«[104]

Markus Lanz mahnt an, es sei allein Sache der »souveränen Ukraine« zu entscheiden, wie lange sie kämpfen will und wann Schluss ist. Sein Freund Richard David Precht fragt daraufhin recht provokant zurück, ob er, Lanz, wirklich daran glaube, dass dies seitens der Ukraine entschieden werden könne. Immerhin gäbe es mächtige externe Player, die diesbezüglich ein Wörtchen mitreden werden. Natürlich war Precht klug genug, die USA nicht namentlich zu erwähnen. Jeder ernsthafte Analyst wird jedoch zugeben müssen, dass in der Ukraine ein Stellvertreterkrieg zwischen Russland und den USA geführt wird. Und aus Sicht der USA macht es großen Sinn, wenn sich der ideologische und wirtschaftliche Gegner so lange wie möglich verschleißt. Sofern sich der Krieg auf europäischem Boden abspielt, amerikanische Waffen zum Einsatz kommen und teures Fracking-Gas verschifft wird, alles Faktoren, die der US-Wirtschaft alles andere als schaden, ist die USA sicherlich kaum an einer »zu frühen« Friedensverhandlung interessiert. Sollte in diesem Prozess auch noch ganz Europa, allen voran Deutschland, in wirtschaftliche Not geraten, wird dies vielen Amerikanern kaum schlaflose Nächte bereiten. Die große Frage lautet also: Wie souverän ist die Ukraine in ihren Entscheidungen wirklich? Wäre die Ukraine an einem bestimmten Punkt des Krieges überhaupt in der Lage, selbstständig ein Friedensabkommen auszuhandeln? Eindeutig *nein,* sagt kein Geringerer als der Generalinspekteur der Bundeswehr a. D. und ehemalige Vorsitzende des NATO-Militärausschusses, Harald Kujat. In einem Interview mit der *Preußischen Allgemeinen Zeitung* weist Kujat auf einen Fakt hin, den man bislang in keinem deutschen Leitmedium lesen konnte: Bereits im April 2022 habe die Ukraine mit Russland ein unterschriftsreifes Friedensabkommen ausgehandelt, das nur noch einer Unterschrift Selenskyjs bedurft hätte. Kujat erklärt:

»Allerdings hat der russische Präsident in seiner Rede zur Teilmobilmachung auf einen sehr wichtigen Punkt hingewiesen, der in den Übersetzungen deutscher Medien nicht vorkommt. Und zwar hat Putin – er betonte, dass er dies zum ersten Mal in der Öffentlichkeit bekannt macht – gesagt, dass es bereits Anfang April eine Vereinbarung zwischen der Ukraine und Russland über ein Ende der Kampfhandlungen und eine Friedenslösung gegeben habe. Diese Vereinbarung beinhaltete, dass sich Russland aus allen seit dem 24. Februar 2022 eroberten Gebieten zurückzieht, im Gegenzug die Ukraine auf einen NATO-Beitritt verzichtet und dafür Sicherheitsgarantien von verschiedenen Staaten erhält. Damit hätte der Krieg bereits im Frühjahr beendet werden können! Doch er ist nicht beendet worden, weil zu diesem Zeitpunkt, präzise am 9. April, der damalige britische Premierminister Johnson nach Kiew reiste und veranlasste, dass der ukrainische Präsident Selenskyj dieses Abkommen nicht unterzeichnete und die Gespräche mit Russland abbrach. […] Seit Ausbruch des Krieges wird viel von ›Zeitenwenden‹ gesprochen – dieser 9. April 2022 war tatsächlich ein Wendepunkt, weil der Krieg hätte beendet werden können. Doch haben Erwägungen, den geopolitischen Rivalen Russland unerwartet schwächen zu können, dies verhindert. Ein nächster Wendepunkt könnte nun wieder anstehen, falls Putin seine ›militärische Spezialoperation‹ für beendet erklären sollte. Dann stellt sich wieder die Frage, wie der Westen handelt.«[105]

Man kann davon ausgehen, dass Boris Johnson dem ukrainischen Präsidenten mit der englischen zugleich auch die amerikanische Position klargemacht hat. Kujat führt weiterhin aus, dass Putins Behauptungen seitens der US-Medien »Foreign Affairs« und

»Responsible Statecraft« verifiziert seien. Im weiteren Verlauf erklärt Kujat, was schlussendlich den Titel des hochbrisanten Interviews bestimmt: »Das Risiko, dass der Krieg auf Deutschland übergreift, ist sehr real.«

Trotz der Anerkennung des russischen Unrechts, die Ukraine überfallen zu haben, aber in Hinblick auf elementare deutsche Sicherheitsinteressen plädieren Ulrike Guérot und Richard David Precht, Sahra Wagenknecht und viele andere für sofortige Verhandlungen mit Russland und nicht für die jahrelange Fortführung der Lieferung immer schwererer Waffen. Gesinnungsethiker wie Markus Lanz, und mit ihm viele grüne Politiker, lassen sich jedoch keineswegs von einer realen Kriegsgefahr beeindrucken, prinzipielle Erziehungs- und Bestrafungsmaßnahmen gegen Putin sind wichtiger.

Um dies entgegen der zunehmenden Bedrohungslage durchzusetzen, bleibt als letztes Mittel nur die polemische Moralisierung. Für den öffentlichen Disput gilt: Emotionen schlagen Argumente. Was Lanz in seiner argumentativen Not mit Ulrike Guérot macht, gleicht einem Tribunal.[106] Anstatt die Professorin ausreden zu lassen und ihre komplexen Argumente inhaltlich zu widerlegen, hält er ihr das barbarische Kriegsverbrechen eines russischen Soldaten vor, der einen ukrainischen Familienvater von den Augen seiner schwangeren Frau erschießt. Die Frau verliert daraufhin ihr Kind und äußert später, das Einzige, was ihr geblieben sei, sei ihr Hund. Lanz schildert die anrührende Geschichte so eindrücklich und emotional, als sei er dabei gewesen. Da Guérot eine systemische Debatte über die Rolle der USA und der NATO führen wollte, setzt Lanz vor jeder neuen, grausamen Schilderung die Floskel »Ich frage Sie, was hat das mit der NATO zu tun?«. Und obgleich Guérot diese polemische Frage offensichtlich beantworten möchte, lässt Lanz ihr dazu keine Chance, indem er sie einfach niederredet. Jeder Zuschauer muss zu dem Schluss kommen –

Barbaren wie die Russen müssen grundsätzlich und ein für alle Male gestoppt werden. Dass Guérot aus denselben guten Gründen das Morden so schnell wie möglich beenden will, nur mit anderen Mitteln, spielt nach Lanz' Ausführungen keine Rolle mehr. Für den ergriffenen Zuschauer steht Guérot als Unterstützerin dieses Grauens da. Die Methode von Markus Lanz – schrecklicher Einzelfall überschreibt verantwortungsethische Debatte – gehört zum handwerklichen Standardrepertoire öffentlich-rechtlicher Moderatoren. Der Medienwissenschaftler Prof. Norbert Bolz ordnet die Technik der politischen Korrektheit zu:

> »Ein weiterer Aspekt von politischer Korrektheit ist die Anwendung von Sozialkitsch, nach Bolz ein unschlagbares Instrument in der Debatte, wenn unliebsame Fakten mit Gefühlen überschrieben werden sollen. Bezüglich der Zuwanderungsdebatte wäre es die Präsentation eines konkreten, emotional mitreißenden Einzelfalls einer leidenden Person, idealerweise ein weinendes Kind mit großen Augen. Jeder Kritiker, der die faktischen und prinzipiellen Limitierungen und Gefahren im Zusammenhang mit der Zuwanderung diskutieren möchte, steht angesichts des konkreten Leids des vorgeführten Beispiels sofort als Unmensch da.«[107]

Total gut? – Ukraine

Dieses Buch stellt die Frage, inwieweit deutsche Bürger zu souveränen Erwachsenen ausreifen konnten, um der Aufgabe eines informierten, eigenverantwortlichen Wählers gerecht werden zu können. Transtrauma und andere Gründe haben die Ausreifung erschwert oder verhindert. Vielen Deutschen war die mangelnde Souveränität ihres Landes nach dem Zweiten Weltkrieg nur allzu recht, denn »erwachsen« sein bedeutete Verantwortung tragen müssen. Bis 1989 hatte man sich mit diesem Mindset in der Bonner Republik mit der Schutzmacht USA recht gemütlich eingerichtet. Mit »Uncle Sam«, als starkem und mitunter strengem Vater, oder mit »Mütterchen Russland« jenseits des Eisernen Vorhangs fühlten sich viele Deutsche recht wohl.

Inzwischen hat der Ukrainekrieg die ohnehin verwirrte und atomisierte deutsche Gesellschaft vollends gespalten. Dabei ließen sich viele Positionen und Identifizierungen klären, wenn man die innerpsychische Not von Übertragungen versteht. Kinder aus dysfunktionalen Familien müssen wenigstens einen Elternteil erwählen, der fortan die oder der Gute sein soll. Die Möglichkeit, zwei gleichermaßen »böse« Elternteile zu haben, die es letzten Endes *beide* nicht gut mit dem Kind meinen, ist für das auf Gedeih und Verderb abhängige Kind vollkommen unintegrierbar. Tatsächlich ist dies jedoch sehr häufig der Fall, da die elterliche Bindung auf der Resonanz des Entwicklungsgrades beider Elternteile beruht. Sofern die Eltern später in Streit geraten und einen »Krieg« beginnen, muss das infantile Kind einen Elternteil überhöhen und den anderen abwerten. Um im Kriegsfall *beiden Eltern* eine Absage erteilen zu können, müsste das Kind erwachsen sein und auf eigenen Füßen stehen.

»Transatlantiker« – »Papakinder« und »Putinversteher« – »Mamakinder« stehen sich seit dem Ukrainekrieg vollkommen unversöhnlich gegenüber. Zumindest *eine* Großmacht muss es doch gut mit Deutschland meinen. Auszuhalten, dass sowohl die USA als auch Russland gnadenlos und ohne Rücksicht auf ihre »ehemaligen Kinder« einzig ihre ureigenen, nationalen Interessen verfolgen, ist für deutsche Babyboomer ziemlich unerträglich. Persönlich würde ich das Verhältnis »Papa«-(USA)- vs. »Mama«-(Russland)-Kinder in Deutschland etwa 80 zu 20 einschätzen. In den Leitmedien sicher noch höher, zugunsten der USA.

Um im Bild zu bleiben: Das größte Lager der »Mamakinder«, despektierlich »Putinversteher«, findet sich im politischen Spektrum rechts von der Mitte, bei den Wertkonservativen. Für die linksgrüne Mehrheit wird das Feindbild dadurch noch runder als ohnehin schon: »Klimaleugner«, »Impfmuffel«, »Querdenker« und nun auch noch »Putinversteher« – stets derselbe gestrige, hässliche Deutsche. Konservative Historiker, wie Prof. Dr. David Engels, führen die Russophilie vieler Konservativer auf ein Missverständnis zurück:

> »Nicht nur in Deutschland, sondern auch in Frankreich, Italien und selbst Spanien pflegen viele Konservative ein eher romantisches Russlandbild, das immer noch von Reminiszenzen an Tolstoi, Dostojewski, Tschaikowski, Repin und die Zarenzeit geprägt ist, aber nur sehr wenig mit dem heutigen Russland zu tun hat. Für viele gilt Russland als eine Art ultimativer Verteidiger des Abendlandes, dem es idealistischerweise nur darum geht, Tradition, Christentum und nationale Kultur zu pflegen und zu verteidigen.«[108]

Natürlich steht Putin im weitesten Sinne für »konservative Werte«, wenn er Institutionen wie Familie, Kirche und Nation stärken will und im Gegenzug linksliberale Ideologien wie LGBT, Gender und Fridays-for-Future-Bewegungen ablehnt. Laut Engels sei Putin aber, wie jeder russische Herrscher, in erster Linie an der Ausweitung und Stabilisierung eines Großreiches interessiert. Angesichts der schieren Größe habe dieses Reich von jeher eine gewisse Heterogenität akzeptieren müssen. So sei Putin durchaus auch die Ausweitung des Islams auf eigenem Herrschaftsgebiet willkommen – sofern ihm die islamischen Provinzen Treue schwören. Kurzum: Russischen Führern ginge es nie um »konservative Werte«, sondern ausschließlich um Macht. Genuin europäische und abendländische Kultur, die Engels ebenso schützenswert findet wie alle Konservativen, habe in Wirklichkeit nichts mit dem russischen Kulturraum zu tun. Alle freiheitlichen und humanistischen Grundlagen, die sich die Europäer mühsam erkämpft hätten, habe es in Russland nie gegeben. Zu einer ähnlichen Einschätzung kommt auch der russische Schriftsteller Viktor Jerofejew in der *Welt:*

> »Sehen Sie, im europäischen Verständnis von Staat ist der Staat ein System von Verträgen und ein System von Verbindungen. Das schließt vertikale und horizontale Verbindungen ein. So etwas gab es in Russland nie. In Russland gab es immer nur eine Pyramide: An der Spitze stand immer ein einziger Mensch, der alles entscheidet, und alle unter ihm, auch die an zweiter, dritter Stelle hinter ihm, waren nichts anderes als Diener. In diesem Sinn gab es in Russland also nicht einmal ein europäisches Mittelalter, sondern allenfalls ein östliches. Hier war Europa – dort war Russland. Aber Sie hier im Westen, die Sie die Kultur lieben, Sie denken immer, Russland – das sei Gogol, Tschechow und Dostojewski. Aber in Wirklichkeit ist es so: Russland – das ist nach wie vor Iwan der Schreckliche und Nikolaus I.«[109]

Der *Bayerische Rundfunk* geht sogar noch weiter, indem er einen russischen Philosophen feststellen lässt, »Russen sind unfähig zu Mitleid«:

> »Bittere Worte des 80-jährigen russischen Publizisten Alexander Zipko über seine Landsleute: Sie seien nicht in der Lage, den ›Wert des menschlichen Lebens‹ zu würdigen.«[110]

Mit Beginn des Ukrainekrieges vergeht kein Tag, an dem die Leitmedien nicht über das »wahre Wesen« der Russen aufklären. Ganze Serien von Artikeln erklären den Begriff »Dedowschtschina«, ein auf die Zarenzeit zurückgehender Initiationsritus über Gewalt, Schikane und Unterdrückung russischer Soldaten, deren Persönlichkeit dabei gebrochen werde. Was nach der Armeezeit herauskäme, sei ein brutaler, verrohter Menschenschlag, und dieses Muster von Gewalt und Unterdrückung würde schließlich über die entlassenen Soldaten tief in die russische Gesellschaft getragen:

> »Willst du als Rekrut überleben, musst du zuerst zum Sklaven werden, deine Menschenwürde fahren lassen. Später wirst du von einem Sklaven zu einem Herrn, nun bist du an der Reihe, die Neuen zu prügeln, ihnen in die Stiefel zu pissen, sie eine mit Schuhwichse beschmierte Brotscheibe essen zu lassen, ihnen die von zu Hause zugeschickten Lebensmittel wegzunehmen. Die meisten russischen Männer absolvieren diese Sklavenausbildung und tragen die erworbenen Fähigkeiten und Fertigkeiten in jede Familie. Die Brutalität in Alltagskonflikten in meinem Land ist erschreckend. Toleranz ist so gut wie unbekannt.«[111]

Doch wenn man bezüglich Russland konstatiert, dass es sich um ein Land handelt, das seit mehr als tausend Jahren mithilfe schwarzer Pädagogik und brutaler Machtprinzipien top-down beherrscht wurde, was einen mitleidlosen Menschenschlag hervorgebracht hat, der nie in der Lage war, eine freie Bürgerschaft zu entwickeln, stellt sich unweigerlich die Frage: Wie viel vom russischen Ungeist steckt in der Ukraine?

Seit dem 24. Februar 2022 will der Westen auf jeden Fall glauben, die Ukrainer hätte eben diese autokratische Prägung in viel geringerem Ausmaß getroffen – obwohl das Herrschaftsgebiet über lange Zeit dasselbe war. Im Gegensatz zu den Russen hätte die junge Nation ihr toxisches Erbe in wenigen Jahren abstreifen können und sei heute reif, um sich nahtlos in den westlichen Kulturraum einzugliedern.

Doch es geht nur eines: Entweder man dämonisiert die »russische Seele« als brutal und undemokratisch – dann müsste man sich diesbezüglich auch um die Ukrainer sorgen – oder man äußert sich vorsichtiger. In diesem Zusammenhang fallen mir etliche Nachrichtenbeiträge der letzten Jahre ein, in denen es im heutigen Musterland für Demokratie zu tragisch-komischen Szenen im ukrainischen Parlament gekommen war, da die Abgeordneten den Plenarsaal mit einem Boxring verwechselten.

In erster Linie möchte ich anhand der Ukrainefrage den dichotomen Umgang mit Konflikten abbilden – wie sagte Markus Lanz so schön: *»Dieser Krieg ist ganz einfach: Das ist schwarz-weiß. Das ist Gut gegen Böse.«* Seit dem 24. Februar 2022 ist alles in und an der Ukraine »total gut« – sagen zumindest die »Papakinder«. Um diese infantile Position halten zu können, müssen natürlich alle Grautöne, die es bezüglich der Ukraine vor dem 24. Februar reichlich gegeben hatte, im Nachhinein getilgt werden. Und dies bedeutet jetzt, dass »gut« auch nicht das kleinste bisschen böse sein darf, denn »böse« ist einzig die Gegenseite. In der Presse erscheinen fortan Artikel, die drei Basiselemente enthalten:

Die Russen sind barbarisch und töten Kinder und schwangere Frauen, führen einen Vernichtungskrieg gegen das ukrainische Volk und werden nach einem Sieg weiter gen Westen durchmarschieren. Mustergültig bedient die Homestory der *Vogue* »Olena Selenska, First Lady der Ukraine: Ein Porträt des Mutes« diesen Dreiklang:

> »Sie [Olena Selenska] zeigte Bilder von ukrainischen Kindern, die durch russische Raketen getötet worden waren, darunter

> ein vierjähriges Kind mit Downsyndrom, bevor ihr Tonfall schärfer wurde: ›Ich bitte um etwas, um das ich nie bitten würde: Ich bitte um Waffen – Waffen, die nicht benutzt werden, um einen Krieg auf dem Land eines anderen zu führen, sondern um das eigene Zuhause zu schützen und das Recht, in diesem Zuhause lebendig aufzuwachen.‹ Dies ist eine gefühlvollere Version der Botschaft, die ihr Mann all die Zeit über verkündet hat: dass es im Krieg in der Ukraine um mehr als die Ukraine geht – es geht darum, wer die Werte des Westens und die regelgebundene Nachkriegsordnung aufrechterhalten wird. Wenn Wladimir Putin in ein souveränes Land einmarschieren kann, um sein Ziel der Wiedervereinigung des ehemaligen russischen Imperiums zu erreichen, wo wird er stoppen? […] ›In den ersten Wochen nach Ausbruch des Krieges waren wir einfach nur schockiert‹, sagt sie. ›Nach Bucha haben wir verstanden, dass es ein Krieg war, der uns alle ausrotten sollte. Ein Vernichtungskrieg.‹«

»Putin will eine Ukraine ohne Bevölkerung«, lautet demzufolge auch eine Schlagzeile der *Tagesschau:*

> »Kiews Bürgermeister Vitali Klitschko wirft Russland im Interview mit der ARD Völkermord vor. Russland wolle eine Ukraine ohne Einwohner.«[112]

Wolodymyr Selenskyj, medial aufgebaut durch den dubiosen Oligarchen Ihor Kolomojskyj, der mit seinen Milliarden seit 2014 auch den rechtsradikalen Kampfverband »Regiment Asow« ins Leben rief, wird zum Helden, der die Freiheit Europas verteidigt. Das Asow-Regiment, das noch bis 2019 seitens des US-Senats[113] und vom Hochkommissar für Menschenrechte als gefährliche Terrororganisation eingestuft wurde, wird zum heroischsten

Regiment der Ukraine und streitet für die Freiheit Europas. Und die bis vor Kurzem von allen Leitmedien als korrupt bezeichnete Ukraine, in der breite Bevölkerungsschichten den Kriegsverbrecher Stepan Bandera als Nationalheld verehren, wird über Nacht zum demokratischen Musterland, das besser heute als morgen in die EU aufgenommen werden sollte. Vom Fakt, dass in fast allen westukrainischen Städten Hauptstraßen und Plätze nach einem Mann benannt werden, der für die Ermordung Tausender Polen und Juden verantwortlich ist und der trotzdem als Volksheld gefeiert wird, will man in den Leitmedien nichts mehr wissen. Dasselbe gilt für die 14. Waffen-Grenadier-Division der SS, später SS-Division »Galizien«, die in der Ukraine auch heute noch mit Paraden und Denkmälern geehrt wird.

> »Das von 2014 bis 2019 von Volodymyr Viatrovych geleitete Ukrainische Institut für nationales Gedenken vertritt eine ähnliche Sicht und beeinflusst damit die Geschichtswahrnehmung in der ukrainischen Gesellschaft nach der Revolution 2014. So wird die Division heute trotz Unklarheit und Ambivalenz von Ukrainern aus dem nationalistischen, aber auch dem bürgerlichen Spektrum vor allem in Galizien positiv gesehen und verehrt. In der Stadt Lwiw findet organisiert von der nationalistischen Gruppierung ›Autonomer Widerstand‹ seit 2010 jährlich am 28. April eine Parade zu Ehren der SS-Division statt, bei der neben Veteranen auch Vertreter anderer nationalistischer Organisationen teilnehmen.«[114]

An der Tatsache, dass ukrainische Politiker höchsten Ranges SS-Divisionen und Kriegsverbrechern wie Stepan Bandera huldigen, kommt man schlichtweg nicht vorbei. Allen voran der ehemalige ukrainische Botschafter in Deutschland, Andrij Melnyk:

»So erregte er 2015 den Unmut des Bundestags, als er seinen Besuch am Grab des Partisanenführers und NS-Kollaborateurs Stepan Bandera in München auf Twitter publik machte. Bandera, den Melnyk als ›unseren Helden‹ bezeichnete, war Politiker der ukrainischen Nationalisten OUN, arbeitete im Zweiten Weltkrieg mit der Wehrmacht zusammen und gilt überwiegend als Kriegsverbrecher.«[115]

Dabei wäre es ein Leichtes für die Presse, wahrheitsgemäß zu berichten – ein Blick in den Wissenschaftlichen Dienst des Bundestags könnte helfen. Unter anderem mit dem Bericht »*Zum ukrainischen ›Regiment Asow‹ und zur möglichen Verstärkung durch deutsche Freiwillige aus dem rechtsextremistischen Milieu*«, Aktenzeichen WD2-3000-025/22, kann man sich schlaumachen. Demnach war das Asow-Regiment von jeher rechtsradikal, Gründer des Bataillons Asow war der Anführer von mehreren rechtsradikalen Kleinstparteien, darunter der Partei »Patriot der Ukraine«, Andrij Bilezkyj. Bis 2014 hatte Bilezkyj noch in Haft gesessen – im August 2014 wurde ihm jedoch aus dem Nichts von Innenminister Arsen Awakow der Rang eines Oberstleutnants des ukrainischen Innenministeriums verliehen. Am 2. September 2014 verlieh ihm der ukrainische Präsident Petro Poroschenko zudem noch den »Orden für Tapferkeit«.

»2014 rekrutierten sich die Kämpfer des ›Regiments Asow‹ aus Mitgliedern ultranationalistischer und rechtsextremer Organisationen, Ultras sowie Hooligans aus der Fußballfanszene und aus ehemaligen ›Maidanern‹. […] Anfangs wurde die Gruppe weitgehend privat finanziert, erhielt aber bald darauf Unterstützung der ukrainischen Regierung. Als einer der Hauptunterstützer in finanzieller Hinsicht gilt der ukrainische Milliardär und Oligarch jüdischer

> Abstammung Igor Kolomoyskyj. […] Das Vorhandensein von neonazistischen, ultranationalen und weiteren menschenverachtenden Tendenzen inklusive Antisemitismus innerhalb des ›Regiments Asow‹ ist heute tatsächlich wohl nicht zu leugnen, […].«[116]

Und bezüglich des ukrainischen Botschafters stellte die *Frankfurter Rundschau* noch am 10. Mai 2022 fest:

> »In den vergangenen Tagen nun hat es sich der Botschafter zur Aufgabe gemacht, auf Twitter für das ultranationalistische Regiment Asow in die Bresche zu springen. ›Leute, liebe @tagesschau, lassen Sie doch endlich das Asow-Regiment in Ruhe. Bitte. Wie lange wollen Sie dieses russische Fake-Narrativ – jetzt mitten im russischen Vernichtungskrieg gegen Zivilisten, gegen Frauen und Kinder in Mariupol – bedienen?‹, schrieb er etwa am 19. März. Anlass war ein Tweet der Tagesschau, die über die rechtsextreme Unterstützung der Truppe innerhalb Deutschlands berichtete. Das Regiment Asow, ein paramilitärisches Freiwilligenbataillon, steht seit seinem Bestehen im Mai 2014 international in der Kritik. Gegründet wurde es, um gegen prorussische Separatisten im Osten der Ukraine zu kämpfen, doch gilt das Regiment als extrem nationalistisch.«[117]

Angesehen von der *Frankfurter Rundschau* bemühen sich die meisten Leitmedien nach dem 24. Februar 2022, das peinliche Nazithema als russische Propaganda umzudeuten. Fotos, auf denen der Kiewer Bürgermeister Vitali Klitschko mit Asow-Kämpfern posiert, die sich mit Nazisymbolen schmücken, einschließlich SS-Runen und Hakenkreuzen, werden im Internet eiligst gelöscht, tauchen in den sozialen Netzwerken aber immer wieder auf.

Überhaupt ist es für die Medien gar nicht so einfach, dynamische Front-Storys zu erstellen, in denen ausnahmsweise *keine* Nazisymbole auftauchen. So laufen peinliche *Tagesschau*-Interviews, in denen im Hintergrund Panzer mit Hakenkreuz durchs Bild huschen. Oder die deutsche Innenministerin Nancy Faeser posiert gemeinsam mit Hubertus Heil neben der Leiterin des Stadtrats von Irpin, deren T-Shirt ein riesiges »Black Rifles Matter«-Logo ziert.

> »›In der extremen Rechten und in Neonazikreisen ist das T-Shirt mit dem Aufdruck ›Black Rifles Matter‹, in dessen Mitte ein Sturmgewehr zu sehen ist, sehr beliebt‹, sagt dazu der Vorsitzende der hessischen Landtagsfraktion der Linkspartei, Jan Schalauske. ›Zum einen steht es für die Verhöhnung der Bewegung ›Black Lives Matter‹, zum anderen symbolisiert es die Bereitschaft zur Gewaltausübung.‹«[118]

Ungeachtet Dutzender Nazisymbole, die sich in den vielen Medienberichten kaum vermeiden lassen, wird das Asow-Regiment derweil als vollkommen geläutert dargestellt. Die Nazivergangenheit sei lediglich eine »Kinderkrankheit der Gründungsphase« gewesen. Dass das Regiment aber *gerade wegen* seiner rechtsradikalen Profilierung über viele Jahre und bis kurz vor dem Krieg zum Sehnsuchtsregiment rechtsradikaler Söldner aus allen Teilen der Welt avancierte, will man nicht mehr wahrhaben. Belegt sind beispielsweise ultrarechte Amerikaner der »RAM-Gruppe«[119], die nach ihrer Rückkehr in die USA fortan zum Problem für das FBI wurden.[120] In der *Welt*, wie in vielen weiteren Leitmedien, bemüht man sich dennoch tapfer, das Thema Asow unter Kontrolle zu bringen. Als die NATO aus guten Gründen zögerte, ausgerechnet das Asow-Regiment mit Javelin-Panzerabwehrwaffen oder Bayraktar-Kampfdrohnen zu versorgen, ist man sich bei der *Welt* sicher – die NATO fällt auf russische Propaganda rein. Stattdessen liefert die Zeitung »tiefe Einblicke in die Kampftruppe, mit der Putin nicht gerechnet hatte«:

> »Asow ist heute eine hochprofessionelle Spezialeinheit – keine politische Organisation, keine Miliz, kein rechtsextremes Bataillon. Formal weiterhin der Nationalgarde unterstellt, koordiniert das Regiment seine militärischen Aktivitäten inzwischen viel stärker mit den Streitkräften. Asow besteht heute aus ukrainischen Bürgern verschiedener ethnischer Herkunft: ethnische Ukrainer, Russen, Belarussen, Krimtataren, Georgier, Griechen. Sie alle sind ukrainische Patrioten, die ihr Leben für die Souveränität, Freiheit und Demokratie der Ukraine riskieren und opfern. […] An diesem Befund ändert auch nichts ein Anfang März im Internet verbreitetes Video: In diesem sieht man Asow-Kämpfer Patronen mit Schweinefett einschmieren und erklären, diese Kugeln seien für Soldaten des Putin-treuen tschetschenischen Machthabers Ramsan Kadyrow bestimmt. Zivilisten mag eine solche Szene befremden. Doch mit antimuslimischen Ressentiments hatte das nichts zu tun, vielmehr ist das militante Trollen der feindlichen Kräfte, also die symbolische Einschüchterung und Verspottung, eine jahrhundertealte Kriegstradition.«[121]

Und wer will einer heldenhaften Truppe eine »jahrhundertealte Kriegstradition« verwehren? So wie das Asow-Regiment von einer Hooligan- und Nazitruppe zum heroischen Verteidiger des freien Europas avancierte, wurde auch der Staatspräsident Wolodymyr Selenskyj zum charismatischen, militärischen Führer der freien Welt. Kurz vor dem Krieg konstatierte die *Süddeutsche Zeitung* noch, der stets im olivgrünen Militär-T-Shirt posierende Präsident sei »Ausdruck eines kranken politischen Systems«:

> »Doch Wolodymyr Selenskyjs kometenhafter Aufstieg ist ebenfalls Ausdruck des kranken ukrainischen Systems: Er war nur möglich, weil ukrainische Medien von Oligarchen dominiert werden, die bestimmen, wer in ihre Fernsehsender kommt – und wer nicht. Ex-Verteidigungsminister Anatolij Grizenko zum Beispiel, der ebenfalls Präsidentschaftskandidat war und seit Jahren glaubwürdig für Korruptionsbekämpfung und gegen die Interessen der Oligarchen auftrat, kann ein Lied davon singen: Er kam jahrelang praktisch nicht ins Fernsehen und bekam in einem Land, in dem sich 85 Prozent der Bevölkerung ausschließlich über das Fernsehen informieren, nie eine nationale Bühne. […] Für den Fernseh- und Kabarettstar Selenskyj existierten diese Hindernisse nicht – erst recht nicht, weil der Oligarch Ihor Kolomoisky ihn mit seinem Fernsehsender 1+1, dem beliebtesten der Ukraine, ins Amt hievte. Dass Selenskyjs Ruhm, sein Schlüpfen in die Rolle eines guten, unbestechlichen Präsidenten ausreichten, um ihn trotz eines inhaltsfreien Wahlkampfes ins Präsidentenamt zu bringen, lag vor allem an der Abneigung der Ukrainer gegen Poroschenko: Auch andere Kandidaten hätten gegen den bisherigen Präsidenten gewonnen. Eine zentrale Frage ist nun, wie groß der Einfluss Kolomoiskyjs sein wird, eines der umstrittensten Oligarchen der Ukraine.«[122]

Selenskyj hatte in den Jahren 2015 bis 2017 zur besten Primetime in Kolomojskyjs Privatsender 1+1 den sympathischen Hauptdarsteller in der Serie »Diener des Volkes« gegeben. Die sich daraus ergebene enorme Popularität ließ aus der Fiktion Realität werden – Selenskyj wurde zum Präsidenten gewählt. Kolomojskyj – zuvor Persona non grata und im Exil lebend – kehrte nach der von Selenskyj gewonnenen Wahl umgehend in sein Heimatland zurück. Im Anschluss wird der rechte Oligarch vermutlich mit Stolz und Wohlwollen beobachtet haben, dass sein Protegé am Donnerstag den 1. Juli 2021 das neue »Gesetz über indigene Völker« verkündete:

> »Derzeit vergeht kein Quartal, ohne dass in Kiew neue Maßnahmen gegen die russische Kultur und Sprache fällig sind. So wurde auf Initiative von Präsident Selenskyj in der Rada jüngst ein ›Gesetz über die indigene Bevölkerung‹ verabschiedet. Dazu zählen fortan nur noch Bevölkerungsgruppen, die von ihrer Nationalität her keinem Staat außerhalb der Ukraine zugeordnet werden können. Das heißt, Russen, Rumänen, Polen und Ungarn zählen nicht mehr zur ›eingesessenen Bevölkerung‹, selbst wenn ihre Vorfahren über Jahrhunderte in der Ukraine gelebt haben.«[123]

Bereits der ukrainische Präsident Petro Poroschenko zog mit dem Slogan »Armee. Sprache. Glaube« in den Wahlkampf. In dieser Prioritätenfolge soll nun das neue Gesetz Ukrainer skandinavischer oder germanischer Herkunft privilegieren – im Prinzip handelt es sich damit um das erste Rassegesetz in Europa nach 1945. »Nicht-indigene Völker« auf dem Boden der Ukraine sollen zukünftig nicht mehr in ihrer Muttersprache unterrichtet werden dürfen. Außerdem sollen keine anderen Muttersprachen als Ukrainisch am Arbeitsplatz und im öffentlichen Raum gesprochen werden:

> »Ab sofort sind zudem sämtliche Staatsangestellten, Verkehrspolizisten, Gerichtsdiener, Klinikärzte verpflichtet, die Bürger, sofern diese nicht um eine andere Sprache bitten, auf Ukrainisch anzureden. Das Gleiche gilt für Dienstleistungsbetriebe, also Mitarbeiter von Supermärkten, Apotheken,

> Banken. Verstöße gegen das ›Recht auf Bedienung in der Landessprache‹ können beim Sonderbevollmächtigten zum Schutz der Staatssprache gemeldet und im Wiederholungsfall mit Geldstrafen geahndet werden.«[124]

In einem Land, in dem ein Großteil der Bevölkerung russische Wurzeln hat und ausschließlich Russisch spricht, kommt dies einer Apartheidpolitik schon ziemlich nahe. Später folgen weitere Gesetze zur »Entrussifizierung«, dazu gehört das Verbot russischer Bücher und Musik[125] – Millionen Menschen werden mit dem neuen Gesetz diskriminiert und von ihren Wurzeln abgeschnitten.

Total böse? – Russland

Bezüglich der Ukrainefrage verläuft die Trennlinie zwischen »Mama- und Papakindern« in der An- oder Aberkennung Russlands tatsächlicher Bedrohung seitens der NATO, respektive USA. »Papakinder« sind der festen Überzeugung, dass von der NATO keinerlei Gefahren für Russland ausgehen, da es sich dabei nach ihrer Meinung um ein reines »Defensivbündnis« handelt. Zu keinem Zeitpunkt würde es einen Angriff auf russisches Territorium seitens der NATO geben. Putins Hysterie bezüglich »herangerückter NATO-Länder« sei daher lediglich ein Vorwand, um seinerseits eine imperialistische Machtpolitik rechtfertigen zu können. »Mamakinder« glauben hingegen, dass sich Russland nachvollziehbar bedroht sieht und es in der Folge um die Abwehr dieser, möglicherweise nur gefühlten, Bedrohung geht.

Aus diesen unterschiedlichen Perspektiven wird der Einmarsch in die Ukraine diametral anders bewertet: Für »Papakinder« handelt es sich um brutalen Imperialismus – für »Mamakinder« um strategische Selbstverteidigung. Aus ihrer verklärten Projektion auf Putin als Verteidiger abendländischer Werte würden viele

Konservative allerdings unsanft erwachen, sofern Putin seinen Machtbereich tatsächlich ausweiten könne, so der Historiker David Engels. Russland würde sich dann nämlich als kaum besser erweisen als der jetzige Hegemon USA.

Ungeachtet der guten Argumente, dass sich Russland tatsächlich *real* bedroht sieht, verkennen viele »Putinversteher« jedoch den Umstand, dass sich der Kremlherrscher seit seiner berühmten und durchaus sympathischen Rede im Bundestag 2001 entscheidend verändert hat. Mit zunehmender Machtdauer schwand Putins Interesse für innerpolitische Themen gen null. Stattdessen entwickelte er sich zu einem Hobbyhistoriker, der in Epochen schwelgte, in denen Russland ein bedeutendes Imperium war. Der Westen hätte hellhörig werden können, als Putin im Jahr 2014 all seinen Staatsbeamten das Buch *Unsere Aufgaben* von Iwan Iljin zur Lektüre schenke. Iwan Alexandrowitsch Iljin (1883–1954) war ein slawophiler russischer Philosoph und Schriftsteller. Als strikter Gegner der Bolschewiki und konservativer Monarchist gilt Iljin als Vordenker vieler Positionen, die sich in den Reden Putins nach 2014 wiederfinden.

> »In seinen Werken lässt sich nachweisen, dass er unter dem Einfluss der deutschen Philosophen Edmund Husserl und Max Scheler stand. In seinem Werk ›Über die Staatsform‹ plädierte er angesichts der politischen Entwicklung und seines Standes für ›eine nationale, patriotische, keineswegs totalitäre, jedoch autoritäre – zugleich erzieherische und aufweckende – Diktatur‹. Weiterhin sah er in den Beziehungen zur Ukraine und zu den Völkern des Kaukasus für Russland große Probleme.«[126]

Von Iljin beeinflusst, bekennt Putins immer offener den aus seiner Perspektive großen Verlust der einstigen Vormachtstellung

Russlands als Imperium, zudem wird eine immer deutlichere Infragestellung westlicher Werte, wie Pluralismus und Demokratie, erkennbar. Wie Putin das neue Selbstverständnis Russlands zur Welt im Allgemeinen und zu den USA im Besonderen wahrnimmt, verrät er erstmalig in seiner historischen Rede vom 24. Oktober 2014, die er auf der 11. Konferenz des Waldai-Klubs[127] in Sotschi hält:

> »Putin erhob insbesondere schwere Vorwürfe gegen die Außenpolitik der Vereinigten Staaten. Er warf den USA vor, der Welt durch ein ›einseitiges Diktat‹ eine neue Weltordnung aufzwingen zu wollen. Dabei würden die ›sogenannten Sieger des Kalten Krieges‹ eine Ordnung anstreben, die allein ihnen zugutekomme, sagte Putin. Die US-Regierung versuche, ›die ganze Welt im eigenen Interesse umzugestalten‹. Dadurch nehme das Risiko internationaler Konflikte zu. [...] Putin äußerte seinen Unmut darüber, dass die EU mit der russischen Regierung nicht über ihr Assoziierungsabkommen mit der Ukraine im Voraus gesprochen habe, und warnte vor Versuchen, den Ukrainekonflikt mit militärischen Mitteln zu lösen.«[128]

Putin habe sich unter der Beschäftigung mit ideologischen Vordenkern wie Iwan Iljin, aber auch durch zeitgenössische Denker wie Alexander Dugin[129] radikalisiert, so der Tenor der westlichen Presse. Putin wolle ein neues russisches Großreich errichten, und die friedliche Ukraine sei nur das erste Land auf seiner Liste. Die falsche Appeasement-Politik gegen Hitler habe gezeigt: Sofern man Putin in der Ukraine nicht stoppen könne, würde sich Russland bald auch die baltischen Staaten, dann die nordischen Staaten und schließlich Polen einverleiben, um schlussendlich vor Berlin zu stehen.

Wie gesagt – diese Perspektive leugnet die Möglichkeit, dass es Russland tatsächlich um strategische Schutzmaßnahmen gehen könnte, bei denen die Ukraine eine Schlüsselrolle spielt. Da diese Sichtweise auf Putins Motiv der Machtausweitung verengt wird, ist das Interesse an der spezifischen Vorgeschichte der Ukraine gering. Allerdings könnte deren Betrachtung womöglich doch erklären, dass sich Putin tatsächlich *real* bedroht sieht:

Am 24. März 2021 sorgte Selenskyj für internationale Aufmerksamkeit, als er das »Dekret Nr. 117«[130] verabschiedete. Das Papier kündigt nichts Geringeres an als die militärische Rückeroberung der »vorübergehend besetzten« Krim und die Gebiete des Donbass. Am 1. Juli 2021 verabschiedet Selenskyj, wie bereits erwähnt, das »Gesetz über indigene Völker«, das in der Ukraine lebende Russen diskriminiert. Und am 19. Februar 2022 kündigt Selenskyj auf der 58. Sicherheitskonferenz in München an, die Ukraine fühle sich nicht mehr an den Vertrag auf den Verzicht von Atomwaffen gebunden. Zusammengenommen muss Russland in kurzer Abfolge folgende Agenda bezüglich der Ukraine verdauen:

- Nichtratifizierung von Minsk II
- Ausweitung der Militäreinsätze im Donbass
- Gesetz »indigene Völker« mit Verbot der russischen Sprache
- Angestrebte Mitgliedschaft in der NATO
- Angestrebte Wiederbewaffnung mit Atomwaffen
- Angestrebte Rückeroberung der Krim.

Wer tatsächlich glaubt, dass die »souveräne Ukraine« (Lanz) gänzlich ohne »Berater« aus den USA von allein auf diese Agenda gekommen ist, ignoriert die Realitäten geopolitischer Machtverhältnisse vollends. Frecher gefragt: Was haben die Amerikaner gedacht, würde ein Mensch wie Putin nach derlei Ankündigungen wohl tun? Insbesondere wenn man bedenkt, wie sich Putin seit 2014 entwickelt hat? John J. Mearsheimer, Professor für Politikwissenschaft an der Universität Chicago, kommentiert die Lage wie folgt:

> »Es war Präsident Donald Trump, der beschloss, die Ukrainer zu bewaffnen. Wir bewaffneten die Ukrainer, wir bildeten die Ukrainer aus, wir knüpften immer engere diplomatische Beziehungen zu den Ukrainern. Das verschreckte die Russen. [...] Sie müssen verstehen, was ich über die Entscheidung vom April 2008 gesagt habe, die Ukraine und Georgien in die NATO aufzunehmen. Die Russen sagten damals, das sei eine existenzielle Bedrohung. Jetzt reden wir vom Szenario einer russischen Niederlage in der Ukraine. Das ist für die Russen viel schlimmer als das, was im April 2008 passiert ist – viel schlimmer als das, was im Februar 2014 passiert ist. Darum werden die Russen niemals aufgeben. Vielmehr werden sie die Ukraine zerschlagen. Notfalls werden sie die großen Geschütze auffahren. Sie werden Kiew und ukrainische Städte in Schutt und Asche legen. [...] Wir haben einen Stock genommen und dem Bären ins Auge gestochen. Jetzt wehrt sich der Bär und ist daran, die Ukraine zu zerreißen.«[131]

Der »Stock im Auge des Bären« liegt in der Tatsache begründet, dass Russland 2000 Kilometer unmittelbare Grenze mit einer atomar wiederbewaffneten Ukraine als NATO-Mitglied unmöglich tolerieren wird. Die Vorwarnzeit für einen Angriff auf Moskau würde damit auf unter fünf Minuten schrumpfen. Angesichts einer derartig nahen Bedrohungslage waren die Amerikaner 1962 während der Kubakrise bereit, den dritten Weltkrieg zu beginnen, und so ist es auch heute: Bevor Russland diese Gefahr zulässt, legt es die Ukraine und notfalls auch ganz Europa in Schutt und Asche.

Spätestens hier sollte man die Fixierung auf Putin lösen, denn auch jedes andere russische Staatsoberhaupt würde diese geostrategische Lage auf Dauer wohl kaum tolerieren. Nach der psychologischen Interventionstechnik »In den Schuhen des anderen gehen« ist es vielleicht hilfreich, sich die ganze Situation einmal andersherum vorzustellen: Russland hat über Jahre gezielten Einfluss auf die kanadische Innenpolitik genommen. In Kanada kommt es daraufhin zu einem Regierungsputsch, in dessen Folge eine russlandfreundliche Regierung ins Amt gerät – diese beschließt fortan die Stationierung russischer Atomwaffen. Wie würden die USA wohl auf eine derartige Bedrohungslage vor ihrer eigenen Haustür reagieren? Die Kubakrise hat diese Antwort bereits gegeben. Die Fragen, die analytisch denkende Menschen wie Ulrike Guérot daher gerne diskutieren möchten, sind folgende: Wer spielte im Vorfeld welches Spiel, und warum gibt es Parteien, die heute keineswegs an einem schnellen Kriegsausgang interessiert sind? Haben die Amerikaner tatsächlich gezündelt, wie Professor Mearsheimer behauptet und wie es die Strategiepapiere einiger Thinktanks nahelegen? Ja, meint die *Berliner Zeitung* in dem Artikel: »Die Ukraine ist die neueste Katastrophe amerikanischer Neocons«.

> »Die Deutschen wollen es nicht hören, doch es gehört zur Wahrheit: Die amerikanischen Neocons sind für den Ukrainekrieg mitverantwortlich. Der Krieg in der Ukraine ist der Höhepunkt eines 30-jährigen Projekts der amerikanischen neokonservativen Bewegung (Neocons). In der Regierung Biden sitzen dieselben Neokonservativen, die sich für die Kriege der USA in Serbien (1999), Afghanistan (2001), Irak (2003), Syrien (2011) und Libyen (2011) starkgemacht und die den Einmarsch Russlands in die Ukraine erst provoziert haben. Die Erfolgsbilanz der Neocons ist ein einziges Desaster,

> und doch hat Biden sein Team mit ihnen besetzt. Infolgedessen steuert Biden die Ukraine, die USA und die Europäische Union in ein weiteres geopolitisches Debakel. Wenn Europa einen Funken Einsicht hat, wird es sich von diesen außenpolitischen Debakeln der USA distanzieren.«[132]

Tatsächlich gab es im Jahr 2019 ein Strategiepapier des dem Pentagon nahestehenden Thinktanks »RAND« mit dem vielsagenden Titel »Overextending and Unbalancing Russia«.[133] Um Russland aus der Balance zu bringen und seine Kapazitäten zu »überdehnen«, empfiehlt das Papier so ziemlich alles, was in der amerikanischen Geopolitik umgesetzt wurde: Aufrüstung der Ukraine, Unterstützung syrischer Rebellen, mehr Präsenz der NATO mit aggressiven Übungen an der Ostflanke Europas und vieles mehr. Die Strategie des Papiers und die nachfolgenden politischen Geschehnisse weisen derartig viele Parallelen auf, dass sich RAND nach dem Einmarsch der Russen in die Ukraine genötigt sah, das Papier mit einem nachträglichen Disclaimer zu versehen. Demnach war alles nicht so gemeint, inzwischen werde das Papier für russische Lügenpropaganda missbraucht.

Doch was genau sind amerikanische »Neocons«, und wie groß ist ihr Einfluss auf die Politik? Stark verkürzt könnte man sagen, dass die neokonservative Bewegung der USA von einem imperialistischen Geist getragen wird, der ironischerweise der Ideologie eines Alexander Dugin nicht unähnlich ist. Neocons sehen die USA als natürlichen Hegemon über die Welt und sprechen ihnen das Recht zu, in jeder Region rund um den Globus die militärische Vormachtstellung zu haben. Sofern nötig, sollen die Interessen der USA militärisch gelöst werden, notfalls auch ohne UN-Mandat.

> »Als wichtiger Theoretiker für die Neokonservativen gilt der Philosoph Leo Strauss. Vielfach wird Strauss' Einfluss dafür

> verantwortlich gemacht, dass der Neokonservatismus sehr ausgeprägte Züge des Machiavellismus aufweist. Insbesondere geht auf Strauss die Idee des ›Mythos‹ zurück (insbes. Religion und Nation). Dieses Konzept ist eng verbunden mit Strauss' Ansatz, dass das Volk von der Elite belogen werden müsse.«[134]

Der vielleicht prominenteste Träger derartiger Ideen ist Paul Wolfowitz, Ex-Präsident der Weltbank, Berater von George W. Bush und stellvertretender Verteidigungsminister unter Donald Rumsfeld. In seinem Entwurf der »Defense Policy Guidance« (DPG) hatte Wolfowitz dargelegt, dass die USA ein »Sicherheitsnetz« in Mittel- und Osteuropa benötige, was schlussendlich zu der enormen Ausweitung der NATO gen Osten geführt hat – entgegen allen Versprechungen des deutschen Außenministers Hans-Dietrich Genscher im Jahr 1990.

> »Die Neocons setzten sich für die NATO-Erweiterung um die Ukraine ein, noch bevor dies 2008 unter George W. Bush jr. zur offiziellen US-Politik wurde. Sie betrachteten die NATO-Mitgliedschaft der Ukraine als Schlüssel zur regionalen und globalen Vorherrschaft der USA. […] Seit den 1950er-Jahren wurden die USA in fast jedem regionalen Konflikt, an dem sie beteiligt waren, in die Schranken gewiesen oder besiegt. Doch in der ›Schlacht um die Ukraine‹ waren die Neocons bereit, eine militärische Konfrontation mit Russland zu provozieren, indem sie die NATO gegen die vehementen Einwände Russlands erweiterten, weil sie der festen Überzeugung sind, dass Russland durch die finanziellen Sanktionen der USA und die Waffen der NATO besiegt werden wird. Das wahrscheinlichste Ergebnis der gegenwärtigen Kämpfe ist, dass Russland einen großen Teil der Ukraine erobern wird,

> wodurch die Ukraine vielleicht zu einem Binnenstaat oder fast zu einem Binnenstaat wird. In Europa und den USA wird die Frustration über die militärischen Verluste und die stagflationären Folgen von Krieg und Sanktionen steigen. Die Auswirkungen könnten verheerend sein, wenn in den USA ein rechter Demagoge an die Macht kommt (oder im Fall von Trump an die Macht zurückkehrt), der verspricht, Amerikas verblichenen militärischen Ruhm durch gefährliche Eskalation wiederherzustellen.«[135]

Welches Szenario wäre aus Sicht Deutschlands also am wünschenswertesten? Ein Sieg der Russen? Auf keinen Fall! Sagt der Historiker Prof. David Engels. Ein Sieg der Ukrainer, respektive der USA? Auf keinen Fall! Sagt ebenfalls der Historiker David Engels:

> »In der Tat verstehe ich die innere Zerrissenheit vieler Konservativer, wenn es um eine Parteinahme im gegenwärtigen Ukrainekrieg geht: Ein Sieg Russlands würde aus einem tödlichen Angriffskrieg einen gefährlichen Präzedenzfall für die Zukunft Europas machen und zudem ein Land, das mit seiner überwältigenden Mehrheit den westlichen Institutionen beitreten will, dauerhaft auf die andere Seite eines neuen Eisernen Vorhangs verbannen. Auf der anderen Seite könnte ein Sieg des Westens auch in der Ukraine zu einer Stärkung jener linksliberalen Ideologie führen, welche schon im Rest Europas so schreckliche Konsequenzen gezeitigt hat, und die angeschlagene amerikanische Hegemonie zementieren.«[136]

Engels führt das große Dilemma schließlich weiter aus, denn sofern Russland den Krieg tatsächlich verlieren sollte, wäre dies für Deutschland und Europa durchaus kein Grund zur Freude, im Gegenteil. Putins Machtverlust und ein etwaiges Machtvakuum im Kreml könnten zu verheerenden Kriegen im östlichen Raum führen, die schlussendlich schnell auf Europa übergreifen könnten:

> »Sollte Russlands Zentralgewalt tatsächlich für mehrere Jahre ausfallen, müssten wir mit einem Unruheherd fertigwerden, der den gesamten eurasischen Kontinent durchziehen und natürlich auch seitens anderer Mächte wie etwa China und der islamischen Welt ausgebeutet werden würde. Dann ließe sich nur hoffen, dass es zumindest Regionalmächten wie Polen gelingen könnte, ein festes Bündnis mit seinen östlichen und südlichen Anrainerstaaten zu schließen und ihnen bei der wirtschaftlichen und politischen Stabilisierung zu helfen, um wenigstens Europas Ostflanke gegen das Chaos zu schützen.«[137]

Schaut man sich die inhärente Struktur der drei Player Russland, Ukraine und USA genauer an, muss man leider konstatieren, dass prinzipiell alle politisch Verantwortlichen faschistoide Tendenzen aufweisen. Putins Iljin- und Dugin-Kult, die Bandera-, Asow- und SS-Verherrlichung seitens einiger ukrainischer Politiker sowie die Hegemonialansprüche der US-Neocons – alle sind vom selben Ungeist getragen: Überhöhung der eigenen In-Group und Abwertung der Out-Group. Doch noch einmal ganz deutlich: Wenn auch ich hier über »die Russen«, »die Ukrainer« oder »die Amerikaner« spreche, so meine ich natürlich niemals die einfachen, liebenswerten Menschen, sondern die jeweiligen Machteliten.

Für Europa, insbesondere für Deutschland, wird es umso dringlicher darum gehen, eine souveräne, erwachsene Position zu beziehen. Es wird endlich Zeit, zuzugeben, dass es der »Papa« nicht gut mit einem meint. Und die »Mama« ebenso wenig. Im

Prozess des Erwachsenwerdens wäre es für Deutschland klug, sich mit seinen polnischen und französischen Geschwistern zu verbünden, um den Rabeneltern die Stirn bieten zu können. Das seitens der USA oftmals als Anklage formulierte Narrativ, Europa sei ohne die USA vollkommen wehrlos, wäre zu prüfen. Gegen wen, wenn nicht gegen Russland, hätte sich Europa zu wehren? Tatsächlich hat der Ukrainekrieg die angeblich haushohe, konventionelle Übermacht Russlands entzaubert. Die Wehretats von Frankreich (56,6 Milliarden), Polen (13,7 Milliarden) und Deutschland (56 Milliarden) belaufen sich zusammen auf 126,3 Milliarden Euro – dem gegenüber steht ein russischer Wehretat von lediglich 65 Milliarden. Dennoch soll es unmöglich sein, eine souveräne europäische Verteidigungspolitik auf die Beine zu stellen?

Irgendwann einmal, wenn der vereinte Mittelblock Europas mit immerhin 186 Millionen Bürgern »erwachsen geworden« ist, kann man wieder souverän entscheiden, wie viel man mit »Papa« oder »Mama« zu tun haben möchte. Vielleicht geht man dann ja mal wieder zusammen essen, doch diesmal auf Augenhöhe.

Schaut man sich die Analysen amerikanischer Neocon-Thinktanks an, ist es exakt dieses Szenario, das die Amerikaner am meisten fürchten: Vor einem geeinten, souveränen Kerneuropa hat man in den USA mehr Angst als vor Russland. Und so geben schwergewichtige politische US-Strategen wie George Friedman[138] auch unverhohlen zu, dass Amerika seit hundert Jahren darum bemüht ist, Europa zu spalten und in Konflikte mit Russland zu verwickeln, damit genau dies nicht geschieht. Und angesichts der vielen »Papakinder« in Deutschland durchaus mit großem Erfolg.

Dass es bei dem Ukrainekrieg um weit mehr als die Ukraine geht, dämmert auch anderen großen Playern. Die USA wären sicher nicht seit Jahrzehnten unangefochtene Weltmacht, ohne langfristige und komplexe Geostrategien umzusetzen. Manchmal ist es erhellend, den Blick über den Tellerrand zu heben und sich die Analysen der Mitbewerber um den ersten Platz auf der Weltbühne anzusehen. Wer wissen will, was die chinesische Regierung denkt, liest *China Daily*, die »Quasi-Parteizeitung«:

> »Die Europäische Union als Ganzes wird der größte Verlierer sein, egal wie der Konflikt zwischen Russland und der Ukraine ausgeht. Die Folgen für die europäischen Länder sind nicht nur wirtschaftliche Schocks und Wohlstandsverluste, sondern auch geopolitische Implikationen. [...] Die EU-Länder, darunter Deutschland und Frankreich, die bei Öl und Gas stark von Russland abhängig sind, tragen die Hauptlast der Wirtschaftssanktionen, die Washington gegen Russland verhängt hat. Infolgedessen ist die Inflation zu einer Geißel geworden, die die Lebensqualität der Menschen in den EU-Ländern stark beeinträchtigt. Wenn die EU vor Beginn des Konflikts überhaupt etwas erreicht hatte, um ihre eigene Präsenz als unabhängiger politischer Block auf der Bühne der internationalen Politik zu behaupten, so hat der schlimmste Konflikt auf dem Kontinent seit dem Ende des Zweiten Weltkriegs all ihre Bemühungen zunichtegemacht, eine politische Kraft zu werden, die ihre Distanz zu den Vereinigten Staaten wahren kann. Mit ihrem Stellvertreterkrieg gegen Russland konnten die USA ihre Vormachtstellung in der Nordatlantikvertrags-Organisation wiederherstellen. Die EU, die Angst hat, auf eigenen Beinen zu stehen, ist dem Beispiel der USA gefolgt. Die EU hat sich dafür entschieden, ihr Gewicht unter der Führung der USA hinter die Ukraine zu werfen. Aber sie hat dafür einen Preis zu zahlen. Während die USA den Konflikt gut überstanden haben, vielen Dank dafür, sind die Wirtschaft und

> der Lebensstandard der EU-Bevölkerung in Mitleidenschaft gezogen, und die Zukunft der EU als unabhängiger politischer Pol in der globalen geopolitischen Arena scheint immer unerreichbarer zu werden.«[139]

Nach Meinung der Chinesen hat die USA gute Gründe, den Ukrainekonflikt zu eskalieren, immerhin werden damit gleich zwei Hauptkonkurrenten abgeräumt, Europa und Russland. Als Putin am 21. September 2022 tatsächlich eine Teilmobilmachung nebst Referenden in der Ostukraine ankündigt, verbindet er dies mit einer erneuten Drohung. Sofern die »territoriale Integrität Russlands« bedroht sei, »werden wir zweifellos alle uns zur Verfügung stehenden Mittel einsetzen, um Russland und unser Volk zu verteidigen. Dies ist kein Bluff.«

Obgleich Putin pauschal gegen den Westen gedroht hatte, macht die USA daraus: Putin habe »offen nukleare Drohungen gegen Europa ausgestoßen«. Diese Einschränkung ist interessant: Können sich die USA einen begrenzten Atomkrieg in Europa vorstellen? Tatsächlich ist diese Idee amerikanischer Militärstrategen keineswegs neu. Unter Führung der USA übte die NATO seit Jahren einen auf Europa begrenzten Atomkrieg. Die Übung »Wintex 89« war derart brüskierend für die Deutschen, dass sich damals sogar Helmut Kohl echauffierte: »Ein Szenario, das für uns Deutsche völlig unakzeptabel ist.«

> »21 Atomsprengköpfe, jeder mit einer Zerstörungskraft bis zu 100 Kilotonnen TNT, dem Siebenfachen der Hiroshima-Bombe, sollten abgefeuert werden. Den europäischen Partnern gelang es lediglich, die Zahl auf 17 A-Waffen herunterzuhandeln. Strikt lehnten es die Amerikaner ab, mehr als eine der Bomben auf die Sowjetunion zu zielen, und diese eine Atombombe durfte nicht von einem US-Träger abgeworfen

> werden. Ein britisches ›Tornado‹-Flugzeug muss den Sprengsatz über der Kola-Halbinsel detonieren lassen, wo die Sowjets einen Flottenstützpunkt unterhalten. Die USA wollen unter keinen Umständen Moskau zum Gegenschlag auf amerikanisches Territorium provozieren. [...] Die Amerikaner haben ein – durchaus berechtigtes – nationales Interesse, einen Atomkrieg zunächst auf Europa zu begrenzen. Kein amerikanischer Präsident wird bereit sein, einen Atomkrieg in Europa sofort zum großen nuklearen Schlagabtausch der Großmächte mit Interkontinentalraketen zu eskalieren. [...] Die Europäer aber, vor allem die Deutschen, können es in ihrem Interesse nicht hinnehmen, dass die Großmächte USA und Sowjetunion ihren Konflikt auf europäischen Boden austragen und ihre eigenen Territorien zunächst weitgehend verschonen; dies aber ist, wie alle NATO-Übungen zeigen, derzeit die Realität.«[140]

Sofern es einen Atomkrieg mit Russland und der NATO geben sollte, wird Deutschland diesen Krieg vermutlich kaum überleben – die USA hingegen schon. Welch entsetzliche Folgen eine »bedingungslose Solidarität« mit der Ukraine hätte, zeigt der Aufruf von Wolodymyr Selenskyj Anfang Oktober 2022. Vor dem strategischen Thinktank »The Lowy Institute« fordert Selenskyj allen Ernstes einen präventiven Atomschlag gegen Russland. Um Putin »zu besiegen«, sollte die NATO den dritten Weltkrieg starten:

> »Der ukrainische Präsident Wolodymyr Selenskyj hat mit seiner Forderung nach ›Präventivschlägen‹ einen empfindlichen Nerv getroffen – nicht nur in Moskau. [...] Die NATO muss nach Ansicht Selenskyjs die Möglichkeit eines russischen Atomwaffeneinsatzes verhindern – notfalls mit Präventiv-

> schlägen. Selenskyj betonte bei einem Auftritt vor dem Lowy Institute am Donnerstag die Bedeutung von Präventivmaßnahmen. Die NATO ›muss die Möglichkeit eines Atomwaffeneinsatzes durch Russland ausschließen. Wichtig ist aber – ich wende mich wie vor dem 24. Februar deshalb an die Weltgemeinschaft –, dass es Präventivschläge sind, damit sie wissen, was ihnen blüht, wenn sie sie anwenden.‹ Er betonte: ›Nicht umgekehrt: Auf Schläge von Russland warten, um dann zu sagen: Ach, du kommst mir so, dann bekommst du jetzt von uns.‹«[141]

Zum Abschluss und um allen Missverständnissen vorzubeugen: Ungeachtet der im Ukrainekapitel eingenommenen kritischen Perspektive sowohl auf Putin als auch auf ukrainische Politiker und Militärs – all dies bedeutet selbstverständlich nicht, dass der russische Angriffskrieg in irgendeiner Weise zu rechtfertigen gewesen wäre. Die Prämisse des ersten Buchkapitels lag darin aufzuzeigen, dass eine *differenzierte* Betrachtungsweise auf die großen politischen Themen eine gewisse Reife erfordert, die nicht mehr gegeben ist. Impfungen sind total wirksam – Nebenwirkungen sind total selten. Die Ukraine ist ein Opfer und damit total gut – Russland ist ein Aggressor und damit total böse. Derart unerwachsene Dichotomien führen jedoch niemals zu einer friedlichen Lösung.

Wahr ist: Putins völkerrechtswidriger Angriffskrieg hat unermessliches Leid über die ukrainische Bevölkerung gebracht, das Land viele Jahre zurückgeworfen und ganz Europa einer konkreten Kriegsgefahr ausgesetzt. Laut dem UN-Hochkommissariat für Menschenrechte (OHCHR) sind bis zum 21. November 2022 mindestens 6 595 Todesopfer in der ukrainischen Zivilbevölkerung zu beklagen, darunter mindestens 415 Kinder. Seit dem 24. Februar 2022 leben auch westukrainische Familien in Angst und Schrecken, haben oftmals keinen Strom und keine Heizung. Millionen Menschen sind in Europa wieder auf der Flucht, und das Schlimmste ist: Wie in jedem Krieg werden Millionen Menschen nicht nur physisch, sondern auch psychisch verstümmelt. Erneut werden die Kriegserlebnisse eine emotional verschlossene Generation erzeugen, die im Erwachsenenalter kaum in der Lage sein wird, ihren Kindern einen angemessenen und liebevollen Start ins Leben zu ermöglichen. Viele Militärbeobachter stellen jedoch fest, dass Putins Entscheidung in doppelter Hinsicht menschenverachtend war: Er zwingt junge, unerfahrene Russen mit schlechter Ausrüstung, veralteten Waffen und ohne funktioniere Nachschubversorgung zu Tausenden in einen unverantwortlichen Angriffskrieg gegen einen nur *vermeintlich* schwachen Gegner, der dank Donald Trump über viele Jahre mit modernsten NATO-Waffen hochgerüstet wurde. Natürlich führt die Ukraine einen heldenhaften und hoch motivierten Abwehrkampf, da ihr eigenes Kernland angegriffen wurde. Doch kein Militärexperte wird abstreiten, dass seit 2014 hoch spezialisierte Schattenarmeen in der Ukraine tätig sind, unter anderem des Militärdienstleisters Academi, früher Blackwater.[142] Hinzu kommt eine den Russen hoch überlegene logistische Unterstützung durch US-Satelliten- und Drohnentechnik. Das Ergebnis kann man an den verheerenden Todeszahlen auf russischer Seite sehen, wie der *Welt*-Artikel »Das Massensterben der russischen Soldaten« schildert:

> »Viele Mobilisierte werden ohne Vorbereitung und Ausbildung an die Front geschickt, sind nichts als ›Kanonenfutter‹. Wer die Aktion überlebt, berichtet von vielen Todesopfern. […] ›Wir mussten uns eingraben, hatten aber nur drei Schaufeln im ganzen Bataillon‹, so Agafonow. ›Als der ukrainische Artilleriebeschuss begann, hauten die Offiziere gleich ab. In den Pausen zwischen den Artilleriesalven spähten uns die

Ukrainer mit Drohnen aus und nahmen uns gleich wieder unter Beschuss, wir wurden praktisch hingerichtet.‹«[143]

»Schlimmer hätte 2023 für Russlands Armee nicht beginnen können. Eine Minute nach Neujahr schlugen 4 Himars-Raketen in eine von gegen 600 Rekruten bewohnte Unterkunft ein. Dies führte zur Explosion von 5 Tonnen Diesel und von Munition, die im gleichen Komplex gelagert waren. [...] Sie [die Rekruten] benutzten zudem frei ihre Mobiltelefone, was den Ukrainern wohl die Ortung ermöglichte.«[144]

US-Generalstabschef Mark Milley sprach bereits im November 2022 von annähernd 100.000 gefallenen russischen Soldaten, weitere 100.000 könnten im Winter 2022/2023 hinzukommen. Kein Wunder, dass Putin signalisierte, den Krieg im Winter zu »pausieren«.[145] Putin kann sich nicht mehr aus der Ukraine zurückziehen, ohne sein Gesicht zu verlieren. Ausbaden müssen dies nicht nur Tausende ukrainische Familien, sondern ebenso Tausende junge russische Männer, deren Familien nicht minder leiden als ukrainische.

Gerade weil ich mich als Autor seit vielen Jahren mit der transgenerationalen Weitergabe kriegsbelasteter Kindheiten beschäftige, noch ein Wort zum deutsch-russischen Verhältnis: Viele deutsche Zivilisten sind im Zweiten Weltkrieg aufgrund des Rückbrandens des Kriegsgeschehens auf deutschem Boden durch die Rote Armee traumatisiert worden:

»Vor allem Frauen, Kinder und Greise erlebten auf ihrer überstürzten Flucht im Winter 1945 die Hölle. Zu den über 6 Mio. Kriegstoten und den 12 Mio. Vertriebenen kommen noch einmal 2 Mio. deutsche Frauen und junge Mädchen hinzu, die von der systematischen Massenvergewaltigung durch russische Soldaten betroffen waren.«[146]

Die Elterngeneration vieler Babyboomer, wie Hannelore Kohl oder meine Mutter, haben sich ein Leben lang nicht mehr von diesem Trauma erholt. Die schrecklichen Bilder aus der Ukraine von ausgebrannten Häusern und Gräueltaten an Zivilisten führen bei der deutschen Kriegsgeneration und deren Kindern oftmals zu einer starken Retraumatisierung. Die »Angst vor den russischen Barbaren« sitzt vielen Deutschen buchstäblich auf den Genen. Dritte Parteien haben es daher sehr leicht, diese Urängste für ihre Interessen auszunutzen.

Dasselbe gilt jedoch ebenso für die russische Seite: Der durch russische Soldaten gesetzten Traumatisierung an Deutschen steht nämlich eine ungleich höhere Zahl von russischen Opfern gegenüber, die auf das Konto der Deutschen gehen: 26 Millionen Russen sind im Zweiten Weltkrieg gestorben. Das unermessliche Leid auf deutscher wie auf russischer Seite verpflichtet beide Nationen zu einem behutsamen und respektvollen Umgang, bei dem keinesfalls weiteres Vertrauen verspielt werden darf. Historisch betrachtet wurde das deutsch-russische Verhältnis bislang eher von deutscher Seite brüskiert. Es war Deutschland, das den deutsch-sowjetischen Nichtangriffsvertrag brach und Russland 1941 überfiel. Und es war ebenfalls Deutschland, das Russland als Gegenleistung zum kompletten russischen Truppenabzug 1990 garantiert hatte, keine NATO-Osterweiterung seitens der USA zu unterstützen – auch dieses Versprechen wurde gebrochen. Die letzte große Enttäuschung erlebten die Russen aber erst 2014 und direkt auf die Ukraine bezogen: Erstaunlich freimütig gesteht die ehemalige deutsche Kanzlerin Angela Merkel ein, dass das Minsker Friedensabkommen, unter deutscher Führung, nie eingehalten werden sollte. Offenbar diente es einzig dazu, die Russen zu täuschen und der Ukraine weitere Zeit zur Aufrüstung zu verschaffen:

»Und das Minsker Abkommen 2014 war der Versuch, der Ukraine Zeit zu geben. Sie hat diese Zeit hat auch genutzt, um stärker zu werden, wie man heute sieht.«[147]

Wäre das zwischen Angela Merkel, François Hollande, Petro Poroschenko und Wladimir Putin vereinbarte Minsk-II-Abkommen, das Russland eine weitgehende Autonomie der ukrainischen, russischsprachigen Ostgebiete zugesichert hatte, tatsächlich umgesetzt worden, hätte es diesen Krieg womöglich nie gegeben.

Kritiker des derzeitigen Regierungskurses mahnen deshalb an, dass sich Deutschland angesichts der Besonderheit seiner historischen Verantwortung nicht ohne Weiteres die Position der USA zu eigen machen kann. Durch die starke Vortraumatisierung beider Nationen ist das kollektive Verhältnis derart vorgespannt, dass weitere Affekte schnell zu überschießenden Reaktionen führen könnten. Russland hat mehrfach seine rote Linie zu erkennen gegeben, sofern erneut deutsche Panzer auf Russen schießen sollten.

»Die deutsche Beteiligung an den Lieferungen schwerer Waffen zerstört in den Augen der Russen das deutsch-russische Sonderverhältnis, das nach dem Zweiten Weltkrieg durch große beidseitige Anstrengung geschaffen worden war und durch Putins persönliche Verbundenheit mit Deutschland im Kreml gepflegt wurde. Dass Berlin unbeirrt an der Seite der anderen westlichen Staaten und NATO-Partner politisiert und den besonderen Beziehungen abgeschworen hat, zu denen Russland auch das günstige Erdgas zählt, erschüttert den Kreml und seine Adepten sehr.«[148]

Anstatt sich in moralischer Trunkenheit immer mehr zu einer aktiven Kriegspartei zu entwickeln, wäre es für Deutschland viel eher angebracht, verspieltes Vertrauen zurückzugewinnen und sich als verantwortlicher, neutraler Vermittler anzubieten. Auf deutschem Boden könnten diplomatische Vertreter beider Kriegsparteien zusammengeführt werden, um auf diesem Wege alles Menschenmögliche dafür zu tun, diesen schrecklichen Krieg so schnell wie möglich zu beenden.

Kapitel II – Die Reise

Vorbereitung

Haus aufräumen

Es ist schwer, sich angesichts der überbordenden Probleme und Bedrohungen nicht sofort konkreten politischen Lösungsansätzen zuzuwenden. Wenn ich auch weiter oben von Russland und Amerika als souveränen Nationen gesprochen habe, sollte man die wahren Machtverhältnisse nicht aus den Augen verlieren. Amerika wird nicht allein vom Weißen Haus regiert und Russland nicht allein aus dem Kreml. Der Umgang mit den derzeit drängendsten Themen, Corona und Ukrainekrieg, steht exemplarisch für die Entdemokratisierung westlicher Gesellschaften. Der »mündige Bürger« hat sich das Heft des Handelns aus den Händen nehmen lassen. Hinter der Erosion westlicher, freier Gesellschaften steht eine unselige Trias aus Infantilisierung der Bürger, Propaganda seitens oligarchischer Netzwerke und dem Verlust weltanschaulicher Werte. Um den Weg in eine freie und mündige Gesellschaft zurückzufinden, wären demzufolge drei Dinge nötig:

1. Nachreifung des Individuums
2. Aufdeckung manipulativer Lobbynetzwerke
3. Bewusstmachung eines weltanschaulichen Kulturkampfes.

Um eben diese drei Aspekte wird es im weiteren Verlauf dieses Buches gehen. Wenn ich die vielen Zuschriften und Reaktionen auf meine bisherige Arbeit zusammenfasse, verbergen sich im

Subtext vieler Leseranfragen konkrete, politische Lösungsvorschläge. So wird die Gründung neuer Parteien empfohlen, etwas zwischen *CDU* und *AfD* soll es sein, meinen die einen, etwas zwischen *SPD* und *Die Linke*, meinen die anderen. Wieder andere wollen erkannt haben, dass vor neuen politischen Ansätzen zunächst die Reform der Medien stehen müsste. Das Konzept des zwangsfinanzierten, öffentlichen Rundfunks sei ebenso infrage zu stellen wie die Nähe der Intendanten zu den Parteien. Außerdem müsse die einseitige politische Positionierung der Medien-, besser Meinungsmacher, wieder repräsentativer werden. Untersuchungen zufolge sind derzeit tatsächlich 90 Prozent der Journalisten linksgrün orientiert. Ehemalige journalistische Werte wie die Trennung zwischen Meinung und Sachinformation seien wiederzubeleben, oder anders gesagt, investigativer Journalismus sei Haltungsjournalismus vorzuziehen. Und schließlich gab es Lösungsvorschläge, die betonten, man solle konservative Institutionen stärken, allen voran die klassische Familie mit Mutter und Vater, ebenso die Kirchen. Wieder andere Leser stellen klar, dass Deutschland mehr echte Basisdemokratie nach Schweizer Muster bräuchte. Das aufgeblasene Parlament sei zu verschlanken, Verfilzungen mit Lobbyisten, Parteienfinanzierungen und Nebenverdienste der Parlamentarier seien schonungslos offenzulegen.

Natürlich würde ich diese und viele weitere, politische Lösungen ebenfalls begrüßen. Dass ich mit meinen psychologischen Ansätzen dennoch Denkern wie Jordan B. Peterson folge – erst das Haus aufräumen, dann politisch werden –, hat natürlich mit meiner persönlichen Vita und meinen Kompetenzen zu tun. Abgesehen davon greift eine simple Tatsache: Unreife Individuen bleiben unreife Individuen, auch wenn sie sich zu einer Gruppe zusammenschließen und sich eine politische Agenda geben. Politische Programme werden so lange von Projektionen und Übertragungen kontaminiert, bis die Akteure diese als persönlich und innerpsychisch erkannt haben. Und dieses Erkennen ist eben kein politischer, sondern ein individualpsychologischer Vorgang, der im vorpolitischen Raum stattfindet. Wer seine wahren Motive, Ängste und seinen psychologischen »Schatten« nicht kennt, agiert sich auf politischer Bühne lediglich aus, um seinen Schmerz und seine Angst zu befrieden. Seit 1945 hat es vermutlich keine Zeit gegeben, in der sich dieses Ausagieren so mustergültig abgebildet hat wie auf den Regierungsbänken der derzeitigen Ampelkoalition. Dass ausgewiesen neurotische und fachlich völlig ungeeignete Charaktere in die höchsten Ämter des Staates und an die Parteispitzen gewählt werden, um fortan auf politischer Bühne hemmungslos ihre eigenen Ängste auszuagieren, ist symptomatisch für den Zustand der deutschen Gesellschaft.

Der Begründer der Existenzpsychologie und Logotherapie Viktor E. Frankl (1905–1997) hielt 1988 im Gedenkjahr zum »Anschluss« Österreichs an Nazideutschland eine viel beachtete Rede. Der jüdische Psychiater Frankl überlebte als Einziger seiner Familie vier Jahre Konzentrationslager – dennoch widersprach er der Kollektivschuld-These vehement. Frankl ist für meine Arbeit und für dieses Buch von zentraler Bedeutung, da er als Philosoph und Analytiker vorweggenommen hat, wohin sich eine Gesellschaft entwickelt, wenn ein Großteil der Bürger seine Wurzeln, seine Werte und seinen Lebenssinn verloren haben. Das Vakuum des Werteverlusts bewirkt eine politische Negativauslese, die früher oder später in die Totalität führt:

> »Der Nationalsozialismus hat den Rassenwahn aufgebracht. In Wirklichkeit gibt es aber nur zwei Menschenrassen, nämlich die ›Rasse‹ der anständigen Menschen und die ›Rasse‹ der unanständigen Menschen. Und die ›Rassentrennung‹ verläuft quer durch die Nationen und innerhalb

> jeder einzelnen Nation quer durch alle Parteien. […] Dass die anständigen Menschen in der Minorität gewesen sind und voraussichtlich auch bleiben werden – damit müssen wir uns abfinden. Gefahr droht erst dann, wenn ein politisches System die Unanständigen, also die negative Auslese einer Nation, an die Oberfläche schwemmt.«[149]

Sind die »Unanständigen« erst einmal oben, stehen sie als vermeintliche Ursache der Misere im Fokus. Dennoch führt diese Fokussierung zu einer Täuschung über die wahren Hintergründe der Gesellschaftskrise: Nicht unfähige Politiker sind das Problem, sondern infantile und gleichgültige Bürger, die derartige »Eliten« tolerieren. Der Jurist, Journalist und Autor Milosz Matuschek, langjähriger Kolumnist der *Neuen Zürcher Zeitung*, bringt das Problem auf den Punkt:

> »Wir leben in einer Zeit, in der nicht mehr nur hin und wieder Böcke zum Gärtner gemacht werden. Vielmehr ist Bockseigenschaft das Qualifikationsmerkmal für den Gärtnerjob geworden. Die fachlich oder charakterlich am wenigsten Geeigneten werden verlässlich nach oben durchgereicht. […] Kritik an der Unfähigkeit der Eliten ist nicht neu und zu einem gewissen Grad auch wohlfeil, gewiss. Der springende Punkt ist gar nicht die personelle Negativauswahl und allgemeine Verlottertheit der Politik. Die große Frage ist vielmehr, warum der Bürger das zulässt. […] Der Schlüssel zur Veränderung sind nicht bessere Politiker. Es sind bessere Bürger. Der primäre Feind ist nicht der Politiker, der sich an die Spitze mauschelt. Sondern der Bürger, der ihn gewähren lässt. […] Der Schriftsteller John Fowles hat in seinem Buch ›Aristos‹ den Grund für diese Unfähigkeit zum Besseren unter anderem in dem Mangel gesehen, sich selbst als erwachsen

> und fähig zu begreifen. Im Stadium des ewigen Kindes gibt es keine Verantwortlichkeit. Erwachsensein ist dabei für ihn keine Altersfrage, sondern eine Frage der Fähigkeit zur Selbsterkenntnis. Welchen Anspruch haben wir an uns selbst? Erst mit der Sehnsucht nach Verwirklichung des besten Zustands entsteht eine gemeinsame Welt und damit ein echtes Gemeinwesen.«[150]

Kurzum: Erst Nachreifung und Selbstentwicklung der Bürger schaffen die Grundvoraussetzungen zugunsten einer gesünderen Gesellschaft. Dabei geht es um den persönlichen Prozess der Selbsterkenntnis eines jeden Einzelnen. Ungeachtet meiner letzten Bücher, in denen ich als gesellschaftskritischer und politischer Autor wahrgenommen werde, verorte ich mich als selbstkonfrontativer Künstler und Therapeut. Ich habe meine politischen Betrachtungen daher nie als abstrakte Predigten von der Kanzel verstanden, sondern immer in Bezug zu meinen persönlichen Erfahrungen als selbst von Transtrauma betroffener Babyboomer gestellt. Ohne das Anerkennen meiner eigenen Verletzungen und der Suche nach Abhilfe wäre ich weder Therapeut noch Künstler geworden und später auch kein »politischer« Autor. Dass sich bei der Art meines Kunst- und Therapieverständnisses letztendlich dennoch politische und gesellschaftsreformatorische Konsequenzen ergeben, ist dabei weder neu noch originell. Ganzheitliche Künstler wie Joseph Beuys, Therapeuten wie John Bradshaw und Philosophen wie Bazon Brock haben dies lange vor mir formuliert. Ebenso treffen Freidenker und Psychologen wie Jordan B. Peterson den Nagel auf den Kopf, wenn sie die Persönlichkeitsentwicklung *vor* das politische Engagement stellen. Was Peterson seinen Lesern als Erstes mit auf den Weg gibt, ist die Feststellung, dass die Veränderung der Welt damit beginnt, das eigene Haus in Ordnung zu halten. Und wie bei einer realen Reise, so muss auch der Held, bevor er in das große Abenteuer eines authentischen Lebens starten kann, zunächst sein persönliches »Haus« aufräumen. Dieses Aufräumen besteht in einer schonungslosen und ehrlichen Lebensbilanz, die jedoch kaum über bloßes »Nachdenken« oder rein intellektuelle Prozesse erfolgen kann. Kreative und therapeutische Prozesse, die darauf abzielen, erst die Verantwortung für sich selbst zu übernehmen, bevor man sich daranmacht, die Welt zu verändern, erzeugen schlussendlich aber einen Politiker- und Bürgertypus mit Weitsicht, Gelassenheit und hoher Resilienz gegen Manipulationen jedweder Art. Das am Anfang dieses Buches stehende Zitat des Philosophen Matthias Burchardt, *»eine Demokratie bedarf des gebildeten Staatsbürgers«*, würde ich daher ergänzen wollen in *»eine Demokratie bedarf des erwachsenen Staatsbürgers«*. Denn das Hauptmerkmal des neurotischen, leicht zu manipulierenden Bürgers und Politikers ist seine persönliche Infantilität.

Monomythos

Bekanntlich wird man ganz von allein älter – wie aber wird man wirklich erwachsen? In *Die Wiedergutmacher* hatte ich den Prozess der »misslungenen Triangulierung« beschrieben, der bei Jungen zum sogenannten »Puer-aeternus-Komplex« führen kann. In Ermangelung einer starken Vaterfigur kommt es zur Überidentifizierung mit femininen Werten, vermittelt durch eine überpräsente Mutter. Was dabei herauskommt, ist ein lebenslang verweichlichter Mann, der eng an seine leibliche Mutter gebunden bleibt. Alternativ kann es aber auch zu Übertragungen auf andere Mutterfiguren kommen. Entweder der Mann sucht sich in seiner Partnerin eine »Ersatzmutti«, oder Politikerinnen wie Angela Merkel werden zur »Mutti« verklärt, die es stets gut mit einem meint.

> »Viele Psychologen, die sich mit der Reife meiner Generation beschäftigen, halten 80 Prozent der deutschen Baby-

> boomer-Männer für ›mangelhaft trianguliert‹. Was nichts anderes bedeutet als ›Kind geblieben‹. Gabriele Baring, eine Berliner Therapeutin und Autorin, folgt dieser These. In ihrem *Cicero*-Artikel ›Wir müssen gegensteuern – sind die Deutschen ein Volk der Angsthasen?‹ schreibt sie über Angela Merkel und ihre männlichen Getreuen: ›Als ich im Bundestag die Kanzlerin zwischen ihren Ministern Peter Altmaier und Sigmar Gabriel sitzen sah, sah ich zwei Kindergesichter auf gewaltigen Körpern, die uns zeigen, dass sie zur Welt einen gewissen Abstand halten.‹«[151]

In diesem Zusammenhang zitierte ich den Schriftsteller Robert Bly, der in seinem Grundlagenwerk *Eisenhans* die Problematik der zeitgenössischen Männerpsychologie beleuchtet. Bly beklagt sowohl das Fehlen einer männlichen wie auch einer weiblichen Initiation in der Neuzeit. Blys Analyse des Märchens *Eisenhans* ist dabei nichts Geringeres als die Aufarbeitung des besagten Heldenmythos zum Zwecke der Initiation.

Neben Robert Bly und Eugen Drewermann hat der amerikanische Mythenforscher Prof. Joseph Campbell (1904–1987) wie kein anderer Gelehrter das Grundmotiv und die Stationen dieser Heldenreise erforscht. Campbell erkannte in allen Volksmärchen und Mythen rund um den Globus ein Grundmuster, um nicht zu sagen ein Drehbuch bezüglich der Handlung. Die Charaktere der Figuren in allen großen Erzählungen ähneln sich. Außerdem sind die verschiedenen Situationen, in die der Protagonist der Geschichte gerät, vergleichbar. Campbell, bewandert in der analytischen Psychologie C. G. Jungs, erkannte in den Urgeschichten der Völker archetypische Grundstrukturen der menschlichen Seele wieder. Das Leitmotiv des so erkannten »Monomythos« besteht aus drei Hauptstationen, die der Held durchlaufen muss:

- Separation
- Initiation
- Rückkehr und Dienst.

Campbell war überzeugt davon, dass die alten Geschichten ein Licht auf die dem Menschen eingeborene, tiefe Struktur der Seele verraten. Bezüglich der Initiation in die Welt der Erwachsenen dienen die alten Mythen als wichtige Orientierung. Dass alle Menschen vom Monomythos gleichermaßen fasziniert sind, ist aufgrund seiner archetypischen Konzeption kein Zufall, denn die universelle Gültigkeit bezieht der Mythos aus den Gegebenheiten der menschlichen Psyche. Projiziert ins Außen erzählt das Abenteuer in Wirklichkeit von inneren psychischen Wandlungs- und Wachstumsprozessen, die zu jedem Menschsein gehören. Es ist die zutiefst menschliche Erfahrung, über Einsamkeit in der Krise (Separation) alte Lebensabschnitte abzulösen, um sich entwickeln zu können. Psychologen und Philosophen sehen deshalb im »Sieg über den Drachen« und im »Finden des Heiligen Grals« Metaphern für den Sieg über den eigenen Schatten und das Finden des wahren Selbst. Der Heldenmythos erzählt letztlich von der Erfahrung des wirklichen Erwachsenwerdens oder auch von der Einweihung in eine tiefere Lebensweisheit. Inhärent ist dem Mythos immer Todesnähe, denn diese ist untrennbar mit der menschlichen Suche nach dem Lebenssinn verbunden. Der Schweizer Analytiker und Philosoph Carl Gustav Jung nannte die Heldenreise zum wahren Selbst *Individuation*. In meinem Künstlerbuch *Die Heldenreise des Künstlers* beschrieb ich eine kurze Skizze des Dramas:

Der Held ist Teil eines Kollektivs, das an großem Mangel und/oder einer enormen Bedrohung leidet. Keiner kann das Problem so recht lösen, und alle darben vor sich hin. Der Held hat eine diffuse Ahnung oder vernimmt eine innere Stimme, die ihn auffordert, sein Kollektiv zu verlassen und sich auf eine gefährliche

Reise zu begeben, um das Problem zu lösen. Ihm ist klar, dass seine Reise einsam und gefährlich wird und dass große Entbehrungen auf ihn warten. Es ist deshalb kein Wunder, dass sich der Held dem Aufbruch zu seiner Reise verweigert. Doch der Druck und das Leid steigen so enorm, dass der Held seinen inneren Widerstand aufgibt und sich schließlich auf den Weg in ein unbekanntes Abenteuer macht. Während seiner Odyssee muss er schwere Prüfungen oder Kämpfe bestehen, die ihn an den Rand des Todes führen. Doch obwohl der Held große Ängste, Krisen und Zweifel durchleidet, erhält er unerwartet Hilfen, Verbündete oder Wegweiser, die es ihm schließlich erlauben, sein Abenteuer zu meistern. Ja mehr noch, als Belohnung für seinen Mut erhält er am Ende einen überaus wertvollen Schatz (im Märchen ein Schwert, einen Ring, Gral, Becher oder ein goldenes Vlies). Nach schwieriger, aber geglückter Rückreise bringt der Held seinen Schatz in die Heimat, wovon das Kollektiv enorm profitiert. Fortan ist der Held ein Gewandelter, denn der Heimkehrer ist jetzt weniger der Draufgänger als vielmehr der alte weise Mann (manchmal auch der Narr) oder die weise Frau, die bzw. der dem Kollektiv als Ratgeberin bzw. Ratgeber dient.

In meinem früheren Künstlerbuch beschrieb ich die Krise der Kunst, die in erste Linie darin besteht, den Urgrund ihrer selbstkonfrontativen Wurzeln verloren zu haben. Dominiert von intellektueller, verklausulierter, akademischer Kunst, verkam die Postmoderne zum Insiderwitz für Eliten, klassische Kunstvorstellungen der Moderne wurden diskreditiert und lächerlich gemacht. Doch eben dieser Prozess spielte sich auch in der Gesellschaft insgesamt ab: Auch hier dominierte eine kleine Gruppe intellektueller Taktgeber, deren Hybris vor allem darin besteht, die metaphysischen Wurzen der menschlichen Seele zu negieren.

Campbell strukturierte die vielen Mythen der Welt und erkannte darin prinzipiell 17 Stationen, die der Held durchleben muss, wobei nicht alle auch in allen Kulturen eins zu eins enthalten sein müssen:

»1. Der Ruf des Abenteuers (Berufung): Erfahrung eines Mangels oder plötzliches Erscheinen einer Aufgabe.
2. Weigerung: Der Held zögert, dem Ruf zu folgen, beispielsweise weil es gilt, Sicherheiten aufzugeben.
3. Übernatürliche Hilfe: Der Held trifft unerwartet auf einen oder mehrere Mentoren.
4. Das Überschreiten der ersten Schwelle: Er überwindet sein Zögern und macht sich auf die Reise.
5. Der Bauch des Walfischs: Die Probleme, die dem Helden gegenübertreten, drohen ihn zu überwältigen – zum ersten Mal wird ihm das volle Ausmaß der Aufgabe bewusst.
6. Der Weg der Prüfungen: Auftreten von Problemen, die als Prüfungen interpretiert werden können (Auseinandersetzungen, die sich als Kämpfe gegen die eigenen inneren Widerstände und Illusionen erweisen können).
7. Die Begegnung mit der Göttin: Dem Helden (oder der Heldin) wird die gegengeschlechtliche Macht offenbar.
8. Die Frau als Versucherin: Die Alternative zum Weg des Helden kann sich auch als vermeintlich sehr angenehme Zeit an der Seite einer (verführerischen) Frau offenbaren (vgl. Odysseus/Kirke).
9. Versöhnung mit dem Vater: Die Erkenntnis steht dem Helden bevor, dass er Teil einer genealogischen Kette ist. Er trägt das Erbe seiner Vorfahren in sich, bzw. sein Gegner ist in Wahrheit er selbst.
10. Apotheose: In der Verwirklichung der Reise des Helden wird ihm offenbar, dass er göttliches Potenzial in sich trägt (in Märchen oft symbolisiert durch die Erkenntnis, dass er königliches Blut in sich trägt).

11. Die endgültige Segnung: Empfang oder Raub eines Elixiers oder Schatzes, der die Welt des Alltags, aus der der Held aufgebrochen ist, retten könnte. Dieser Schatz kann auch aus einer inneren Erfahrung bestehen, die durch einen äußerlichen Gegenstand symbolisiert wird.
12. Verweigerung der Rückkehr: Der Held zögert, in die Welt des Alltags zurückzukehren.
13. Die magische Flucht: Der Held wird durch innere Beweggründe oder äußeren Zwang zur Rückkehr bewegt, die sich in einem magischen Flug oder durch Flucht vor negativen Kräften vollzieht.
14. Rettung von außen: Eine Tat oder ein Gedanke des Helden auf dem Hinweg wird nun zu seiner Rettung auf dem Rückweg. Oftmals handelt es sich um eine empathische Tat einem vermeintlich ›niederen Wesen‹ gegenüber, die sich nun auszahlt.
15. Rückkehr über die Schwelle: Der Held überschreitet die Schwelle zur Alltagswelt, aus der er ursprünglich aufgebrochen war. Er trifft auf Unglauben oder Unverständnis und muss das auf der Heldenreise Gefundene oder Errungene in das Alltagsleben integrieren (im Märchen: das Gold, das plötzlich zur Asche wird).
16. Herr der zwei Welten: Der Held vereint Alltagsleben mit seinem neu gefundenen Wissen und damit die Welt seines Inneren mit den äußeren Anforderungen.
17. Freiheit zum Leben: Das Elixier des Helden hat die ›normale Welt‹ verändert; indem er sie an seinen Erfahrungen teilhaben lässt, hat er sie zu einer neuen Freiheit des Lebens geführt.«[152]

Die recht komplexen Stationen, die Campbell im Monomythos der Heldenreise aufgelistet hatte, wurden später von dem bereits im

Vorwort erwähnten Drehbuchautor und Publizisten Christopher Vogler modifiziert. Vogler hatte erkannt, dass die größten Kino- und Romanerfolge, wie *Krieg der Sterne* und *Herr der Ringe*, unbewusst den Mythos nacherzählen – oftmals ohne sich über die tatsächliche Stringenz der Archetypen bewusst zu sein. Vogler systematisierte und vereinfachte den Ablauf und schrieb eine Anleitung, wie man spannende Drehbücher schreibt. Herausgekommen ist der Weltbestseller *The Writer's Journey* (Die Odyssee des Drehbuchschreibers), eine Art »Bibel« für Drehbuch- und Romanautoren. Ebenso wie Vogler den Mythos für Hollywood auf wesentliche Stationen heruntergebrochen hatte, nehme auch ich mir im Kapitel »Abenteuer« die Freiheit, in einer eigenen Struktur die mir wichtig erscheinenden Stationen der Reise nachzuzeichnen.

Zwei Seelen

Bevor ich auf die einzelnen Stationen der Reise eingehe, möchte ich zunächst den generellen Konflikt des Helden beleuchten, der sich letztlich zwischen zwei innerpsychischen Instanzen abspielt. In einer häufigen Variante des Monomythos wird der Archetyp des ausgesetzten Königskindes beschrieben. Der Held oder die Heldin weiß nicht, dass er oder sie in Wahrheit ein Prinz oder eine Prinzessin ist. Das Kind wurde zu einfachen Leuten gebracht, wo es fortan als Knecht oder Magd erzogen wird. In der Adoleszenz ahnen die ausgesetzten Königskinder jedoch, dass sie etwas von den übrigen Menschen im Dorf unterscheidet und damit auch trennt. Das schlummernde »königliche Blut« der Helden, die diffuse Ahnung, zu mehr berufen zu sein, als tagtäglich einen Hammer oder eine Sichel zu schwingen, ist die Metapher für aufkeimende Impulse des göttlichen Selbst im Menschen, das vom tagbewussten Ich jedoch erst einmal entdeckt werden will.

> »Mit erstaunlicher Einstimmigkeit erscheint der kosmogonische Zyklus in den heiligen Texten aller Kontinente und gibt dem Heldenabenteuer eine neue und interessante Wendung. Denn nun stellt es sich heraus, dass die gefährliche Krise nicht der Erlangung gilt, sondern der Wiedererlangung, nicht der Entdeckung, sondern der Wiederentdeckung, dass die gesuchten und unter Gefahren gewonnenen göttlichen Kräfte im Herzen des Helden immer schon vorhanden waren. Der Held ist der Königssohn, der erfahren hat, wer er ist, und damit zur Ausübung seiner rechtmäßigen Gewalt gelangt ist – der Gottessohn, der erfahren hat, wie viel dieser Titel bedeutet. Von hier aus erscheint der Held als Symbol jenes göttlichen, schöpferischen und erlösenden Bildes, das in uns allen verborgen ist und nur darauf wartet, erkannt und ins Leben geholt zu werden.«[153]

Um dies zu verstehen, ist eine Skizze der analytischen Psychologie nach C. G. Jung hilfreich. In der menschlichen Psyche scheint es einen »geheimen Schatz« zu geben, und je älter der Mensch wird, desto mehr drängt es ihn zu dessen Entdeckung. Um diese »Schatzsuche«, die tiefe Sinnsuche der menschlichen Seele, geht es in der Lehre von C. G. Jung. Ebenso wie für den großen Analytiker Viktor E. Frankl liegt der Hauptgrund einer Neurose auch für Jung in einem *Sinnproblem*. Was für ihn die *Imago Dei* ist, des Menschen göttlicher Kern, äußert sich bei Frankl als numinose »Trotzmacht des Geistes«, mit dessen Hilfe der Mensch erst seine Würde erhält und auch die schwersten Leidenskrisen durchtragen kann.

Was die zeitgenössische Psychologie als Vorstufe einer Depression verortet und als neurotisch und behandlungsbedürftig begreift, *die Suche nach einem Lebenssinn*, ist aus der Perspektive von Jung und Frankl nötig, um den Menschen über sein tagbewusstes Ich hinauszuführen. Das Ziel ist *Selbsttranszendenz*. Die Anerkenntnis, überhaupt ein »Selbst« zu haben, ist die direkte Trennlinie zwischen materiellem und spirituellem Weltbild. Und auf eben dieser Demarkationslinie wird der heutige Kulturkampf zwischen Transhumanismus und ganzheitlichem Weltverständnis geführt – ich komme darauf zurück.

Jungs Prozess der »Selbstwerdung« (der Individuation) beschreibt eine Bewusstseinsentwicklung vom tagbewussten »Ich« zum höheren »Selbst«. Und die Choreografie der Heldenreise, mit Vorahnung, Weigerung, Aufbruch, Abenteuer, Krise, Initiation, Rückkehr und Dienst, beschreibt das mythische Äquivalent. Zum besseren Verständnis einige Worte zu den Begrifflichkeiten *Ich* und *Selbst*: In der Regel sagen wir *ich,* wenn wir etwas ausdrücken wollen, was nicht der andere oder etwas anderes ist. Dabei halten wir dieses Ich für eine feste Größe, von der aus wir alles andere beurteilen. In der Regel empfinden wir unsere Haut als Grenze zwischen Ich und Nicht-Ich. Unser Ich definiert unsere Identität und unser Bewusstsein. Das, von dem wir glauben, das sind wir, so sind wir und so waren wir schon immer, ob mit sieben oder 70 Jahren. In Wirklichkeit hat das Ich jedoch mehrere Facetten – dies ist die Domäne von Sigmund Freud –, und obige Definition trifft eigentlich nur auf den Ich-Teil zu, über den wir Bewusstheit haben und mit dem wir identifiziert sind.

Worte, die mit dem Selbst in Verbindung stehen, sind dagegen weniger statisch. Beispielsweise beschreibt das Wort *Selbsterkenntnis* einen dynamischen Prozess der Wissensvermehrung der eigenen psychischen Fähigkeiten – und dies ist die Voraussetzung der *Selbstverwirklichung.* Gelungene Selbstverwirklichung führt dann wiederum zu *Selbstbewusstsein* und *Selbstachtung.* Für C. G. Jung ist das Selbst das Bindeglied des Menschen zu einer transzendenten Dimension:

»Jung sieht darin [im Selbst] die Imago Dei oder das im Herzen jedes Menschen anwesende göttliche Prinzip. Zugleich betrachtet er es als Zentrum der Kreativität und der Integration der Persönlichkeit des Menschen, das intuitiv über den Gesamtplan für den Wachstums- und Reifeprozess des Einzelnen verfügt.«[154]

Natürlich hatte für einen Materialisten wie Freud der Selbstbegriff kaum Bedeutung, denn für ihn gab es ja weder einen »göttlichen Funken« noch eine »transpersonale Energie«. Verwirrend ist die Tatsache, dass Selbst und Ich umgangssprachlich oft synonym verwendet werden. Um Ich und Selbst zu unterscheiden, benutzen holistisch-spirituelle Kreise oft die Bezeichnung »wahres« oder »höheres« Selbst, wenn das jungianische Selbst gemeint ist, und »falsches« Selbst, wenn Ich-Aspekte gemeint sind. Zudem werden Ich-Aspekte auch synonym als »Ego« bezeichnet. Eigentlich kennt jeder Mensch den Spannungsbogen zwischen Ich und Selbst recht gut. Der Volksmund benennt diese Qualitäten nur anders, er sagt »Kopf« und »Herz« oder »Verstand« und »Bauch« dazu. Mit Botschaften aus dem Herzen oder dem Bauch (der inneren Stimme) sind irrationale, intuitive Impulse gemeint, die, wenn sie übergangen werden, oft zu Entscheidungen führen, die später Reue auslösen.

»Hätte ich doch nur auf mein Bauchgefühl gehört«, sagen Menschen, die eine Entscheidung bereuen, weil sie nicht ihrer Intuition gefolgt sind. Intuition ist also eine Sprache des Selbst, neben Träumen, Visionen und anderem. Besonders in Extremsituationen kommen viele Menschen von ganz allein darauf, dass es zwei Instanzen in ihnen gibt. Der spirituelle Lehrer und Bestsellerautor Eckhart Tolle beschreibt das innere Gewahrwerden dieser Instanzen, kurz bevor er Selbstmord begehen wollte:

»›Ich kann mit mir selbst nicht weiterleben.‹ Dieser Gedanke kreiste endlos in meinem Verstand. Plötzlich wurde mir bewusst, was für ein sonderbarer Gedanke das war. ›Bin ich einer oder zwei?‹ Wenn ich nicht mit mir selbst leben kann, dann muss es zwei von mir geben: Das ›Ich‹ und das ›Selbst‹, mit dem ›Ich‹ nicht mehr leben kann. ›Vielleicht‹, dachte ich, ›ist nur eins von beiden wirklich.‹«[155]

In der analytischen Psychologie C. G. Jungs hängt die Frage, wie gesund oder neurotisch ein Mensch ist, im Wesentlichen davon ab, ob er gelernt hat, seine innere Stimme (das Selbst) wahrzunehmen und ihr zu folgen. Der Intuition zu vertrauen ist deshalb so schwer, weil das Ich intuitive Impulse (die Stimme des Selbst) als Störung und Bedrohung empfindet. Denn das bewusste und denkende Ich ist der Hüter der Identität, die durch unbewusst-emotionales Material infrage gestellt wird.

Jedes Mal, wenn der Mensch seiner Intuition folgt, muss er sein Ego ein Stück weit aufgeben.

Aus Jungs Sicht lassen sich also prinzipiell alle psychischen Erkrankungen auf eine Störung oder gar einen Kontaktabriss zwischen Ich und Selbst zurückführen. Denn nur in der Wahrnehmung und Verwirklichung des Selbst kann der Mensch den Sinn seiner lebendigen Existenz erfahren. Für C. G. Jung wie für Viktor Frankl sind alle psychischen Erkrankungen und Krisen letzten Endes Sinnfragen, die sich auf Tod und Endlichkeit beziehen:

»Die Psychoneurose ist im letzten Verstande ein Leiden der Seele, die ihren Sinn nicht gefunden hat.«[156]

Ein Mensch, dessen Kontakt zum Selbst abgerissen ist und der sich vollständig mit seinem Ich identifiziert, leidet also in erster

Linie unter Sinnverlust. Denn alle Antworten, die das Ich ihm gibt, sind inflationär. Prinzipiell hat das Ich auf alle Lebensfragen nur eine Antwort, sie lautet: Mehr davon! Geld? Mehr Geld! Macht? Mehr Macht! Sex? Mehr Sex! Genuss? Mehr Genuss! … Es ist nie genug. Doch folgt man C. G. Jung und dem ganzheitlichen Weltbild, erschließt sich nur im Gewahrwerden des wahren Selbst echter Lebenssinn und letztlich Seelenfrieden. Alle Ich-Antworten auf Sinnfragen, unter Umgehung des Selbst, führen deshalb in eine Spirale der Sinnlosigkeit und Depression. Das ist der Grund, warum viele Menschen in ein tiefes Loch fallen, gerade wenn sich materielle Lebensziele eingelöst haben. Die »Mein Haus, mein Pool, meine Jacht«-Strategie entpuppt sich spätestens bei deren Erfüllung als Sackgasse:

> »Es ist unmöglich, das individuelle Leben von Menschen mit Sinn zu erfüllen, wenn wir nur den biologischen Vorgaben folgen. Weitergabe der Gene, Haus- oder Nestbau und dann Ableben – das ist für einen Menschen zu wenig.«[157]

Einladung

In diesem Buch soll es also um die Frage gehen, wie und ob man den Prozess zur Mündigkeit im Erwachsenenalter nachholen kann. Die traurige Wahrheit ist: Wenn dies überhaupt jemals geschieht, dann in der Regel erst nach tiefen gesellschaftlichen oder persönlichen Krisen. Nachdem Selbstbetrug, Projektion, Kompensationen und Ressourcen an ihr Ende kommen, können gesellschaftliche und persönliche Transformationen stattfinden. Auf dem Gipfel der aktuellen, politischen Krisen möchte ich meine Leser aus gutem Grund dazu einladen, sich rechtzeitig auf das Abenteuer der persönlichen Individuation einzulassen – obgleich sich der Prozess der persönlichen Nachreifung weder planen noch verschieben lässt. Allerdings kann man ziemlich präzise vorhersagen, wann er unvermeidlich eintritt: regelmäßig dann, wenn alle Kompensationen, die man sich im Leben zurechtgelegt hat, versagen. Meistens reichen die Trostpflaster, die man sich als Ausgleich für Anpassung und Selbstverleugnung gegönnt hatte, etwa bis zur Lebensmitte. Danach wird die Auspreisung für faule Kompromisse zu hoch, denn das Schicksal hat dem reiferen Menschen inzwischen auch die Schattenseiten des Lebens gezeigt. Der Verlust geliebter Angehöriger, das Zerbrechen einer langjährigen Liebesbeziehung, das Durchmachen einer lebensbedrohlichen Erkrankung, eine Firmenpleite oder der Kampf mit einer Sucht stellte die Frage nach dem Lebenssinn neu und überlaut. Denn egal welches weltanschauliche Lebensmodell man sich auch zurechtgelegt haben mag, und ungeachtet des sozialen und materiellen Status: Der von Viktor E. Frankl beschriebenen »tragischen Trias des Menschen«, bestehend aus *Leid, Schuld* und *Tod*, entkommt niemand.

Aus eigener Erfahrung weiß ich – der Individuationsprozess, den man nie beizeiten und freiwillig eingeht, überkommt einen immer dann, wenn man ihn überhaupt nicht gebrauchen kann: inmitten einer Krise. In normalen Zeiten können Krisen, wie oben beschrieben, durch sehr persönliche Schicksalsschläge ausgelöst werden. Abgesehen davon gibt es aber auch kollektive Zeitqualitäten wie Kriege, Massenarbeitslosigkeit, soziale Unruhen, Mangelwirtschaft und kollektive Ängste, in denen Menschen zeitgleich und massenhaft in eine Krise gestürzt werden. Eine große und tiefe Gesellschaftskrise wird ab einem gewissen Punkt immer »persönlich«.

Weiter oben hatte ich bereits angedeutet, was in Kürze auf die deutsche Gesellschaft zukommen wird. Manche Menschen glauben vorzusorgen, indem sie den Empfehlungen des Bundesamts für Bevölkerungsschutz und Katastrophenhilfe folgen – beunruhigend genug, dass derartige Mahnungen nun auch seitens des

Staates verstärkt lanciert werden. Vor wenigen Jahren galten sogenannte »Prepper« noch als Spinner und Verschwörungstheoretiker – inzwischen weiß die Bundesregierung vielleicht auch mehr, als sie zugeben mag. Aufgrund der Sanktionen gegen Russland und der stoisch weiterverfolgten »Energiewende« sehen Analysten das Schlimmste voraus.

In *Vom Verlust der Freiheit* hatte ich die verheerenden Folgen eines Blackouts bereits beschrieben. Die Broschüre mit dem Titel »Ratgeber für Notfallvorsorge und richtiges Handeln in Notsituationen« beschreibt, wie man sich für die kommende Zeit wappnen kann, indem man sich mit Batterien, Kerzen, Dosenbrot und Gaskochern eindeckt. Doch dieses Preppern wird nur wenig nützen, wenn das psychische Rüstzeug für die gesellschaftliche und persönliche Krise fehlt.

Abenteuer

1. Station – Das karge Land

Vielleicht erinnern Sie sich an den jungen Luke Skywalker aus *Krieg der Sterne*, der sich seiner edlen Herkunft nicht bewusst ist und der bis zu seiner Berufung als Jedi-Ritter auf dem öden Wüstenplanet Tatooine sein Dasein fristet. Der ehemals schöne Wasserplanet hat seine besten Zeiten hinter sich. Tatooine ist ein Ort des Mangels und zeigt im Vollbild, was geschieht, wenn alle pluralistischen Strukturen verloren gehen – es herrschen Korruption, Gewalt und Anarchie. Der Held startet sein Abenteuer also an einem Ort der *Krise, Not* und *Dekadenz*. Glücklicherweise ist unsere Gesellschaft weit von den Zuständen auf Tatooine entfernt. Sofern sich die in meinen vorangegangenen Büchern beschriebenen Krisen jedoch ohne bürgerliche Gegenwehr und über Jahrzehnte fortentwickeln, wird auch dieser Ort schon bald keine guter mehr sein. Dann nämlich ist der Weg in eine totalitäre globale Technokratie vorgezeichnet, in *Der Krieg der Sterne* repräsentiert durch eine dunkle, zentrale Macht, die das ganze Universum beherrscht …

Im Gegensatz zur allgemeinen Masse hat der Held vor seinem Ausbruch eine diffuse Ahnung, wohin die beginnende Krise tatsächlich führt:

> »Es beginnt also mit dem vagen Gefühl, dass man selbst in Ordnung ist, auch wenn die Autoritäten (›die Politiker‹, ›die Wissenschaftler‹, ›die Medien‹, ›die Gesellschaft‹) einem einreden wollen, man sei so gefährlich, dass man eingesperrt gehöre. Es beginnt mit dem oft nur halb eingestandenen Bewusstsein, dass man ein Recht darauf hat, eine eigene Sicht auf die Dinge zu haben und sein Leben auf seine Weise führen zu wollen. Was als Ahnung beginnt, wird zu dem immer tiefer verankerten Wunsch, hier herauszuwollen.«[158]

Während der Großteil der Bürger noch schläft oder hypnotisiert der Band der Titanic zuhört, anstatt endlich in die Rettungsboote zu steigen, wird der Held von einer tiefen Unruhe erfasst. Dem Helden vor seinem Aufbruch wird zunehmend bewusst, dass der Verbleib in seiner vermeintlichen Komfortzone seinen möglichen Untergang bedeuten kann. Doch selbst wenn darin das physische Überleben möglich wäre, so drohte ihm dennoch der seelische Tod, da wirkliches Leben mehr ist als Nahrung und Zerstreuung in einem Versteck.

Zynischerweise wurde den Bürgern während des Lockdowns immer wieder erklärt, das Leben in Vereinzelung mit einer Tüte Chips und *Netflix* sei genug. Mehr noch, eine Werbekampagne der Bundesregierung griff direkt den Heldenmythos auf und pervertierte ihn mit dem Slogan »*Werde auch du zum Helden und bleib zu Hause*«. Der Spot der Bundesregierung stellte den Mythos auf den Kopf: Angepasste Mitläufer wurden zu Helden – mutige Mahner zu gefährlichen Aluhutträgern.

Wenn ich von einer Krise des Helden im Ruf spreche, so meine ich keine leichte Verstimmung oder Anflüge von Langeweile oder Orientierungslosigkeit. Jetzt, wo meine persönliche Lebenskrise hinter mir liegt, habe ich im Kontakt mit anderen oftmals den Eindruck, es gibt nur zwei Sorten von Menschen: Menschen *vor* ihrer Krise und Menschen *nach* ihrer Krise. Menschen nach einer solchen Krise erkennen sich untereinander sehr schnell, denn sie kürzen gewisse Prozesse ab. Sie tragen im wahrsten Sinne des Wortes keine Masken, und Begriffe wie »Zeitvertreib« sind ihnen fremd.

Das holistische Weltbild mit den Ästen analytische Psychologie, transpersonale Psychologie und alternative Medizin sieht in Krisen und Krankheiten Chancen zur Wandlung von festgefahrenen Zuständen. Charakter und Zeitpunkt einer Krise sind voller Symbolik, die dem Betroffenen wichtige Informationen zur Lösung der Krise liefern. Um eine tiefe Lebenskrise zu bewältigen, muss der Mensch wieder lernen, auf seine innere Stimme (das Selbst) zu hören. Hierfür muss er die innere Stimme zunächst einmal wahrnehmen und er muss ihr vertrauen. Beides ist alles andere als leicht, erst recht, wenn man über Jahre alles getan hat, um der inneren Stimme zu entkommen. Die Krise ist also dazu da, die Verkrustungen der Verdrängung, die uns davon abhalten, die innere Stimme wahrzunehmen, zu beseitigen. Dieser Vorgang ist schmerzhaft, und solange es noch irgendwelche Schlupfwinkel gibt, die als Verdrängung, Leugnung und Projektion funktionieren, werden diese auch genutzt. Erst wenn eine Krise wirklich final wird, das heißt, wenn sie unmittelbar fühlbar die Frage nach Leben und Tod stellt, wird dem Betroffenen die Alternativlosigkeit klar. Das heißt aber nicht, dass am Ende einer Krise automatisch ein Happy End steht. Das Ergebnis einer echten Krise ist also offen.

»Krise ist ein aus dem Griechischen stammendes Substantiv zum altgriechischen Verb krínein, welches ›trennen‹ und ›(unter-)scheiden‹ bedeutet. [...] Es bezeichnet ›(Ent-)Scheidung‹, ›entscheidende Wendung‹ und bedeutet eine schwierige Situation, Zeit, die den Höhe- und Wendepunkt einer gefährlichen Entwicklung darstellt. Dass es sich hierbei um einen Wendepunkt handelt, kann jedoch oft erst konstatiert werden, nachdem die Krise abgewendet oder beendet wurde. [...] Eine Krise stellt bisherige Erfahrungen, Normen, Ziele und Werte infrage und hat oft für die Person einen bedrohlichen Charakter. Sie ist zeitlich begrenzt. Am Ende einer Krise [...] kann der Betroffene zwei Wege einschlagen. In der einen Variante zieht sich der Betroffene vollkommen zurück und distanziert sich von Menschen sowie von seinen Erwartungen und Zielvorstellungen, damit er keine Enttäuschung mehr empfinden kann. Die andere Variante führt dazu, dass der Betroffene genau das Gegenteil anstrebt und alle noch verbleibenden Kräfte mobilisiert, um einen positiven Ausweg aus der Krise zu finden. Er kann unbekannte Fähigkeiten entwickeln und dadurch die Krise bewältigen. [...] Ein populäres Beispiel ist dafür die künstlerische Arbeit, durch die sich die Betroffenen ausdrücken können. Unter anderem geschieht dieser Ausdruck durch die Musik, wie zum Beispiel in Herbert Grönemeyers Single ›Mensch‹ zur Verarbeitung des Todes seiner Frau oder Eric Claptons ›Tears in Heaven‹ und ›Circus Left Town‹, die die Trauer über den Tod seines Sohnes Conor behandeln.«[159]

Der Wikipedia-Text stellt hier so nebenbei und selbstverständlich fest, dass ein wesentliches Instrument zur psychischen Krisenbewältigung die Kunst ist. Und bei vielen der wirklich großen

Kunstwerke handelt es sich unbestritten um die Produkte einer Krisenbewältigung. Dabei sind diese Produkte mehr als nur Zeugen der Bewältigung und auch mehr als nur die Dokumentation des Prozesses, ich komme darauf zurück.

Tatsächlich kann jedoch keine Krise gewandelt werden, solange die Angst vor dem Unbekannten größer ist als das Leiden am Status quo:

> »›Ei was, du Rotkopf‹, sagte der Esel, ›zieh lieber mit uns fort, wir gehen nach Bremen, etwas Besseres als den Tod findest du überall. Du hast eine gute Stimme, und wenn wir zusammen musizieren, so wäre dies wohl fantastisch.‹ Der Hahn ließ sich den Vorschlag gefallen, und sie gingen alle zusammen fort.«

So wie die todgeweihten vier Bremer Stadtmusikanten Esel, Hund, Katze und Hahn nach ihrer mutigen Transformation neue Kräfte und eine unerkannte Wehrhaftigkeit entdeckten, muss auch der Held im Mythos den Sprung ins Ungewisse wagen. Natürlich hatten alle vier Tiere bislang ihr Auskommen gehabt, doch inzwischen hatten sich die Gegebenheiten geändert – die Besitzer hatten nichts Gutes mit ihnen vor. Und so schmerzhaft es auch sein mag, beizeiten sollte man sich immer mal wieder fragen, was der Bauer im Schilde führt, oder man wird verwurstet und landet im Kochtopf.

Ohne die ehrliche Bereitschaft, die großen Narrative der Neuzeit zu hinterfragen und damit »neues Land« zu betreten, wird es keine Besserung geben. Das Wagnis besteht in nichts Geringerem als darin, die Bereitschaft aufzubringen, das allseits propagierte und als absolute Gewissheit ausgegebene Weltbild zu prüfen. Denn nichts macht den Menschen kleiner, ängstlicher und gefügiger als das Postulat einer final bedrohten, deterministischen, materialistischen Welt. Zu hinterfragen sind allerdings auch bequeme und liebgewonnene Lebensinstallationen, die sich über die Jahre zu toxischen Lebenslügen entwickelt haben.

2. Station – Der Bote

Der »Bote« oder »Herold« im Heldenmythos, der den noch unsicheren Helden überredet, das Abenteuer zu wagen, ist kein Geringerer als der ehemalige Held, der seine Initiation durchlaufen hat. Da das Ego des Boten dabei ein Stück weit gestorben ist, unterliegt er auch keinem Konformitätsdruck mehr. Mit anderen Worten: Dem aus dem Drachenkampf zurückgekehrten Veteranen ist es egal, was die Gesellschaft über ihn denkt. Diese innere Freiheit macht es ihm möglich, angehenden Helden als Mentor zu dienen. Freidenker und Publizisten, deren ehrliches Anliegen darin besteht, die Bürger aus der Massen- und Angsthypnose einer angeblich »alternativlosen Politik« zu wecken, sollten idealerweise über eine derartige Unabhängigkeit verfügen.

Neben *Krieg der Sterne* ist *Der Hobbit* ein weiterer Weltklassiker, der nach den Prinzipien des Monomythos konzipiert wurde und in dem der »weise Bote« eine zentrale Rolle spielt. J. R. R. Tolkien hätte die Anleitung eines Christopher Vogler sicher nicht gebraucht, denn er hatte die Grundstruktur des Mythos zweifellos auch so verstanden:

Der komfortabel lebende Bilbo Beutlin gehört einem Volk von gemütlichen Hedonisten an. Hobbits genießen das Leben und strengen sich nicht allzu gern an. Eines Tages bekommt Bilbo überraschenden Besuch von einem mächtigen Zauberer namens Gandalf, der im Hobbit ungeahnte Kräfte vermutet. Der Zauberer konfrontiert Bilbo mit einer Gruppe von Zwergen, deren schwierige Aufgabe darin besteht, ein verlorenes Königreich aus den Klauen eines gefährlichen Drachen zurückzuerobern. Zur großen Überraschung Bilbos erklärt der Zauberer den Zwergen, der gänzlich kampfunerfahrene Hobbit sei ein verkannter Meisterdieb und werde der Gruppe in ihrem gefährlichen Abenteuer unschätzbare Dienste leisten. Aus Bilbos Eigenwahrnehmung heraus ist die Einladung zu einem derartig gefährlichen Abenteuer jedoch vollkommen grotesk. Der zukünftige Held der Handlung lehnt entrüstet ab und wünscht sich nichts mehr, als dass die Bande aus Zauberer und Zwergen so schnell wie möglich aus seinem Haus verschwindet. Als Bilbo am nächsten Morgen erwacht, sind tatsächlich alle Störenfriede wieder abgereist. Das gemütliche Zuhause ist nach einer wilden Essensschlacht wiederhergestellt, und das gefahrlose, komfortable Leben kann weitergehen. Nach anfänglicher Erleichterung tauchen jedoch ernste Zweifel in Bilbo auf, denn: *Dem Helden wider Willen wird plötzlich bewusst, dass ihm sein altes Leben nicht mehr genügen würde.* Bilbo bleibt keine Wahl, als das Abenteuer – trotz seiner immensen Ängste – anzugehen. Die gefährliche Reise kann beginnen.

Obgleich der Held bei Tolkien diesmal nicht aus einem *kargen Land* startet, hakt der Autor bereits in der Ouvertüre zu seiner Saga drei klassische Stationen des Monomythos ab:

- *Der unheimliche Bote oder Herold* – der den Helden überredet, die erste Schwelle zum Abenteuer zu überschreiten
- *Die Vorahnung des Helden* – vielleicht ja doch zu mehr fähig zu sein als angenommen
- *Die anfängliche Weigerung* – nebst nachfolgender Erkenntnis, dass eine endgültige Absage der Reise Selbstverrat bedeuten würde.

Erst nachdem der zukünftige Held Kontakt zum »Boten« hatte, der ihm die Tür zum Abenteuer einen Spalt weit öffnete, wird dem Protagonisten klar, dass ein »Weiter so« mit hohem Selbstverrat ausgepreist wäre. Die Freuden des bisherigen Lebens würden schal werden. Kompromisse und Kompensationen, die vor dem Kontakt mit dem Boten noch unhinterfragt funktionierten, wären nicht mehr genug. Nach Kontakt mit dem Boten bleiben dem Helden nunmehr zwei Wege: der Weg ins Abenteuer, was möglicherweise – aber nicht sicher – seinen Tod bedeuten könnte, oder ein sicheres Weiterleben in stumpfer Depression.

Jeder Mensch, der sich zuvor ganz mit seinem Ich identifiziert hat, nun aber angeregt durch einen Boten Impulse aus den Tiefen seines Selbst empfängt, entwickelt zunächst eine immense Unruhe und Sehnsucht nach Veränderung. Aus den Tiefen des Unbewussten tauchen plötzlich vermeintliche Störimpulse auf, die zu unangenehmen Rissen im Bild über die Wirklichkeit führen. Als soziales Wesen ist der Mensch im ständigen Abgleich und der Selbstvergewisserung, die Welt ähnlich zu sehen wie seine Mitmenschen. Freuds Strukturmodell der Psyche bezeichnet diesen um Konsens bemühten Persönlichkeitsanteil, der kollektive Normen und Moralen einhalten will, um dazuzugehören, als »Über-Ich« – ich komme darauf zurück. Auch Bilbo Beutlin weiß, dass ein Hobbit als Meisterdieb und ausgestattet mit einem Schwert namens »Stich« im beschaulichen Auenland keinen Stallgeruch mehr haben wird. Vielmehr wird den gemütlichen Dorfbewohnern ein solcher Hobbit eher unheimlich vorkommen.

3. Station – Der Ruf

Sie ahnen es bereits – die Heldenreise ist nicht als Pauschalreise für jedermann zu haben. Ebenso wie sich Viktor Frankl sicher war, dass »die Anständigen« immer in der Minorität sein werden, konstatiert auch der Philosoph Gunnar Kaiser, dass das Verhältnis Mitläufer vs. Freigeister ungleicher nicht sein könnte. Kaiser stellt in seinem Buch *Der Kult* die Frage, warum eigentlich nicht restlos alle Menschen im neuen »Kult« einer Präventions- und Gesundheitshysterie aufgehen:

> »Warum bleiben einige unverwandelt? Warum wird eine Gesellschaft nicht in Gänze von einem Massenwahn ergriffen? Und liegt in der Antwort auf diese Frage die Möglichkeit, die Widerstandsfähigkeit offener Gesellschaften gegenüber totalitären Tendenzen zu stärken? Denn dann müsste man ›einfach nur‹ die Bedingungen für das mögliche Entstehen solcher autonomer und widerstandsfähiger Persönlichkeiten verändern. Oder müssen wir der Erkenntnis ins Auge sehen, dass immer nur einige wenige immun bleiben, die Entwicklungen dokumentieren, frühzeitig vor dem Schlimmsten warnen und auf ihre je eigene Art Widerstand leisten, dafür mit Ausschluss, Missachtung, Haft oder Tod bestraft und ein paar Generationen später zu Helden erklärt werden, denen man Denkmäler baut, um ihr Andenken, im nächsten Totalitarismus, getrost wieder zu vergessen?«[160]

Warum geht am Kipppunkt zur Totalität der Löwenanteil der Menschen in seliger Entselbstung in der Masse auf, während eine kleine Minderheit umso tiefere Prozesse der Selbstwerdung vollzieht? Und wenn es so ist, dass sich immer nur eine kleine Minderheit zu verantwortungsvollen Bürgern entwickelt – und damit totalitären Systemen widersteht –, wie sollten über diesen elitären Prozess größere gesellschaftliche Umbrüche vonstattengehen? Fast am Ende seines Buches beantwortet Kaiser diese Frage, indem er C. G. Jung zitiert:

> »Nicht umsonst schreit unser Zeitalter nach der Erlöserpersönlichkeit, nach demjenigen, der sich aus dem Griff der kollektiven [Psychose] befreien und wenigstens seine eigene Seele retten kann, der ein Leuchtfeuer der Hoffnung für andere entzündet und verkündet, dass hier wenigstens ein

> Mensch ist, dem es gelungen ist, sich aus der fatalen Identität mit der Gruppenpsyche zu befreien.«

Darum geht es: Der individuierte Held wird zum Beispiel und zum Leuchtturm der Hoffnung, dass dieser Weg *prinzipiell* möglich ist. Zur Bedeutung dieser wenigen für die vielen soll Jesus von Nazareth gesagt haben:

> »Ihr seid das Salz der Erde. Wenn nun das Salz nicht mehr salzt, womit soll man salzen? Es ist zu nichts mehr nütze, als dass man es wegschüttet und lässt es von den Leuten zertreten. Ihr seid das Licht der Welt. Es kann die Stadt, die auf einem Berge liegt, nicht verborgen sein. Man zündet auch nicht ein Licht an und setzt es unter einen Scheffel, sondern auf einen Leuchter; so leuchtet es allen, die im Hause sind. So lasst euer Licht leuchten vor den Leuten, damit sie eure guten Werke sehen und euren Vater im Himmel preisen.«[161]

Wie weiter oben bereits geschrieben, hat der Held im Ruf eine diffuse Ahnung, dass er anders ist als die »normalen« Menschen. Der Bote hatte diese Wahrnehmung bestätigt und bot erste Einblicke in das zukünftige Abenteuer. Ein Hauptgrund für die Weigerung, das Abenteuer einzugehen, ist die berechtigte Befürchtung, dass die Sonderstellung große Einsamkeit mit sich bringen wird. Doch ob der Held nun will oder nicht – sobald er eine gewisse Schwelle der Erkenntnis überschritten hat, befindet er sich im Niemandsland zwischen Zugehörigkeit und Außenseitertum.

Der eingangs bereits erwähnte Kommunikationswissenschaftler Prof. Michael Meyen weist in seinem Bestseller *Die Propaganda-Matrix* darauf hin, dass der Mensch in der modernen Gesellschaft den unbedingt nötigen Konsensabgleich vor allem über die

Massenmedien vornimmt. Im unablässigen Hintergrundrauschen der Leitmedien entsteht ein Bild von »der Wirklichkeit«, die im Umgang mit den Menschen des Alltags das Netz vermeintlicher Gewissheiten generiert, ohne das eine schnelle und friedliche Kommunikation kaum denkbar wäre. Die hier entstandenen Überzeugungen – vier Coronaimpfungen sind besser als zwei, FFP2-Masken schützen vor Infektionen, Energiewende zur Rettung des Planeten ist alternativlos, schwere Waffen für die Ukraine werden den Krieg beenden – sind die ausgesprochenen oder unausgesprochenen Ingredienzien sozialer Freund-Feind-Kennungen. Das Problem für den Helden im Ruf ist jedoch, dass die Impulse seines Selbst die schöne und allen gemeinsame Über-Ich-Welt unablässig torpediert. Bezüglich der Infragestellung politischer Realitäten schlägt der erste Torpedo nicht selten nach einem historischen Großereignis ein. Bei dem einen ist es die Kölner Silvesternacht 2015/2016, beim nächsten der Impfschaden seines Kindes und bei wieder anderem die nächste Stromrechnung, die das Ende seines Betriebs besiegelt.

Das Risiko einer massenmedial erzeugten Wirklichkeit liegt jedoch immer im Überziehen eines Narrativs. Wird eine Erzählung mit zu aggressiver Vehemenz auf eine einzig richtige Deutung platziert, kann Widerstand entstehen, da der Vorsatz dahinter sichtbar wird. Wenn oligarchische Medienkartelle in ihrem Bestreben, eine »einzig richtige Meinung« zu propagieren, überziehen, geschieht das genaue Gegenteil – es wachen immer mehr Menschen auf. 9/11, Irakkrieg, Euro- und Bankenrettung, Fukushima, Syrienkrieg, Zuwanderung, Klimawandel, Gender, Corona und Ukrainekrieg sind Beispiele, die bei vielen Bürgern zur Überdehnung der medial platzieren Wirklichkeit geführt haben. Im Kapitel »Die rote Pille«, in meinem Buch *Die Wiedergutmacher*, schilderte ich meinen persönlichen politischen Aufwachpunkt im Zuge der Massenmigration.

Der Ruf des Helden besteht jedoch keineswegs allein in der Rissbildung bezüglich der gesellschaftspolitischen Realität. Oftmals sind es sehr persönliche Prozesse wie Krankheiten, Beziehungskrisen oder die Hinterfragung der beruflichen Orientierung. Früher oder später beginnt der Held, den gesellschaftlichen Konsens, das Leben in »Arbeit« und »Freizeit« aufzuteilen, infrage zu stellen:

> »How in the hell could a man enjoy being awakened at 6:30 a.m. by an alarm clock, leap out of bed, dress, force-feed, shit, piss, brush teeth and hair, and fight traffic to get to a place where essentially you made lots of money for somebody else and were asked to be grateful for the opportunity to do so?« (Charles Bukowski)

Auch ich konnte das allgemein akzeptierte »duale System« zwischen Selbstverleugnung (auf der Arbeit) und Zerstreuung (in der Freizeit) nie akzeptieren. Die ganze westliche Gesellschaft basiert aber auf diesem System: Erst die Schularbeiten – dann gibt's ein Eis. Auf jede Selbstverleugnung folgt Regression, die mit Konsum beantwortet wird. Nach dem öden Tag im Büro darf man sich auf den Postboten mit dem Zalando-Paket freuen … Die Hinterfragung dieses Systems entspricht dem Ruf des Helden. Ein Mensch, der mehr will als Selbstverleugnung auf der Arbeit und Trostpflaster in Form von Konsumgütern, sieht sich allerdings mit großen Herausforderungen konfrontiert.

Für C. G. Jung stand fest, dass der Ruf, das bisherige Leben und die gesellschaftlichen Anpassungen infrage zu stellen, viel mit dem Lebensalter zu tun hat. Für die erste Lebenshälfte sah Jung durchaus einen Sinn in gewisser Konformität, denn die Ziele der ersten Lebenshälfte waren Gelderwerb und soziale Verankerung zur Sicherung der Nachkommenschaft. Doch die Fixierung auf materielle Werte stellt der Mensch ab seiner Lebensmitte zunehmend infrage, gerade wenn er sie erreicht hat. Ist es wirklich diese(r) Frau (Mann)? Ist es wirklich dieses Auto? Dieses Haus? Was empfinde ich noch, wenn ich neben ihr (ihm) liege? Was gibt es mir wirklich noch, wenn ich das Lederlenkrad meines Autos umfasse und einmal im Monat mit 200 km/h über die Autobahn rase?

Für die Hinterfragung des Lebenssinns zur Lebensmitte entwickelte der Mythenforscher Joseph Campbell folgendes Gleichnis:

> »Während der fünfunddreißig oder vierzig ersten Jahre unseres Lebens haben wir uns bemüht, eine hohe Treppe hinaufzusteigen, um ganz oben auf ein Gebäude zu kommen. Wenn wir dann schließlich auf dem Dach angekommen sind, merken wir, dass wir uns im Gebäude geirrt hatten.«[162]

Dieser Irrtum ist sehr schmerzlich. Und die Kraft zu finden, in der Lebensmitte noch einmal von vorn anzufangen, um das »richtige Haus« zu finden, scheint unüberwindlich. Doch laut C. G. Jung wird es zum ernsten psychischen Problem, wenn ab der Lebensmitte alte Werte nicht zugunsten einer diametral anderen Lebenseinstellung infrage gestellt werden. Zwischen 35 und 45 Jahren steigen Selbstmordrate und psychische Erkrankungen sprunghaft an. Jung sah Menschen dieses Alters an einem Scheideweg zu einer völlig neuen Orientierung. Das unweigerliche Aufsteigen unbewussten Materials hat das Ziel, den bis dahin recht unbedarften Menschen auf eine höhere Bewusstseinsebene zu heben. Konfrontiert mit diesem Material, wird der Mensch zu einer Bilanz gezwungen:

> »Was habe ich eigentlich in meinem Leben erreicht? Was soll ich mit dem verbleibenden Rest anfangen? Was liegt vor mir, außer Alter, Krankheit und Tod? Der Wein hat vergoren und

beginnt sich zu klären. Statt vorwärts blickt man häufig unwillkürlicherweise rückwärts und beginnt, sich Rechenschaft zu geben über die Art und Weise, wie sich das Leben bisher entwickelt hat.«[163]

4. Station – Die Weigerung

Dass der Held den Beginn seiner Reise hinauszögert, und wenn überhaupt, erst nach einer tiefen Krise die Abreise wagt, ist fester Bestandteil des Mythos. Das Wesen einer Krise besteht jedoch in der Tatsache, dass deren Ausgang offen ist. In Bezug auf die Krise des Helden bedeutet dies: Nicht jeder Held tritt seine Reise nach seinem Ruf tatsächlich auch an. Viel wahrscheinlicher als Bilbos Aufbruch in das Abenteuer wäre nämlich eine Variante, die freilich niemand lesen will: Der Held bleibt zu Hause und wird immer fetter, da er so viel wie möglich isst und trinkt, um den Kontakt mit Gandalf zu vergessen. Um sich vor dem Boten der ersten Schwelle zu verstecken und zu vergessen, dass man mit der Wahl zugunsten eines »sicheren Lebens« einen ziemlich feigen Kompromiss eingegangen ist, muss man jedoch einiges aufbieten.

Folgt man Jung, lässt sich die menschliche Persönlichkeitsentwicklung mit einer »Zwei-Stufen-Rakete« vergleichen: Die erste Stufe ist darwinistisch-materiell, die zweite Stufe metaphysisch-spirituell. Ein Mensch kann nur sein volles Potenzial entwickeln, wenn er beide Stufen zündet – idealerweise nacheinander … Denn nur das Entwickeln beider Aspekte wird der dualen Natur des Menschen gerecht. Das Ausbleiben des Zündens der zweiten Stufe ist ebenso tragisch wie der Versuch, das Leben gleich mit der zweiten Stufe zu starten. Doch viele Menschen verzichten auf das Zünden der zweiten Stufe, sie verweigern ihre metaphysische Sinnsuche in der zweiten Lebenshälfte.

Ein weiteres Modell, das die Ebenen der menschlichen Persönlichkeitsentwicklung beleuchtet, ist die Bedürfnispyramide nach

Abraham Maslow. Der Begründer der Humanistischen Psychologie erkannte, dass sich die menschliche Persönlichkeit in Stufen entwickelt, und nur wenn die Bedürfnisse der unteren Stufen zu mindestens 70 Prozent erfüllt sind, kann (und muss!) die nächsthöhere Stufe entwickelt werden. Solange ein Mensch um sein Überleben kämpft, kein Dach über dem Kopf hat und sich gegen Feinde wehren muss, wird er sich schwerlich auf die Reise zu seinem Selbst machen können. Sind aber physiologische Bedürfnisse und Sicherheitsbedürfnisse weitgehend erfüllt, drängt es den Menschen automatisch zu sozialem Engagement, Selbstverwirklichung und schließlich der Suche nach Transzendenz.

Menschen, die trotz Erfüllung ihrer Basisbedürfnisse ihre weitere Selbstentwicklung verweigern, müssen immer schwerere Geschütze auffahren, um fortan dem Drängen des Selbst zu entkommen. Wer seine Schäflein im Trockenen hat und sich dennoch nicht begegnen möchte, muss sich schon was einfallen lassen. In der Regel tun Menschen alles, um den Prozess des Auftauchens unbewussten Materials, das zur Selbstverwirklichung drängt, gar nicht erst aufkommen zu lassen. Auch ohne ausgewiesene Suchterkrankung besteht der Trick, seinen Gefühlen auszuweichen, aus unaufhörlicher Aktivität, Input und Konsum. Denn grundsätzlich hat der Mensch zwei Wahrnehmungssysteme: ein nach innen gerichtetes und ein nach außen gerichtetes. Das nach außen gerichtete benutzt unsere physischen Sinne wie Sehen, Hören, Schmecken usw. Das nach innen gerichtete hört inneren Dialogen zu, sieht vergangene Bilder und nimmt Gefühle wahr. In der Neurolinguistischen Programmierung nennt man diese Zustände »Uptime« für den Außenzustand und »Downtime« für den Innenzustand. Man kann an den Augen erkennen, ob ein Mensch gerade in sich hineinfühlt und Kontakt zu seinem Selbst aufnimmt oder ob er hellwach das Außen wahrnimmt. Wichtig ist: Diese Zustände funktionieren nicht gleichzeitig. Und da der Mensch ein schlaues Kerlchen ist, das nicht gern leidet, geht er seinen Gefühlen mit einem simplen Trick aus dem Weg: Solange die Sinne beschäftigt sind und man immer nur uptime ist, kann man nicht in sich hineinfühlen. Solange man also fortwährend arbeitet, fernsieht, im Internet surft, liest, einkauft, Musik hört, ins Kino geht, isst, trinkt oder kurz gesagt etwas tut, das die Sinne kitzelt, unterdrückt man die Impulse des Selbst. Deshalb kann es für viele Menschen geradezu gefährlich werden, wenn sie plötzlich zur Ruhe kommen. Bei Arbeitsverlust fühlen sich viele Menschen durch vermehrte Freizeit in erster Linie bedroht, anstatt sie zu genießen (ganz unabhängig von der nachvollziehbaren Existenzangst). Und viele Menschen bekommen in ihrem langersehnten Urlaub Depressionen, die ihnen unerklärlich scheinen. Um eine »Liegestuhldepression« zu vermeiden, ist deshalb jeder anständige Urlaub prall gefüllt mit Überangeboten: Ultra-All-Inclusive heißt das Zauberwort moderner Urlaubsreisen. Abgesehen von vier warmen Mahlzeiten pro Tag und einer rund um die Uhr geöffneten Cocktailbar mit freiem Alkoholkonsum ist von Bogenschießen, Theatergruppe oder Golfkurs für jeden etwas dabei. Und wehe dem, der doch zur Ruhe kommt … Denn je länger dieser Zustand vermieden wurde, desto größer ist die Gefahr, mit Unbewusstem konfrontiert zu werden.

Doch warum eigentlich wehren sich fast alle Menschen so vehement gegen das Aufsteigen unbewussten Materials? Der Grund dafür ist einfach, denn das aufsteigende Material geht einher mit starken (Kindheits-)Gefühlen, die lange verleugnet werden mussten. Vereinfacht könnte man sagen, dass der Weg der ersten Lebenshälfte der Weg vom (wahren) Selbst zum (falschen) Ich war. Denn ein ursprünglich ganz mit seinem Selbst verbundenes Kind entwickelt erst nach und nach sein »Ich«. Und in der zweiten Lebenshälfte geht es darum, wieder den mühsamen Weg zurück zu finden.

Den Weg vom echten Selbst zum falschen Ich nennen Psychologen *Identitätsbildung*. Dieser gesellschaftliche Anpassungsprozess ist für Kinder schmerzhaft, denn er verlangt an vielen Stellen *Selbstverleugnung*. Das Selbst musste verleugnet werden, um gesellschaftlich überleben zu können. Dieser Prozess wäre ohne die Abspaltung von Gefühlen unmöglich gewesen. Deshalb führt der Weg zurück zum Selbst nur über das Anerkennen der ehemals verleugneten Gefühle. Nur das Wiedererleben und Anerkennen der geleugneten (Kindheits-)Gefühle lässt den Menschen wieder ganz werden. Eine Alternative dazu gibt es nicht. Kurz gesagt: Ein Heilwerden ohne Leid gibt es nicht – auch wenn uns das Systeme wie das »positive Denken« glauben machen wollen. Jung hat das an vielen Stellen, mitunter auch sehr deutlich, gesagt:

> »Es gibt keine Bewusstwerdung ohne Schmerzen.«[164]

5. Station – Der Aufbruch

In therapeutischen Settings, oftmals in Selbsthilfegruppen, gibt es kaum ein ergreifenderes Erlebnis als den Moment, wo der Klient seine mannigfaltigen Abwehrmechanismen erstmalig aufgibt. Das Eingeständnis zur Notwendigkeit einer therapeutischen Reise, um ins wahre Leben zurückzufinden und dabei auch die Hilfe eines Mentors anzunehmen, ist ein sehr emotionaler Moment. Der endgültige Aufbruch in das Abenteuer erinnert mich daher an eine Grundvoraussetzung für eine erfolgreiche Therapie: *die Kapitulation*.

Die brillante französische *arte*-Serie *In Therapie* lebt von dem Archetyp der Kapitulation, damit die Reise zum Selbst beginnen kann. Der Babyboomer Frédéric Pierrot spielt den an sich selbst zweifelnden und zerrissenen Analytiker Dr. Philippe Dayan. Angesichts der Glaubhaftigkeit, mit der Pierrot einen Therapeuten verkörpert, der zugleich Suchender und Mentor ist, stellt man sich unweigerlich die Frage, ob ihn seine persönliche Biografie dazu befähigt hat. Ebenso wie meine Vita sieht auch Pierrots Werdegang nach einer Heldenreise aus, in der der Held erst im zweiten Anlauf sein »richtiges Haus« gefunden hat. Pierrot studierte zunächst Mathematik in den USA, bevor er seine Leidenschaft für die Schauspielerei entdeckte. Irgendwann brach er sein Studium ab, kehrte nach Frankreich zurück und erfüllte sich seinen Lebenstraum, indem er professioneller Schauspieler wurde.[165]

Interessanterweise geht es in der Serie um ganz ähnliche Aspekte, die auch ich in meinen Büchern bearbeite: Die Klienten von Dr. Dayan wurden allesamt durch ihre Eltern traumatisiert – die zuvor wiederum ebenfalls traumatisiert waren. Im Leben der Klienten gibt es zwar konkrete Anlässe, die zur Dekompensation geführt hatten, es wird jedoch schnell deutlich, dass die vermeintlich auslösende Ursache lediglich alte Traumatisierungen reaktiviert hatte. So leidet Adel, Polizist einer Pariser Spezialeinheit, an einer posttraumatischen Belastungsstörung. Sein Einsatz im Konzertsaal des Bataclan, in dem kurz zuvor der islamistische Terroranschlag stattgefunden hatte, reaktivierte ein altes Trauma aus Adels Kindheit. Dasselbe gilt auch für die Figur des Therapeuten selbst. Philippe Dayan, der davon überzeugt war, einen abwesenden, kalten Vater gehabt zu haben, befindet sich ebenfalls in einer Wiederholungsschleife. Indem er sich in eine junge Klientin verliebt und damit seine Ehe riskiert, inszeniert er für seinen Sohn dasselbe Schicksal, das er seinem Vater lebenslang vorgeworfen hatte.

Der ewige Traumareigen wird in der Serie als das dargestellt, was er im realen Leben tatsächlich auch ist: fatal, unvermeidlich und abgrundtief. Am Ende der Serie könnte man als Zuschauer zu dem Schluss kommen, dass das menschliche Leben angesichts des unentrinnbaren und unverschuldeten Leidens eine einzige Zumutung ist. Es *trotzdem* zu leben, ohne zynisch zu werden, ohne zu verbittern, ohne Drogen zu nehmen und ohne den persönlichen Schmerz auf Dritte zu übertragen, ist hoch ehrbar und macht die Würde des Menschen aus. Die Serie macht einen zentralen Aspekt deutlich, um den es auch im Mythos der Heldenreise geht: Wie der Held im Ruf, der den Aufbruch zu seiner Reise verweigert, befinden sich auch die Klienten in einer existenziellen Krise. Zwischen Abwehr, Leugnung und massivem Angriff auf den »Boten« gibt es einen kurzen, heiligen Moment, ein Angebot, das genutzt oder abgewehrt werden kann. Das Fenster zur Selbsterkenntnis steht für eine Sekunde lang offen, und niemand kann sagen, ob die verwirrte und verzweifelte Seele diese einmalige Chance nutzen wird.

Dies ist der Kern und das Geheimnis aller Krisen: Sofern der Klient seine Abwehr aufgibt und das Angebot zur Abreise nutzt, kann der lebenslag verdrängte Schmerz erstmalig zugelassen und anerkannt werden. Wut, auch auf die eigenen Eltern, wandelt sich in Liebe und Verständnis. Auf der anschließenden Reise lernt der Betroffene, was wirklich zu ihm gehört, was Pseudoerinnerungen und Schutzbehauptungen waren und wie er fortan die Verantwortung für das eigene Leben tragen kann. Kurzum – *der Klient wird erwachsen*. Auch wenn damit noch nicht die eigentliche Initiation vollzogen ist – um diese tief transformierende Erfahrung machen zu können, muss das Ego des Helden bereits zu Beginn seiner Reise für einen Moment lang zurücktreten. Dies ist deshalb so schwer und so gut wie unmöglich, weil das Ego, das tagbewusste Ich, alles ist, womit sich der Klient lebenslang identifiziert hat und was ihn ausmacht. Die Serie *In Therapie* schafft es, diesen heiligen Augenblick der Abreise glaubhaft darzustellen. Das zuvor mit aller Macht stattfinde Aufbäumen des Egos, bestehend aus aggressiven Angriffen auf den Therapeuten, ist in seiner Verdichtung für den Zuschauer kaum auszuhalten – danach herrscht Frieden.

6. Station – Der Drache

Erste Scharmützel liegen hinter dem Helden, und vor seiner eigentlichen Initiation steht er nach langer und gefährlicher Reise vor der dunklen Höhle des Drachens. Zum ersten Mal spürt der Held den Odem des Monsters, und ihm wird unmissverständlich bewusst: *Den finalen Kampf muss er allein führen.* Einsamkeit und Angst überkommen den Helden, der sich nun von seinem Mentor im Stich gelassen fühlt. Nachdem der Drache seinen ersten Feuerstoß abgegeben hat, stecken nicht wenige Helden ihr Schwert wieder zurück in die Scheide und machen sich davon. Doch der Rückzug in das alte Leben ist nicht mehr ohne Weiteres möglich, da sich der Held bereits zu weit in die Freiheit vorgewagt hat. Im Erstkontakt mit dem Drachen wird dem Helden auf brutale Weise bewusst, dass er tatsächlich sterben kann, wird – *und schließlich sogar muss …* Mit Entsetzen stellt er fest, dass der Drache alles über ihn zu wissen scheint. Schließlich erkennt er, dass er es mit dem dunklen Teil seiner selbst zu tun hat, der aus verdrängten Gefühlen der Kindheit besteht. Diese einstigen Gefühle waren so schrecklich, dass der Held sie vor vielen Jahren im tiefsten Kerker seiner Seele eingeschlossen hatte. Im Schutz der Dunkelheit und vor dem Bewusstsein verborgen, labte sich der Drache all die Jahre an alter Scham, Kälte und Einsamkeit und wuchs so zu einem stattlichen Monster heran. Eines Tages hatte eine persönliche Krise dem Helden jedoch eine geheimnisvolle Landkarte zugespielt, die ihm den Weg zu seinem fast vergessenen Kerker wies. Der Mentor gab dem Helden vor seiner Abreise noch einen geheimnisvollen Schlüssel mit, der zur Tür des dunklen Labyrinths passte, in dem der Drache haust. Zum Glück jedoch betritt der Held die finstere Höhle nicht ohne seine magischen Schwerter, die nur für ihn geschmiedet wurden und mit deren Verwendung er endgültig sein königliches Erbe antritt.

Als kurze Vorwegnahme: Die »Schwerter« meines persönlichen Drachenkampfes bestanden aus expressiver Malerei und autobiografischem Schreiben. Die hohe Schmiedekunst, um sich adäquat gegen die Drachen aus der eigenen Kindheit zu wappnen, beschreibe ich in Kapitel IV.

Der große Therapeut, Philosoph und Theologe John Bradshaw hat immer wieder darauf hingewiesen, dass nur geheilt werden kann, was auch gefühlt wird. Man kann die Monster aus der eigenen Kindheit nicht befrieden – ohne den Schmerz und die Scham erneut zu fühlen, von denen sich die Ungetüme all die Jahre ernährt haben. Wer seinem persönlichen Drachenkampf dauerhaft ausweicht, kann das immer größer werdende Ungeheuer irgendwann nur noch beschwichtigen, indem er ihm andere Menschen zum Fraß vorwirft. Wer als Kind viele Brüskierungen und Zurückweisungen erleben musste – und das gilt für die meisten –, ist ohne Aufarbeitung des Schmerzes zu Projektionen und Übergriffe auf andere Menschen verdammt.

Es ist bereits deutlich geworden, dass der Kampf in Wahrheit von verschiedenen innerpsychischen Instanzen des Helden geführt wird, die der Mythos in archetypische (Märchen-)Bilder übersetzt. Im Unterkapitel »Zwei Seelen« hatte ich den Grundkonflikt bereits angedeutet, das »Ich« steht dem numinosen »Selbst« gegenüber. Tatsächlich jedoch besteht das »Ich« wiederum aus drei verschiedenen Unterinstanzen. Um besser zu verstehen, wer da eigentlich gegen wen kämpft, ist ein kleiner Exkurs in die Psychoanalyse Freuds hilfreich, den ich bereits in meinem Künstlerbuch beschrieben hatte:

Im Weltmodell Sigmund Freuds gibt es weder das kollektive Unbewusste noch Archetypen noch einen höheren Selbstbegriff. Trotzdem lässt sich der Kampf des Helden gut mit den von Freud beschriebenen Ich-Instanzen beschreiben. Ausgangspunkt ist ein alles-mit-allem-verbundenes Kleinkind, das bislang noch gar keine Ich-Instanzen ausgebildet hat. Dieses Kind lernt in seiner Abhängigkeit zu seinen Bezugspersonen sehr schnell, dass radikale Authentizität das Risiko der Ablehnung birgt. Natürlich erfordert soziale Anpassung eine Grenzerfahrung, der Ich-Allmachtvorstellung des Kleinkindes. Im Trennungsprozess des Bewusstseins des Kindes in Ich und Du erfährt das Ich erstmals seine Grenzen und wird frustriert. Die Grenzerfahrung, nicht allmächtig zu sein und nicht immer zu bekommen, was man will, ist natürlich und notwendig. Traumatisierung entsteht auch weniger aus der Erfahrung dieser Grenze. Traumatisierung, und mit ihr ein falsches Selbst, entsteht, wenn die mit einer Grenzerfahrung einhergehenden Gefühle von Wut, Angst und Verzweiflung ignoriert, unterbunden und verleugnet werden.

Insbesondere für Kinder ist es daher elementar wichtig, in ihrem Schmerzempfinden bestätigt und gespiegelt zu werden, denn ein Kind kann nur im Spiegel Erwachsener erkennen, ob es seinen eigenen Gefühlen trauen kann. Eine Grenzerfahrung, ja selbst ein missbräuchlicher Übergriff wird von Kindern eigentlich sehr gut verarbeitet, wenn die damit einhergehenden Gefühle *anerkannt* und *gelebt* werden dürfen. Es geht bei der Frage einer stabilen psychischen Entwicklung sicher nicht darum, immer zu bekommen, was man will. Sehr wohl aber geht es darum, authentische Gefühle erleben zu dürfen. Für eine gesunde psychische Entwicklung von Kindern ist deshalb zweierlei enorm wichtig: Zum einen muss das Kind in seiner Emotion unbedingt Beachtung finden und wahrgenommen werden. Zum anderen sollte diese Beachtung eine Bestätigung der Gefühle sein und so wenig wie möglich Bewertung und Maßregelung enthalten. Bei einem Kind, das ignoriert wird oder dem gespiegelt wird, seine Empfindungen seien falsch, trennen sich Schmerz und Ereignis – ein Trauma entsteht (diese Abspaltung nennen Psychologen *Dissoziation*).

Wenn später im Erwachsenenalter über eine Schlüsselsituation an das traumatische Erlebnis von früher erinnert wird, hat der

Betroffene dieselben Gefühle wie damals – nur weiß er nicht, dass die Ursachen für diese Gefühle in der Vergangenheit liegen. Denn die Rückerinnerung an das Trauma funktioniert nur auf dem emotionalen Kanal, das auslösende Ereignis bleibt dem Bewusstsein verborgen. Insbesondere Eltern, die selbst als Kind traumatisiert wurden, sind später dazu gezwungen, die Gefühle ihrer Kinder, wie Wut, Trauer und Scham, zu unterbinden, da sie die ungefilterte emotionale Authentizität ihrer Kinder nicht ertragen. Denn das erinnert sie an ihren eigenen Schmerz, der ja in ihrer Kindheit ebenfalls nicht zugelassen wurde. Emotional authentische Kinder sind für ehemals traumatisierte Erwachsene ein Trigger, der sie selbst mit den eigenen, damals verhinderten Gefühlen konfrontiert. Also unterbinden oder ignorieren Erwachsene die Gefühle ihrer eigenen Kinder, um sich vor dem Schmerz einer Retraumatisierung zu schützen. Der Kreis schließt sich.

Abgesehen von der Leugnung und Abspaltung der Emotion kommt es beim Prozess der Ich-Werdung von Kindern noch zu einem weiteren Effekt: der Ausbildung des *Schattens*. Alle Persönlichkeitsanteile, die dem Ideal und der Moral von Eltern und Gesellschaft entsprechen, gehen in den bewussten und bejahten Teil der Persönlichkeit über. Diese vom Bewusstsein akzeptierten Eigenschaften machen das Ich-Ideal des Menschen oder seine Persona aus. Doch alle Eigenschaften, Gefühle und Bedürfnisse, welche Eltern und Gesellschaft ablehnen, werden zum Schatten einer invertierten, geheimen Persönlichkeit tief im Inneren der Psyche. Diese Schattenpersönlichkeit ist so geheim und mit Scham behaftet, dass sie nicht nur vor der Welt versteckt wird, sondern auch vor dem eigenen Ich-Bewusstsein. In dieser Schattenpersönlichkeit wächst der Drache heran und wenn er groß genug ist, bricht er aus seiner Höhle aus und zeigt sich im projizierten Hass auf andere Menschen.

Bei Freuds Strukturmodell der Psyche kann man sich das in

der Kindheit gebildete, bewusste Ich eingeklemmt in ein Sandwich oder einen Burger vorstellen: Dieses Ich-Bewusstsein ist lediglich ein kleiner Streifen der menschlichen Psyche, unter dem sich das »Unbewusste« und der »Schatten« befinden. Das ist das Reich von Gefühlen, Trieben und Affekten. Freud nannte den unbewussten Triebanteil »Es«. Oberhalb des Bewusstseinsstreifens liegen kollektive Anpassungsnormen der Gesellschaft, wie Moralkodex und Verhaltensregeln. Freud nannte den Moralanteil, der im Wesentlichen den Werten der Eltern entspricht, »Über-Ich« (Jungs Ich-Ideal oder Persona).

Aus dem Unterbewusstsein drängen triebhafte und emotionale Anteile ins Bewusstsein, die gelebt werden wollen. Das Über-Ich wiederum (die internalisierten Stimmen der Eltern und der Gesellschaft) achtet sorgsam darauf, nicht anzuecken, und versucht, Triebbedürfnisse im Zaum zu halten. Das bewusste Ich sitzt also quasi zwischen den Stühlen *Trieb* und *Moral*. Als Mittler dieser diametralen Energien ist es ständig damit beschäftigt, innere Welt (Unbewusstes) und äußere Welt (moralische Umwelt) zu filtern, zu verhandeln und anzupassen.

Wenn nun ein Konflikt mit gesellschaftlichen Moralvorstellungen droht, versucht das Ich, ungeliebte Persönlichkeitsanteile und Bedürfnisse ins Unbewusste zurückzudrängen. Denn das Ich achtet sorgsam darauf, den Werten und Normvorstellungen der Gesellschaft gerecht zu werden, um nicht vom Kollektiv abgelehnt zu werden. Ins Unbewusste verschoben, folgen ungeliebte Anteile allerdings kaum dem Prinzip »aus den Augen, aus dem Sinn«. Vielmehr tauchen sie aus den Tiefen des Unbewussten als Triebe, Bedürfnisse und Gefühle immer wieder auf. Diese bedrohen erneut die bewusste Ich-Instanz. Und können ungeliebte Wesensanteile nicht dauerhaft abgeschoben oder geleugnet werden, projiziert das Ich diese Anteile auf andere Menschen, dies ist das Sündenbockprinzip.

Zu einer Neurose im Freudschen Sinne kommt es, wenn das Ich mit seiner Vermittlerrolle zwischen Unbewusstem und der Umwelt überfordert ist. Drängt zu heftiges Material aus dem Unbewussten nach oben, das erlebt, gefühlt und integriert werden will, sieht sich die Ich-Instanz in Gefahr, mit den Projektions- und Leugnungsmechanismen überfordert zu werden. »Drachenzähmung« bedeutet, unbewusste Anteile wieder bewusst zu machen und die damit einhergehenden Gefühle mithilfe anderer Instanzen aufzufangen.

7. Station – Die Initiation

Inzwischen wurde deutlich, dass der Held gegen *zwei* Feinde kämpft, sein »Über-Ich« und sein »Es«. Außerdem muss er *zwei* Krisen durchstehen, die erste vor dem Aufbruch in das Abenteuer, die zweite auf dessen Gipfel, im Kontakt mit dem Drachen. Doch ob der Held nun seine Abreise oder den finalen Kampf verweigert – beide Varianten führen zu nichts Gutem. Über den Künstler auf der Heldenreise, der nach Erstkontakt mit den Drachen zurückweicht und den Rückzug in ein bürgerliches Leben anstrebt, schrieb ich:

Der ängstliche innere Einflüsterer schlägt Lösungswege vor, die den Künstlerhelden langsam, aber sicher vom Weg abbringen. Fast unbemerkt geben viele Künstler das Kunstschaffen schließlich auf. Etliche bleiben in ihrem Broterwerbsjob hängen. Sie machen sich selbstständig als Webdesigner, Taxifahrer oder Kneipier. Dabei wird der frühere Anspruch, authentische Kunst zu schaffen, als romantische Jugendsünde abgewertet, die nun im Erwachsenendasein einem vermeintlichen Realismus weichen muss. Ja, damals, da wollte man noch dieses oder jenes, doch heute ist man vernünftiger geworden. Viele versuchen sich dann vorzumachen, auch im Broterwerbsjob noch ein gewisses Maß an Kreativität leben zu können. Im besten Falle dekoriert man dann die eigene Kneipe mit der Kunst anderer oder erstellt als Webdesigner für andere Künstler eine Homepage. Andere wiederum mutieren zu unfreiwilligen Hobbykünstlern, denn mehr bleibt ihnen nicht zwischen Job und Familie. Ein bisschen Zeichnen oder Malen im Hobbykeller, mal eine kleine Ausstellung im Kulturlädchen um die Ecke. Wieder andere versuchen sich zwar treu zu bleiben, doch die zunehmende Scham sorgt für Vereinsamung in bitterer, zynischer Haltung. In Berlin wimmelt es von gealterten Ex-Künstlern, die ihre dauerhafte Kränkung mit Zynismus und Alkohol kompensieren. Bei dieser Fraktion liegt der tatsächliche kreative Output irgendwann nahezu bei null, das Künstlerdasein verkommt zur Attitüde. In den Kreuzberger Kneipen schwadroniert diese Fraktion nach dem vierten Bier, was sie doch alles mal dachten, wollten und machten, als sie vor vielen Jahren als junge beseelte Künstler in Berlin ankamen. Und mit zunehmendem Alkoholpegel erscheint plötzlich vieles möglich – doch eine derartige Zuversicht hält höchstens bis zum Morgengrauen.

Was einem Künstler-Helden blüht, der versucht, sich nach Erstkontakt mit dem Drachen davonzustehlen, brachten die Bestsellerautorin Julia Cameron und der Maler Markus Lüpertz auf den Punkt:

> »Als Künstler sind wir spirituelle Haie. Die grausame Wahrheit lautet, dass wir, wenn wir uns nicht weiterbewegen, zu Boden sinken und sterben.«[166]
> »Malen ist wie Blumen gießen, wenn Sie es einmal vergessen, stirbt die Blume. Wenn Sie einmal damit aufhören, sind Sie verloren.«[167]

Der wohl beeindruckendste Film über den Archetyp des Helden, der *scheinbar* seine Reise kurz vor seiner Initiation abbricht, ist *Die letzte Versuchung Christi* von Martin Scorsese, nach einem Roman von Nikos Kazantzakis. Auf der DVD des Films steht ein Zitat von Martin Scorsese, das belegt, dass der Ausnahmeregisseur zweifellos den von Kazantzakis beschriebenen Urkonflikt der Heldenreise verstanden hat:

> »Das Interessante am Roman von Kazantzakis ist die Tatsache, dass Jesus zunächst als ein Mensch geschildert wird, und deshalb erfährt und versteht er an einem gewissen Punkt den Verlust, die Sehnsucht und andere Gefühle und Schwächen, die als rein menschlich empfunden werden. Bei Kazantzakis kämpft Jesus mit seinem menschlichen Naturell, während er mit Gott einig wird. Wegen der zwei Seelen in ihm, der menschlichen und der göttlichen, ist jeder Augenblick seines Lebens Konflikt und Sieg.«

Scorseses letzter Satz kann als Leitmotiv der Heldenreise und der Menschwerdung überhaupt gelesen werden. Kazantzakis und Scorsese haben erkannt, dass sie mit dem Stoff der Evangelien den Monomythos in Reinkultur bearbeiten, denn diese Geschichte ist eine wahre Heldengeschichte, weil sie gleichzeitig die Geschichte eines Antihelden erzählt:

> »Solange Menschen einander Geschichten erzählen, wird diese Geschichte erzählt werden. Es ist unmöglich, dass sie einst vergessen sein wird. Warum? Sie ist zu gut. Wenn es wahr ist, dass die Menschheit einen Schatz an Geschichten besitzt, in denen Anfang und Ende, ihr Sein, ihr Schicksal und Wesen, die Conditio humana beschlossen ist, Schöpfungsgeschichten, Göttersagen und Mythen aller Kulturen, dann führt diese die Liste an: die Geschichte vom Leiden und Sterben des Gottessohnes, die mit dem Erleben jener Menschen endet, die ihn als Auferstandenen erfahren

> haben. [...] Sie ist größer als die Kirchen, die sich auf sie gründen und als deren Besitz sie erscheint. Als Narrativ ist sie Menschheitsbesitz und lebt, indem sie erzählt wird, innerhalb der Kirchen wie außerhalb.«[168]

Jesus, gespielt von Willem Dafoe, arbeitet als normaler Zimmermann, der sogar Kreuze für die Römer zimmert. Der Ruf seines Selbst führt ihn zur Mediation in die Wüste, wo er sowohl die Stimme Gottes als auch die Stimme Satans vernimmt. Unklar, ob all dies wirklich real ist, wird Jesus Prediger und sammelt eine Schar Jünger um sich. Nach einigen Wundertaten soll sich in Jerusalem schließlich sein Schicksal erfüllen. Damit dies geschieht, überredet Jesus seinen Freund Judas Iscariot, gespielt von Harvey Keitel, ihn zu verraten, was dieser auch widerwillig tut. Es geschieht das Unvermeidliche, Jesus wird verurteilt und ans Kreuz geschlagen. Im Todeskampf am Kreuz erscheint Jesus jedoch ein engelhaftes Mädchen, das ihm erklärt, er habe genug gelitten und könne jetzt vom Kreuze steigen. Jesus nimmt das Angebot an und beendet sein Martyrium. Er kehrt in ein »bürgerliches« Leben zurück, heiratet Maria Magdalena, die er bereits früher begehrte, und gründet eine Familie. Inkognito und als ehemaliger Messias unerkannt, lebt er fortan ein normales Leben. Als Maria stirbt, heiratet Jesus erneut und zeugt weitere Kinder. Am Ende eines langen und normalen Lebens trifft er seine früheren Jünger wieder und stellt fest, dass diese in all den Jahren seine ehemalige Lehre gepredigt hatten. Als Jesus als alter Mann im Sterben liegt, kommt ihn auch sein alter Freund Judas besuchen, der ihm Vorwürfe macht, die heilige Sache verraten zu haben, als er sich vom Tod am Kreuz davongemacht habe. Judas entlarvt den Schutzengel, der Jesus das Angebot machte, vom Kreuz zu steigen, als Satan. Dann wechselt urplötzlich die Szene, und Jesus hängt wieder als junger Mann am Kreuz, um sein Martyrium doch noch zu vollenden. Die ganze Handlung als weltlicher Ehemann war letztendlich nur eine Vision am Kreuz gewesen – *Die letzte Versuchung Christi*.

Diese Vision von Jesus hatte also lediglich antizipiert, was geschehen würde, wenn der menschliche Teil in ihm die göttliche Bestimmung verweigert hätte. Das Christentum hätte kein Fundament gehabt, auf dem es stehen kann. Die Evangelien wären zu vagen Anekdoten verkommen, da die Jünger nicht gewusst hätten, was sie zum Ende Jesu sagen sollten. Die Erzählung von Nikos Kazantzakis zeigt hier überhöht und glasklar, was geschieht, wenn der Held sich in letzter Minute doch noch davonschleicht.

In Wirklichkeit zeigt der Plot der Geschichte jedoch das genaue Gegenteil, nämlich was geschieht, wenn er es *nicht* tut:

Der Held stirbt.

Jesus stirbt – und erhält doch das ewige Leben. Dies ist das Wesen und das Geheimnis der Einweihung:

Im Moment der Initiation stirbt das Ego des Helden.

In der eindringlichen Geschichte wird deutlich, dass der Kern des Heldenmythos und der Kern des Christentums identisch sind. Dasselbe gilt auch für die Geschichte des Religionsstifters Siddhartha Gautama, der bis zu seiner Initiation zum Buddha mit weltlichem Leben, Ruf, Askese, Ego-Tod, Erwachen und Dienst alle wesentlichen Stationen des Monomythos durchlief.

Der »Tod« des Helden, der danach sein neues und wahres Leben gewinnt, ist der Ego-Tod seiner infantilen Identität, die sich ständig in den Bezug zu einer (vermeintlichen) Autorität setzt. Das alte Ego war getrieben von gesellschaftlichen Normen (dem Über-Ich) und gleichzeitig krampfhaft bemüht, eine tiefe Scham und Minderwertigkeit zu verbergen (das »Es«). Joseph Campbell war sowohl in der Psychoanalyse Sigmund Freuds als auch in der analytischen Psychologie C. G. Jungs bewandert. Den eigentlichen Drachenkampf und den Tod des Egos drückt er so aus:

> »Die Versöhnung besteht in nichts anderem als darin, dass man sich des selbstgemachten Doppelungetüms, des Drachens, der für Gott gehalten wird, des Über-Ichs also, und des Drachens, der für die Sünde gehalten wird, des unterdrückten Es also, entledigt. Dies aber schließt ein, dass man sich auch der Bindung ans Ich entledigt, und darin liegt die eigentliche Schwierigkeit.«[169]

Ein Mensch, der sich tatsächlich seiner »Bindung an sein Ich« entledigt, wäre jedoch vollkommen wahnsinnig geworden. Ohne eine integrere Instanz, von der aus der Kampf gegen das »Über-Ich« oder das »Es« geführt werden kann, geht es nicht. Dies wusste natürlich auch Campbell, insofern wird ihm dieses Zitat nicht ganz gerecht. Wohl aber ist es so, dass das Ich im Zuge des berühmten »Ego-Todes« derart erschüttert wird, dass dies ohne Schutz und Führung durch das höhere »Selbst« unmöglich ist – eine Kategorie, die es für Freud nicht gab.

8. Station – Die Feinde

Held zu sein, und damit das alte Ego ein Stück weit sterben zu lassen, ist nicht normal. Für Normale ist es normal, alles zu tun, damit genau dies *nicht* geschieht. Letzten Endes ist der Held eine tragische Figur, denn auch er wäre liebend gern »normal« geblieben, sofern ihn seine Krise nicht über eine Schwelle geführt hätte, nach der es kein Zurück mehr gab. Für jene, die alles aufbieten, um den Impulsen ihres Selbst zu entkommen, ist jeder Held eine Zumutung par excellence. Aus der Sicht Über-Ich-gesteuerter Individuen, die jeden Tag ängstlich darauf bedacht sind, den vorgegebenen Normen zu entsprechen, ist er Trigger und Beweis, dass es auch anders geht. Die Enttäuschung über das eigene Unvermögen, sich (noch) nicht aus Zwängen und Normen befreien zu können, verwandelt sich in blanke Wut auf jeden Boten der

Freiheit. Dabei gilt die Formel: Je zwanghafter und normierter eine Gesellschaft wird, desto stärker stehen freie Individuen im Feuer.

Neben der politischen Neuverortung des Helden, beispielweise die Energiewende kritisch zu sehen oder die Coronaimpfung, liegt der wesentliche Affront jedoch gar nicht so sehr im politischen Raum. Dass der Held lernt, die Manipulationen der Massenmedien zu erkennen, und damit der allgemeinen Angsthypnose widersteht, ist schön und gut. Im Mythos geht es jedoch um weitaus mehr als um das politische Erwachen. Die tiefe Sehnsucht nach einem *Lebenssinn*, deren dauerhafte Brüskierung Maslow, Jung und Frankl als Urgrund jedweder Neurose beschreiben, kann unmöglich folgenden Umstand akzeptieren: *die kostbare Lebenszeit in »Arbeit« (als unangenehme Pflicht) und in »Freizeit« (als Ausgleich und Vergnügen) aufzuteilen.*

Die wirkliche Aufgabe des Helden besteht daher in der Suche nach seiner *wahren Berufung*, wodurch eben diese Spaltung aufgehoben wird. Nach erfolgreichem Drachenkampf wird der Held mit Nachdruck sein »richtiges Haus« beziehen – dies wirkt aus Sicht der Angepassten und Unterdrückten noch beunruhigender als eine abweichende politische Meinung.

Tatsächlich gilt die Aufspaltung in Arbeit und Freizeit als Tribut an die Realität und ist absoluter gesellschaftlicher Konsens. Ich habe das Modell bereits erwähnt: Jede Selbstverleugnung auf der Arbeit wird mit Belohnung durch Konsum in der Freizeit kompensiert. Die Gleichung lautet: Selbstverleugnung gleich Geld. Selbstverwirklichung gleich Mangel. Ganze Volksweisheiten besiegeln die Akzeptanz dieser Gleichung:

Im Schweiße deines Angesichts sollst du dein Brot essen.
Das Leben ist kein Ponyhof.
Das Leben ist kein Wunschkonzert.

Das Leben ist kein Zuckerschlecken.
Erst die Arbeit, dann das Vergnügen.
Was sein muss, muss sein.
Von nichts kommt nichts.
Wer nicht arbeitet, soll auch nicht essen.
Müßiggang ist aller Laster Anfang.
Ohne Fleiß kein Preis.

Die Liste ließe sich endlos fortführen. Doch was wäre, wenn der Held nach mühsamer Reise eine Lebensaufgabe findet, die ihn erfüllt und mit der er obendrein noch Geld verdient? Diese Möglichkeit scheint deshalb so ungeheuerlich, weil es sich bei der Dualität zwischen Arbeit und Vergnügen um nichts Geringeres handelt als um den Mythos des Sündenfalls. Der Preis der Erkenntnis war die Vertreibung aus dem Paradies zum Preis der Arbeit. Lebte der Mensch im Paradies noch unbekümmert ob seiner Existenz, musste er außerhalb des Paradieses darum kämpfen. Bei der Auflösung dieser Dualität handelt es sich dementsprechend um die Rückkehr ins Paradies. Und Menschen sprechen in der Tat von »paradiesischen Zuständen«, wenn jemand ohne den Preis der Selbstverleugnung sein Geld verdient. Das Sein wird plötzlich leicht, der Existenzkampf hört auf. Langfristig erlöst ein Bürger auf dem Heldenweg nicht nur die innerpsychische Dualität zwischen Ich und Selbst. Auf der weltlichen Ebene erlöst er zudem die äußere Dualität von Sein und Existenzkampf. Für Menschen, die sich tagtäglich in der Knechtschaft der Arbeitspflicht sehen, löst natürlich nichts mehr Neid aus als genau das.

Selbstverleugnung auf der Arbeit und Belohnungen in der Freizeit erzeugen eine Suchtspirale, deren Ziel in nutzlosem Konsum liegt. Innerhalb dieser Konsumwelt werden die dem Menschen eingeborenen Sehnsüchte nach Individualität und Authentizität durch das Wecken falscher Bedürfnisse missbraucht. Werbeprofis entwickeln lächerliche Variationen von Massenprodukten, wie verschiedene Formen und Farben, die dem Konsumenten vorgaukeln, seine Wahl diene der Profilierung seiner Individualität. Doch wehe dem, der dieses Surrogat einer Pseudoindividualität verlässt. *Echte* Individualität wird gnadenlos abgestraft.

Angepasste Menschen sind dazu gezwungen, freie Menschen kleinzureden. Wer seine Individuation selbst verweigert, entwickelt eine mitunter hohe Energie, Freigeister zu diffamieren. Wie ich im Kapitel »Drachenschwerter«, Unterkapitel »Schild«, noch ausführen werde, wird der Held auf seiner Reise mit zwei Kardinalinstrumenten angegriffen: *Pathologisierung* und *Beschämung* – nur so lassen sich die kognitiven Dissonanzen befrieden, die freie Menschen in angepassten Menschen auslösen.

Seit meine Kunst öffentlich zu sehen ist, wurde ich als Sexist, Gewaltverherrlicher und Neurechter beschimpft. Doch nur, weil der Held auf der Reise seine Schattenthemen *bearbeitet*, bedeutet dies keineswegs, dass er diesen Schatten gut findet. Etwas verspüren und ihm zuzustimmen, sind zweierlei Paar Schuhe. Da aber die meisten Menschen mit ihren Schattenthemen projizierend umgehen (das heißt, sie anderen anzudichten oder sie zu leugnen), nehmen sie folglich an, dies sei bei allen Menschen so. Künstler, die ihre Schattenthemen anerkennen und mit künstlerischen Mitteln ausdrücken, wird deshalb fälschlicherweise grundsätzlich eine Bejahung des Dargestellten unterstellt. Man kann (und darf) eben nur zeigen, was man mag.

9. Station – Das Verlassen der Eltern

Wie oben bereits ausgeführt, kämpft der Held insbesondere mit seinem »Über-Ich«, in dem sich alle Werte und Normen befinden, die während seiner Kindheit prägend waren. Diese Anteile überlappen sich stark mit den internalisierten Stimmen der Eltern. Einst war das Bedürfnis nach elterlicher Liebe und Anerkennung überaus zentral. Dies ist kein Wunder, denn das Bedürfnis entspringt der archaischen Lebenserfahrung schlechthin: Kinder sterben, wenn man ihnen elterliche Zuwendung vorenthält. Für elterliche Liebe und Anerkennung tun Kinder fast alles, und dementsprechend groß ist der Schmerz, wenn diese Anerkenntnis ausbleibt. Nach C. G. Jung ist es jedoch unerlässlich, elterliche Werte und Normen durch eigene Positionen zu ersetzen, wenn die Nachfolgegeneration ihren eigenen Weg gehen will. Dies geschieht durch Initiationsrituale, welche die Bindungen zu den Eltern aufheben und der Seele klarmachen, nun selbst zu den Erwachsenen zu gehören. Wie Robert Bly und Joseph Campbell überzeugend ausführen, sind diese Rituale in unserer säkularen Industriegesellschaft nur noch rudimentär vorhanden. Und so gibt es viele Menschen, die den Übergang ins Erwachsenenalter verpassen und die unnatürlich eng an die Eltern gebunden bleiben. Die elterliche Stimme, als Über-Ich fortgeführt, übernimmt dann für lange Zeit und manchmal sogar lebenslang das Ruder in der Lebensführung. So führt Walter Kohl in seinem Buch *Leben oder gelebt werden* aus, dass er bis zu seiner Midlife-Crisis im Schatten seines übermächtigen Vaters Helmut Kohl vollkommen fremdbestimmt gelebt hat. Ich wähle dieses Beispiel auch, um den Preis aufzuzeigen, den eine späte Abnabelung oftmals hat: Nur selten kann die symbiotische Bindung harmonisch aufgelöst werden. Gerade meine Generation, die sogenannten Kriegsenkel, haben als Kinder intuitiv erkannt, dass sie ihre traumatisierten Eltern stützen müssen, um selbst nicht unterzugehen. Die frühe Parentifizierung hat zu einer tiefen und fortlaufenden Bindung geführt, die der ehemalige Priester und Psychoanalytiker Bert Hellinger »Treue halten« genannt hat. Wer es überhaupt schafft, diese toxische Bindung nach Jahrzehnten zu lösen, wird seitens des Familiensystems nicht unbedingt auf Gegenliebe stoßen.

Viele Menschen verstehen sehr gut, dass sie in ihrer Kindheit von ihren Eltern, Lehrern oder Bezugspersonen um ihre echten Gefühle betrogen wurden. Viel schwerer ist es zu begreifen, dass der erwachsene Mensch die ehemaligen Rollen seiner Bezugspersonen internalisiert hat. Es scheint vollkommen unlogisch, dass jetzt, wo der erwachsene Mensch frei und ohne Weisung leben könnte, er selbstständig innere Anteile generiert, welche die rigiden Methoden seiner Kindheit aufrechterhalten. Und doch ist es genau so. Es ist nicht schwer zu verstehen, dass der Prozess der Heldenreise, als nachgeholte Emanzipation, unweigerlich Reibung zur elterlichen Generation erzeugt, und zwar in ansteigendem Maße, je weniger diese den Prozess selbst durchlaufen hat. Tatsächlich geht es im Mythos jedoch um weitaus mehr als nur darum, den familiären Konflikt mit den leiblichen Eltern zu lösen. Ein dauerhafter Bezug auf die Eltern, beziehungsweise das »Über-Ich«, macht ja den Kern der gesellschaftlichen Infantilisierung aus. Die als normal empfundene, internalisierte Position, Ich = Kind, impliziert automatisch einen infantilen Weltbezug. In der nachfolgenden Übertragung werden alle Autoritäten, Journalisten, Wissenschaftler, Politiker automatisch zu »Eltern«, die es besser wissen und nur gut mit einem meinen.

Wird Infantilität zur »Normopathie«[170], weil zu viele Individuen einer Gesellschaft ihrer Selbstwerdung ausweichen, entsteht ein pathologisches, kollektives Ich-Ideal, das schnell in eine totalitäre Gewaltherrschaft münden kann. Kommt dann noch der Prozess einer Vereinzelung und Entwurzelung hinzu, entsteht eine kollektive Masse, in der es schlussendlich zu einem paradoxen Phänomen kommt: Die eigentlich zu enge Eltern-Kind-Bindung kann in völlige Empathielosigkeit umschlagen, familiäre Bindungen werden dann zugunsten eines Massennarrativs geopfert.

Wirkliches Erwachsenwerden bedeutet, den nährenden, fürsorglichen elterlichen Anteil, den auch jeder erwachsene Mensch braucht, um zu überleben, als unabhängige, innerpsychische

Ressource zu entdecken. Dieser Prozess wird auch »Selbstbeelterung« genannt, und er ist unabdingbar, damit die nötige Fürsorge nicht ständig im Außen gesucht werden muss.

10. Station – Der Rückweg

Nach Krise und Drachenkampf ist der Weg des Helden noch nicht zu Ende, es beginnt eine mitunter jahrelange Beglaubigungsphase. Der Rückweg ist beschwerlich, und das Leben des Helden wird zunächst einmal schwerer als leichter. Es ist sehr tröstlich, dies zu wissen. Nein, es ist notwendig zu wissen, dass der lange Rückweg durch den dunklen Wald eine letzte Prüfung darstellt und dass er gut ausgehen wird – wenn der Held unbeirrt an der Führung seiner inneren Stimme festhält: *Das Universum belohnt bedingungslose Hingabe – immer.*

Im Verlauf des Abenteuers hat der Held so manche gesellschaftliche Einhelligkeit aufgekündigt: politische Konsenswirklichkeiten, Selbstverleugnung im Arbeitsprozess, zu enge Elternbindungen. Von Beziehungen wurde fortan mehr erwartet als Kurzweil und Sex. Und liebgewonnene Alltagssüchte wie Alkohol, Konsum und TV-Berieselung wurden schal. Mit der Infragestellung fast aller Lebensinhalte, die normalen Menschen wichtig sind, wurde der Held zum Außenseiter. Die großen Pole aus Lust und Angst, zwischen denen Menschen nach Belieben hin- und hergetrieben werden können, verloren ihre Anziehungskraft. Künstlich geweckte Begierden auf immer neue Produkte, wie das neueste E-Auto oder das neueste iPhone, konnten nicht mehr geweckt werden. Künstlich geschürte Ängste vor dem nahen Hitze- oder Virentod ebenso wenig. Hier beginnt der »Waldgang«, den der Schriftsteller Ernst Jünger beschrieben hat:

> »Als ›Waldgänger‹ beschreibt Jünger einen Menschen, der sich gedanklich unabhängig hält von der umgebenden

> Gesellschaft und zum Widerstand fähig ist, falls der jeweilige Staat ein verbrecherischer ist oder wird.«[171]

Die zehnte Station, »Der Rückweg«, ist verwandt mit der achten Station, »Die Feinde«. In einem letzten Klärungsprozess muss der Held noch einmal alle Schmähungen als Außenseiter durchleiden, bevor sich auch sein soziales Umfeld neu konstituiert. Genau hier liegt die große Gefahr, denn die letzte Aufgabe des Helden besteht im Heilen seiner durch die jahrelangen Schmähungen neu hinzugefügten Kränkungen.

In den Jahren als Waldgänger blickte der Held ebenso kritisch auf die Gesellschaft wie sie auf ihn. Wie in Hermann Hesses *Siddhartha* erschienen ihm die Wünsche der Masse – um jeden Preis dazuzugehören und das Streben nach Geld – als infantile Bedürfnisse der »Kindermenschen«. Doch erst wenn Kränkung, Arroganz und Hybris des Helden auf seiner langen Rückreise in Liebe geläutert wurden, kann er wieder Teil der Gemeinschaft werden – wenn überhaupt.

Im Mythos ist es mitunter so, dass der Held gar nicht mehr in die altbekannte Welt zurückkehren will, dass er sich quasi in seinem Abenteuer verläuft und dass die Welt ihn holen muss. Jemand oder etwas nimmt Kontakt zum Helden auf und zieht ihn durch eine neue Bindung über die letzte Schwelle zurück in die Gemeinschaft. Jetzt endlich kann der geläuterte Held, der seinen kritischen und arroganten Blick in einen verständnisvollen und liebenden gewandelt hat, seinen Dienst als Mentor aufnehmen.

Ein Held, der sich in seinem Abenteuer verlaufen hat, wird zum Eremiten, der sich weigert, das »Goldene Vlies« zum Segen der Gemeinschaft zurück in die Welt zu tragen. Der Eremit oder Asket kann seine letzte Station, »Dienst«, natürlich nicht antreten, der heilige Kreis des Monomythos wird nicht geschlossen. Joseph Campbell schreibt dazu:

»Wenn der Held seine Aufgabe gelöst hat, zur Quelle vorgedrungen ist oder den Beistand einer männlichen oder weiblichen, menschlichen oder tierischen Personifikation gefunden hat, bleibt ihm noch der Rückweg mit der Trophäe, die das Leben verwandeln soll. Dass er nun die Arbeit unternimmt, die Weisheitsrunen, das Goldene Vlies oder die schlafende Prinzessin in den menschlichen Bereich heimzubringen, wo der Segen in der Erneuerung der Gruppe, des Volkes, des ganzen Planeten oder der zehntausend Welten sich bewähren kann, schließt erst den Kreis, wie die Norm des Monomythos es fordert.
Oft aber hat er sich der Verantwortung entzogen. Buddha selbst zweifelte nach seinem Triumph, ob er die Botschaft von seiner Einsicht weitergeben könne, und einige Heilige sollen im Zustand übernatürlicher Ekstase verschieden sein. Und zahlreich sind die Helden, die der Sage nach sich für immer auf dem gesegneten Eiland der ewig jungen Göttin des unsterblichen Seins niedergelassen haben. […]
Es kann sein, dass der Heros durch äußeres Zutun von seinem jenseitigen Abenteuer zurückgebracht werden muss, das heißt, die Welt muss kommen und ihn holen. Die Seligkeit des tiefen Abgrunds nämlich wird nicht so leicht zugunsten der Erschütterungen des wachen Zustands preisgegeben. ›Wer, der die Welt abgeworfen hat‹, so lesen wir, ›würde wünschen, wieder zurückzukehren? Er würde nur dort sein.‹[172] Und doch, soweit einer ein lebendes Wesen ist, wird das Leben ihn rufen. Die Gesellschaft stellt eifersüchtig denen nach, die sich von ihr ausschließen, und wird kommen und an die Pforte pochen.«[173]

11. Station – Der Dienst

Der *wirklich* geläuterte Held hat so tief auf das innerste Wesen seines Menschseins geschaut, dass ihn die reine Liebe zurück in die Welt führt, wie Viktor Frankl sagen würde. Die Stationen des Heldenabenteuers haben den Weg vom Ich zum Selbst beschrieben. Viele Begrifflichkeiten sind gefallen, und Analytiker benennen verschiedene Ich-Aspekte, mit denen wir mehr oder weniger identifiziert sein können. Doch alle Modelle sind nur Metaphern der prinzipiellen Struktur menschlichen Seins. Für das Ich-Selbst-Verhältnis benutzte der Benediktinermönch und Zenlehrer David Steindl-Rast einmal die Metapher eines Schauspielers:

Das Ich ist nur eine Rolle, das Selbst ist der eigentliche Schauspieler, der das Ich darstellt. Und besonders bei der »Rolle unseres Lebens« geht es darum, das Selbst entscheiden zu lassen. Nur die Anbindung an das Selbst kann uns sagen, welche Rolle wirklich zu uns passt. Zwar kann unser Ich-Bewusstsein darüber nachdenken oder das Für und Wider aufschreiben, doch eine Lebensentscheidung ist immer dann tragfähig, wenn sie auf der Basis des Selbst getroffen wird. Diese Entscheidungen basieren auf Intuition, Träumen oder dem berühmten Bauchgefühl.

In holistischen Kreisen entsteht oft der Eindruck, das Ich sei ein Gegner des Selbst, das es zu überwinden gelte. Dies wäre falsch, ganz im Gegenteil: Das im Kollektiv verwurzelte Selbst braucht das Ich, um sich individuell ausdrücken zu können. Ähnlich einem Rhizom sind alle Menschen im Selbst Teil einer vernetzten Wurzel, bringen aber über der Erde verschiedene und individuelle Ich-Blüten hervor. Dabei ist es sehr schön, ein klares und individuelles Ich, den gegebenen Anlagen gemäß, entwickeln zu können. Problematisch wird es an der Stelle, wo das Selbst beginnt, sich für das Ich zu halten. Es macht sich klein, trennt sich vom Kollektiv ab und vergisst, wer es ist. Steindl-Rast vergleicht es mit einem Schauspieler, der psychotisch geworden ist. Der Schauspieler identifiziert sich derartig mit seiner Rolle, dass er glaubt, er sei der Dargestellte. In diesem Sinne sind alle Menschen psychotisch, denn wir alle identifizieren uns mit dem Ich. C. G. Jungs Selbstwerdung meint daher auch weniger eine Ich-Auflösung. Selbstwerdung meint vielmehr, wieder zu wissen, dass das Ich nur eine Rolle ist. Ein Ich, das weiß, dass es nur eine Rolle ist, nimmt sich zurück. Dieses Bewusstsein ist die Basis für Humor, Gelassenheit, Selbstrelativierung und Loslassen. Nur so kann das individuelle Ich mit dem Rest der Welt harmonisch schwingen. Um dasselbe auszudrücken, sieht der christliche Weisheitslehrer und Geigenbaumeister Martin Schleske im tagbewussten Ich ein Instrument, das im Idealfall von höheren Mächten »gespielt« wird:

> »Wer begreift, was sich zwischen dem Instrument und dem Musiker (das heißt: zwischen der Seele und dem Heiligen Geist) abspielt, der weiß, was wahre Einheit bedeutet: Der Musiker und sein Instrument sind nicht gleich, aber im gemeinsamen Klang werden sie eins. ›Eins zu sein‹ bedeutet nicht, dass zwei Dinge ein und dasselbe sind, sondern, dass sie sich vereinen. Könnte das Instrument sprechen, so würde es nicht sagen: ›Ich bin du‹, sondern: ›Ich bin dein‹. Das sind die Worte der liebenden Seele, die bereit ist, Gott zu erhören.«[174]

Dies ist auch der zentrale Punkt bezüglich der Frage des *politischen* Nutzens der persönlichen Individuation. Was hat die Gemeinschaft davon, wenn sich der Einzelne individuiert? Zur Beantwortung dieser Frage lohnt sich ein Blick auf die Erkenntnisse der Empathieforschung. Jedem Menschen ist ein natürliches Empathiegefühl gegeben. Die Neurowissenschaft kennt die Hirnregion sehr genau, in der sich Empathie vermittelt. Menschen haben die Fähigkeit, sich in die Gefühle anderer hineinzuversetzen und mitzuleiden, wenn anderen etwas Schlimmes passiert. Werden andere Menschen gequält oder leiden, sorgt das Empathiegefühl dafür, dass sogar das vegetative Nervensystem des eigenen Körpers reagiert.

Prof. Dr. Tania Singer, Neurowissenschaftlerin und Direktorin der Abteilung soziale Neurowissenschaft am Max-Planck-Institut, gilt als die Expertin für Empathieforschung. Im *ZDF* erklärt Singer den Stand der Forschung:[175] Steckt man Menschen in einen Neuroscanner und zeigt ihnen Szenen, in denen andere Menschen leiden, sieht man deutlich die Aktivität der Hirnregion, die für Empathie zuständig ist. Das Mitempfinden, ja Mitleiden mit anderen ist allerdings an eine Bedingung gekoppelt: Der gequälte Mensch muss Bestandteil der »In-Group« sein. Das Empathiegefühl ist klar an eine Bedingung gekoppelt, nämlich an die Grundeinschätzung »Der gehört zu meiner Gruppe«. Im Grunde empfinden Menschen nämlich nur empathisch im Rahmen ihrer erweiterten Ich-Identifizierung. Fügt man das identische Leid einem Mitglied der »Out-Group« zu, werden statt Empathie Lust, Schadenfreude und Genugtuung empfunden. Dieser Effekt zeigt sich unter anderem in der Kriegsberichterstattung über den Ukrainekrieg. Kaum jemand empfindet Mitleid mit den »russischen Barbaren«, und die Außenministerin Annalena Baerbock will sogar »Russland ruinieren«. Kurz gesagt: Das Leid von In-Group-Mitgliedern löst Empathie aus – dasselbe Leid bei Out-Group-Mitgliedern (Soldaten, gegnerische Fußballfans, Parteimitglieder, Religionsangehörige etc.) löst dagegen Schadenfreude und Genugtuung aus. Der Ich-Begriff ist entscheidend: Je starrer und enger das Ich, je kleiner die Landkarte, desto mehr Menschen gehören zur Out-Group. Und desto weniger empathisch sind Menschen. Und je relativer das Ich, desto empathischer sind Menschen. Professorin Singer konnte dies sehr eindrucksvoll belegen. Denn Schadenfreude, Genugtuung und Häme funktionieren immer weniger, je weiter ein Mensch sein Ich in Richtung wahres Selbst entwickeln konnte. Prof. Singer machte den Empathieversuch mit tibetischen Mönchen, und siehe da: Die zu erwartenden Ergebnisse der klassischen Polarisierung zwischen In-Group und Out-Group blieben aus. Menschen mit entwickeltem Selbst empfinden *immer* Empathie, egal, wem Leid zugefügt wird (einschließlich Tieren). In meinem Künstlerbuch schrieb ich dazu:

> »Der Schlüssel zu sozialem Frieden ist die Entwicklung des Selbst. Und dies geschieht durch den Prozess der Individuation. Der so narzisstisch scheinende Prozess der Individuation ist in Wirklichkeit der Schlüssel zu einer harmonischeren Gesellschaft. Denn ein Mensch, der gelernt hat, seine Projektionen zurückzunehmen und die Verantwortung für sein Glück bei sich selbst und nicht bei anderen zu suchen, ist immer Balsam für das Kollektiv.«

Und C. G. Jung kommentiert:

> »So unscheinbar das aussehen mag, er [der individuierte Mensch] erringt damit einen Erfolg, der dazu beiträgt, die ungeheuren und fast unüberwindlichen Probleme unserer Zeit zu lösen.«[176]

Das wahre Selbst kennenzulernen, löst die Grenzen zwischen Ich und Du auf. Echte Selbsterkenntnis ist zugleich echte Menschenkenntnis. Selbsterkenntnis macht Gebote überflüssig. Denn Gebote wie »Liebe deinen Nächsten wie dich selbst« erfüllen sich auf natürliche Weise. Jeder Prozess, der Menschen zur Erweiterung ihrer Ich-Instanz verhilft, trägt dazu bei, die Gesellschaft zu befrieden.

Bei einem durchsichtigen und relativierten Ich scheint das wahre Selbst dahinter durch, es kann von anderen erkannt werden. Die Erkennbarkeit des Selbst für andere nennen Menschen

»Charisma« oder »Ausstrahlung«. Sie erkennen Schönheit und Wahrhaftigkeit eines Menschen, das Selbst in ihm. Doch in Wahrheit erkennen sie ihr eigenes Selbst. Das wunderbare Erlebnis, einem wahrhaftigen Menschen zu begegnen und ihn zu lieben, ist letztlich das Gefühl, sich selbst zu begegnen, zu sehen: *Das bin ja ich – und so anders!* (Steindl-Rast). Ein Mensch, der sich authentisch zeigt und so das Selbst durchscheinen lässt, erinnert andere Menschen an ihr eigenes wunderbares Selbst. Authentische Menschen sind daher ein Angebot zur *Selbstbegegnung*.

Doch die Erinnerung daran, nur eine Rolle zu spielen, ist für das Ich eng mit der Frage nach der eigenen Endlichkeit verknüpft. Ein Mensch, der völlig mit dem Ich identifiziert ist, erlebt die Frage nach dem Tod als unerhörten Abgrund. Denn hinter jeder Sinnfrage steht nichts Geringeres als die Frage nach dem Tod. Alles, was der Achtsamkeit dient, der Selbstkonfrontation und Selbsterkenntnis, des Ruhigwerdens und der Auflösung des Egos, bringt den Menschen wieder in den Kontakt mit seinem Selbst. Und die Nähe des Selbst lässt die Angst vor dem Tod kleiner werden und schließlich ganz verschwinden. Und alles, was der Zerstreuung dient, der Flucht, Sucht und Verdrängung, entfernt den Menschen von seinem Selbst und zwingt ihn in sein begrenztes Ich, das Todesangst hat. Dazwischen gibt es nichts. Alle Angebote, das Selbst zu entdecken, sind Therapie gegen die Todesangst – nicht mehr und nicht weniger. Sich eines Tages dem Weg der Selbstkonfrontation zuzuwenden, um persönliche Traumata und Sinnfragen zu befrieden, ist keine Frage von gut oder schlecht: Es ist die tiefe Erfahrung der Alternativlosigkeit. Aus diesem Grund endete die Familienbiografie *Die Heimat der Wölfe* mit folgendem Absatz.

> »Sinngemäß soll Max Frisch einmal gesagt haben: Ein Mensch, der sich seines Traumas bewusst ist und der eine wirkliche Sinnfrage an das Leben zulässt, hat nur drei Mög-

lichkeiten: Selbstmord, Sucht oder kreativer Ausdruck. In meiner Familie wurden alle drei Methoden praktiziert. Als Maler und Autor habe ich mich für die letzte der drei Möglichkeiten entschieden.«[177]

Wie anfangs bereits geschrieben: Es ist ebenso unmöglich wie unnötig, jemanden vom anstrengenden und schwierigen Prozess der Individuation zu überzeugen – solange Kompensationen stabil sind. Erst Krisen machen aus Menschen andere Menschen. Alle Systeme, die Menschen professionell helfen, dem Gefängnis von Scham, Isolation und Einsamkeit zu entkommen, sind darauf ausgelegt, die Illusion des »Nur ich bin so« (schwach, ängstlich, süchtig …) aufzulösen. Deshalb sind die Kernaussagen von Joseph Beuys, »Zeige deine Wunde«, so wichtig. Menschen, die den Mut aufbringen, sich authentisch zu zeigen, können Lebensretter sein für Menschen, die sich noch im Gefängnis ihrer Scham befinden. Aus diesem Grund ist selbstkonfrontative Kunst dokumentierte und kommunizierte Selbstwerdung. Romane von Fjodor Michailowitsch Dostojewski, Filme von Paul Thomas Anderson (»Magnolia«), TV-Serien wie *In Therapie*, Gemälde von Francis Bacon und Musik von Arvo Pärt können Menschen aus ihrem Gefängnis der Einsamkeit befreien.

Menschen, die den Monomythos durchlaufen haben, werden zum Schlüsselträger für das dunkele Labyrinth, in dem der persönliche Drache haust. Und sie helfen den angehenden Helden dabei, die für das Abenteuer nötigen Drachenschwerter zu schmieden. Inzwischen habe ich viele Boten der Heldenreise kennengelernt: Künstler, Verleger, Manager, Therapeuten, Geistliche, Publizisten, Blogger, aber auch einfache Handwerker und viele andere. Alle Menschen, die ihrem Selbst wirklich nahegekommen sind, machen diese Erfahrung zum Thema ihrer Profession.

Kapitel III – Die Wandlung

Weltbilder

Materialismus

Die im vorangegangenen Kapitel beschriebenen Stationen des Helden stellen lediglich Variationen und Teilaspekte des komplexen Monomythos dar. Doch selbst für diese Auswahl gilt: Sobald man sich der archetypischen Struktur des Mythos nähert, läuft man Gefahr, von der Überhöhung der Beispiele überwältigt zu werden. Vielleicht geht es Ihnen ähnlich wie dem kleinen Hobbit Bilbo: Eine persönliche Bewältigung des Abenteuers erscheint utopisch. Diese Einschätzung ist vollkommen normal. Kein Mensch möchte ans Kreuz genagelt werden oder mit feuerspeienden Drachen kämpfen. Auch ich bin kein Gandalf – obwohl sich die Struktur des Monomythos in meiner Vita abbildet. Wie alle Ideale soll und muss der Mythos nicht eins zu eins nachvollzogen werden. Allerdings kann die Beschäftigung mit seiner archetypischen Struktur eigene unbewusste Anteile zu einer neuen Lebensausrichtung inspirieren und dabei helfen, persönliche Krisen zu meistern.

Die wichtigste Konklusion des Heldenmythos lautet: Ein kreatives, erfülltes und authentisches Leben ist ohne die Führung durch das höhere (göttliche) Selbst unmöglich. Zu dieser Kernaussage kommen alle großen psychologischen Schulen, die für meine Arbeit von zentraler Bedeutung sind:

- Analytische Psychologie nach Carl Gustav Jung
- Humanistische Psychologie nach Abraham Harold Maslow
- Logotherapie und Existenzanalyse nach Viktor Emil Frankl.

Doch eben diese zentrale Bedingung, die den Menschen in seiner Einzigartigkeit und Würde anerkennt, wird seitens des zeitgenössischen materiellen Weltbilds verunmöglicht, in Abrede gestellt und lächerlich gemacht. Heute ist der Mensch nicht mehr als ein ineffizienter, schwächelnder Algorithmus, der froh sein kann, wenn ihn die Industrie dank Gen-, Nano- und Biotechnik so bald wie möglich optimiert. Die ehrliche Suche nach einem Lebenssinn, die Jung, Maslow und Frankl als Conditio humana erkannt haben, wird im mechanistischen Weltbild zur behandlungsbedürftigen Neurose erniedrigt.

Um die Positionen *Ich – Welt* bestimmen zu können, sind folglich zwei Koordinaten wichtig: die Selbstentwicklung, vorzugsweise mithilfe des Monomythos, *und* die Bewusstwerdung über das derzeit vorherrschende Weltbild. In diesem Kapitel, *Die Wandlung*, möchte ich mich daher einigen weltanschaulichen und psychologischen Grundannahmen widmen, auf die der in die Welt zurückgekehrte Held zweifellos stoßen wird. Der neue Zeitgeist mit seinen Hoheliedern auf die *Vierte industrielle Revolution* und den *Transhumanismus* bildet sich als lupenreiner Materialismus ab und führt zwangsläufig in eine technokratische Diktatur.

Auf die Frage »Was ist?« kennt der Materialismus nur eine Antwort: Materie. Jede immaterielle Form von Idee oder Bewusstsein lehnt er ab. Im Materialismus unterliegt das Sein berechenbaren, physikalischen Regeln, und Bewusstheit ist lediglich (abkömmliches) Beiwerk von Materie und stets an diese gekoppelt. Materialismus ist eng mit dem mechanistisch-deterministischen Weltbild verbunden. In diesem gibt es weder die Freiheit des Geistes noch einen höheren Sinn noch eine freie Entwicklung mit ungewissem Ausgang. Alle Lebewesen werden verdinglicht, die argumentative Basis für die Würde alles Lebendigen entfällt. Der Mensch wird zum »Hackable Animal« und gilt fortan als genauso steuer- und programmierbar wie ein Computer. Im Zeitalter des Transhumanismus ist die Freiheit des Geistes ebenso eine Illusion wie der freie menschliche Wille. Selbstverständlich ist eine metaphysische Verantwortung oder Entwicklungsmöglichkeit über den Tod hinaus aus materialistischer Sicht reines Wunschdenken. Trost in Bezug auf zentrale Lebensfragen wie Krankheit und Tod kann einzig der technische Fortschritt bieten. Eine legitime Antwort auf diese Vorstellungen ist hemmungsloser Hedonismus. Denn angesichts der prinzipiellen Sinnlosigkeit eines kurzen Menschenlebens bleibt dem Menschen nicht viel mehr als sinnlicher Genuss.

Der auf Platon zurückgehende Idealismus ist das genaue Gegenteil des materialistischen Weltbilds: Idealismus begreift Materie als Illusion und als Abbild von Urideen. Denn allem, was existiert, geht ein urbildhaftes, nicht-materielles Prinzip voraus; Materie ist eine Art Trugbild erstarrter Gedanken, eine Energieform mit geringer Schwingungsamplitude. Das quantenmechanische Weltbild steht diesem Weltbild nahe, denn seit den 1920er-Jahren erfuhr der Idealismus ausgerechnet seitens der Wissenschaft Bestätigung: Der Welle-Teilchen-Dualismus legt nahe, dass es Materie im klassischen Sinne eigentlich gar nicht gibt. Zudem konnte dieselbe Wissenschaft zeigen, dass Vorhersagbarkeit und Determinismus des alten Newtonschen Weltbilds als überholt gelten können. Das ganzheitliche Weltbild impliziert, dass wir in einem nicht kalkulierbaren, sich autark entwickelnden, prinzipiell bewussten und lebendigen Universum leben. Hier ist alles mit allem vernetzt und letztendlich auch alles von Bedeutung. Die Trennung von anorganisch toter und organisch belebter Materie ist aufgehoben.

Bewusstheit ist nicht an Materie gekoppelt, womit sich natürlich die Frage einer wie auch immer gearteten Verantwortlichkeit über den Tod hinaus ergibt. Die Beschreibung dieses Weltbilds klingt wie die Fantasie eines Esoterikers:

> »Die Einsichten der modernen Physik, der ›Quantenphysik‹, legen eine Weltdeutung nahe, die grundsätzlich aus dem materialistisch-mechanischen Weltbild herausführt. Anstelle der bisher angenommenen Welt, einer mechanistischen, dinglichen (objektivierbaren), zeitlich determinierten ›Realität‹, entpuppt sich die eigentliche Wirklichkeit (eine Welt, die wirkt) im Grunde als ›Potenzialität‹, ein nicht auftrennbares, immaterielles, zeitlich wesentlich indeterminiertes und genuin kreatives Beziehungsgefüge.«[178]

Dies sagt jedoch gerade kein Esoteriker, sondern Prof. Dr. Dr. Hans-Peter Dürr, Direktor des Max-Planck-Instituts für Physik und Mitarbeiter von Edward Teller und Werner Heisenberg. Die ethischen und philosophischen Konsequenzen, die sich aus den Erkenntnissen heutiger Physik ergeben, haben Hans-Peter Dürr und 130 führende Wissenschaftler aus aller Welt im »Potsdamer Manifest« von 2005 festgehalten.

Die zwei häufigsten Gründe für das Missverstehen von Idealismus (bzw. Spiritualität) sind:

- Idealismus wird mit Religion gleichgesetzt bzw. verwechselt.
- In Unkenntnis des tatsächlichen Wissenschaftsstands unterstellt man dem Idealisten Naivität beziehungsweise, dass er die Aufklärung nicht zur Kenntnis genommen hat.

Die unzulässige Gleichsetzung von Idealismus mit Religion macht es natürlich leicht, Idealismus abzulehnen. Tatsächlich sind Religionen ja allzu oft eine fehlgeleitete Form von Idealismus. Sobald sich Idealismus definiert, institutionalisiert und organisiert, entwickeln sich Religionen. Zwangsläufig entstehen in der Folge Missionsgeist, Ausgrenzung und der Trugschluss des Wissens von Richtig oder Falsch. Und je orthodoxer die Religion, je »reiner« die Lehre, desto problematischer gestalten sich oftmals auch die gesellschaftlichen Probleme.

Wie ließe sich also ein Weltbild definieren, das spirituell, aber nicht dogmatisch ist? Eine schöne Definition von Spiritualität habe ich auf der Homepage der Schweizer Analytikerin und Jungianerin Dr. Ursula Wirtz gelesen, sie schreibt:

> »Mit Spiritualität ist eine Seins- und Erlebnisweise gemeint, die sich einer transzendenten Dimension bewusst ist. Dazu gehört ein Bewusstsein von Verantwortung, das in der Erfahrung mit dem Absoluten verankert ist und sozialethische Implikation hat. [...] Ein achtsamer Umgang mit sich selbst, anderen Menschen und der Schöpfung als Ganzem gehört zu einer spirituellen Lebensweise. Zu den Bausteinen einer spirituellen Weltsicht zählen Verbundenheit, Solidarität, Relativierung des individuellen Ich, Relativität der Zeit und die Aufhebung der Trennung zwischen materieller und geistiger Wirklichkeit.«[179]

Selbstverständlich kann man niemanden von einer transzendenten Dimension überzeugen noch sie beweisen. Die Philosophie ist sich insoweit einig, dass der menschliche Geist nicht in der Lage ist zu »beweisen«, dass es Gott nicht gibt (und umgekehrt). Es ist unwissenschaftlich zu behaupten, dass es Gott mit Sicherheit nicht geben kann, dies ist nur ein materialistischer Glaubenssatz. Nur dass Atheisten nicht klar ist, dass sie, ebenso wie Gläubige, Anhänger einer Religion sind. Natürlich ist der Gottesbegriff weitgehend belastet; der spirituelle Lehrer Eckhart Tolle erklärt, warum:

»Das Wort Gott hat seine Bedeutung in den Tausenden von Jahren, in denen es missbraucht wurde, verloren. […] Mit Missbrauch meine ich hier, dass Menschen, die nicht einmal einen flüchtigen Einblick in den Bereich des Heiligen, in die unendliche Weite hinter diesem Wort hatten, es mit so großer Überzeugung benutzten, als wüssten sie, wovon sie redeten. Oder sie argumentierten dagegen, als wüssten sie, was sie da ablehnten. Dieser Missbrauch führte zu absurden Überzeugungen, Behauptungen und Ego-Fantasien, wie zum Beispiel ›Mein oder unser Gott ist der einzig wahre Gott, und dein Gott ist falsch‹ oder zu Nietzsches berühmter These ›Gott ist tot‹.«[180]

Grüne Ideologie

In einer materiellen Welt gibt es kein Schicksal, keine Bestimmung, keinen freien Willen, kein Warum, kein Wofür, keinen Schutz, keine Gnade und kein Danach. Das Einzige, was es gibt, ist die Auslieferung an ein willkürliches und gefährliches Universum, in dem das Leben jederzeit vom Tode bedroht ist. Diesen Kampf nimmt die säkulare Gesellschaft auf. Überall und jeden Tag herrscht Krieg. Krieg gegen Viren, Krieg gegen das Klima, Krieg gegen Meteoriten, Krieg gegen Vulkanausbrüche, Krieg gegen Krieg und in letzter Konsequenz: Krieg gegen den Tod.

Sind die Grünen links? Und wenn ja, warum werden sie dann vom größten Wirtschafsimperium der Welt, dem Weltwirtschaftsforum in Davos, hofiert und gefördert? Kritiker des vom WEF propagierten »Great Reset« lassen sich prinzipiell in zwei politische Lager teilen: Liberale sehen im Bestreben des WEF die alte Fratze des Kommunismus aufblitzen – klassisch Linke hingegen wollen darin einen entfesselten Kapitalismus erkennen. Trotz dieser Widersinnigkeit: Dass prinzipiell beide Lager nicht ganz falsch liegen, habe ich im Kapitel »Kalifornische Ideologie«

in meinem Buch *Vom Verlust der Freiheit* bereits ausgeführt. Die Chimäre aus entfesseltem Kapitalismus, gepaart mit zentralistischer Steuerung nebst Kontrolle aller Menschen, wie im Kommunismus, lässt sich als *Technokratie* am besten umsetzen. Schlüssel zur ungeteilten Macht ist die Herrschaft über »die Wahrheit«, über die Welt »wie sie ist«. Eine Technokratie ist die erste Ideologie, über die man nicht mehr streiten kann, da sie als objektive Realität daherkommt. Hier ist auch die große Schnittstelle zur linksgrünen Ideologie: Klimaschutz, Deindustrialisierung, Demokratieabbau und Umverteilung von Macht zugunsten des Staates, nebst nachfolgender Planwirtschaft, gehen Hand in Hand und fußen auf »wissenschaftlich festgestellten Notwendigkeiten«. So gibt der Wirtschaftsminister Robert Habeck unumwunden zu, welche Ökonomin die Leitlinien seines Handelns bestimmt, die italienisch-amerikanische Wirtschaftswissenschaftlerin Mariana Mazzucato:

> »Noch bevor Habeck sein Amt als Wirtschaftsminister antrat, nannte er Mazzucato im Interview mit der Frauenzeitschrift *Myself* als eine von sieben Frauen, die sein Leben verändert hätten. Über sein erstes Treffen mit der Ökonomin auf dem Weltwirtschaftsforum in Davos berichtete Habeck: ›Ich hatte mich zuvor intensiv mit ihren Schriften beschäftigt, und sie gehören zu den besten. Im direkten Gespräch war die Frau eine Macht, eine Autorität, die sie lachend, fragend und mit einer lockeren Selbstverständlichkeit herstellte.‹«[181]

Habeck, der mit seinen Schwärmereien eher wie ein Fanboy denn ein gestandener Wirtschaftsminister klingt, glaubt in Mazzucatos Ideen den Schlüssel zu einer neuen Politik gefunden zu haben. Und wer weiß – vielleicht hat ihn die Lehre seiner Meisterin bereits zu ersten Weisheiten inspiriert: »Nicht insolvent gehen – einfach nur aufhören zu produzieren.« Frau Mazzucato ist eine Ökonomin auf »Mission«, die nichts Geringeres im Sinn hat als eine komplette Umstrukturierung der Wirtschaft, mit einem starken Staat als zentrale Schaltstelle für wesentliche Entscheidungen. In ihrem Buch *Mission: Auf dem Weg zu einer neuen Wirtschaft* führt Mazzucato aus, dass der Staat seine »Muskeln stärken« solle, um viel tiefer in die wirtschaftlichen Geschicke eingreifen zu können. Obgleich es nie mehr staatliche Übergriffe gegen die Bürger gegeben hatte als in der Coronakrise mit Impfnötigung, Maskenpflicht und Lockdowns, ist für die Autorin das »schwache staatliche Handeln in der Krise« Beleg dafür, dass es so nicht weitergehen kann:

> »Eine wesentliche Lektion aus alledem [der Coronakrise] ist die, dass in Krisensituationen der staatliche Eingriff nur dann wirksam ist, wenn der Staat über die entsprechende Handlungsfähigkeit verfügt. Anstatt als Retter bei Marktversagen einzuspringen und sich ansonsten auf das Outsourcing zu konzentrieren, sollte der Staat in die Entwicklung seiner Muskelmasse investieren, seiner Fähigkeiten in entscheidenden Bereichen wie etwa der produktiven Kapazität (dem maximalen Output einer Wirtschaft), in die Entwicklung seiner Kompetenzen im Bereich Beschaffung, einer tatsächlich im öffentlichen Interesse liegenden öffentlich-privaten Zusammenarbeit sowie den sachverständigen Umgang mit Daten (Schutz der Privatsphäre und Sicherheit). Versäumt er dies, wird er auch nicht in der Lage sein, Zielvorgaben für die hinzugezogenen Unternehmen zu erarbeiten – Vorgaben, die es diesen ermöglichen, sich problemlos auf die jeweilige Agenda einzustellen. Dieses Buch fußt auf der Prämisse, dass wir vom Weg abgekommen sind und auf keinen Fall weiterhin dieselben Fehler machen dürfen.«[182]

Um auf den rechten Weg einer zentral gesteuerten, staatlich dominierten Wirtschaft zurückzufinden, holt Mazzucato weit aus. Zwischen den blumigen Schilderungen aus der guten alten Zeit Amerikas, als das Land das übermenschliche Projekt der Mondlandung schulterte, erinnern ihre Ausführungen schlichtweg an sozialistische Planwirtschaft. Am Beispiel von Apollo stellt sie heraus, dass es nicht genüge, wenn der starke Staat, damals Robert Kennedy, prägende Vorgaben macht. Die konkrete Staatsvorgabe, was die Wirtschaft zu leisten habe, in diesem Fall die NASA, fruchte nämlich erst dann, wenn auch die Bürger von der neuen Mission überzeugt seien. Und was früher die »Mission Apollo« war, sei heute die »Mission Klimaschutz«. Mazzucato will im Kampf gegen den Klimawandel aufrütteln und motivieren, »dasselbe Maß an Kühnheit und Experimentierfreude« an den Tag zu legen, wie damals bei der Mondlandung:

> »Moderne Missionen, in denen Gesellschaft, persönliches Verhalten und Politik eine Rolle spielen (denken wir nur an den Kampf gegen den Klimawandel), brauchen ein weit dynamischeres Engagement des Bürgers als rein technische Missionen. Selbstverständlich braucht es auch bei ihnen eine inspirierende Vision, die nicht weniger kühn sein sollte als die im Falle der Mondlandung, aber es braucht eben auch ein weit größeres Engagement des Bürgers, wenn es darum geht, wer die Mission definieren und wie sie umgesetzt werden soll. Wir dürfen hier nicht einen Augenblick vergessen, dass das Apollo-Projekt wesentlicher Bestandteil des Kalten Krieges war. Die astronomischen Ausgaben der öffentlichen Hand für den Mondflug ließen sich nur rechtfertigen, weil die Bevölkerung im Westen ihre Sicherheit von hoch entwickelten Waffensystemen abhängig wähnte. Entsprechend werden sich Missionen im Kampf gegen die

Erderwärmung in dem Augenblick rechtfertigen lassen, in dem die Gesellschaft den Richtungswandel hin zum Umweltschutz akzeptiert.«[183]

Für die Mission Mazzucatos, und damit wohl auch für die Mission Robert Habecks, braucht es also immer beides: Bürgererziehung *und* einen starken Staat. Mit ihrem Hinweis auf die Ängste im Kalten Krieg verrät Mazzucato dann auch den Schlüssel zum Erfolg: So wie die amerikanischen Bürger früher den astronomischen Ausgaben für die »Mission Mondlandung« zugestimmt haben – weil sie sich von der Sowjetunion bedroht fühlten –, werden heute alle Bürger den astronomischen Summen zugunsten der »Mission Klimarettung« zustimmen – solange sie sich vom nahen Klimakollaps bedroht sehen. Sobald man die Gedanken von Mazzucato nachvollzogen hat, ist es nicht mehr verwunderlich, dass sie zur Ikone der linksgrünen Politik aufgestiegen ist. Doch ebenso wenig verwundert es, dass Habeck sein Idol erstmalig auf einem WEF-Treffen in Davos kennenlernte, denn dieselbe Ideologie liegt auch der *Vierten industriellen Revolution* zugrunde: Bürger sollen nicht mehr entscheiden, sondern allenfalls zur richtigen Meinung erzogen werden – und dies geschieht vorzugsweise durch das Schüren von Ängsten. Danach können Entscheidungen zentral und global gesteuert werden, wobei das politisch »richtige« Denken von Eliten in Thinktanks übernommen wird, bis auch diese eines nahen Tages von der Last des Denkens befreit werden, weil eine künstliche Intelligenz für alle Menschen denkt.

»Bei Robert Habeck auf dem Parteitag der Grünen klingt Mazzucatos Mission so: Die öffentliche Hand, der Staat gibt vor, wo auch Bürger und Unternehmen zu investieren haben. Die freie Marktwirtschaft sei wichtig, aber nur, wenn der Staat dafür sorgt, dass ›die großen Kräfte der Märkte, der

> Marktwirtschaft in die richtige Richtung laufen – und dann brauchen wir alle die Freiheit der Märkte, die Kreativität der Unternehmerinnen und Unternehmer‹. Der Parteivorsitzende der Grünen glaubt wirklich, dass diese öffentlichen Investitionen einen ›gigantischen Weg von weiteren privaten Investitionen‹ ›schieben‹ werden, weil der Staat das allein nicht schafft. Man könnte Mazzucatos redundante Wirtschaftslyrik in dem kurzen Satz zusammenfassen: Der Staat befiehlt, die Wirtschaft folgt. Im Grunde zitiert der Parteivorsitzende der Grünen nur J. W. Stalin, wenn er meint, dass die Freiheit der Märkte erst dann gefragt ist, wenn die Politik den Unternehmen die richtige Richtung gewiesen hat. Stalin bemerkte seinerzeit: Wenn die Richtung klar ist, entscheiden die Kader alles. Unternehmer, denen die Richtung gewiesen wurde, sind dann nur noch Kader einer grünen Kommandowirtschaft. ›So bauen wir‹, begeistert sich Habeck, ›von der Mission aus, vom Ziel her aus eine klimaneutrale Gesellschaft. Wir brauchen dafür die freien Märkte, das freie Unternehmertum, aber es muss eine Richtung bekommen, es muss sich dem gesellschaftlichen Ziel anschließen, und die Richtung bekommt es, wenn die öffentliche Hand mit ihrer Finanzierung vorangeht.‹«[184]

Mazzucato führt in ihrem Buch dann ganz konkret aus, dass der Staat seine »Anschubfinanzierung« in die richtige Richtung tausendfach zurückbekommt. Um dies zu belegen, muss wiederum die Mondlandung herhalten. Im Nachgang der Mission wurde die Menschheit nämlich mit kolossalen Innovationen beschenkt: Kameratelefone, kratzfeste Linsen, Computertomografie, LEDs, Landminenräumung, Sportschuhe, Rettungsdecken, Wasseraufbereitungssysteme, Handstaubsauger und Ohrthermometer waren

Geschenke an die Menschheit, nur, weil der Staat einmal die Vorgaben in die richtige Richtung gemacht hatte …

Bei der Fixierung auf die globalen Probleme kommt man innerhalb der grünen Partei gar nicht mehr auf den Gedanken, dass es so etwas wie nationale Interessen geben könnte. Um die Welt zu retten, reden Mazzucato, Habeck und ihre Adepten unablässig von den Vorgaben in die »richtige Richtung« – die große Frage lautet: Woher weiß der Staat eigentlich, was die richtige Richtung ist?

Woher wusste der Staat, dass Lockdowns, FFP2-Masken und Impfungen die einzig richtigen Wege waren? Woher weiß der Staat, dass eine radikale CO_2-Einsparung der richtige Weg ist, um den Klimawandel zu stoppen? Woher weiß der Staat, dass das Schließen von Nord Stream 2 und der Bezug von amerikanischem Frackinggas die richtigen Wege sind? Politiker wissen all dies nicht, »der Staat« folgt dem Rat von »Experten«, die Frage ist nur – welchen? Der Berater der Bundesregierung Christian Drosten wusste jedenfalls sehr genau, dass der Coronakrise nur mit flächendeckenden PCR-Tests beizukommen ist. Schließlich hatten er und sein Unternehmerfreud Olfert Landt vorher den PCR-Test entwickelt, mit dem sich anschließend Milliarden verdienen ließen. Auch die Experten Uğur Şahin und Özlem Türeci wussten ganz genau, dass sich die Pandemie einzig mit ihren mRNA-Impfstoffen bekämpfen lässt. Nach der Pandemie gehörten dann beide zum exklusiven Club der zehn reichsten Milliardäre Deutschlands. Weise Ratgeber aus den USA wussten seit vielen Jahren, dass es nur gut für Deutschland ist, wenn Nord Stream 2 für immer geschlossen bleibt. Inzwischen verdienen amerikanische Gasexporteure an einem einzigen Tanker, der nach Deutschland kommt, 200 Millionen Euro.[185] Man könnte die Liste endlos fortführen: »Weise Berater« des Staates sind nun einmal nicht neutral und ohne eigene Interessen. Viel häufiger ist es doch eher so: Wer überhaupt in die Position gerät, den Staat zu »beraten«, was übrigens eine sehr spannende Frage ist, hat hinterher die Chance, das Geschäft seines Lebens zu machen.

Warum will die heutige Politikergeneration so sehr an unparteiische, neutrale Wissenschaftler und Berater glauben? Infantile Charaktere mit narzisstischer Neigung zeichnen sich durch zweierlei aus: Gefallsucht und Verantwortungsverweigerung. Im infantilen Selbstbezug und der Übertragung, Autoritäten als »Eltern« zu sehen, kommt man gar nicht mehr auf den Gedanken, eigene Positionen zu formulieren. Dies ist das Kernproblem deutscher Politik: Mit dem Generationenwechsel nach Helmut Kohl wagt es deutsche Politik überhaupt nicht mehr, nationale Interessen zu definieren. Dies fällt nur niemandem mehr auf, weil die erwachsene Generation vom Schlage eines Helmut Schmidt, Helmut Kohl oder Klaus von Dohnanyi inzwischen nahezu ausgestorben ist. Letzterer gibt der Generation Babyboomer in seinem Buch mit dem vielsagenden Titel *Nationale Interessen* folgenden Ratschlag:

> »Es geht zunächst darum, was für unser Land jetzt wichtig und was weniger wichtig ist, denn unser aller Möglichkeiten, unsere Arbeitszeit, unsere demokratische Überzeugungskraft, aber auch unsere finanziellen Mittel sind begrenzt. Sicherheit muss im Vordergrund stehen, äußere, wirtschaftliche, soziale und demokratische. Und um diese auch zukünftig zu bewahren, wird die deutsche Politik nach meiner Überzeugung eine Reihe außenpolitischer Richtungsentscheidungen zu treffen haben. Denn andere Völker, andere Nationen haben andere Interessen, die wir verstehen müssen. […] Deutschland und Europa sind heute in Fragen der Sicherheit und der Außenpolitik nicht souverän. Es sind die USA, die hier in Europa die Richtung vorgeben. Verfolgen sie dabei auch unsere Interessen? Führen sie Europa außen- und sicherheitspolitisch in eine friedlichere Zukunft? Ich habe Zweifel daran,

> denn wie wir Europäer täglich erfahren: Amerika bleibt Amerika, auch unter Präsident Biden. Einerseits ruft er zu einem Kampf des Westens gegen Autokratien auf und beginnt damit eine gefährliche Konfrontation mit China, andererseits spricht er von einem zukünftigen Zeitalter der Diplomatie. Aber ›relentless‹, gnadenlos, soll diese Diplomatie sein.«[186]

Was in den Ohren linksgrüner Politiker vermutlich wie das Geschwafel eines alten weißen Mannes klingt, ist in Wirklichkeit die Grundbedingung jeder friedlichen Interaktion, sei es zwischen Personen oder Nationen: Ohne das Gegenüber konkret wissen zu lassen, *was man selbst möchte*, wird man allenfalls als passiv-aggressiv wahrgenommen. Doch eben diese gesunde und friedensstiftende Standortbestimmung gilt heutzutage als unerhört. Die Verantwortung, die mit diesem Schritt verbunden wäre, delegiert man stattdessen lieber an eine höhere Instanz. Die »richtige Richtung« des politischen Handelns sollen Wissenschaftler und Berater vorgeben. Dabei will offensichtlich zweierlei geglaubt werden: Die Wissenschaft ist *geschlossen* und erfasst nur eine Realität – eine abweichende Meinung gibt es nicht, jedenfalls keine seriöse. Dass es inzwischen jedoch Kartelle gibt, die darüber entscheiden, *welche* wissenschaftliche Meinung Gehör findet und welche nicht, will man nicht wahrhaben.

Philanthrokapitalismus

So lange westliche deutsche Babyboomer und deren Kinder denken können, wurde ihnen die Geschichte über die funktionierende Demokratie, nebst freien Medien als Korrektiv, in etwa so erzählt:

Deutschland war ein totalitäres, undemokratisches Land mit einem mächtigen Propagandaapparat und hat unermessliches Leid über die Welt gebracht. Doch gerade darum weiß man hierzulande am besten, wie man es richtig macht. Nach Überwindung und Aufarbeitung zweier Diktaturen gehört Deutschland heute zu den selbstkritischsten, freisten und demokratischsten Nationen der westlichen Welt. Das Wichtigste dabei: Alle Macht geht vom Volke aus. Im Gegensatz zu Russland, China und vielen anderen Nationen sind die Bürger hierzulande dank objektiver Medien gut informiert und wach. Jeder darf gleichermaßen an der Meinungsbildung teilhaben und seine freie Meinung kundtun. Deshalb diskutieren vor jeder Wahl repräsentative Gäste aus allen politischen Lagern im öffentlich-rechtlichen Fernsehen über das beste politische Modell, moderiert und begleitet von neutralen Journalisten. Danach wird der freie Wille des Volkes ermittelt. Judikative und Exekutive sind hierbei unabhängige Organe und jederzeit bereit, die demokratische Willensbildung und die Freiheit des Volkes zu schützen …

Doch wehe dem, der es wagt, am Faden der Ungereimtheiten der Coronakrise zu ziehen. Oder am Faden der Ungereimtheiten der Klimakrise, oder … Hinter jedem Faden kommt eine Kette von Hässlichkeiten ans Tageslicht, die die demokratische Illusion »die Macht geht vom Volke aus« zerstört. Alle großen Erzählungen bezüglich Pandemien, Klimakollaps, Migration, Ressourcenknappheit und Überbevölkerung gelten als wissenschaftliche Realitäten, die nicht weiter hinterfragt werden dürfen. Unter dem Stichwort »simulative Demokratie« diskutieren Politikwissenschaftler einen »qualitativen Wandel« als Notwendigkeit, um die hyperkomplexen, globalen Probleme in den Griff zu bekommen:

> »Die ›simulative Demokratie‹ ist ein Prozess, welcher die demokratischen Werte und Ideale aushöhlt, ohne sie dabei zu beschädigen, und somit die Demokratie formal überlebensfähig macht, doch mit welchen Folgen?«[187]

Demokratische Werte aushöhlen, ohne sie dabei zu beschädigen? Der britische Politikwissenschaftler Colin Crouch definiert eine derartige Postdemokratie wie folgt:

> »Der Begriff bezeichnet ein Gemeinwesen, in dem zwar nach wie vor Wahlen abgehalten werden [...], in dem allerdings konkurrierende Teams professioneller PR-Experten die öffentliche Debatte während der Wahlkämpfe so stark kontrollieren, dass sie zu einem reinen Spektakel verkommt, bei dem man nur über eine Reihe von Problemen diskutiert, die die Experten zuvor ausgewählt haben. Die Mehrheit der Bürger spielt dabei eine passive, schweigende, ja sogar apathische Rolle, sie reagieren nur auf die Signale, die man ihnen gibt.«[188]

Crouchs Definition trifft die heutigen Verhältnisse recht gut. Vielen Bürgern ist der Wechsel von der echten Demokratie zur simulierten Demokratie bis hin zur Technokratie entgangen. Milliardäre wie Mark Zuckerberg und Bill Gates gründen »philanthropische Stiftungen«, wie die »Chan-Zuckerberg-Initiative« und die »Bill & Melinda Gates Foundation«. Über derartige Stiftungen werden Milliardenbeträge für Impfstoffforschung, Bildung und Gentechnik »gespendet« – offiziell, um eine »bessere und gesündere Welt zu schaffen«. In Wirklichkeit kann in der Folge ein globales, wirtschaftliches Terrain kultiviert werden, in dem sich exorbitante Gewinne via Tochterfirmen einsammeln lassen.

> »Die Welt, in der Milliardäre ganz unverblümt daran arbeiteten, sie zu plündern, statt zu behaupten, sie zu verbessern, war weit weniger verwirrend. Die Räuberbarone des Industriezeitalters wie Henry Ford, Andrew Carnegie oder John D. Rockefeller spendeten immer ein wenig von ihrem Reich-

> tum für wohltätige Zwecke. Aber zwischen Wohltätigkeit und Profit gab es bei ihnen immer einen klaren Unterschied. Öl und Stahl brachten das Geld, Bildung und Künste halfen ihnen, das dann auszugeben. […] Heute gehören zu den mächtigsten Konzernen der Welt fünf Technologieunternehmen, bei denen man kaum erkennen kann, wo ihre Geschäftstätigkeiten enden und die Wohltätigkeit anfängt.«[189]

Die Linke von heute hat ihrem einstigen Mündel den Rücken gekehrt. Stattdessen macht man als grüner Wiedergänger mit dem ehemaligen Klassenfeind gemeinsame Sache, da dieser vorgibt, dieselben Ziele zur »Rettung der Welt« zu haben. Das Patent dieses Sinneswandels, bei dem sich Ultrareiche glaubhaft zum Segensbringer der Menschheit inszenieren, geht auf einen der reichsten Männer des 20. Jahrhunderts zurück: John Rockefeller. Philanthrope Stiftungen, die in Wahrheit den persönlichen Machtausbau festigen, wurden fortan zum Must-have der Superreichen. Wer nicht mehr mit Millionen, sondern mit Milliarden rechnet, kommt an »selbstlosen Stiftungen zum Gemeinwohl« nicht vorbei. In Wirklichkeit werden auf diese Weise große Teile des ohnehin monströsen Vermögens der regulären Besteuerung entzogen. Werden die Stiftungsgelder »zugunsten einer guten Sache« erst einmal über die ebenfalls gekauften Massenmedien beworben, lassen sich mit relativ geringen Anschubfinanzierungen staatliche Organe nötigen, den eigentlichen Löwenanteil der ausgegebenen Programme zu schultern. Idealerweise sitzen in den nationalen Parlamenten zudem noch Politiker, die das Programm der Oligarchen gar nicht als Nötigung begreifen, sondern den wissenschaftlich begründeten Weg zur »Rettung« (von was auch immer) aus freien Stücken unterstützen. Die Methode des Urvaters dieses Systems, beschreibt der Autor Ruediger Dahlke in seinem Buch *Mind Food* wie folgt:

»Vor gut 100 Jahren war der US-Amerikaner John Rockefeller einer der reichsten Männer der damaligen Zeit. Sein Reichtum war sprichwörtlich. Das aber ist bei Weitem nicht die einzige Parallele zu einem der reichsten Männer der heutigen Zeit.

Da mögen weitere archetypische Muster eigenartig bekannt erscheinen, weshalb diese alte Geschichte hier aufgerollt sei. Rockefellers Standard Oil Trust war 1911 die mit Abstand reichste Aktiengesellschaft der Welt. Sie stand trotzdem kurz vor dem Zusammenbruch, weil der Oberste Gerichtshof der USA sie illegaler Geschäftsmethoden, der Korruption und sogar der Erpressung überführt hatte. Auf dem Boden dieser juristischen Problematik beschlossen US-Regierung und Parlament, den Trust zu zerschlagen. Damit hatte Rockefeller alle vier Säulen der parlamentarischen Demokratie – Regierung, Parlament, Justiz und Medien – gegen sich.
Der US-Öffentlichkeit galt er als überführter steinreicher Betrüger, Erpresser und Steuerhinterzieher.
In dieser Notlage, mit dem Rücken zur Wand, entwickelte Rockefeller nun eine bis in unsere heutige Zeit bahnbrechende Idee: die der Rockefeller Foundation. Dort versteckte er sein riesiges Vermögen. Damit gelang ihm ein beispielhafter Coup, und er kreierte eine beeindruckende Win-win-win-Situation: Die Stiftung gab ihm erstens die Möglichkeit, seinen immensen Reichtum aus dem Standard-Öl-Trust für sich zu retten. Zweitens konnte er auf diese Weise riesige Summen der Steuer vorenthalten. Drittens ließ sich die ›zum Wohle der Menschheit‹ gegründete Stiftung nutzen, sein verheerendes Image aufzupolieren und in der Öffentlichkeit als Philanthrop dazustehen. Um den Stimmungsumschwung zu befördern, tat er sich als Wohltäter der Presse hervor und wies seine Stiftung an, den größten Medienhäusern der

> USA großzügige ›Spenden‹ zu überweisen. Diese zeigten sich dankbar und taten das Ihre, Rockefellers mehr als angeschlagenes Bild in das eines Philanthropen oder Menschenfreundes zu verkehren.«[190]

Unschwer zu erkennen, lag der Schlüssel der Methode bereits damals in der unverhohlenen Einflussnahme der öffentlichen Meinung über den Support der wichtigsten Leitmedien und Influencer. Man könnte auch einfach sagen: Superreiche zahlen Schmiergeld, damit es reibungslos für sie läuft. Um beim Altruisten Bill Gates zu bleiben: Es gibt nahezu keinen namhaften Protagonisten der Coronakrise, der die Gefährlichkeit des Virus betonte und die segensreiche Impfung pries, der nicht auf der Spendenliste der Bill-und-Melinda-Gates-Stiftung auftaucht. Egal worum es sich handelt, ob führende Universitäten wie die Johns-Hopkins-Universität, meinungsstarke Blätter wie der *Spiegel* oder Influencer wie Eckart von Hirschhausen – alle bekamen Zuwendungen in Millionenhöhe.

Die größten Geschäftsfelder heutiger Philanthropen liegen in den Bereichen Nahrungsmittelindustrie und Pharma. Beide Felder sind eng mit den Bedrohungsnarrativen Klimawandel und Viruspandemien verknüpft. Allein über die Entwicklung gentechnisch veränderter Pflanzen, die danach »widerstandsfähiger gegen Hitze, Dürre und Schädlinge« sein sollen, lassen sich über exklusive Saatgutlizenzen Milliarden verdienen. Nicht anders bei den Impfstoffen: Zunächst hatte Bill Gates über Jahre das weltweit größte Netzwerk zur Impfstoffherstellung zusammengekauft. Danach trat er als altruistischer Stiftungsgründer auf und behauptete, an Corona wolle sich kein Pharmaunternehmen bereichern, diesmal ginge es einzig um die Abwehr einer Geißel der Menschheit.

Das eigentliche Verfahren ist inzwischen eingespielt: PR-Experten von NGO-Organisationen platzieren ihre Aussagen über »neutrale Wissenschaftler«, die von »altruistischen Stiftungen« superreicher Oligarchen finanziert werden. Zuvor haben sich die Milliardäre optimale Marktwünsche in die Regularien supranationaler Organisationen schreiben lassen, die Macht dazu hatten sie, denn auch diese werden von ihnen gesponsert. Als Begründungen dienen die üblichen, moralisch beschworenen Gefahren: Klimakollaps, Viruspandemien, Hungerkatastrophen ... Schlussendlich können nationale Staaten »im Krisenfall« unter Umgehung demokratischer Willensbildung über die supranationalen Organisationen gezwungen werden, Exklusivverträge mit eben jenen Industriezweigen abzuschließen, an denen der Philanthrop »zufälligerweise« ebenfalls beteiligt ist. Nach diesem Prinzip wandern Milliarden Steuergelder vom Konto der Bürger auf die Konten der Superreichen. Da die Probleme aber angeblich so »global und dringlich« sind, werden Parlamente und Bürger gar nicht erst gefragt. Hat man das Prinzip verstanden, ist es kaum noch verwunderlich, warum derzeit ein ganz bestimmter Politikertypus in den westlichen Parlamenten seitens des *Young Global Leaders*-Programms des WEF gefördert und »ausgebildet« wird. Man braucht naive und narzisstische Charaktere, um die angeblichen Notwendigkeiten mit viel Pathos und Hypermoral in die nationalen Parlamente zu tragen. Damit das philanthropische Framing einer angeblichen Gefahrenabwehr und Prävention funktioniert, wird es durch ein entsprechendes Fearmongering flankiert. Ohne die bekannte Klima- und Killerviren-Erzählung wäre das Geschäftsmodell nur halb so effektiv. Da es sich bei den superreichen Philanthropen um die Bosse der IT- und Tech-Firmen handelt, deren Macht sich genuin auf das Datensammeln ihrer Kunden gründet, laufen alle Antworten zur »Gefahrenabwehr« schlussendlich immer auf zunehmende Digitalisierung und Kontrolle hinaus.

Ab und zu verirren sich Beiträge in die Leitmedien, die das Geschäftsmodell aufdecken. Zwei herausragende Dokumentationen liefen auf *arte*: In *Profiteure der Angst* (2009) wurden die Hintergründe zur globalen »Schweinegrippe« aufgedeckt – das Drehbuch für die Coronakrise. Nicht minder interessant die Doku *Genlabor Afrika*, in der es um die Eroberung des afrikanischen Marktes für Genpflanzen geht:

> »Lobbyisten, Philanthropen und Geschäftsleute plädieren für den Einsatz von Gentechnik in Afrika. Ihr Hauptargument: Eingriffe ins Erbgut von Tieren und Pflanzen seien die Lösung im Kampf gegen Hunger und Malaria, ›zwei der größten Gesundheitsprobleme des Kontinents‹. Zu den Anhängern der Bewegung gehört Bill Gates, einer der reichsten Männer der Welt. Was treibt Gates an? […] Die Dokumentation zeigt, wie sich die Bill & Melinda Gates Foundation zu den wichtigsten Förderern von Gentechnikexperimenten in Afrika entwickeln konnte. […] Bei der gentechnischen Aufrüstung in Afrika geht es um Macht, aber auch um Geld. Und auch hier steht die Bill & Melinda Gates Foundation im Mittelpunkt: Indem sie Gentechnikexperimente in Afrika finanziert, spielt sie den großen westlichen Agrarkonzernen in die Hände. ›Genlabor Afrika – Geschäfte des Bill Gates‹ öffnet die Tore zur schönen neuen Welt des Philanthrokapitalismus, in der Wohltätigkeit und Geschäftemacherei keine Gegensätze mehr sind, Gentechnik als Hungerhilfe getarnt wird und öffentliche Investitionen im Dienste privater Interessen stehen.«[191]

Bereits 2016 schaffte es ein Artikel in die *Süddeutsche Zeitung*, der ebenfalls das Problem des Philanthrokapitalismus beschreibt:

> »Was heutzutage als Philanthropie gilt, ist häufig nur ein geschickter Versuch, Geld mit Technik zu verdienen. Die rational, unternehmerisch und quantitativ denkenden Unternehmer wollen damit neue Bereiche personalisierter Daten erschließen. [...] Man muss vorsichtig sein, damit man nicht dem Stockholm-Syndrom verfällt und mit den Konzernen sympathisiert, die unsere Demokratie kidnappen wollen. [...] Dass wir nicht länger zwischen Philanthropie und Risiko-Investment unterscheiden können, gibt Anlass zur Sorge, nicht zum Feiern. Die Silicon-Valley-Elite ist sehr scharf darauf, die Welt zu retten. Doch wer rettet die Welt vor dem Silicon Valley?«[192]

Im Mai 2022 gab ich dem Politikmagazin »Politicum« *(tv.berlin)* ein Interview, in dem ich den neuen Philanthrokapitalismus skizzierte. Die Aufzeichnung der Sendung kommentierte ein Zuschauer auf *YouTube* wie folgt:

> »... mit dem Schwerpunkt auf Gesellschaftsanalysen und ihren Ursachen? Interessant. Kräfte mit der unglaublich organisierten Erzählung? Globale Angsterzählung, die moralisch geframt ist? Was für ein unglaublicher Schwachsinn!«[193]

Vermutlich hat der Philosoph Gunnar Kaiser recht, wenn er resignativ konstatiert, dass sich die breite Masse über die tatsächlichen Pandemiehintergründe gar nicht aufklären lassen will. Viele Menschen wollen, oder besser müssen den widersprüchlichen Corona-Erzählungen Glauben schenken. Und die Aufdeckung der wahren Hintergründe wirkt dann eben wie »unglaublicher Schwachsinn«. Das Schaffen einer Pseudorealität wird immer dann notwendig, wenn die Wahrheit das innerpsychische Gleichgewicht zu stark bedroht. Wer sich der Wahrheit hinter der Coronakrise stellt, wird unweigerlich die Strukturen der tatsächlichen politischen Macht entdecken. Im Anschluss entlarvt sich das bisherige Gesellschaftsbild einer freien, demokratischen Gesellschaft, nebst objektiven Medien, als Trugbild. Die Monstrosität dieser Realität ist derart unverdaulich, dass es viele Menschen vorziehen, weniger tief zu bohren. Corona war der erste Testfall, in dem die Aushebelung nationaler Demokratien nahezu reibungslos funktionierte. Wie tief Bill Gates mit seiner Impfagenda tatsächlich in die globale Politik eingreifen konnte, finden die Zeitungen *Welt* und *Politico* im Herbst 2022 heraus, ich komme darauf zurück.

Technokratie

> »Der unbekannte große Player auf dem Markt der politischen Ideologien ist heutzutage nicht mehr der Kommunismus oder der Kapitalismus, sondern die Technokratie.«[194]

Welche Regierungsform entspräche wohl am ehesten der Wunschliste infantiler Charaktere? Kinder suchen nach Verlässlichkeit, Sicherheit, Verantwortungsabgabe und Angstbefriedung. Keine Ideologie verspicht mehr Erfüllung dieser Wünsche als eine Technokratie. Eine Welt, deren politische Entscheidungsgrundlagen auf »wissenschaftlichen Notwendigkeiten« beruhen, verheißt den bestmöglichen Weg zur Problembewältigung, gibt den alternativlos richtigen Weg des politischen Handelns vor – und als Sahnehäubchen obendrauf gibt es noch die Absolution von jeglicher Eigenverantwortung. Als narzisstische Persönlichkeit braucht man sich selbst keine Gedanken mehr zu machen. Anstelle des mühsamen Selbstdenkens kann man sich ungehemmt für das einzig Wahre und Gute einsetzen, »solidarisch« sein und alle Segnungen eines selbstgerechten Lebens genießen.

Wie subjektiv, streitbar, irrtümlich und wandelbar Wissenschaft in Wirklichkeit ist, wurde in unzähligen Büchern beschrieben. Die letzten zwei, die dazu gerade noch auf meinem Schreibtisch liegen, sind *Jenseits von Materie* und *Auf dem Holzweg durch das Universum*. Die »einige Wissenschaft« gibt es nicht. Was es hingegen gibt, ist eine gezielte Auswahl wissenschaftlicher Positionen, die in den Medien zu Wort kommen. Freie Wissenschaften zeichnen sich gerade dadurch aus, *nicht* einig zu sein, und betonen stets die prinzipielle Unmöglichkeit, den letzten Stand der Wirklichkeit zu erfassen – dies ist für infantile Charaktere jedoch ziemlich unverdaulich. An was soll man sich denn sonst halten? Wie das Geschäftsmodell des Philanthrokapitalismus zeigt, liegt das eigentliche Problem auch weniger auf dem Feld der Wissenschaften als in deren Missbrauch.

Der Grund, warum sich eine Technokratie so hervorragend zur totalitären Machtergreifung eignet, ist dem Umstand geschuldet, dass es sich um eine »ideologiefreie Ideologie« handelt. Den Kern dieser Problematik, in der die Politik vorgibt, sich lediglich an »objektiver Wissenschaft« zu orientieren, hat der amerikanische Dramatiker und Philosoph C. J. Hopkins beschrieben. Bei einem Treffen in Berlin erläutert mir Hopkins noch einmal das Problem: Gerade weil die Corona- und Klima-Narrative als »objektive Wahrheiten« daherkommen und nicht als Ideologien, bleibt der kultische Charakter der Lösungsansätze unerkannt. Wie in jeder Sekte merken die Mitglieder des neuen Kults nicht, dass sie einer Verzerrung der Wirklichkeit aufsitzen. Innerhalb des Kults gibt es nur eine zulässige Deutung der Wirklichkeit, und diese zeigt zweifellos den richtigen Weg auf, um die übergroßen Gefahren abzuwehren.

> »Im Grunde ist das ›pathologisierte offizielle Narrativ mächtiger (und heimtückischer) als jede Ideologie, da es nicht als Glaubenssystem oder Ethos, sondern als objektive ›Realität‹ funktioniert. Man kann nicht mit der ›Realität‹

streiten oder ihr widersprechen. Die ›Realität‹ hat keine politischen Gegner. Diejenigen, die die ›Realität‹ infrage stellen, sind ›verrückt‹.« (C. J. Hopkins)

»Dieses Narrativ kommt ohne weltanschauliche Forderung an ihre Anhänger aus, was es ideal für eine Zeit macht, in der die Menschen vor allem eines wollen: in ihrem hedonistischen Konsumismus nicht gestört werden. [...] Die Tatsache, dass es sich bei der geistigen Grundlage des Kults gewissermaßen um ein ideologiefreies Narrativ handelt, das sich also weder die Rhetorik des Klassenkampfes noch die des rassistischen Biologismus und Sozialdarwinismus zu eigen macht, ist der Grund dafür, warum weder Rechte noch Linke sich dem Kult als Gegner entgegenstellen. Deren Immunsystem ist auf einen anderen Feind eingestellt – wahlweise auf den mit roten Fahnen winkenden Weltkommunismus oder auf den kulturreaktionären Faschismus. Der Kult ist beherrscht von einem Narrativ, das obendrein ohne Führer- und Personenkult auskommt, das seine Gestalt wechseln kann und in unserer Gesellschaft daher einen Organismus ohne nennenswerte Abwehrkräfte vorfindet.«[195]

Als ideologiefreie Ideologie kann sich eine Technokratie als alternativloses Vorgehen durchsetzen, da man ja lediglich das »offensichtlich Naheliegende« und »Notwendige« tut. Demokratische Prozesse zur Meinungsfindung sind obsolet.

Corona zeigte nach 1945 erstmalig, was es bedeutet, wenn die gesellschaftlichen Immunsysteme gegen eine derartige Totalität versagen. Gegen »die Realität« des angeblichen Killervirus ließ sich nicht mehr protestieren. Man konnte nur noch die Weisungen der Experten entgegennehmen, die Ärmel hochkrempeln und dankbar die »sicheren« und »wirksamen« mRNA-Injektionen des Impfkartells empfangen. Journalisten, Intellektuelle, Künstler,

Medien, Justiz und Politik zogen nahezu geschlossen an einem Strang. Der Riss in der Gesellschaft entstand nicht mehr entlang ehemaliger politischer Verortungen, sondern »ganz unten rechts, am verzichtbaren Blinddarm.«[196] In Bezug auf die notwendige Sollbruchstelle zwischen den »Vernünftigen« und den »Verrückten« gab es wenig zu bedauern. Von der SPD bis zur AfD war man sich weitgehend einig und begehrte nicht gegen Merkels Lockdownagenda auf. Wer sich dagegen aussprach, die Not der Gesellschaft zu wenden, galt als krankes und verzichtbares Organ, das abzusondern ist, oder, um es mit den Worten Markus Söders zu sagen, als »Sünder«:

> »Wir stehen vor gewaltigen Aufgaben. Corona ist eine ganz große weltweit. Der Klimawandel bleibt eine epochale Herausforderung für uns alle. Wie müssen wir darauf reagieren? Nun, es gibt Erkenntnisse darüber. Es gibt Vorschläge und Ratschläge von den besten und schlausten Köpfen der Welt, wie man auf das eine, Corona, als auch auf das andere, Klimawandel, reagieren sollte. Es ist eigentlich nicht so schwer, diesen Empfehlungen zu folgen und politisch umzusetzen, bringt Ertrag und kann helfen. Wir tun das in Bayern und auch überwiegend in Deutschland. Aber was schwierig ist: dass es Menschen gibt und auch zum Teil politisch Verantwortliche, die das ignorieren, die das leugnen und das Gegenteil davon behaupten. Es gibt den Klimawandel. Ihn zu leugnen ist eine Sünde. Es gibt Corona als Herausforderung. Es ist nicht nur eine leichte Grippe. Es zu leugnen kann Leben gefährden, und zwar in existenzieller Form.«[197]

Die Aussagen Markus Söders, die ich bereits in *Vom Verlust der Freiheit* zitierte, sind deshalb so wichtig, weil sie den totalitären

Mechanismus einer Technokratie aufzeigen: »Wissenschaftsleugner« sind die Sünder und Ketzer von heute, sie gefährden das Wohl der Gemeinschaft, und dies kann der Staat nicht zulassen. Nicht umsonst rückte Söder »Querdenker« in die Nähe von Terroristen. Die Coronamaßnahmen haben erstmalig in der Geschichte der Bundesrepublik nach 1949 die unveräußerlichen Grund- und Bürgerrechte, die der deutsche Staat unter keinen Umständen missachten noch aufheben sollte, de facto doch aufgekündigt. Legislative und Judikative sind unter Merkel derart verschmolzen, dass eine echte Gewaltenteilung aufgehoben wurde. Hunderte Bürgerklagen gegen diesen ungeheuerlichen Vorgang werden seitens des Bundesverfassungsgerichts unter Leitung des Merkel-Intimus Stephan Harbarth gar nicht erst bearbeitet.

> »Gegen die ›einrichtungsbezogene Impfpflicht‹ in § 20a Infektionsschutzgesetz, […], sind bislang 210 Verfassungsbeschwerden von insgesamt 1153 Beschwerdeführern beim Bundesverfassungsgericht eingegangen. Bereits am 21. April 2022 waren hiervon bereits 171 (also über 80 Prozent) nicht zur Entscheidung angenommen worden. Diese Zahl wird seither beträchtlich gestiegen sein; es steht zu erwarten, dass fast alle im Zusammenhang mit der einrichtungsbezogenen Impfpflicht erhobenen Verfassungsbeschwerden gar nicht erst zur Entscheidung angenommen werden.«[198]

Unter linksgrüner Führung hat man im Kampf gegen Corona und den Klimawandel inzwischen den Grundstein zu einer technokratischen Agenda gelegt:

> »Im Jahr 2021 leiten innerhalb weniger Wochen gleich zwei neue Gesetze beziehungsweise Grundsatzurteile das ›neue

Normal‹ ein, bei dem das deutsche Grundgesetz dauerhaft ausgehebelt wird. Bürgerrechte? Pandemieschutz ist größer. Freiheit? Klimaschutz ist größer.

›Künftig können selbst gravierende Freiheitseinbußen zum Schutz des Klimas verhältnismäßig und verfassungsrechtlich gerechtfertigt sein; gerade deshalb droht dann die Gefahr, erhebliche Freiheitseinbußen hinnehmen zu müssen.‹ [Pressemitteilung Bundesverfassungsgericht, Beschluss vom 24. März 2021]

Unter dem Vorsitz von Stephan Harbarth, CDU, hat das Bundesverfassungsgericht mit dieser Aussage die besten Voraussetzungen für ein grünes Durchregieren geschaffen. Dirk Maxeiner, Herausgeber der Achse des Guten, äußert sich besorgt: ›Dies lässt nun wirklich nichts Gutes ahnen. ›Gravierendes‹ sind keine Petitessen oder Lästigkeiten, sondern Robustes, Manifestes: Ausgangssperren, Reiseuntersagungen, Betätigungsverbote, Eigentumsentziehungen. Es geht also um das volle Programm dessen, was wir derzeit unter dem Coronaregime erleben. Soll der sofortige Grundrechtsentzug jetzt zur Rettung des Weltklimas und einer vermuteten Temperaturentwicklung in 100 Jahren fortgeschrieben werden?‹ [Achse des Guten: »Bundesverfassungsgericht: Grundrechte jetzt nur noch unter Klimavorbehalt«, Dirk Maxeiner, 29.04.2021]«[199]

Zentrale Grundrechte der parlamentarischen Demokratie sind das Recht auf freie Meinungsäußerung sowie das Recht auf friedliche Demonstrationen – beides wurde unter Corona ausgesetzt. Dass auch in Bezug auf andere Themen diese Grundrechte der Vergangenheit angehören könnten, zeichnet sich ab. Im September 2022 erklärt der Bundeskanzler Olaf Scholz via *Twitter:*

»Friedlich seine Meinung zu äußern, das ist eines der wichtigsten Rechte unserer Demokratie. Wenn Kundgebungen von Extremisten, Querdenkern und Verfassungsfeinden gekapert werden, nehmen wir das nicht hin. Denn unsere Demokratie ist wehrhaft. #GdPBundeskongress2022«[200]

Wer genau mit »Extremisten, Querdenkern und Verfassungsfeinden« gemeint ist, und ab wann eine Kundgebung als »gekapert« gilt, entscheidet natürlich allein die Bundesregierung. Prospektiv stellt Scholz der Ampel damit einen Freibrief aus, jedweden Protest gegen die Regierung im Keim ersticken zu können. Nichts Gutes lässt diesbezüglich auch das neue »Demokratiefördergesetz« erahnen, die *Neue Zürcher Zeitung* kommentiert:

»Die Bundesregierung will Vereine und Gruppen dauerhaft fördern, die sich gegen Extremismus engagieren. Faktisch aber prämiert sie erwünschte Weltanschauungen – und spaltet die Gesellschaft. […] Für die Demokratie ist das keine gute Nachricht. Denn mit diesem Gesetz will sich der Staat eine Gesellschaft ganz nach seinem Bilde formen.«[201]

Abschaffung der Seele

»Das eigentliche Ziel totalitärer Ideologie ist nicht die Umformung der äußeren Bedingungen menschlicher Existenz und nicht die revolutionäre Neuordnung der gesellschaftlichen Ordnung, sondern die Transformation der menschlichen Natur selbst, die, so wie sie ist, sich dauernd dem totalitären Prozess entgegenstellt. […] Was in der totalen Herrschaft auf dem Spiele steht, ist wirklich das Wesen des Menschen.«[202]

Ich bin davon überzeugt, dass ein Mensch, der Kontakt zu seinem wahren Wesenskern hatte, sein zuvor möglicherweise materialistisches Weltbild aufgeben wird. Ein gutes Beispiel sind Menschen mit Nahtoderfahrungen. So war der US-amerikanische Neurochirurg Dr. Eben Alexander nicht nur eingefleischter Materialist, sondern bezüglich der menschlichen Hirnfunktionen auch noch vom Fach – bis zu seiner Nahtoderfahrung. Dasselbe gilt auch für den Diplominformatiker und Arzt, Prof. Dr. Oliver Lazar. »Rationale Männer der Wissenschaft« und vollends vom Materialismus überzeugt wandeln sich nach Kontakt zu ihrem Selbst zu Propheten des ganzheitlichen Weltbilds. Man könnte daher vielleicht auch sagen: Materialisten sind sich selbst im Innersten noch nie begegnet. Wie aber soll ein Mensch ohne Kontakt zu seinem höheren Wesenskern jemals seine wahre Berufung finden? Der Weisheitslehrer Martin Schleske drückt es so aus:

> »Was kommt durch dich zum Klingen? Dass du glaubst, bedeutet, dass du Antwort auf die Liebe gibst, die dich beruft. Wenn dir diese Gnade fehlt, bist du ohne Glauben. Das ist nicht die verschuldete, sondern die erlittene Gottlosigkeit.«[203]

Menschen, die sich dieser Gnade bewusst sind, sehen die Polarisierung zwischen Materialismus und Idealismus überall. Diener der materialistischen Maschine und Vertreter ganzheitlicher Sinn- und Seinskonzepte treten im täglichen Leben mit solcher Klarheit hervor, dass man ihre Repräsentanten in allen Denkschulen und Disziplinen erkennt. Ob in der Kunst, Wissenschaft, Politik oder Wirtschaft, der Medizin, Psychologie oder Philosophie: Alle namhaften Vertreter ihrer Zunft gehören entweder der Maschine oder Gott. Dazwischen gibt es nichts. Auch in diesem Buch geht es immer wieder um die Antipoden der diametralen Weltanschauungen: C. G. Jung vs. Sigmund Freud, Joseph Beuys vs. Andy Warhol, Yuval Noah Harari vs. Viktor E. Frankl.

Zu den im ersten Kapitel skizzierten Problemen der deutschen Gesellschaft – neurotische Selbstablehnung und oligarchische Manipulation der Massen – gesellt sich der universelle Werteverfall der westlichen Gemeinschaft. Die kulturelle Identität auf der Basis christlich-jüdischer Wurzeln, mit einem transpersonal-spirituellen Weltbild als Selbstverständlichkeit, wurde im Zuge der Aufklärung durch ein mechanistisch-materialistisches Weltbild ersetzt. In Politik und Wissenschaft ist man sich sicher, dass es im Universum außerhalb von Zufall und Materie keine weiteren Instanzen gibt. Bislang hatte lediglich blanker Zufall über Äonen von Jahren Materie zum Ergebnis Mensch zusammengewürfelt. Warum sollte man den so entstandenen Eiweißklumpen nicht optimieren, indem man sein Genom endlich auf bewusste Art editiert? Politische Programme, die auf Basis dieses Weltbilds entstehen, zeichnen sich durch Hybris, Größenwahn und Menschenverachtung aus. Alle politischen Agenden, die ich in meinen vorangegangenen Büchern kritisierte, kranken letztendlich an eben dieser Menschenverachtung, da sie das gegebene und heilige Element des Menschen negieren. Im materialistisch-sozialistischen Weltbild ist alles verhandel- und modellierbar: biologisches Geschlecht, persönliche wie kollektive Identität, Klimazyklen und natürlich auch das komplexeste biologische System überhaupt, die Immunabwehr. Bei einem spirituell-transzendenten Weltbild stehen jedoch alle Politikansätze der Neuzeit unter starkem Vorbehalt. Genetische Manipulation von Menschen, Pflanzen und Tieren oder das wahnwitzige Unterfangen des Geoengineerings (Climate-Engineering) sind unter einer ganzheitlichen Weltsicht nicht denkbar.

Die Postulate des Transhumanismus, alles technisch Machbare zu machen und zu unterstellen, die Welt würde damit immer besser und optimaler, sind unter Beibehaltung des bisherigen

Menschenbilds undurchführbar. Um tatsächlich Gott spielen zu können, um Menschen und Planeten nach eigenem Gusto umzugestalten, muss der Mensch zunächst ein vollkommen anderes Selbstverständnis entwickeln. Auf dem Boden des jüdisch-christlichen Menschenbildes, dessen Ideale das Grundgesetz einstmals verbindlich festschrieb, werden Willensfreiheit und Selbstbestimmung über den eigenen Körper als höchste Güter angesehen. Vor Corona wäre ein gentechnischer Eingriff ohne umfassende Aufklärung als grobe Verletzung der Menschenwürde angesehen worden, der ohne Einverständnis und ausdrückliches Verlangen des Patienten als moralisch verwerflich und undurchführbar gegolten hätte. Doch unter dem Narrativ einer »Killerseuche« haben die Menschen bereits zwei zentralen Voraussetzungen zur Durchführung der *Vierten industriellen Revolution* bereitwillig zugestimmt: Die Hoheit und Selbstbestimmung über den eigenen Körper wurden dem Staat, besser, der Industrie, übertragen. Zudem wurde eine quasi lückenlose Überwachung und Einflussnahme auf die Privatsphäre in vorher nie gekanntem Ausmaß toleriert.

Dreh- und Angelpunkt der neuen Ideologie aus Davos ist jedoch die Erziehung des Menschen zu einem neuen Selbstbild. Die heilige Natur des Menschen, in seiner Trinität aus Körper, Seele und Geist, muss in Abrede gestellt werden. Der zeitgenössische Mensch muss in seinem intuitiven Wissen über seine wahre Natur systematisch umerzogen werden. Angeborene Gewissheiten von Einmaligkeit, Willensfreiheit und Ich-Bewusstsein, oder anders gesagt, das tief verwurzelte Gefühl einer dem Menschen gegebenen *Würde* muss als bloße Gaukelei des Biocomputers Gehirn dargestellt werden. So erscheint denn auch keine Ausgabe moderner Wissenschaftsmagazine, wie *Spektrum* oder *Geo*, in denen dem Leser ein ums andere Mal der »tatsächliche Wissenschaftsstand« erklärt wird:

»Der Neurowissenschaftler Nick Chater hält den menschlichen Geist für überbewertet – und sagt: ›Wir können uns nicht finden. Weil in uns kein Selbst ist, das wir finden könnten. [...] ich sage Ihnen, dass auch unsere Intuitionen über unser Innenleben falsch sind. Wir haben den Eindruck innerer Tiefe, einer reichen Welt, in der unsere Überzeugungen ruhen. Und wenn wir sie brauchen, holen wir sie gleichsam hoch. Aber da ist nichts dergleichen: Wir haben keine innere Tiefe. Wir sind mental flach. So wie wir die Außenwelt aus einzelnen Eindrücken improvisieren, so machen wir es auch mit unserem Selbst. [...] Es gibt keinerlei Hinweise darauf, dass, während wir ›bewusst‹ denken, irgendwo im Hirn noch etwas ›Unterbewusstes‹ abläuft. Es gibt kein Unterbewusstsein, sondern nur die parallel prozessierende, verteilte Anstrengung unseres Hirns, sich einen Reim auf die Welt zu machen. Das erfordert in jedem Moment nahezu alle geistigen Ressourcen, die wir besitzen. Wir haben gar keine Rechenkapazität für Unterbewusstes.«[204]

Intuition, innere Tiefe, Unbewusstes – lediglich Illusionen einer überforderten Rechenmaschine. Alles, womit sich die Psychologie seit mehr als 100 Jahren beschäftigt – und demzufolge auch alles, was ich in Kapitel II über den Monomythos, die Suche nach einem »Selbst«, die streitenden psychischen Anteile »Ich«, »Es« oder das »Unbewusste« geschrieben habe –, ist nach zeitgenössischem Weltbild schlichtweg *Blödsinn.* Kaum ein Denker moderiert den freien Willen des Menschen zynischer ab als der Historiker und Bestsellerautor Yuval Noah Harari:

»Als Wissenschaftler im Verlauf des letzten Jahrhunderts die Blackbox des Sapiens öffneten, fanden sie dort weder eine Seele noch einen freien Willen noch ein ›Ich‹ – sondern nur

> Gene, Hormone und Nervenzellen, die den gleichen physikalischen und chemischen Gesetzen gehorchen wie der Rest der Wirklichkeit. Wenn Wissenschaftler heute fragen, warum ein Mann ein Messer zückte und einen anderen erstach, reicht es deshalb nicht zu sagen: ›Weil er das so beschlossen hat.‹ Genetiker und Hirnforscher liefern stattdessen eine viel detailliertere Antwort: ›Er tat es aufgrund dieser und jener elektrochemischen Prozesse im Gehirn, die durch eine bestimmte genetische Veranlagung beeinflusst sind, in der alte evolutionäre Zwänge gepaart mit zufälligen Mutationen zum Ausdruck kommen.‹ Die elektrochemischen Abläufe im Gehirn, die in einen Mord münden, sind entweder deterministisch oder zufällig oder eine Mischung aus beidem – aber sie sind niemals frei. […] Wenn man mit ›freiem Willen‹ die Fähigkeit meint, gemäß den eigenen Wünschen zu handeln, dann verfügen Menschen tatsächlich über einen freien Willen, nicht anders als Schimpansen, Hunde und Papageien. Wenn Polly einen Cracker will, dann isst Polly einen Cracker.«[205]

Leider ist zu befürchten, dass aufgrund der Entwurzelung und neurotischen Vorschädigung vieler westlicher Individuen die fatale Umerziehung zugunsten des Glaubens, der Mensch sei eine deterministische Maschine, tatsächlich gelingen könnte. Menschen können ihren genuinen, heiligen Persönlichkeitsanteil, ihr Selbst, nur dann fühlen, wenn sie sich authentisch und frei erleben. Wenn sie spontan sind, wenn sie lieben, bei der Hingabe an ein Werk oder im Naturerleben. Kurz – wenn das tagbewusste Ego zurücktritt und das Selbst übernimmt. Jedoch – eine Grundvoraussetzung, um diese Selbsttranszendenz als Erwachsener erleben zu dürfen, ist die unverbrüchliche Spiegelung von Einzigartigkeit und Liebe während der eigenen Kindheit seitens der Eltern oder engsten Bezugspersonen.

»Es ist keine neue Erkenntnis, dass der Glanz im Auge der Mutter (und des Vaters) unser Schicksal bestimmt. Fehlt dieser, wird die Kränkung oder ihre Überkompensation seelischer Grundbaustein der Existenz.«[206]

Über Menschen, die so gut wie nie den »Glanz in den Augen ihrer Eltern« gesehen haben, geht es in meinen vorangegangenen Büchern. Internalisierte Selbstinfragestellung und tiefe Verunsicherungen sind die Folgen. Die anschließenden Kompensationen und Abwehrstrategien, um mit der unerhörten Kränkung der Seele fertigzuwerden, stellen den Kern vieler politischer Übersteuerungen dar. Einem Menschen, der seinen wahren Wesenskern nie kennengelernt hat, mit wissenschaftlicher Autorität zu erzählen, er handle lediglich automatisiert wie der Papagei Polly, ist nicht wirklich schwer. Eben dies hatte die entwurzelte Seele, die sich stets getrieben und ausgeliefert fühlt, ja ohnehin angenommen. Mehr noch, die Erzählung, der Mensch sei ein Algorithmus aus Nullen und Einsen ohne innere Tiefe und ohne eigenen Willen – und demzufolge noch nicht einmal für seine Taten wie Mord verantwortlich –, kann für gescheiterte und überforderte Seelen Labsal sein. Wenn zudem das Versprechen im Raum steht, dass alle Entscheidungs- und Zielkonflikte, die ein erwachsenes Leben nun einmal mit sich bringt, abgenommen werden – was kann es Besseres geben?

Die westliche Gesellschaft hat in den letzten 200 Jahren im Zuge der Industrialisierung aus mannigfaltigen Gründen infantile, entwurzelte Charaktere erzeugt. Doch anstatt Wege aufzuzeigen, wie man *nachträglich* erwachsen werden kann, um Verantwortung tragen zu können, erklären zeitgenössische Vordenker wie Harari, dass es völlig okay sei, infantil zu sein – für mehr reichten die »Rechenkapazitäten« ohnehin nicht aus. Die Subtexte in den diversen Schutzprogrammen gegen Klimaerwärmung und

Pandemien tragen dem reduktionistischen Menschbild Rechnung und begeben sich auf die Ebene des Papageien Polly: Die Probleme dieser Welt seien viel zu kompliziert für den Bürger, als dass sich dieser noch seine eigenen Gedanken machen sollte. Stattdessen werde man für Polly in seinem Käfig schon ordentlich sorgen und ihm ab und an sogar einen Cracker gönnen. Dank großzügiger Philanthropen seien supranationale Organisationen wie die WHO und deren Wissenschaftler gut aufgestellt und regelten alles zum Besten. Wer sich auf diese Weise einwickeln lässt, wird zum idealen Bürger einer totalitären Gesellschaft, idealer Konsument und idealer Arbeitssklave.

Transhumanismus

> »Daten könnten es menschlichen Eliten ermöglichen, etwas noch Radikaleres zu tun, als bloß Diktaturen zu errichten. Durch das Hacken von Organismen könnten Eliten die Macht erlangen, um die Zukunft des Lebens selbst neu zu gestalten. […] Wenn es uns tatsächlich gelingt, Leben zu hacken und zu manipulieren, wird dies nicht nur die größte Revolution in der Geschichte der Menschheit sein. Dies wird die größte Revolution in der Biologie seit Beginn des Lebens vor vier Milliarden Jahren sein. Die Wissenschaft ersetzt Evolution durch natürliche Auslese mit Evolution durch intelligentes Design. […] Menschen sind jetzt Tiere, die man hacken kann. Die ganze Idee, dass Menschen diese Seele oder diesen Geist haben und dass sie einen freien Willen haben, und niemand weiß, was in mir vorgeht – was ich wähle, ob bei der Wahl oder im Supermarkt, das ist vorbei!«[207]

Der zentrale Punkt der vom WEF beschworenen *Vierten industriellen Revolution* ist der sogenannte *Transhumanismus*. Die neue Ideologie, deren Struktur erstmalig in der Coronapandemie sichtbar wurde, muss zwangsläufig in eine totalitäre Herrschaft führen. Um dies aufzuzeigen, stellt die Autorin Julia Weiss in ihrem viel beachteten Essay »Die Abschaffung der Seele«[208] zwei Grundpositionen gegenüber, die den zeitgenössischen Kulturkampf abbilden: Klaus Schwabs Buch *Die Vierte industrielle Revolution*, das als Leitfaden und Richtschur des WEF gelesen werden kann, steht Hannah Arendts Klassiker *Elemente und Ursprünge totaler Herrschaft* gegenüber. Im Abgleich der beiden Werke wird deutlich, dass Schwab, vermutlich ohne es zu wollen, geradezu mustergültig eben jene Bedingungen postuliert, die Hannah Arendt als Idealvoraussetzungen für eine totalitäre Gesellschaft erkannt hat.

Klaus Schab schwärmt in seinen Büchern von den beiden Schlüsseltechnologien: der synthetischen Biologie und der Neurotechnologie. In Zukunft lässt sich DNA »maßschneidern«. Die völlig neu geschaffenen »Wunschbabys« lassen sich jedoch noch weitaus komplexer modifizieren, wenn man sie mit neuen Nano- und Neurotechnologien kombiniert. Auf diese Weise lassen sich Schnittstellen zwischen dem Internet und dem Nervensystem herstellen. Kleinstgeräte oder Nanopartikel werden implantiert, verschluckt oder getragen und sollen Gesundheitsdaten in Echtzeit sammeln, die rund um die Uhr in eine Cloud hochgeladen werden. Das zukünftige »Internet der Körper« soll Gesundheit und Wohlempfinden dann entscheidend verbessern:

> »Neurofeedback – die Möglichkeit, die Gehirnaktivität in Echtzeit zu überwachen – bietet zahllose Möglichkeiten, um Süchte zu bekämpfen, das Essverhalten zu regulieren und die Leistungen vom Sport bis zum Unterricht zu verbessern.«[209]

Mit der Dämonisierung der Protagonisten der *Vierten industriellen Revolution* kommt man nicht sehr viel weiter. Menschen wie Klaus Schwab, Bill Gates oder Yuval Harari sind vermutlich nichts weiter als Materialisten mit narzisstischer Tendenz. Vermutlich glauben diese Leute tatsächlich, zum Wohle der Menschheit zu handeln, und dass nur durch ihre Agenda eine Art Paradies auf Erden möglich ist. Da ernsthaft geglaubt wird, mithilfe der neuen Technologien den Schlüssel zur Lösung aller Probleme in der Hand zu haben, sind für die Umsetzung selbst die Beugung der Wahrheit und Zwang zu rechtfertigen.

Kaum ein Werk illustriert den materialistischen Zeitgeist besser als die Bücher des weiter oben bereits erwähnten Prof. Yuval Noah Harari. *Homo Deus – eine Geschichte von Morgen* scheint für Geister geschrieben worden zu sein, die es kaum erwarten können, dass der Mensch Gottes Stelle einnimmt. Das nachfolgende Unwohlsein, das den Menschen ob seiner Verantwortlichkeit als »höchstes Wesen« beschleicht, wird im nächsten Logikschritt sogleich wieder befriedet – die Erniedrigung des »Homo Deus« folgt auf dem Fuße.

Der in Biotechnik belesene Autor Harari, gern gesehener Gast auf der Bühne des WEF-Forums in Davos, erklärt dem staunenden Publikum, welchen Weg eine derart von Gott befreite Menschheit in Kürze nehmen wird. Dabei weiß man bei dem Autor nie so ganz genau, ob er vor der nächsten Evolutionsstufe des Menschen warnt oder ob er sie herbeisehnt. Indirekt verrät Harari schließlich aber doch, was er sich von den neuen technischen Möglichkeiten erhofft. In einem Interview mit der *New York Times* erläutert er die Vorzüge einer künstlichen Intelligenz nebst Totalüberwachung an einem erstaunlich persönlichen Beispiel: Er, Harari, sei schwul – leider habe er diese sexuelle Orientierung erst spät entdeckt. Hätte es in seiner Jugend bereits eine Totalüberwachung mit hochauflösenden Kameras gegeben, deren Algorithmen von einer künstlichen Intelligenz ausgewertet werden, wäre ihm vieles erspart geblieben. Beispielsweise hätte eine künstliche Intelligenz am Strand von Tel Aviv die Augenverweildauer des 16-jährigen Harari auf den verschiedenen Badetextilien messen können. Und mit einer Schnittstelle im Gehirn hätte ihm ein Supercomputer zweifelsfrei attestiert, dass er schwul sei. Doch in Ermangelung dieser wünschenswerten Assistenz durchlebte der Autor viele verschenkte Jahre.

Den Grund, warum Harari einem Computer mehr vertraut als seiner eigenen Wahrnehmung, macht den roten Faden seines Werkes aus. Für Harari sind alle Lebewesen letztendlich tote Algorithmen. Ob eine Rechenoperation auf organischen Algorithmen (auf Kohlenstoffbasis) oder anorganischen Algorithmen (auf Siliziumbasis) beruhe, spiele letztlich keine Rolle – zwei plus zwei ergäbe schließlich immer vier:

> »Daraus folgt, dass ein externer Algorithmus theoretisch viel besser über mich Bescheid wissen könnte als ich selbst. Ein Algorithmus, der sämtliche Systeme überwacht, aus denen mein Körper und mein Gehirn bestehen, könnte genau wissen, wer ich bin, wie ich mich fühle und was ich will. Einmal entwickelt, könnte ein solcher Algorithmus den Wähler, den Konsumenten und den Betrachter ersetzen. Dann wird der Algorithmus wissen, was am besten ist, der Algorithmus wird immer recht haben, und Schönheit wird in den Berechnungen des Algorithmus liegen.«[210]

In *Sternstunde Philosophie* erklärt Harari das Grundprinzip, nach dem Menschen funktionieren. In diesem Beispiel ist der Mensch kein Papagei, der einen Cracker will, sondern ein Affe, den es nach Bananen gelüstet. Dieser Affe steht vor einem Bananenbaum, in der Nähe befinden sich auch einige Löwen. Nun muss der Computer namens Affenhirn in Sekundenbruchteilen beurteilen, ob er die Bananen pflückt oder ob er flieht. In die komplexe mathematische Gleichung gehen viele Parameter ein, die Entfernung der

Löwen, die eigene Fähigkeit zu rennen, die Höhe des Baumes, die Reife der Bananen und viele weitere Messgrößen. Einzig um diese äußerst komplexen Rechenoperation vornehmen zu können, habe die Evolution den Supercomputer Gehirn geschaffen. Der Mensch als konditioniertes, programmiertes Äffchen – mehr ist es nicht.[211]

Reiz hier – Affekt da. Freier Wille? Fehlanzeige. Das komplexe Menschenbild mit seiner Trinität aus Körper, Seele und Geist reduziert sich im materiellen Weltbild zum deterministischen Algorithmus. Der durch Zufall entstandene Biocomputer hat im Vergleich zu den Fähigkeiten künstlicher Intelligenz jedoch eher bescheidene Möglichkeiten. Da alle menschlichen Entscheidungen auf der Basis eines »freien Willens« überkommene Wunschvorstellungen sind, wie Hararis Beispiel aus seiner Jugend zeigt, sollte der Mensch seinem Unvermögen endlich auch in den politischen Modellen Rechnung tragen. Wenn der Mensch nicht einmal seine elementarsten Triebe richtig deuten könne – wie soll in einer Demokratie die Bündelung derartiger Irrtümer zu sinnvollen politischen Entscheidungen führen? Die Ideale der Polis als Bürgergemeinde, in der freie Bürger mit freiem Willen freie Entscheidungen treffen, sei im Zeitalter der KI kaum noch zu halten. Zumal die globalen Probleme viel zu komplex und zu dringlich seien, als dass man den ohnehin defizitären demokratischen Prozess abwarten könne. Heute gilt: Je mehr Daten man erheben könne, mit denen man die KI füttert, desto besser würden Computer die Inkompetenz der einzelnen Menschen ausbügeln. Ob in Klima- oder Gesundheitsfragen – die große KI weiß es immer besser. Hätte der Mensch erst einmal seine Individualität und seinen freien Willen als Illusionen erkannt, würde vieles leichter. Dann könne man endlich die nötigen Alltagserfahrungen machen, die zweifellos zeigten, dass die Entscheidungen der KI schlichtweg überlegen sind. Ob bei der Partnerwahl, dem täglichen Speiseplan oder bezüglich des aktuellen Impfstatus – die Entscheidungen aus der Cloud, in die alle persönlichen Biodaten rund um die Uhr hochgeladen werden, wäre immer eine Nasenlänge voraus. Irgendwann würde der Mensch erkennen und zugestehen, dass der Verzicht auf einen eigenen Willen stets zu seinem Besten geschieht. Der Naturphilosoph Jochen Kirchhoff kommentiert diese Ideologie wie folgt:

> »Der Mensch soll zum Cyborg-Gespenst, zum Roboter ohne selbstbestimmte und ichhafte Geistigkeit werden: zum fremdbestimmten Mischwesen, wie es der Great Reset vorsieht, mit technischen Implantaten im Leib, die zu einem Teil dieses Leibes werden, den man nicht mehr loswerden kann, der dann immer da ist und sein satanisches Lied singt: ›Du bist geschützt, dir geht es gut, du hast alles, was du brauchst, vertraue uns, wozu musst du dich quälen mit Fragen und tieferen Denkprozessen, das führt doch alles zu nichts, wir bauen die bessere Welt zu deinem Nutzen, zu deiner Freude und für den globalen Frieden …‹ Der Mensch soll zur technischen Marionette werden. Wozu Freiheit, wozu Selbstbestimmung, wozu all das, was den Menschen früher belastete?«[212]

Die grundsätzliche Sinnlosigkeit des Lebens ist für Harari ein derart gesetzter Fakt, dass es kaum lohnt, sich tiefer mit dem Thema zu beschäftigen. Mit dem Christentum und anderen Religionen hält sich der Historiker gar nicht mehr auf. Derartige Wahnmodelle rangieren für ihn auf dem Niveau wie der Glaube an den Weihnachtsmann oder den Osterhasen. Den letzten Zahn der Sinngläubigen will Harari bei den Liberalen ziehen, denn diese seien immer noch naiv genug, an den freien Willen des Menschen zu glauben:

> »Die Biowissenschaften bringen den Liberalismus ins Wanken mit ihrer Behauptung, dass das freie Individuum

nur eine erfundene Geschichte ist, die von einer Ansammlung biochemischer Algorithmen ersonnen wurde. In jedem Augenblick erzeugen die biochemischen Mechanismen des Gehirns ein blitzartiges Erleben, das sogleich wieder verschwindet. Dann tauchen in rascher Folge immer mehr solcher Blitze auf und verschwinden wieder, tauchen auf und verschwinden. Diese Augenblickserlebnisse addieren sich nicht zu irgendeinem dauerhaften Wesenskern. Das erinnernde Selbst versucht diesem Chaos eine Ordnung zu geben und erfindet zu diesem Zweck unablässig eine Geschichte, in der jede dieser Erfahrungen ihren Ort und damit jede Erfahrung eine dauerhafte Bedeutung hat. Doch so überzeugend und verführerisch diese Geschichte auch sein mag, so ist sie doch nichts weiter als Fiktion. Mittelalterliche Kreuzfahrer glaubten, Gott und der Himmel gäben ihrem Leben einen Sinn. Moderne Liberale glauben, die freien Entscheidungen des Individuums gäben dem Leben einen Sinn. Beides sind Trugschlüsse.«[213]

Dabei kann man Yuval Noah Harari nicht vorwerfen, nicht Tacheles zu reden. Unverhohlen spricht er sowohl vom nutzlosen Esser wie vom neuen Übermenschen. Der große Vordenker der *Vierten industriellen Revolution* weiß um die Gefahren eines von der Arbeit freigestellten Bürgers, da »normale« Menschen im Zuge der Robotik ihren wirtschaftlichen und militärischen Nutzen verlieren werden.

»Nun ist es an der Zeit, die praktischen Auswirkungen dieser wissenschaftlichen Entdeckungen zu beleuchten. Liberale befürworten freie Märkte und demokratische Wahlen, weil sie glauben, jeder Mensch sei ein einzigartiges wertvolles Individuum, dessen freie Entscheidungen die

> letztgültige Quelle von Autorität darstellen. Im 21. Jahrhundert könnten drei praktische Entwicklungen diesen Glauben obsolet werden lassen:
> 1. Die Menschen werden ihren wirtschaftlichen und militärischen Nutzen verlieren, weshalb das ökonomische und das politische System ihnen nicht mehr viel Wert beimessen werden.
> 2. Das System wird die Menschen weiterhin als Kollektiv wertschätzen, nicht aber als einzigartige Individuen.
> 3. Das System wird nach wie vor einige einzigartige Individuen wertschätzen, aber dabei wird es sich um eine neue Elite optimierter Übermenschen und nicht mehr um die Masse der Bevölkerung handeln.«[214]

Allein dieser kurze Absatz aus einem 540-Seiten-Buch sollte ausreichen, um die menschenverachtende Grundstruktur des Transhumanismus zu erkennen: Demokratische Wahlen sind ein Irrweg, da Menschen zur freien Willensbildung unfähig sind. Freie Märkte sind obsolet, da eine zentral gesteuerte KI Ressourcen und Bedürfnisse weitaus besser berechnen kann. Menschen, die »keinen Nutzen« für das System haben, sind nicht viel wert. Individualität ist kein hohes Gut. Und nur die »Eliten optimierter Übermenschen«, womit genmodifizierte, hybride Wesen gemeint sind, wird »das System« zukünftig noch als wichtig anerkennen. Was braucht man noch, um die faschistoide Grundstruktur der *Vierten industriellen Revolution* zu entlarven?

Dass es im Zuge der *Vierten industriellen Revolution* um massenhaft freigestellte Bürger gehen wird, deren »Nutzen« sich nicht mehr erschließt, treibt Harari schon länger um. Bereits 2015 schlägt er in einem Interview mit Daniel Kahneman Söyleşisi vor, diese »nutzlosen Bürger« (sic!) mit Drogen und Computerspielen ruhigzustellen, und erklärt, dass dies ja auch bereits weitgehend geschehe.[215] In *Homo Deus* widmet sich der Autor dem Problem in einem Kapitel mit dem Titel *Die nutzlose Klasse:*

> »Die wichtigste ökonomische Frage des 21. Jahrhunderts dürfte sein, was wir mit all den überflüssigen Menschen anfangen. [...] Im 21. Jahrhundert könnten wir Zeugen werden, wie eine neue Nichtarbeiterklasse entsteht: massenhaft Menschen ohne jeden ökonomischen, politischen oder auch künstlerischen Wert, die nichts zum Wohlstand, zur Macht und zur Ehre der Gesellschaft beitragen. Diese ›nutzlose Klasse‹ wird nicht nur beschäftigungslos, sondern gar nicht mehr beschäftigbar sein. [...] Der technologische Boom wird es wahrscheinlich möglich machen, die nutzlosen Massen auch ohne jede Anstrengung von deren Seite zu ernähren und zu unterstützen. Aber womit werden sie sich beschäftigen, und was wird sie zufriedenstellen? Menschen müssen etwas tun, sonst werden sie verrückt. Was werden sie den ganzen Tag machen? Eine Möglichkeit wären Drogen und Computerspiele. Nicht mehr benötigte Menschen könnten immer mehr Zeit in virtuellen 3-D-Welten verbringen, die viel mehr Aufregung und emotionale Beteiligung zu bieten haben als die trostlose Wirklichkeit da draußen. Eine solche Entwicklung würde jedoch dem liberalen Glauben an die Heiligkeit menschlichen Lebens und menschlicher Erfahrungen einen tödlichen Schlag versetzen. Was ist so heilig an nutzlosen Faulenzern, die ihre Tage mit künstlichen Erlebnissen in Fantasiewelten verbringen?«[216]

Ein Mensch, der so weit von sich selbst entfernt ist, dass er sich eine Rund-um-die-Uhr-Überwachung seiner Augenbewegung wünscht, damit ihm eine künstliche Intelligenz seine sexuellen

Präferenzen verraten kann, zeichnet hier das Zukunftsbild für die gesamte Menschheit. Natürlich hat es dissoziierte Personen wie Harari schon immer geben. Der Grund, warum ich dem Autor so viel Raum gegeben habe, ist jedoch folgender: Es ist überaus symptomatisch für den Bewusstseinszustand der westlichen Gesellschaft, wenn derartige Charaktere zu Leitfiguren und Propheten avancieren. Auch dank der großen Würdigung durch das Weltwirtschaftsforum werden Hararis Bücher in mehreren Sprachen und in Millionenauflage gedruckt. Zudem vergeht kaum eine Wissenschaftssendung rund um den Globus, in der der Zukunftsprophet nicht eingeladen wäre.

Medien

Diskurshoheit

Zwei Faktoren haben den Start in das technokratisch-transhumanistische Zeitalter möglich gemacht: Zum einen sind durch die enormen Geldmengen in den Händen weniger Oligarchen globale Kartelle entstanden, die mithilfe des Geschäftsmodells Philanthropie supranationale Organisationen gekapert haben. Der zweite große Aspekt, den sich viele Bürger schlichtweg nicht vorstellen können, ist die Schaffung eines Meinungskartells auf globaler Ebene, das top-down die grundsätzliche Fahrtrichtung der Massenmedien bestimmen kann. Erst beide Instrumente, altruistische Tarnung via humanistischer NGO-Organisationen *und* die globale Gleichschaltung der Massenmedien, machten den Weg frei zur Erpressung souveräner Staaten. Denn wer die Meinung der Bürger kontrolliert, kann auch nationale Politiker vor sich hertreiben. Die Menschen *wollen*, dass der Klimawandel gestoppt wird. Die Menschen *wollen* geimpft werden. Und die Menschen *wollen*, dass Russland ruiniert wird.[217] Doch was Menschen so dringlich wollen, fällt nicht einfach vom Himmel, es wird ihnen seitens globaler

Medienkartelle gesagt. Im Corona-Aufklärungsfilm des niederländischen Filmemachers Marijn Poels, *Pandamned*[218], weist der im Vorort erwähnte Kommunikationswissenschaftler Prof. Michael Meyen auf das globale Medienkartell »Trusted News Initiative (TNI)« hin, das bereits 2019 gegründet wurde. Quasi als globale Dachorganisation aller »Faktenchecker« hat sich die Initiative »der Wahrheit« verpflichtet und will gegen jedwede Falschinformationen vorgehen. Das Erstaunliche: Laut Meyen ist bereits zur Gründung 2019, also ein Jahr vor Corona, in den Statuten zur Abwehr von Falschinformationen insbesondere von Impfungen die Rede. Mitglieder der Organisation verpflichten sich, gegen »Fehlinformation von Impfskeptikern« vorzugehen. In der Initiative hat sich das Who's Who der größten IT- und Medienkonzerne versammelt: *Associated Press (AP), Agence France-Presse (AFP), British Broadcasting Corporation (BBC), CBC/Radio-Canada, Europäische Rundfunkunion* (69 Rundfunkanstalten in 56 Staaten und 31 assoziierte Sender weltweit. In Deutschland sind natürlich *ARD* und *ZDF* Mitglieder, in Österreich das *ORF*), *Facebook, Financial Times, »First Draft News«* (Fakenewsdienst von *Google, Facebook, Twitter), Google/YouTube, Microsoft, Reuters, Twitter* und die *Washington Post*. Angesichts dieser geballten Mediengleichschaltung ist es im Nachhinein nur wenig verwunderlich, dass alle Medien unisono vom »Killervirus« nebst »sicherer und geprüfter Impfungen« gesprochen haben. Wundersamerweise findet man im Internet relativ wenig Informationen über die Initiative, immerhin wirbt die *BBC* mit ihrer Mitgliedschaft in folgenden Worten:

> »Trusted News Initiative – wie Nachrichtenorganisationen Vertrauen wiederherstellen und die nächsten Desinformationsherausforderungen angehen können. Die Trusted News Initiative der BBC ist eine Partnerschaft, die Organisationen wie First Draft, Google/YouTube, Twitter, Reuters, Meta und

The Washington Post umfasst. Es ist das einzige Forum seiner Art auf der Welt, das darauf ausgelegt ist, Desinformationen in Echtzeit aufzunehmen.«[219]

Wer also bestimmen kann, was »Desinformationen« sind, hat angesichts dieses Kartells natürlich die uneingeschränkte Medienmacht. Wer auf *YouTube, Facebook* oder *Twitter* nicht spurte, bekam Abmahnungen oder flog raus. Die Meinungshoheit wurde aber nicht allein im digitalen Raum überwacht. Auch der klassische Buchmarkt wurde von den »Faktencheckern« überwacht.

Buchtitel, die die globalen Agenden kritisieren, wie *Die Wiedergutmacher, Vom Verlust der Freiheit* oder *Das Impfbuch,* werden seitens der Mainstreampresse schlichtweg nicht mehr besprochen. Der Mainstreamjournalist von heute hat gelernt: Selbst Verrisse machen kritische Bücher nur noch größer. Unliebsame Titel hält man am effektivsten klein, indem man gar nicht erst darüber berichtet. Normalerweise geht diese Strategie auf. Doch manchmal erreichen selbst totgeschwiegene Bücher eine so große Popularität, dass der Haltungsjournalist seinem Drang, zur medialen Waffe zu greifen, nicht länger widerstehen kann. Meine Interviews in den freien Medien hatten dazu beigetragen, dass *Das Impfbuch* innerhalb weniger Wochen in die dritte Auflage ging. Benedikt Fuest und Philipp Vetter von der *Welt* hatten sich mit ihrem Artikel *»›Medizin‹-Bestseller? Wie Amazon das Weltbild radikaler Impfgegner verstärkt«* einige Mühe gegeben, den Höhenflug des Buches zu beenden. Darin wurden die Impfungen als absolut »sicher und wirksam« beschrieben, und ich wurde kurzerhand zum »Schwurbler« erklärt.

Ende 2021 adressierten die *Welt*-Autoren ihren Frust über den Erfolg impfkritischer Bücher an Amazon. Man bedauerte, dass der Anbieter nicht rigoroser einschritt und entsprechende Titel aus dem Programm verbannte. Ohne es direkt auszusprechen, forderten Fuest und Vetter nichts Geringeres als eine Bücherzensur ausgerechnet jener Aufklärungsbücher, von denen man heute weiß, dass sie bezüglich der Impfkritik richtiglagen. Die beiden Jungjournalisten sind typische Vertreter einer von Hybris getragenen neuen Generation, die sich insbesondere in den Medien und der Politik zu Hause fühlt. Waren früher Kompetenz und Fachwissen nötig, reicht heute die »richtige Haltung«, um die Karriere voranzubringen. Der neue Journalistentypus handelt als Überzeugungstäter, dabei gilt dasselbe Prinzip wie bei der grünen Ideologie: Den Weg in die »richtige Richtung« weiß man einfach, schließlich haben »Experten« den Weg gewiesen. Längst haben sich woke Journalisten und woke Politiker zu einer *Verantwortungsverschwörung* zusammengeschlossen, die die Bürger wie Kinder behandelt, die man erziehen muss.

Was früher als No-Go und Tabu galt, die enge Absprache zwischen Politik und Medien, wird heute bewusst koordiniert. Die Praxis der Coronakrise wird in der Ukrainekrise fortgeführt. Erneut entwirft das Innenministerium Strategiepapiere für die Leitmedien, um die Volksmeinung in die gewünschte Richtung zu modellieren. Im September 2022 wurde ein Papier geleakt, das den Fahrplan einer engen Koordination zwischen Regierung, Medien und Faktencheckern beschreibt und das die gemeinsame Richtung zur Berichterstattung über den Ukrainekrieg vorgibt. Das durchgestochene Papier hat ähnliches Skandalpotenzial wie seinerzeit das Szenarienpapier *»Wie wir Covid-19 unter Kontrolle bekommen«*. Damals ging es um Strategien, wie man die Bevölkerung in Angst und Schrecken versetzen kann, damit sich Merkels Lockdown- und Impfpolitik rechtfertigen lassen. Federführend für das neue Strategiepapier mit dem Titel *»Laufende Aktivitäten der Ressorts und Behörden gegen Desinformation im Zusammenhang mit RUS Krieg gegen UKR«* ist abermals das Innenministerium. Im sogenannten »Resilienzplan« widmet sich das Papier der engen

Zusammenarbeit mit der Presse, namentlich genannt werden *Spiegel*, *Stern* und der *Tagesspiegel*. In der »Taskforce gegen Desinformation« will man allem begegnen, was nach Regierungsmeinung unter russischer Desinformation firmiert. Ukrainische oder US-amerikanische Darstellungen des Kriegsgeschehens werden aus Sicht der Bundesregierung jedoch grundsätzlich nicht als Desinformation gewertet.[220]

Spätes Erwachen

Bezüglich der Manipulationen rund um das Corona-Narrativ sind die Leitmedien viel zu spät aufgewacht. Trotzdem sind viele Aufklärer dankbar, dass es im Nachhinein doch noch so etwas wie eine späte Erkenntnis gibt. Bill Gates hatte sich vor der Coronapandemie mit dem Dreigestirn aus »Impfallianz Gavi«, »Bill & Melinda Gates Foundation« und »Coalition for Epidemic Preparedness Innovations«, kurz »Cepi«, einen Machtapparat geschaffen, der weder von einzelnen Nationen noch von der WHO infrage gestellt werden konnte. Wer, wie ich, als freier Publizist auf die Gefahren dieser monströsen Monopolstellung hinwies, galt als »Verschwörungstheoretiker« und »Querdenker«. Zu Beginn der Coronakrise machte sich die Zeitung *Welt* noch über Mahnungen bezüglich des Gates Kartells lustig und sprach von einem »fiebrigen Raum der Paranoia«. Damals schrieb man noch Artikel mit dem Titel »Bill Gates, der neue ›Superschurke‹ für Verschwörungstheoretiker«.

Wie gerade erwähnt, erklärte die *Welt* noch im Dezember 2021 meinen Bestseller *Das Impfbuch* zum »Machwerk« und mich zum »Schwurbler«. Wenige Monate später entscheidet sich dieselbe Zeitung zu einer monatelangen Großrecherche zum Thema Corona und Bill Gates. Die Nachforschungen werden derart umfangreich, dass man sich mit dem amerikanischen Schwesterblatt *Politico* zusammentut. Tausende Seiten Regierungsprotokolle werden in den Redaktionen gesichtet, und siehe da – plötzlich erscheinen Artikel mit dem Titel: »Die Machtmaschine des Bill Gates«. Das Kurzresümee der monumentalen Großrecherche lautet:

> »Der Kampf gegen Corona ist eine der größten Gemeinschaftsaufgaben der Welt. Wichtige Entscheidungen trafen nicht die Staatschefs und die Weltgesundheitsorganisation, sondern die Stiftung von Bill und Melinda Gates und deren Netzwerk. [...] Die Weltgesundheitsorganisation ist inzwischen von diesem Netzwerk abhängig, das seit Ausbruch der Coronapandemie bis heute fast zehn Milliarden Dollar für die Bekämpfung des Virus verteilt hat. Eine Analyse der Reporter von *Welt am Sonntag* und *Politico* zeigt, dass in den Pandemiejahren 2020 und 2021 mehr als 1,4 Milliarden Dollar davon an die WHO gingen. Das heißt, die Allianz war der wichtigste Geldgeber der WHO, vor den USA oder der EU.«[221]

Nahezu alles, was bis dahin als Verschwörungstheorie galt, deckt die *Welt* nun plötzlich selbst auf. Mit pikanten Details, die nicht einmal die »Schwurbler« wussten. So kommt bei den Recherchen heraus, dass das Netzwerk von Gates tatsächlich diktierte, wie man gegen Corona vorzugehen habe, wer welche Impfstoffe herstellen darf und wo sie in den Handel kommen – im Armenhaus Afrika nämlich eher nicht. Als endlich einigen Ländern dämmerte, dass man hier am Ring durch die Manege gezogen wurde, wollten die Staatschefs Biden, Macron und Draghi nicht mehr mitmachen – bis Angela Merkel sich auf die Seite von Bill Gates stellte:

> »Und eine Zeit lang hatte es tatsächlich so ausgesehen, als könnte sich die Bundeskanzlerin der Linie ihrer Amtskollegen Biden, Macron und Draghi anschließen. Nun

durchkreuzt sie deren Pläne. Der Vermerk aus dem Kanzleramt zum Telefonat mit dem Ehepaar Gates ist Teil einer Recherche, an der *Welt am Sonntag* sechs Monate lang mit Reportern von *Politico* gearbeitet hat. Wir haben in Lobbyregistern recherchiert, Dutzende Gespräche mit Politikern und Gesundheitsexperten in Europa und den USA geführt und Protokolle sowie Finanzunterlagen eingesehen. Am Ende zeigt sich, welch immensen Einfluss ein Netz um die Bill and Melinda Gates Foundation auf die globale Coronapolitik hatte. Die Stiftung und drei ihrer wichtigsten Partner gehörten in der Pandemie zu den größten Geldgebern, unter anderem der Weltgesundheitsorganisation (WHO). Zudem haben sie, wie die Pharmaindustrie, darauf hingewirkt, dass Regierungen politische Entscheidungen so treffen, wie sie es für richtig hielten. Das gilt besonders für die Frage, wer Impfstoffe herstellen könnte – und unter welchen Bedingungen. Deutsche Regierungsvertreter schwärmen von der Zusammenarbeit mit den privaten Stiftungen und NGOs. Die nationalen Regierungen und Institutionen wie die Weltgesundheitsorganisation, sagen sie, seien oft schwerfällige Tanker. Gates und seine Partner dagegen seien ›Schnellboote‹, wie es ein Beamter ausdrückt, der an der internationalen Koordination der Corona-politik mitgearbeitet hat.«[222]

Dass Merkel-Deutschland der zentrale Faktor in Europa sein würde, um die Wunschliste von Bill Gates durchzusetzen, hatte ich bereits 2021 in *Vom Verlust der Freiheit* geschrieben:

»Auf der Videokonferenz mit den Staats- und Regierungschefs der G7 sagt Angela Merkel den denkwürdigen und historischen Satz: ›Die Pandemie ist erst besiegt, wenn alle Menschen auf der Welt geimpft sind.‹ Bislang hatte man

> derartige Kriegsrhetorik und Totalität nur aus dem Munde von Bill Gates gehört. Dass die Kanzlerin diesen Satz nun wortgleich vor höchsten politischen Gremien wiederholt, ist eine enorme Fürsprache für die weltweite Impfkampagne von Bill Gates.«

Merkel sorgte letztendlich dafür, dass sich nicht zu viele europäische Staatschefs querstellten und dass der Fahrplan von Gates eingehalten wurde:

> »Es zeigt sich schon bald, dass nicht die WHO dieses Vorhaben anführt, sondern das Netzwerk um Gates. Die Gates Foundation, Wellcome, Cepi und Gavi wollen, dass die Pandemie mit den von ihnen präferierten Mitteln bekämpft wird: mit großen finanziellen Zuschüssen der Nationalstaaten – und ohne Aussetzung des Patentrechts [was Biden, Macron und Draghi zugunsten Afrikas verlangt hatten]. Die Impfallianz Gavi lädt deshalb frühzeitig zu einem Impfstoffgipfel mit Regierungsvertretern Dutzender Länder, bei dem mehr als sieben Milliarden Dollar für die Impfstoffentwicklung eingesammelt werden sollen. […] Die Beschlüsse sind in weiten Teilen jenen Papieren verblüffend ähnlich, die die Gates Foundation und ihre Partner an Politiker verschickt hatten. Es geht um Testkits, um Medikamente, um die Unterstützung schlecht aufgestellter Gesundheitssysteme in Schwellenländern. Und um die Entwicklung von Impfstoffen. Da übernehmen die – von Gates und Wellcome Trust finanzierten – Organisationen Cepi und Gavi die Federführung.
> Die Initiative bekommt den Namen ACT-A, eine Abkürzung für ›Access to Covid-19-Tools Accelerator‹. […] Schließlich verpflichten sich die Geberländer, insgesamt 7,4 Milliarden Euro für das Riesenprojekt zur Verfügung zu stellen. Geld,

dessen Verteilung genau abgestimmt wird: 30 Pharmafirmen und Forschungsinstitute erhalten Zuschüsse von nicht nur einer, sondern mehreren Organisationen aus Gates' Netzwerk.«[223]

Für Gates lief der Impfstoff-Deal mit der EU nahezu perfekt. Nicht nur, dass seine Organisationen noch *vor* der eigentlichen Impfstoffproduktion Milliarden Steuergelder einsammelten, dasselbe geschah danach noch einmal, als seine Firmen diktierten, welche Impfstoffe in der westlichen Welt gekauft werden mussten. Chinesen, Russen und Franzosen wurden von vornherein ausgebootet, denn deren Firmen waren nicht Teil der »Gavi-Allianz«. Trotz der angeblichen Dringlichkeit – immerhin galt es, eine Killerseuche abzuwehren – wurden Milliarden sofort verfügbare Impfdosen aus Russland und China in der EU gar nicht erst zugelassen. Obgleich sich schnell herausstellte, dass diese Impfstoffe ebenso gut beziehungsweise ebenso schlecht waren wie die Produkte aus dem Gates-Netzwerk.

Die »Zulassungsstudien« der Gavi-Impfstoffe spotten hingegen jedem wissenschaftlichen Standard. Kein Wunder, dass die brisanten *Pfizer*-Files für 75 Jahre in den Tresoren der Industrie verschwinden sollten. Normalerweise hätten die FDA (USA) und die EMA (EU) die Studie »Sicherheit und Wirksamkeit des BNT162b2-mRNA-Covid-19-Impfstoffs« wegen Befangenheit und Interessenkonflikten von vornherein ablehnen müssen. So stammte das gesamte Studiendesign von Pfizer selbst, und 21 von 29 Wissenschaftlern waren auf die eine oder andere Weise mit der Firma verflochten. Den Vogel schossen aber die Mitglieder des Studienteams Prof. Dr. Uğur Şahin und dessen Ehefrau Prof. Dr. Özlem Türeci ab. Diese waren nicht nur direkt am Gewinn der Impfstoffe beteiligt, sondern hielten zudem noch 17 Prozent der Aktien an BioNTech, einer Pfizer-Tochter. Doch was bei anderen Studien zum sofortigen Aus geführt hätte, interessierte die Europäische Union unter der neuen Präsidentin Ursula von der Leyen nicht. Die exorbitanten Gewinne mit dem wirkungslosen Impfstoff katapultierte das Ehepaar Sahin und Türeci auf Platz 8 des Forbes-Rankings der reichsten Deutschen, ihr Vermögen wird auf 14 Milliarden Euro geschätzt.[224] Zum Dank für ihren selbstlosen Einsatz zum Segen der Menschheit verlieh Bundespräsident Frank-Walter Steinmeier dem Paar das Große Verdienstkreuz mit Stern.

2021 läuft in Europa und den USA dann eine riesige Medienkampagne an, die sich auf die kuriose Studie bezieht. Nur gewisse Impfstoffe seien »geprüft, sicher und zu 95 Prozent hochwirksam«, was auch Merkel, Spahn und Wieler immer wieder betonten. Was aus der »95-prozentigen Wirksamkeit« der Gates-Impfstoffe wurde, habe ich in Kapitel I beschrieben, darin erwähnte ich auch, dass die Impfstoffverträge quasi im Alleingang zwischen Ursula von der Leyen und Pfizer-Chef Albert Bourla verhandelt wurden. Sofern ein EU-Parlamentarier die Verträge tatsächlich einsehen wollte, wurden ihm geschwärzte Dokumente ausgehändigt oder das Verfahren wurde derart erschwert, dass man sich die Einsicht in das Vertragswerk von vornherein hätte schenken können:

> »Im Europaparlament spielen sich seit heute Szenen ab, als gehe es um Staatsgeheimnisse. Die Abgeordneten müssen ihre Handys abgeben, bevor sie den Leseraum betreten. Sie dürfen nur allein kommen, Assistenten sind nicht zugelassen. Ganze 45 Minuten haben sie, um die 60 Seiten des Vertrags zwischen der EU und dem Impfstoffhersteller Curevac zu studieren. Währenddessen sind nur handschriftliche Notizen erlaubt. Angesichts derart strenger Sicherheitsvorkehrungen scheint das mit Spannung erwartete Ergebnis ernüchternd auszufallen. ›Ich bin jetzt nicht viel schlauer als vorher‹, sagt etwa der französische EU-Abgeordnete Pascal Canfin, der als

> Leiter des Ausschusses für Umwelt und öffentliche Gesundheit als einer der Ersten Zugang zu dem Vertrag zwischen der EU und dem deutschen Impfstoffhersteller Curevac hatte. Der Grund für die Enttäuschung: Zentrale Passagen des Dokuments sind geschwärzt.«[225]

Inzwischen steht fest – sowohl die EU als auch Deutschland hatten sich mit den wirkungslosen Impfstoffen hoffnungslos überkauft. Doch damit nicht genug, über das fortlaufende Milliardengrab für den deutschen Steuerzahler spricht man nur ungern: Einmal mehr war Deutschland den »Empfehlungen« der »Experten« gefolgt und hatte sich gleich noch ein Impf-Abo für die kommenden Jahre aufschwatzen lassen:

> »In einer Berichtsanforderung von Ende November beziffert das Ministerium die Abnahmeverpflichtung aus europäischen Verträgen allein für das Jahr 2023 gar auf 119 Millionen Dosen. Das Papier liegt dem Handelsblatt vor. Die Kosten für die Chargen dürften in den Milliardenbereich gehen. Diese würden aber nicht mehr benötigt […].«[226]
>
> »Im zentralen Lager des Bundes befindet sich ein Überschuss von etwa 32 Millionen Impfdosen. Die Bundesregierung ist zudem verpflichtet, noch rund 375 Millionen Dosen des Coronaimpfstoffs von BioNTech/Pfizer abzunehmen. Doch was passiert mit überschüssigen Impfdosen?«[227]

Kein Wunder, dass Bundesgesundheitsminister Karl Lauterbach zuletzt fast schon flehentlich weitere Impfaufrufe startete – denen allerdings kaum noch jemand folgen wollte.

Eine Verschwörungstheorie ist spätestens dann keine Verschwörungstheorie mehr, wenn alle Kassandrarufe längst zur allgegenwärtigen Praxis geworden sind. Wenn sich die verantwortlichen

Protagonisten selbst rühmen, wie effizient sich eine globale Pandemie-Erzählung als Goldesel nutzen lässt, sollte man nicht mehr von einer »Theorie« sprechen. Wie man eine Pandemie wirksam über die Medien »verkauft«, erklärt der belgische Virologe und Lobbyist Marc Van Ranst, der als Berater der belgischen Regierung gearbeitet hat. 2019 hält Van Ranst einen Vortrag im berühmten englischen Thinktank »Chatham House«, bis 2004 auch als »Royal Institute of International Affairs« bekannt:

> »Eine private weltweit führende britische Denkfabrik mit Sitz in London. […] Die hier erstellten Expertisen und Lösungsempfehlungen können durch die international tätigen Mitglieder weltweit gezielt verbreitet werden. Einzelne Schlüsselprojekte werden von der Rockefeller-Stiftung, der Bill & Melinda Gates Foundation, der Konrad-Adenauer-Stiftung, der NATO oder der EU finanziert und gesponsert.«[228]

Ein Jahr vor dem Ausbruch der Coronapandemie erklärt Van Ranst den »international tätigen Mitgliedern«, wie sie »weltweit und gezielt« eine Pandemieerzählung platzieren können. Anhand seiner Tätigkeit im Zuge der sogenannten »Schweinegrippe« 2009 illustriert Van Ranst, sichtlich nicht ohne Stolz und Ironie, wie man Medien und Politiker in die gewünschte Spur bringt. So sei Tag eins der Kampagne der alles entscheidende Tag, jetzt müsse man mit einer Stimme sprechen und eine klare Botschaft platzieren. Der Trick bestehe darin, in den ersten Tagen als einzig wahrer Fachmann omnipräsent zu sein, die Medien dürften gar nicht erst auf die Idee kommen, andere Expertisen einzuholen. Danach würde es dann etwas leichter, nun könnte man alle gewünschten Informationen so platzieren, wie es für die Kampagne erforderlich ist. Dann folgt die dramatische Prognose, in der auch erste Todeszahlen genannt werden. Die Zahlen sollen dramatisch klingen, so habe Van Ranst 2009 in Belgien erfolgreich die Headline »7 Tote pro Tag« lanciert. Diese Todesrate sei zwar banal und jedes Jahr in einer Grippewelle zu erwarten, aber mit entsprechendem Framing würden die Menschen erschrocken konstatieren, »Wow, die Leute sterben ja wirklich«. Dann käme idealerweise eine Zeit, wo die Medien über den lokalen Fachmann selbst berichten sollten. Hilfreich seien Homestorys über den »netten, nahbaren Wissenschaftler«, der allein für die Wissenschaft lebt und der viel zu redlich und zu naiv sei, um politische Hintergedanken zu haben. In seinem Vortrag blendet Van Ranst entsprechende Presseberichte aus dem Jahr 2009 ein, die ihn als 13-jährigen Jungen zeigen, der in ein Mikroskop schaut – der Saal lacht. In der nächsten Kommunikationsstufe gehe es schließlich um künstliche Verknappung. Der Impfstoff müsse als verfügbar, aber auch als rar dargestellt werden, um schließlich die Diskussion zu starten, wer überhaupt als Erster geimpft werden dürfe. Dies sei auch die Zeit, in der man über die »besonders betroffene Gruppe« sprechen solle, die erste Priorität bei der Impfung genießen solle. Am Ende seines Vortrags beklagt Van Ranst, dass alles, was Politik und Medien im Zuge der Schweinegrippe »gelernt« hatten, inzwischen über den Personalwechsel wieder verlernt wurde. Erfahrungen, die man im Jahr 2009 sammeln konnte, seien für die nächste große Pandemie – Van Ranst hält seinen Vortrag wenige Monate *vor* der Coronakrise – daher nur bedingt nutzbar. Doch einen großen Lacher hatte sich Van Ranst vor den englischen Eliten bis zuletzt aufgehoben. Er verweist explizit auf Deutschland und Angela Merkel, auf die man »immer zählen könne«, wenn es um die willfährige Umsetzung derartiger Agenden ginge – der Saal lacht und klatscht.[229]

Wie recht Van Ranst mit seinem Bonmot auf Merkel hatte, decken *Welt* und *Politico* später auf. Dabei ist der zynische Vortrag lediglich *ein* Beispiel für den Vorsatz des neuen Geschäftsmodells.

In *Vom Verlust der Freiheit* habe ich bereits auf das Event 201 hingewiesen, in dem alle Protagonisten »zufälligerweise« wenige Monate vor Ausbruch der Coronakrise das Szenario durchgespielt hatten. Inzwischen haben Dutzende Autoren die wahren Hintergründe anhand von Fakten und Whistleblower-Material entlarvt, eine Bücherliste findet sich im Anhang dieses Buches. Hört man sich Van Ransts Choreografie zum Verkaufen einer Pandemie an, oder sollte man besser sagen, zum Verkaufen eines Impfstoffs, kommt man nicht umhin festzustellen, dass dieser Fahrplan wenige Monate später eins zu eins umgesetzt wurde.

Wenn auf einen Coronafachmann jemals das Attribut »omnipräsent« zutraf, dann sicherlich auf Prof. Dr. Christian Drosten. Mit seinem *NDR*-Podcast erreichte der allseits »nette, nahbare Fachmann« laut *Cicero* allein in den ersten Pandemiemonaten 41 Millionen Menschen. Deutschlands bekanntester Covid-Aufklärer war zudem oberster Regierungsberater und federführend im Sachverständigenrat zur Evaluierung des Infektionsschutzgesetzes. Anders gesagt: Was der Liebling der Pharmaindustrie vorschlug, wurde kurze Zeit später in Gesetze gegossen. »Zufälligerweise« hatte Drosten ebenfalls im Jahr 2009 Erfahrungen mit der Schweinegrippe sammeln können. Und »zufälligerweise« war er auch der Mann, der gleich zu Beginn der Pandemie einen fertigen PCR-Test als globalen Goldstandard zum Erfassen der »Coronainfizierten« entwickelt hatte. Ansonsten waren in der Coronakrise alle Elemente wie von Van Ranst vortragen enthalten: aufgebauschte Todeszahlen, Verknappungserzählung des Impfstoffs, moralisches Framing, eine besonders betroffene Randgruppe für die Impfung privilegieren.

Wie autoritätsgläubig deutsche Politiker an den Lippen dieses einen »omnipräsenten« Fachmanns hingen, zeigt sich im Dezember 2022. Nachdem fast alle westlichen Länder schon im Sommer 2022 sämtliche Coronamaßnahmen abgeschafft hatten, hält man in Deutschland eisern an weiteren Maßnahmen fest. Brav sitzt der

Deutsche mit FFP2-Maske in den öffentlichen Verkehrsmitteln, trägt freiwillig Maske beim Einkaufen und lässt sich testen, wenn er die Eltern im Seniorenheim besucht. Die deutsche Politik bewegt sich erst, als im Dezember 2022 auch der Coronapapst der Deutschen das Ende der Pandemie signalisiert:

> »Nun hat Christian Drosten höchstselbst der German Virusangst den Todesstoß versetzt: Nach seiner Einschätzung sei die Pandemie vorbei, sagte die Nummer eins der deutschen Corona-Deuter dem Berliner ›Tagesspiegel‹. Noch interessanter als Drostens späte Erkenntnis sind die Reaktionen darauf. [...] Dass der Justizminister allen Ernstes ein Drosten-Interview braucht, um seine Forderung nach der Rückkehr zur Normalität zu formulieren, zeigt, wie autoritätsgläubig nicht nur er, sondern die ganze Bundesrepublik mit dieser Pandemie umgegangen ist und bis heute umgeht. Statt die Erfahrungen anderer Länder zu berücksichtigen und anderslautenden wissenschaftlichen Rat zur Kenntnis zu nehmen, vertrauten die Regierungsverantwortlichen vor allem einem Virologen.«[230]

Tatsächlich zeigte die Coronakrise erstmalig die Umsetzung des weiter oben beschriebenen Philanthrokapitalismus, der unter dem technokratischen Deckmantel »wissenschaftlicher Notwendigkeit« Milliarden Steuergelder von unten nach oben umverteilt hat.

Freie Publizisten

Im Kampf zur Aufdeckung der wahren Hintergründe der Coronapandemie befanden sich die meisten freien Publizisten von Anfang an in der Defensive. Der übermächtige und mit allen Mitteln ausgestattete Gegner hatte in jahrelangen Analysen und Planspielen strategisch vorweggenommen, wie und wo man seine Erzählung entlarven würde. Taktische Fehler während der sogenannten »Schweinegrippe« im Jahr 2009 hatte man systematisch ausgewertet. Mit der Implementierung neuer Gesetze zum Schutz vor gefährlicher, medizinischer Fehlinformation – angesichts einer tödlichen Gefahr – ließen sich Aufklärer 10 Jahre später mühelos kaltstellen. Zuvor hatte eine von privaten Investoren gekaperte WHO die entscheidenden Grundlagen zur neuen Pandemiedefinition festgelegt. Zukünftig bestimmten keine realen Kranken- und Sterbezahlen das Ausmaß einer Pandemie, sondern ein neues Laborverfahren, das keine Kranken mehr detektierte, sondern lediglich winzigste Eiweißstrukturen. Zugleich sorgte eine im Westen zuvor nie gekannte Zensur dafür, dass aufklärende Medienportale und deren Betreiber als krude Verschwörungstheoretiker gebrandmarkt wurden. Noch niemals zuvor hatte eine relativ kleine Gruppe von Protagonisten ein wissenschaftliches Narrativ so global vorgeben können. Und noch nie sahen sich seriöse Wissenschaftler außerhalb dieses Narrativs derart rigorosen und gnadenlosen Angriffen auf ihre Reputation ausgesetzt. Der zweijährige Aufklärungskampf zum Thema Corona in den freien Medien, wie *Tichys Einblick*, *Kaiser TV*, *Achgut*, *Reitschuster*, *Langemann Medien*, *Rubikon*, *Apolut*, *Multipolar*, *Preradovic*, *Steinzeit TV*, *OVALmedia*, *Heiko Schrang*, *Dushan Wegner*, *Milosz Matuschek* und anderen, zeitigte in Relation zur Masse eher mäßigen Erfolg. Natürlich gab es eine nennenswerte Anzahl von Bürgern, die diese und andere freien Medien nutzen, um sich ein umfassenderes Bild der Lage zu machen. Dennoch waren die alternativen Medien meilenweit davon entfernt, tatsächlich den Mainstream zu erreichen. Auch meine Beiträge zur Hinterfragung der Krise waren innerhalb dieser Einflusssphäre zwar erfolgreich, dennoch vermochten meine Bücher keinen Ausbruch aus dieser »Blase«. Wer wusste, dass er mit dem Corona-Narrativ betrogen wurde, wusste dies aufgrund seiner lange vor Corona erworbenen Wachheit und Medienkompetenz. Und wer es nicht wusste, oder besser, nicht wissen wollte, schien für weiterführende Information jenseits der Leitmedien blind zu sein. Kognitive Dissonanzen bezüglich der widersinnigen Coronamaßnahmen befriedete man mit der angeblichen Komplexität des Problems. Die Sache war eben neu und überaus kompliziert, daher die wöchentlich wechselnden Positionen der Entscheider. Kurzum: Jeglicher Versuch einer breiten Aufklärung seitens der alternativen Medien war von Anfang an zum Scheitern verurteilt.

Fast alle freien Portale und investigativen Journalisten hatten im Zuge der Krise Federn lassen müssen. Ab einer gewissen Reichweite schaffte es keiner, seiner ganz persönlichen Diffamierungskampagne zu entkommen. Vom Wirrkopf, Aluhutträger, Verschwörungstheoretiker, Coronaleugner oder gar Rechtspopulist und Antisemit war alles mit dabei. Schließlich stand ein gut bezahltes Heer willfähriger »Faktenchecker« bereit, um jedem unliebsamen Publizisten das entsprechende Etikett zu verpassen. Doch abgesehen von den persönlichen Diskreditierungen und der Zerstörung jeglicher Reputation griffen zudem auch knallharte Sanktionen. Vielen der reichweitenstärksten Portale – fast alle publizierten ihre Inhalte via *YouTube* – wurde schlichtweg der Hahn abgedreht. Wer im Zuge der Krise nicht rechtzeitig jedes Wort auf die Goldwaage legte, erhielt schnell seine temporären Sperrungen, die sogenannten »Strikes«. Und wer dennoch weitermachte, riskierte schließlich die Arbeit von Jahren oder gar Jahrzehnten. Früher oder später traf es fast alle. Mache verloren gleich ihr ganzes Portal, mache »nur« ihre existenziellen Werbeeinnahmen, und wiederum andere wurden dahingehend »erzogen«, dass sie sich fortan kaum noch trauten, ein offenes Wort zu sprechen. Nicht zufälligerweise verloren die reichweitenstärksten freien Medien gleich ihr ganzes Portal. Das Ausweichen auf alternative Tube-Plattformen kostete diese Publizisten schließlich 90 Prozent ihrer Follower. Beiträge, die zuvor mühelos 200.000 Zuschauer erreicht hatten, dümpelten nach dem Umzug auf alternative Tube-Portale bei 5 bis 10 Prozent des ehemaligen Traffics.

Im Dezember 2021 sprach der Philosoph, Autor und YouTuber Gunnar Kaiser aus, was viele freie Publizisten dachten. In seinem berührenden Video »Meine Grenze ist erreicht!« gesteht Kaiser, dass der kräftezehrende und ermüdende Aufklärungskampf bezüglich der Coronapandemie von vornherein kaum zu gewinnen war. Im Video deutet der Philosoph erstmalig an, dass er seine Gesundheit gefährdet sieht und woran er zu zerbrechen droht: Die Coronakrise ist es eher nicht, denn die Hintergründe dazu sind geklärt. Das große Rätsel für Kaiser ist der Wille der Mehrheitsgesellschaft, ein ausgewiesen falsches Narrativ genau so haben zu wollen, wie es ist. Jenseits der Fakten, die in Wahrheit gar nicht so schwer zu recherchieren sind, liegen offenbar derart viele Sekundärgewinne im Pandemie-Narrativ, dass sich die Mehrheitsgesellschaft aktiv gegen die Realität imprägniert. In Wirklichkeit muss man bei der Argumentation zugunsten des offiziellen Narrativs sogar *mehr* kognitive Dissonanzen befrieden, als wenn man sich der Realität stellen würde. Das Pfeifen im Wald der Verschwörungsleugner hört sich dann in etwa so an:

> »Frank Martin, offensichtlich leidest du unter einer sehr verzerrten Wahrnehmung der Realität. Wodarg und Bakhdi sind der Inbegriff der Antiseriosität, und offensichtlich bist du in die Glaubenssätze der Verschwörungstheoretiker geraten. Noch mal: Eine Verschwörung dieses Ausmaßes braucht mehrere Hunderttausende Mitwisser/-täter in weit über 100 Staaten. Insbesondere aus dem Bereich Medizin, Infektiologie, Wissenschaft, Universitäten, Forschung, Politik, Medien, Journalismus. Und sehr viele Jahre Vorbereitung, Abstimmung und dann Einigkeit, die Jahrzehnte von all diesen Mitwissern getragen würde. Das ist absolut unmög-

lich. Und: Da nahezu niemand von all dem profitiert und fast die gesamte Menschheit dadurch massive Nachteile hatte und hat, ist es schon zweimal absolut unwahrscheinlich. Ganz sicher hat man auch nicht (noch unter Trump!) Metropolen wie New York City zu Geisterstädten gemacht, einen Wirtschaftseinbruch weltweit verursacht, Massengräber und Millionen Tote erfunden. Ebenso wenig faket man weltweit Tausende Studien und Milliarden Blutlaborwerte aus Zigtausenden Laboren. Leute wie Bakhdi und Wodarg sind gescheiterte Existenzen, die den Leuten erzählen, was JEDER insgeheim hören WILL: ›Alles nicht so schlimm, mein Junge.‹ Da wird das Unterbewusstsein im Kind-Ich angesprochen. Populismus in Reinkultur. Diese Herren wollen Aufmerksamkeit und Bücher verkaufen. Ihre Klientel wird diese Bücher vermutlich in den meisten Fällen nicht lesen. Schließlich sind es weitgehend unbelesene, unreflektierte Menschen, die auf solchen Bullshit reinfallen.«[231]

Laut Gunnar Kaiser gelte es ab einem gewissen Punkt eben diese konstruierte Wirklichkeit der Masse, die gar nicht aufgeklärt werden will, zu respektieren, denn dieses Phänomen sei größer als die Wahrheit. Man sieht dem Philosophen im Video an, dass er an dem vielleicht wundesten Punkt eines Intellektuellen getroffen wurde: Jenseits von Logik, Intellekt und Fakten gibt es kollektive Gründe für eine Pseudorealität, an der sich auch der schärfste Verstand verschleißen muss. Kaiser beschreibt das Dilemma des klassischen Intellektuellen, der sich auf der Diskursebene verausgabt, da die Gegenseite überhaupt nicht an Fakten und stringenter Logik interessiert ist. Während der Intellektuelle noch die mannigfaltigen Widersprüche aufklärt, stellt der Diskursgegner zum Schutz seiner Pseudorealität einfach eine neue Reihe von Absurditäten auf, frei nach dem Motto: Was schert mich mein Geschwätz von gestern. In Wirklichkeit ist Kaiser einem kollektiven Phänomen auf der Spur, mit dem jedwede Aufklärung übergangen, negiert oder ausgeblendet werden kann. In seinem nachfolgenden *Spiegel*-Bestseller *Der Kult* wird er seine Entdeckung ausformulieren, darin geht es um die sogenannte *Massenbildung*.

Sobald der Prozess der Massenbildung greift, muss jeder Intellektuelle einsehen, dass er den Kampf zugunsten der Aufklärung nicht nur nicht gewinnen kann, weil die andere Seite über wesentlich wirkmächtigere Medienkartelle verfügt. Das hypnotische Massenphänomen sorgt darüber hinaus für ein beeindruckendes Tempo selbstbestätigender Narrative – bei gleichzeitiger Erblindung gegenüber neuen Fakten. Bevor alle Sinnlosigkeiten der bisherigen Standpunkte entkräftet werden konnten, gibt es bereits eine unüberschaubare Fülle neuer Paradoxien. Einer der Gründe, warum sich diese irrsinnige Methode nicht von selbst entlarvt, liegt in der Struktur des menschlichen Denkens: Solange die neu gesetzten Axiome als größte Gefahr beschworen und moralisch aufgeladen werden, indem maximale »Solidarität« eingefordert wird, stehen keine Kapazitäten zur nüchternen Hinterfragung zur Verfügung. Selbst wenn sich Protagonisten wie Karl Lauterbach an einem Tag mehrfach selbst widersprechen, können die Absurditäten nicht als solche erkannt werden. Bezüglich der Aufklärungsbemühungen seitens des Intellektuellen erinnert das Ganze an die Parabel des Rennens zwischen dem Hasen und dem Igel, in der sich der Hase zu Tode rennt, da er das Spiel ehrlich spielt, während der Igel mit einem Double betrügt. Nach zwei Jahren Hetzjagd in der Ackerfurche werden Kaisers Befürchtungen bezüglich seines Gesundheitszustands wahr. Der Publizist entwickelt eine ernste Krebserkrankung, die damit einhergehende optische wie innerpsychische Metamorphose macht Kaiser auf berührend authentische Weise öffentlich. Einige Monate später, nun nicht mehr im Sakko und Pullunder, sondern mit Hoodie und Basecap, erklärt Kaiser, was ihn tatsächlich so tief betrübt hat: Er sei immer davon ausgegangen, dass wir in einer demokratischen Kultur leben, die ein »Immunsystem« gegen Totalität besäße. Dennoch sei es dieser ehemals freien Gesellschaft nicht gelungen, eine quasi totalitäre Machtübernahme zu verhindern. Dieses Immunsystem, bestehend aus Intellektuellen, Wissenschaftlern, politischer Opposition, Medien und Künstlern, hätte sich als Gewissen der Nation melden müssen, mit der Mahnung »Achtung! Hier geht etwas schief«.[232] Tatsächlich hatten aber die vermeintliche Ideologiefreiheit der Technokratie und der nachfolgende Prozess der Massenbildung für die Lähmung nahezu aller freiheitlichen Kräfte gesorgt. Mit »der Realität« ließ sich schließlich nicht streiten.

Psychologie

Massenbildung

Das wirklich Erschreckende an der Coronakrise war, dass sich bei einem Großteil der Bevölkerung bereits nach wenigen Wochen der Prozess der »Massenbildung« eingestellt hatte. Bei dem Phänomen kommt es zur irrationalen Gleichschaltung von Individuen zu einer unkritischen Masse über mitunter absurde Narrative, deren Entlarvung über Fakten unmöglich ist. In Wirklichkeit hatte sich die ursprüngliche Corona-Erzählung bereits nach wenigen Wochen als falsch herausgestellt. Metastudien namhaftester Wissenschaftler, wie beispielsweise John Ioannidis, zeigten zu einem frühen Zeitpunkt der Krise, dass die Hochrechnungen bezüglich der zu erwartenden Todesfälle kolossal überzogen waren. Danach erwies sich jedes Argument zugunsten einer »Killerseuche« als falsch. Nicht *einer* der angeblich »wissenschaftlichen Fakten« hatte im Nachhinein bestand: R-Wert, Inzidenzzahlen, 95-prozentige Wirksamkeit der Impfung, Übersterblichkeit, Überlastung der

Intensivstationen, PCR-Tests, Schulen und Kitas als Pandemietreiber, Schutz durch FFP2-Masken, Lockdowns …

Trotz einer nachweislich falschen Erzählung war die Mehrheit der Bürger ohne jede Evidenz bereit, sehr grausame Taten zu begehen. Mit bestem Gewissen ließ man verunfallte Verkehrsopfer ohne Ersthilfe am Straßenrand liegen, denn dabei hätte man ja sich und andere gefährden können. Oder man akzeptierte aus »Solidarität« das Sterben der Elterngeneration in totaler Vereinsamung. Man fand auch nichts dabei, dass vollkommen verängstigte Kinder sechs Stunden unter Sauerstoffmangel und mit Ekzemen auf der Haut ihr eigenes CO_2 einatmen mussten. Ganz zu schweigen von den Entgleisungen und Hexenjagden gegen Abweichler, die ich in meinen vorangegangenen Büchern beschrieben habe. Während des Lockdowns und der Reiseverbote in andere Bundeländer wurden Autos mit fremden Kennzeichen attackiert. Menschen mit Maskenbefreiung im öffentlichen Raum ging man körperlich an. Ungeimpften wurde von höchster Stelle angedroht, gegebenenfalls könne man ihnen auch dringend benötigte Operationen verwehren. Niemandem schien aufzufallen, welch menschenverachtender Duktus sich in die öffentliche Sprache eingeschlichen hatte. Im *ZDF* verglich Sarah Bosetti Ungeimpfte mit einem »Blinddarm der Gesellschaft«, auf den man getrost verzichten könne:

> »Wäre die Spaltung der Gesellschaft wirklich etwas so Schlimmes? Sie würde ja nicht in der Mitte auseinanderbrechen, sondern ziemlich weit rechts unten. Und so ein Blinddarm ist ja nicht im strengeren Sinne essenziell für das Überleben des Gesamtkomplexes.«[233]

Die Aussage, 23 Millionen ungeimpfte Bürger als »Blinddarm unten rechts« zu bezeichnen, der zum »Überleben des Gesamtkomplexes« verzichtbar wäre, kommentiert der ehemalige Bundestagsabgeordnete und DDR-Bürgerrechtler Arnold Vaatz:

> »Das ZDF äußert damit erstmalig konkrete Vernichtungsfantasien gegen Menschen aufgrund ihrer politischen Einstellung. Es greift damit in Bezug auf nicht Covid-19-geimpfte oder nicht politisch links zu verortende Personen offen eine Argumentationskette der Nazis auf, wie sie der im KZ Bergen-Belsen tätige und 1945 wegen seiner Verbrechen hingerichtete SS-Arzt Fritz Klein in Bezug auf Juden äußerte: ›Aus Ehrfurcht vor dem menschlichen Leben würde ich einen eiternden Blinddarm aus einem kranken Körper entfernen. Der Jude ist der eiternde Blinddarm im Körper der Menschheit.‹«[234]

Wie kann es sein, dass ein im Prinzip leicht zu entlarvendes Narrativ, das allenfalls in Teilbereichen stimmig war, zu einer derartigen Empathielosigkeit gegen nächste Mitmenschen führte? Wie ist es möglich, dass sich im allgemeinen Furor sogar im öffentlich-rechtlichen Fernsehen Tötungsfantasien gegen Abweichler einschlichen, die im Nachhinein niemand bemerkt haben will? Dass gerade die öffentlich-rechtlichen Medien eine Fürsorgepflicht zur Nichtentgleisung von Sprache haben, versteht sich von selbst. Doch wie bereits ausgeführt, ist die Verwendung von grobem Besteck, wie »Blinddarm« und »Ratten«, selbst dort kein Tabu mehr. Wer abweichende Meinungen zum Mainstream vertritt, wird gnadenlos entmenschlicht. Als Elon Musk *Twitter* kaufte und ankündigte, entgegen der bisherigen Zensurpraxis auf mehr Meinungsfreiheit zu setzen, war die Aufregung woker Journalisten groß. Auf *Tagesschau.de* erschien der Artikel »Sieben Tage der Zerstörung«, in dem der Journalist Nils Dampz feststellte, *Twitter* könne zukünftig nur relevant bleiben, wenn genau »diese Ratten«

(Menschen, die man zuvor zensiert hatte) »in ihre Löcher zurückgeprügelt werden«.[235]

Wenn in der *Tagesschau* Menschen mit abweichenden Meinungen öffentlich als Ratten bezeichnet werden, die man verprügeln muss, wohin wird sich dieser Trend entwickeln? Tatsächlich sind die Verrohung der Sprache und die Hexenjagden im Zuge der Coronakrise ohne das Grundverständnis einer Massenpsychose, beziehungsweise der Massenbildung, nicht erklärlich. Neben dem Klassiker von Hannah Arendt[236] haben sich vor allem zwei meiner Verlagskollegen des Problems angenommen: der Philosoph Gunnar Kaiser[237] sowie der belgische Professor für Klinische Psychologie der Universität Gent, Mattias Desmet[238]. Bereits Sigmund Freud kannte das Phänomen:

> »Eine primäre Masse ist eine Anzahl von Individuen, die ein und dasselbe Objekt an die Stelle ihres Ich-Ideals gesetzt und sich infolgedessen miteinander identifiziert haben.«[239]

Die erschreckenden Phänomene in der Coronakrise erwecken den Eindruck, das Corona-Narrativ selbst, die Erzählung einer Killerseuche, hätte zum massenhaften Empathieverlust geführt. Dies ist jedoch ein Trugschluss. Damit es zur Massenbildung kommt, müssen *vor* dem eigentlichen Trigger mehrere Bedingungen gegeben sein, damit der fatale Funke der kollektiven Entselbstung zündet. Die eigentliche, schleichende Deformation der Gesellschaft findet Jahre vor dem auslösenden Ereignis statt. Ob Nationalsozialismus oder Stalinismus – Arendt, Desmet und Kaiser weisen nach, dass allen totalitären Systemen immer erst die Rodung gewachsener, sozialer Bindungen vorrausgeht. Prinzipiell lassen sich vier Faktoren beschreiben, die für eine Massenbildung nötig sind:

Vereinzelung

Spätestens als ich das Grußwort für den wissenschaftlichen Sammelband *Das Einsamkeits-Buch*[240] schrieb, wurde mir bewusst, wie verbreitet und toxisch das Problem der gesellschaftlichen Vereinsamung ist. So führt Desmet aus, dass in den Jahren vor der Coronakrise die britische Regierung ein Ministerium für Einsamkeit (Ministry of Loneliness) eingerichtet hat, das sich mit dem extrem gewordenen Phänomen beschäftigen sollte. Dies war notwendig geworden, weil die Regierung eine »Einsamkeitsepidemie« festgestellt hatte. Mehr als 50 Prozent der Bevölkerung hatten angegeben, dass sie keine bedeutungsvollen Kontakte hatten oder ihr Austausch mit Menschen ausschließlich online stattfand.

Soziale Isolation und das Fehlen familiärer Bindungen sind Hauptfaktoren für seelischen Stress und Ursache Dutzender psychosomatischer Erkrankungen. Der Mensch kann sich nur im Spiegel anderer Menschen erleben und erkennen. Auch das digitale Surrogat via sozialer Netzwerke kann dieses Bedürfnis nicht ersetzen, im Gegenteil: Selbst wenn sich über Datingplattformen Partner finden lassen, nimmt die tatsächliche Bindungsfähigkeit kontinuierlich ab. Familiäre Werte der Solidarität und Zugehörigkeit, aber auch die seelische Befriedung der angeborenen Todesangst haben sich im Zuge von Säkularisierung und Industrialisierung zerrieben. Entfremdete Arbeit, Konkurrenzkampf und Kompensationen in Form von Konsum und Drogen haben die Menschen immer weiter vereinzelt. Die Rodung der deutschen Familienstruktur geht inzwischen sogar so weit, dass sich westliche Jugendliche wünschen, Teil einer Migrantenfamilie zu sein. So erklärt der analytische Kinder- und Jugendlichenpsychotherapeut Johannes Heim[241] in einem seiner Interviews, dass seine jungen Klienten wiederholt den Wunsch äußern, Teil einer arabischen Großfamilie zu sein, da es dort noch Zusammenhalt und Werte gebe.

Sinnlosigkeit

Vereinzelung, entfremdete Arbeit, Singlekultur, sexuelle Orientierungslosigkeit, Promiskuität, Verlust familiärer Bindung sowie Dauerkonsum der Massenmedien führen zu einer tiefen Entwurzelung und Entfremdung. Folgt man Viktor Frankl, kann der Mensch seinen Lebenssinn jedoch nur in der Hingabe an ein Werkschaffen oder in echten Liebesbeziehungen finden. Fehlt beides, wird das Leben im Kern als sinnlos erlebt. Treffen entwurzelte Menschen erstmalig auf die zum Leben gehörenden Krisen, gibt es keine Strukturen, die Halt versprechen. Die Betroffenenzahlen bezüglich Burn-out, Depressionen, Suchtverhalten und Psychopharmakaabhängigkeit sprechen für sich.

Diffuse Angst

Es ist wichtig zu verstehen, dass dieses besondere kollektive Angstphänomen in der Vorstufe der Massenbildung noch kein konkretes Gesicht hat. Vielmehr trifft eine entwurzelte und atomisierte Gesellschaft auf eine ganze Palette von Angstnarrativen, die seitens der Massenmedien niemals beruhigt, sondern immer weiter verstärkt werden. In *Vom Verlust der Freiheit* habe ich dem Thema ein eigenes Kapitel gewidmet. Zunächst sind diffuse Angst und konkrete Furcht zu unterscheiden:

> »Bei kurzfristigem Schreck werden Adrenalin und Noradrenalin ausgestoßen, um den Sympathikus (Teil des vegetativen Nervensystems) anzuregen. Erhöhung des Blutdrucks, Freisetzung von Blutzucker und gesteigerte Atmung werden benötigt, um die beiden reflexhaften Reaktionsmuster, angreifen oder flüchten, bewerkstelligen zu können.
> Anders die hormonale Lage bei dauerhafter Angst: Der hohe Erregungszustand durch Adrenalin und Noradrenalin wird flankiert durch den Zusatz von Glukokortikoiden. Kortison

macht den Körper schmerzunempfindlicher, unterdrückt die körpereigene Immunabwehr, erhöht das Infektionsrisiko und führt zu chronisch hohem Blutzuckerspiegel. Zumeist entsteht eine Stoffwechsellage, in welcher der Körper den hohen Zuckerbedarf über toxische Lebensmittel oder Alkohol zu kompensieren sucht.«

Diffuse Aggression

Hält die oben beschriebene Hormonlage länger an, kommt es unweigerlich zum massenhaften Aufstauen diffuser Aggressionen. In der Vorphase der Massenbildung hat diese Aggression jedoch noch kein Entladungsfeld, es gibt noch kein Objekt, auf das sich der Hass richtet. Wie in einer Gewitterzelle bauen sich in Millionen Untereinheiten Ladungen auf und warten auf einen weiteren Faktor, um sich endlich entladen zu können.

Auch wenn es kaum vorstellbar ist: Viele einsame, entwurzelte, ängstliche und aggressive Menschen erleben obige Zustände unterhalb ihrer Bewusstseinsschwelle. Denn wäre ihnen bewusst, was mit ihnen geschieht, überschritten sie bereits die Schwelle zu einer persönlichen, existenziellen Krise. Damit wären Kapitulation und Umkehr möglich, und die Heldenreise könnte beginnen.

Der Löwenanteil der Individuen erlebt die Entwurzelung und die Angst jedoch mehr oder weniger unbewusst, das dumpfe Leiden muss sich auf andere Weise entladen. Um diese ungeheuer lindernde Entladung erleben zu können, die alle vier aufgezählten Faktoren auf einen Schlag befriedet, braucht es ein Angebot, dass die gemarterte Seele nicht ablehnen kann: *die große, vereinende Erzählung, am besten – einen Krieg.* Jetzt endlich findet das isolierte Individuum Halt, Sinn, Gemeinschaft, Solidarität und ein gemeinsames Angstobjekt. Der aufgestaute Hass findet sein Ziel. Das Gefühl der Machtlosigkeit kehrt sich in Kontrolle um. Und da sich viele Menschen in ähnlicher Weise verhalten, entsteht ein virtuelles Gemeinschaftsgefühl. Im Krieg gegen den Klimawandel, gegen das Virus, gegen die »Querdenker« oder gegen Putin kann ein rauschhaftes Zusammengehörigkeitsgefühl erlebt werden, das in Wirklichkeit jedoch fatal und toxisch ist. Was die Seele tatsächlich gebraucht hätte, wären reale Bindungen und echte Sinnangebote. Dies kann ein Mensch jedoch nur in sozialen Gemeinschaften und in erfüllenden Aufgaben erleben. Nur eine echte Familie, oder wenigstens eine Wahlfamilie in realen Bezugsgrößen, und eine Tätigkeit im Sinne einer Berufung können dies leisten.

Das rauschhafte »Wir«-Gefühl einer Ideologie täuscht das Individuum über seine wahren Bedürfnisse hinweg. Der Bindungsbezug und die Liebe des Individuums gelten keinem konkreten Menschen oder einer persönlichen Aufgabe, sondern einer »gerechten Sache«. Was dabei herauskommt, ist eine totalitäre Gesellschaft, welcher die Empathie bezüglich etwaiger Einzelschicksale abhandenkommt. Wer nicht Teil der Bewegung ist, kann zum Teufel gehen. Nachdem das Individuum im Vorfeld der Massenbildung jahrelang dumpf und unbewusst gelitten hatte, überschreibt die neue Loyalität jedwedes Mitgefühl. Irgendwann steht der gefühlte Benefit, Teil »der Bewegung« zu sein, weit über echten sozialen Beziehungen. In einer totalitären Massengesellschaft verraten Kinder ihre Eltern und Eltern ihre Kinder, ohne den Hauch eines schlechten Gewissens.

Desmet stellt bezüglich dieses Prozesses dasselbe fest, was vor ihm bereits Hannah Arendt formuliert hat: Das verunsicherte, isolierte Individuum, dem die Rückversicherung seiner Identität im sozialen Raum genommen wird, muss zwangsläufig gesunde Ich-Verortungen überspringen und sich mit dem staatlichen Massen-Mem identifizieren. Erst so erhält es das nötige Gefühl von »Ich bin okay« zurück. Nur als Mitglied des »Kults«, wie der Philosoph Gunnar Kaiser sagen würde, erlebt das entwurzelte Ich wieder eine gewisse Integrität:

»Wenn ein Staat die Funktion von Familie erfüllt, sind seine Bürger auch in ähnlicher Weise an ihn gebunden wie an ein Familienmitglied. Das Verständnis dafür, dass der Staat oder jegliche Organisationsform nur eine rein funktionale Abstraktionsform und keine Person mit Rechten und Pflichten ist, geht völlig verloren. Kinder, die sich in unumschränkter Abhängigkeit zu ihren Eltern befinden, sind bereit, eine enorme Menge Gewalt, Abwertung, Demütigung und Unrecht zu ertragen, sowohl gegen sich selbst als auch gegen andere. Ein Bürger, der sich in narzisstischer und symbiotischer Abhängigkeit zu einem Staat oder Regime befindet, ist in eben jener Weise bereit, seine Verbrechen gegen sich selbst und andere hinzunehmen, weil es ihm eben nicht mehr obliegt zu erkennen, dass derjenige, der seinen narzisstischen Schrei nach Liebe und Sicherheit zu stillen vermag, gleichzeitig derjenige ist, der die dem Schrei vorausgehenden Schmerzen erzeugt oder zumindest dessen Entstehung begünstigt hat. Täter und Opfer verschwimmen sowohl miteinander als auch mit dem eigenen Selbst.«[242]

Mattias Desmet stellt heraus, dass das Phänomen der Massenbildung identisch ist mit einer Hypnose. In *Vom Verlust der Freiheit* habe ich im Kapitel »Krisenkult« viele neokultische Handlungen beschrieben, die hypnotische Wirkung haben:

»Maskentragen, Hände waschen, Selbstisolation, Impfung, Binnen-I benutzen, Tofu essen, Ökostrom-Abo, E-Auto fahren und Diversitätsbeschwörungen, all das wird am Ende nicht reichen. Nur wenige Menschen verstehen, dass neurotisches, magisches Denken stets inflationär ist, daher muss ständig nachgelegt werden. […] Früher oder später entwickeln Krisenkulte immer radikalere Lösungen: Um das Böse end-

> gültig abzuwehren, muss schlussendlich alles Bestehende sterben. Nur das reinigende Feuer, ein radikaler Neuanfang – oder im Neusprech: ›The Great Reset‹ – kann die Menschheit noch retten. Eben dies ist die Grundidee des sozialistischen Neubeginns: ausradieren und neu aufbauen.«

Kennzeichnend für jede Hypnose ist, dass sich der Blickwinkel auf eine zentrale Botschaft verengt, weil diese unablässig wiederholt wird. Bei Corona: tödliches Virus, das nur über wirksame Impfungen beherrschbar ist. Obwohl beide Narrative falsch waren, ließ der gesetzte und andauernd gehaltene Fokus auf Inzidenzzahlen, Tabellen, Karten und Fallbeispiele die Hypnotisierten für anderslautende Informationen komplett erblinden. Mannigfaltige Ungereimtheiten und Widersprüche sowie die verheerenden Kollateralschäden der Maßnahmen wurden schlichtweg nicht mehr gesehen.

Dennoch ist es interessant, dass die Massenhypnose nur bei 30 Prozent der Gesellschaft vollständig wirkt. Etwa 50 Prozent der Bürger bleiben unhypnotisiert – unterstützen das Massen-Mem aber dennoch. Die klassischen Mitläufer glauben zwar nicht restlos an die gesetzten Erzählungen, trotzdem ist ihnen bewusst, dass der offene Widerspruch eine brutale Ausgrenzung zur Folge hätte. Allenfalls 20 Prozent der Bürger bleiben wach – ein Prozentsatz, der bei Corona der Gruppe der Ungeimpften entspricht. Von dieser Minorität wiederum wagt ein noch kleinerer Teil den offenen Widersand, und auf diese kleine Restgruppe konzentriert sich dann der gesamte Furor der Hypnotisierten und Angepassten. Was mit dem Entzug der Bürger- und Freiheitsrechte beginnt, endet in einer totalitären Gesellschaft schlussendlich in Pogromen und Massentötungen. Ethische Grundsätze stehen diesem finalen Ende keineswegs entgegen. Wie bereits ausgeführt, erscheint im Realitätstunnel der Massenformation das Ausmerzen der Gesellschaftsfeinde sogar ethisch geboten.

Wer das Prinzip der Massenbildung verstanden hat, ahnt bereits, dass Corona lediglich ein Beispiel für ein massenmedial gesetztes Hypnose-Narrativ war. Da in unserer atomisierten Gesellschaft grundsätzlich alle vier Grundbedingungen zur Erzeugung einer Massenbildung auch weiterhin gegeben sind, lassen sich jederzeit neue Angstnarrative lancieren. So hat die Klimaerzählung nicht weniger Potenzial, ganz ähnliche Effekte zu zünden, insbesondere die Jungend zeigt sich beeindruckt vom derzeitigen Fearmongering. Unablässig werden katastrophale »Kipppunkte« beschworen, nach denen es kein Zurück mehr gibt, und einzig schuld daran sei das anthropogene CO_2. Auf der Weltklimakonferenz in Ägypten sagte der UNO-Generalsekretär António Guterres, die Menschheit sei »auf dem Highway zur Klimahölle – mit dem Fuß auf dem Gaspedal«. Derzeit ist der mediale Fokus jedoch auf Russland als gefährlichem Aggressor gesetzt, was jedwede Gesamtschau der komplexen Hintergründe des Ukrainekrieges verunmöglicht. Wie weit inzwischen auch bei diesem Narrativ die Identifizierungen mit dem Staats-Mem gehen, zeigen die immer radikaler werdenden Äußerungen zugunsten einer rigorosen Kriegsbejahung. Besonders infantile und narzisstische Charaktere sind unter der derzeitigen Massenhypnose bereit, für den »Sieg gegen Putin« zu sterben, wie ein Tweet der Publizistin Liane Bednarz zeigt:

> »Die Alternative wäre was? Unterwerfung? Never. Not me. Da sterbe ich wirklich lieber den Atomtod. Ich werde mich wie gesagt übrigens auch wahrscheinlich der Reserve der BW anschließen. Nationale Territorialverteidigung. Es gibt da Schnellkurse.«[243]

Ein *Twitter*-User kommentiert die neue Massenbildung in Bezug auf den Ukrainekrieg wie folgt:

»Wir sind an einem Punkt, an dem die Aussicht auf Friedensverhandlungen mehr Leute in Rage versetzt als die Aussicht auf einen Atomkrieg mit Russland.
Ich muss im falschen Film sein.«[244]

Viktor E. Frankl

Das Antidot zur beschriebenen Massenbildung ist offensichtlich: Neben der Entwicklung einer Medienkompetenz sind der Aufbau liebevoller Bindungen sowie das Finden einer echten Lebensaufgabe unerlässlich. All dies kann jedoch nur geschehen, wenn der Mensch lernt, sich authentisch zu zeigen, die Verantwortung für sein Leben übernimmt und erwachsen wird. Oder kurz: wenn er das Abenteuer der Heldenreise durchläuft.

Neben dem Schweizer Psychiater C. G. Jung (Begründer der analytischen Psychologie) ist der österreichische Psychiater und Philosoph Viktor E. Frankl maßgebend für mein psychologisches Grundverständnis. Frankl wird oftmals als »dritter Mann der Wiener Schule« bezeichnet, gemeint sind damit Sigmund Freud (Begründer der Psychoanalyse), Alfred Adler (Begründer der Individualpsychologie) und Viktor Frankl (Begründer der Logotherapie und Existenzanalyse). Müsste man allen vier genannten großen Geistern ein Schlagwort zuordnen, auf das sich ihre psychologischen Betrachtungen des Menschen gründen, so wären dies bekanntermaßen »Archetyp« (Jung), »Trieb« (Freud), »Macht« (Adler) und »Sinn« (Frankl). Dass ich an dieser Stelle direkt nach dem kollektiven Phänomen der *Massenbildung* Viktor Frankl setze, hat gute Gründe:

Frankl war im Dritten Reich selbst Opfer der Massenbildung geworden. Als voll ausgebildeter Facharzt und Psychiater jüdischer Herkunft verlor Frankl seine gesamte Kernfamilie in den Konzentrationslagern der Nazis. Wie bereits erwähnt, überlebte Frankl unter bestialischen Bedingungen vier Jahre mehrere KZs, bei seiner

Befreiung durch eine texanische Einheit Anfang 1945 wog er gerade noch 40 Kilogramm. Sicherlich ist viel geschrieben worden über diese Schreckenszeit, aber Frankls Weltbestseller *Trotzdem ja zum Leben sagen*[245] kann einen nur tief berührt zurücklassen. Neben *Die Sonnenblume*[246] von Simon Wiesenthal für mich einer der aufwühlendsten Berichte des unermesslichen Grauens in den Lagern. Umso erstaunlicher ist es, dass sich beide Autoren trotz oder wegen ihrer Martyrien klar gegen die Kollektivschuld-These aussprechen. Frankls Schilderungen der Techniken zur Entmenschlichung werden in ihrer Nüchternheit nahezu unaushaltbar, weil er diese aus der Perspektive eines voll ausgebildeten Psychiaters vornimmt. Frankl versteht fachlich, was mit der Psyche eines KZ-Häftlings geschieht, und erleidet dennoch am eigenen Leib innere Leere, Schmerz, Folter, Verzweiflung bis hin zur Todessehnsucht, die er Tag für Tag niederringen muss. Leid und Entmenschlichung werden so enorm, dass der Tod seinen Schrecken verliert. Nicht das Sterben ist das Schlimmste, sondern ein Weiterleben auf diese gequälte Weise. Obgleich Frankl vor seiner Gefangenschaft bereits ein fertiges Manuskript zur Logotherapie und Existenzanalyse erarbeitet hatte, ist es sicher kein Zufall, dass seine »tragische Trias« des Menschen, bestehend aus *Leid, Schuld und Tod*, ins Zentrum seiner Überlegungen rückt. Frankl ist bewusst, dass die Hebel, mit denen man die Seele eines Menschen bricht, an seinen elementarsten inneren Instanzen ansetzen, *Lebenssinn und Selbstverantwortlichkeit*. Alles, was transhumanistische Materialisten dem Menschen absprechen wollen, gehört für Viktor Frankl zum wahren Wesenskern eines jeden Menschen: das gegebene Wissen von Richtig oder Falsch und eine innere Moral und Würde. Zudem habe jeder Mensch ein natürliches Streben zum Sinn, jenseits seiner materiellen Existenz. Dennoch lassen sich die hehren Instanzen des Menschen gewaltsam und in Ausnahmesituationen überschreiben. Ein Grund, warum Menschen nach Kriegen oder Lagerhaft nie wieder ins Leben zurückfinden, ist nicht allein ihr Martyrium. Oftmals hat die Not im Gewaltraum das Opfer in eine reale oder gefühlte Täterschaft geführt, das Opfer fühlt sich *schuldig*. Beispielsweise wurden Mütter aufgefordert zu entscheiden, welches ihrer zwei Kinder sterben soll – entschieden sie nicht, starben beide. Sobald das Täter-Opfer aus dem Gewaltraum entlassen wird, kann die Bewusstwerdung über den vermeintlichen Verrat der eigenen Moral zum Suizid führen. Zum anderen hatten Willkür und ständige Todesnähe im Gewaltraum zur Aufkündigung jeglicher Sinnhaftigkeit geführt. Die Seele stumpft ab und reduziert sich auf animalische Triebe. Ein dauerhaft gemarterter Mensch kommt schließlich jenem Menschenbild nahe, das die materialistische Naturwissenschaft ohnehin propagiert: ein reflexhaft handelnder Automat ohne jede Würde. So schildert Frankl, wie direkt neben ihm ein Mensch stirbt, der Kopf auf das harte Pflaster knallt und dabei das Geräusch einer hohlen Kokosnuss macht. Selbst als ihn der soeben Verstorbene aus aufgerissenen toten Augen anschaut, empfindet Frankl nicht das geringste Mittgefühl, wähnend er wie ein ausgehungertes Tier die wenigen Milliliter seiner täglichen Suppe verschlingt.

> »Die Lager dienten nicht nur der Ausrottung von Menschen und der Erniedrigung von Individuen, sondern auch dem ungeheuerlichen Experiment, unter wissenschaftlich exakten Bedingungen Spontaneität als menschliche Verhaltensweise abzuschaffen und Menschen in ein Ding zu verwandeln, das unter gleichen Bedingungen sich immer gleich verhalten wird […].«[247]

Die Selbstbeobachtung Frankls, sich unter größer Quälerei in ein gieriges Tier verwandelt zu haben, scheint den Ausführungen der Materialisten recht zu geben. Wenn man die Maschine Mensch nur weit genug überfordert, stellt sich alles Humane, Unbewusste und Hehre als blanke Illusion heraus. Wie sagte der Neurowissenschaftler Nick Chater so schön: Der Mensch ist mental flach, der Eindruck innerer Tiefe ist eine Illusion, da für höhere Instanzen schlichtweg keine »Rechenkapazitäten« zu Verfügung stehen.

Nun aber macht Frankl, mehr noch bei anderen Lagerinsassen als bei sich selbst, eine Entdeckung, die seine weitere Arbeit und sein Menschenbild bestimmen wird. Unter größter Dehumanisierung und im Angesicht des Todes entwickeln einige Menschen eine numinose Kraft, die er »Trotzmacht des Geistes« nennen wird und die allen behavioristischen Interpretationen der menschlichen Psyche widerspricht. Frankl selbst wird sich unter größten Strapazen dieser Kraft bewusst, die nichts Geringeres ist als reine Liebe. Immer wieder fallen Frankl im Lager Menschen auf, die vollkommen selbstlos und angstfrei handeln. Von diesen wenigen geht jedoch eine Kraft aus, die manchmal ganze Baracken vor Verzweiflung und Selbstmord rettet. Frankl nimmt schließlich selbst seine Rolle als Held und Mentor an und wächst während seiner Lagerhaft über sich hinaus. In nächtlichen Fürsprachen, die an Gebete erinnern, spendet er seinen Leidensgenossen tiefen Trost. Die »Trotzmacht des Geistes« bejaht das Leben *unter allen Umständen*, ja mehr noch, gerade in der Annahme eines unabwendbaren Schicksals und im würdevollen Ertragen von Leid erkennt Frankl eine gleichwertige Leistung zum Werkschaffen oder einer tiefen Liebesbeziehung. *Lebenssinn* liegt für Frankl daher auf diesen drei Ebenen: *Liebe, Werkschaffen* und *Leidensfähigkeit.*

> »Wer von denen, die das Konzentrationslager erlebt haben, wüsste nicht von jenen Menschengestalten zu erzählen, die da über die Appellplätze oder durch die Baracken des Lagers gewandelt sind, hier ein gutes Wort, dort den letzten Bissen Brot spendend? Und mögen es auch nur wenige gewesen sein – sie haben Beweiskraft dafür, dass man dem Menschen

im Konzentrationslager alles nehmen kann, nur nicht: die letzte menschliche Freiheit, sich zu den gegebenen Verhältnissen so oder so einzustellen. Und es gab ein ›So oder so‹! Und jeder Tag und jede Stunde im Lager gab tausendfältige Gelegenheit, diese innere Entscheidung zu vollziehen, die eine Entscheidung des Menschen für oder gegen den Verfall an jene Mächte der Umwelt darstellt, die dem Menschen sein Eigentliches zu rauben drohen – seine innere Freiheit – und ihn dazu verführen, unter Verzicht auf Freiheit und Würde zum bloßen Spielball und Objekt der äußeren Bedingungen zu werden und sich von ihnen zum ›typischen‹ Lagerhäftling umprägen zu lassen. [...] Dostojewski hat einmal gesagt: ›Ich fürchte nur eines: meiner Qual nicht würdig zu sein.‹ Diese Worte mussten einem häufig genug durch den Kopf gehen, wenn man jene märtyrerhaften Menschen kennenlernte, deren Verhalten im Lager, deren Leiden und Sterben von der infrage stehenden letzten und unverlierbaren inneren Freiheit des Menschen Zeugnis ablegten. Sie hätten wohl sagen können, dass sie ›ihrer Qualen würdig‹ gewesen sind. Sie haben dafür den Beweis erbracht, dass im rechten Leiden ein Leisten liegt, dass es eine innere Leistung darstellt. Die geistige Freiheit des Menschen, die man ihm bis zum letzten Atemzug nicht nehmen kann, lässt ihn auch noch bis zum letzten Atemzug Gelegenheit finden, sein Leben sinnvoll zu gestalten. Denn nicht nur ein tätiges Leben hat Sinn, indem es dem Menschen die Möglichkeit gibt, in schöpferischer Weise Werte zu verwirklichen; und nicht nur ein genießendes Leben hat Sinn, also ein Leben, das dem Menschen Gelegenheit gibt, im Erlebnis der Schönheit, im Erleben von Kunst oder Natur sich zu erfüllen; sondern auch noch das Leben behält seinen Sinn, das – wie etwa im Konzentrationslager – kaum eine Chance mehr bietet, schöpferisch oder erlebend Werte zu verwirklichen, vielmehr nur noch eine letzte Möglichkeit zulässt, das Leben sinnvoll zu gestalten, nämlich eben in der Weise, in der sich der Mensch zu dieser äußerlich erzwungenen Einschränkung seines Daseins einstellt. Das schöpferische wie das genießende Leben sind ihm längst verschlossen. Aber nicht nur schöpferisches und genießendes Leben hat einen Sinn, sondern: Wenn Leben überhaupt einen Sinn hat, dann muss auch Leiden einen Sinn haben. Gehört doch das Leiden zum Leben irgendwie dazu – genauso wie das Schicksal und das Sterben. Not und Tod machen das menschliche Dasein erst zu einem Ganzen. Während die Bekümmerung der meisten der Frage galt: Werden wir das Lager überleben? Denn wenn nicht, dann hat dieses ganze Leiden keinen Sinn – lautete demgegenüber die Frage, die mich bedrängte, anders: Hat dieses ganze Leiden, dieses Sterben rund um uns, einen Sinn? Denn, wenn nicht, dann hätte es letztlich auch gar keinen Sinn, das Lager zu überleben. Denn ein Leben, dessen Sinn damit steht und fällt, dass man mit ihm davonkommt oder nicht, ein Leben also, dessen Sinn von Gnaden eines solchen Zufalls abhängt, solch ein Leben wäre nicht eigentlich wert, überhaupt gelebt zu werden. […]

Man denke nur nicht, dass derartige Überlegungen lebensfern oder weltfremd sind. Gewiss, solcher Höhe sind nur wenige und seltene Menschen fähig und gewachsen; nur wenige haben sich im Lager zu ihrer vollen inneren Freiheit bekannt und zur Verwirklichung jener Werte aufschwingen können, die das Leiden ermöglicht. Aber wenn es auch nur ein Einziger gewesen wäre – er genügte als Zeuge dafür, dass der Mensch innerlich stärker sein kann als sein äußerliches Schicksal, und nicht nur im Konzentrationslager.«[248]

Frankl schildert hier die Transformation des behavioristischen Tierwesens Mensch zu seiner wahren Bestimmung. Menschenbilder, die Chater und Harari als unveränderlich darstellen, sind allenfalls auf einer bestimmten Bewusstseinsstufe wahr. Das heilige Element des Menschen kann in der Transformation von Leid entdeckt und freigelegt werden. So wie sich schwarze Kohle unter Druck in einen klaren Diamanten verwandelt, kann sich auch die menschliche Seele bei Bestehen der großen Charakterprüfungen des Lebens transformieren. Doch bekanntermaßen kann man den großen Prüfungen des Lebens auch zu jeder Zeit ausweichen. Der Naturphilosoph Jochen Kirchhoff drückt es so aus:

> »Was für ein Wesen ist der Mensch? Woher kommt er, woraufhin ist er angelegt? Dass er eine Bestie sein kann, wissen wir. Als organisches Wesen ist er nicht ›automatisch‹ ein höheres, kosmisches, dem Göttlichen zugeordnetes Wesen. Dies zu werden, muss er eine Bewusstseinsanstrengung eigener Art aufbringen. Das Hohe, auf das die Menschwerdung zielt, muss in einem langen Weg über viele Inkarnationen errungen und dann auch behauptet werden.«[249]

In seiner späteren Arbeit wird Viktor E. Frankl seine »Existenzanalyse« ausbauen, in der er »in besonderer Weise die geistige Dimension des Menschen in den Blick nimmt und sein existenzielles Streben nach Sinn im Leben als dessen primäre Motivationskraft betrachtet«.[250] Frankl verfasste 39 Bücher, erhielt zahlreiche Auszeichnungen, mehrere Professuren und 29 Ehrendoktorate.

Kollektivschuld

Über die Frage, wie viele Deutsche man in den Jahren 1933 bis 1945 zum direkten Täterkreis der Naziverbrechen rechnen soll, ist viel gestritten worden. Oftmals wird pauschal der gesamten Erwachsenengeneration dieser Jahre die Verantwortung für das Grauen zugeschrieben. Geht man von der wissenschaftlich diskutierten Verteilung kollektiver Hypnosegrade innerhalb einer Massenbildungen aus, wären 30 Prozent der erwachsenen Population restlos vom Massen-Mem überzeugt. Bei Corona waren dies Täter der Kategorie I, jene, die bereit waren, Maskenlose und Ungeimpfte direkt anzugehen, die Steine nach Autos mit fremden Kennzeichen warfen oder Nachbarn denunzierten, wenn diese mit zu vielen Personen Weihnachten oder Geburtstag feierten. 50 Prozent hingegen wären nach Mattias Desmet reine Mitläufer, ich nenne sie Täter der Kategorie II. Diese Gruppe ist moralisch vielleicht noch problematischer als die komplett Hypnotisierten. Nötigung, aber auch Bequemlichkeit führte dazu, alle Maßnahmen klaglos mitzumachen, ohne tatsächlich von der Gefährlichkeit des Virus überzeugt zu sein. Lediglich 20 Prozent der Menschen widerstanden der Corona-Massenbildung. Diese Population wurde dann zur neuen Opfergruppe, ertrug öffentliche Diffamierungen und Ausgrenzungen, Kündigungen des Arbeitsplatzes und vieles mehr. Übertragen auf die Nazizeit hieße das: 80 Prozent der erwachsenen Deutschen mittleren Alters, die in den Jahren 1933 bis 1945 gelebt haben, müssten sich mit Fragen von persönlicher Schuld und Verantwortung auseinandersetzen. Worauf Viktor Frankl jedoch hinaus will, ist Folgendes: Selbst wenn es nicht 80, sondern 95 Prozent wären, ist eine Pauschalisierung der Täterschaft *immer* unzulässig, da man einer nicht zu bemessenden Zahl von Opfern innerhalb dieser Gruppe gröbstes Unrecht antun würde. Viele derer, die sich heute als gnadenlose Richter aufspielen, um die Erwachsenengeneration der Nazizeit zu verdammen, sind jedoch vollkommen blind für ihre eigenen Projektionen. Dieselben faschistoiden Muster, die man bei der damaligen Generation kritisiert, leben viele der selbsternannten »Nazijäger« in den Narrativen der zeitgenössischen Massenbildungen, Klima, Corona, Ukraine, hemmungslos aus.

Gänzlich dramatisch wird es jedoch, wenn man darüber hinaus auch *vorangegangene* oder *nachgeborene* Generationen für das Grauen der Nazizeit verantwortlich machen will. Die Argumentation, die Deutschen seien per se ein »Tätervolk«, ist nichts Geringeres als eine rassistische Pauschalisierung. Diese faschistoide Denkweise treibt die zu Unrecht Beschuldigten in eine Trotzreaktion hinein, die brandgefährlich ist, was Frankl immer wieder betonte – ein Grund, warum er von einigen seiner jüdischen Kollegen angefeindet wurde. Im Jahr 1988 hielt Viktor Frankl die bereits erwähnte historische Rede anlässlich des Gedenkjahres des »Anschlusses« Österreichs an Nazideutschland. Ich messe dieser Rede zentrale Bedeutung für die deutsche Schulddebatte zu:

> »Meine Damen und Herren, ich hoffe auf Ihr Verständnis, wenn ich Sie bitte, zu dieser Stunde des Gedenkens gemeinsam mit mir zu gedenken:
> Meines Vaters – er ist im Lager Theresienstadt zugrunde gegangen; meines Bruders – er ist im Lager Auschwitz umgekommen; meiner Mutter – sie ist in der Gaskammer von Auschwitz ums Leben gekommen; und meiner ersten Frau – sie hat im Lager Bergen-Belsen ihr Leben lassen müssen. Und doch muss ich Sie darum bitten, von mir kein Wort des Hasses zu erwarten.
> Wen sollte ich hassen? Ich kenne ja nur die Opfer, aber nicht die Täter, zumindest kenne ich sie nicht persönlich – und ich lehne es ab, jemanden kollektiv schuldig zu sprechen. Eine Kollektivschuld gibt es nämlich nicht, und ich sage das nicht erst heute, sondern ich habe das vom ersten Tag an gesagt, an dem ich aus meinem letzten Konzentrationslager befreit wurde – und zu der Zeit hat man sich wahrlich nicht beliebt gemacht, wenn man es gewagt hat, öffentlich gegen die Kollektivschuld Stellung zu nehmen.

Schuld kann jedenfalls nur persönliche Schuld sein – die Schuld an etwas, das ich selbst getan habe – oder vielleicht zu tun unterlassen habe! Aber ich kann nicht schuld sein an etwas, das andere Leute getan haben, und seien es auch die Eltern oder Großeltern. Und den Österreichern, die heute zwischen 0 und 50 Jahre [Rede von 1988] alt sind, in diesem Sinne eine sozusagen ›rückwirkende Kollektivschuld‹ einzureden, halte ich für ein Verbrechen und für Wahnsinn – oder, um es psychisch zu formulieren, es wäre ein Verbrechen, würde es sich nicht um einen Fall von Wahnsinn handeln. Und um einen Rückfall in die sogenannte Sippenhaftung der Nazis!

Und ich denke, gerade die Opfer ehemaliger kollektiver Verfolgung sollten die Ersten sein, die mir da zustimmen. Es wäre denn, Sie legen Wert darauf, die jungen Leute den alten Nazis oder den Neonazis in die Arme zu treiben! […]«[251]

Da Frankl den Mechanismus der Massenbildung verstanden hat, erklärt er gegen Ende seiner Rede, dass »grundsätzlich jede Nation holocaustfähig« sei. Wer hingegen an per se »böse Völker« glaube, führe lediglich das Werk der Nazis fort. Ein wesentlicher Kern deutscher »Wiedergutmacher«-Ideologien, die seitens oligarchischer Netzwerke schamlos ausgenutzt werden, ist aber gerade die prinzipielle Anerkennung von Kollektivschuld über Generationen hinweg. Dieselbe Idee wird auch bezüglich anderer historischer Missetaten verfolgt, in der Regel, um zeitgenössische Generationen hypermoralisch unter Druck zu setzten. In *Vom Verlust der Freiheit* heißt es:

»Die dem Menschen eingeborene Schuld der ›Erbsünde‹ findet in ihrer säkularen Variante die Sublimation in den Schuldkulten der Neuzeit. Dies ist der eigentliche Grund,

> warum das säkulare Europa nach Vergebung und Wiedergutmachung auf politischer Ebene lechzt. Hierbei zelebrieren die Hohepriester der Hypermoral mit demselben religiösen Ernst dieselben Rituale wie klassische Priester. Man kniet nieder, wirft sich zu Boden, zündet Kerzen an, legt Kränze ab und öffnet die Türen für jedermann. In ganz Europa ist es dasselbe: Je leerer die Kirchen werden, desto voller werden die Gedenkstätten für jede noch so erdenkliche Untat der Ahnen, selbst wenn diese Hunderte Jahre zurückliegt. Oder, sofern es um die Gegenwart geht, ist die religionslose Gesellschaft vom moralischen Gerechtigkeitswahn beherrscht: Minderheitenschutz, Gender-Mainstreaming, Refugees welcome etc. sind die Folgen. […] Wer hier nicht erkennt, dass es in Wirklichkeit um eine dem Menschen eingeborene, universale Schuld geht, die auf historische Gründe übertragen wird, hat nichts von der menschlichen Psyche verstanden. Trotz der unbedingten Notwendigkeit, den Holocaust niemals zu vergessen, lässt die Vehemenz in der Verteidigung der ultimativen, kollektiven, deutschen Schuld ebenfalls den religiösen Bezug des Themas erahnen. Und wer es wagt, dieses Dogma in seiner Absolutheit zu hinterfragen, setzt sich demselben Zorn aus wie Menschen vor 400 Jahren, die es wagten, die Existenz Gottes anzuzweifeln.«

Die große Bereitschaft der Nachfolgegeneration der Babyboomer, ein toxisches und letztendlich faschistoides Konzept wie die Kollektivschuld-These anzuerkennen, hat in erster Linie tiefenpsychologische Gründe. Individuell empfundene Schuld und Scham, deren Wurzeln in der persönlichen Biografie begründet sind, werden externalisiert, historisiert und kollektiviert. Angehöriger eines prinzipiell »bösen Volkes« zu sein, schafft Erleichterung in Bezug auf persönlich gefühlte Schuld, deren Ursachen ich weiter oben und in meinen anderen Büchern beschrieben habe. Mehr noch, das ostentative Bekenntnis zur Kollektivschuld, verbunden mit der weithin sichtbaren »Mahnung an alle«, ist Labsal für das verletzte Ego:

> »Das transgenerationale Kriegstrauma erzeugt zwei innerpsychische Grundverfassungen:
> 1. internalisierte Scham- und Schuldgefühle
> 2. ein unendlich bedürftiges Ego.
> Der zwangsläufig ablaufende Selbstheilungsversuch narzisstischer Persönlichkeiten besteht darin, Honig aus dem Defizit zu saugen. Schuldstolz ist das Ergebnis dieses Prozesses. Grundsätzlich muss die narzisstische Persönlichkeit viel Energie aufwenden, um den verleugneten, unbewussten Selbstwertmangel auszugleichen. […] Schuld und Scham müssen in einer neuen Legende recycelt und einer neuen Bewertung zugeführt werden. Da die totale Verleugnung internalisierter Scham unmöglich ist, bleibt der Psyche ein anderer, genialer Kunstgriff: Durch Überhöhung und ostentative Anerkennung von Schuld – bei gleichzeitiger Projektion und Kollektivierung – kann das Ego viel Zuspruch für seinen ›Mut‹ und seine ›Kraft‹ erwarten, welche die Vergegenwärtigung der großen ›Verantwortung‹ mit sich bringt, um zukünftige Schuld zu verhindern. Schuldstolz ist daher Labsal für die toxisch beschämte Seele. Egal zu welchem Thema – es gibt praktisch keine Rede deutscher Politiker, in der nicht mit sauertöpfischer Miene auf die große Schuld und Verantwortung Deutschlands hingewiesen wird. Wenn Deutschland seine große Schuld bezüglich der Klimakrise nicht annimmt und sofort die Vorreiterrolle in der Klimapolitik übernimmt – wer dann?, sagen Politikerinnen wie Katrin Göring-Eckardt. Meint: Ohne Deutschland würde die Welt untergehen. Zwar

> macht der deutsche Anteil der CO_2-Emissionen lediglich 2 Prozent aus, und Giganten wie Russland, China, USA, Indien und Brasilien denken im Traum nicht daran, es Deutschland gleichzutun – aber egal. Wer, wenn nicht Deutschland, kann und wird die Welt retten? Das fühlt sich schon mal ziemlich groß(-artig) an. Grandiosität und Größe, die das bedürftige narzisstische Ego so dringend braucht, können also über das Anerkennen von Schuld generiert werden.«[252]

Da positive historische Identitätsanker, die jede Nation für ihr Selbstverständnis braucht, seit 1945 verbaut scheinen, bleibt den Deutschen nur die Umwandlung von kollektiver Schuld in »Schuldstolz«, der längst zur neuen deutschen Identität geworden ist:

> »Paradoxerweise gelingt Identitätsbildung im Falle Deutschlands nicht durch die Produktion von Stolz auf Errungenschaften, sondern durch die Akzeptanz eigentlich unakzeptierbarer Schande und das Eingeständnis eigentlich uneingestehbarer Schuld. So wird auf nahezu geniale Weise Schande zu Ruhm ›rezykliert‹. Mit postheroischer Grandeur wird Schuld in Schuldstolz verwandelt. Schuldstolz ist ein moralischer Stolz darauf, die Kraft zu haben, die größtmögliche Schuld zu verinnerlichen und sich mit der Verantwortung dafür zu identifizieren.«[253]

Die unbearbeiteten individualpsychologischen Gründe für Scham- und Schuldgefühle wurden in Deutschland allein schon deshalb kollektiviert, weil schlichtweg zu viele Babyboomer von Transtrauma betroffen waren. Die emotionale Kälte der Kriegskindergeneration hat massenwiese Individuen erzeugt, die das tiefe Gefühl von »ich bin nicht okay« internalisiert haben. Die nachfolgenden Infantilisierungen und Selbstinfragestellungen mündeten in magischem Denken, mit dem man über Ersatzhandlungen Einfluss auf kausal nicht verbundene Ereignisse nehmen will: Die innerfamiliär verursachten Schuld- und Schamgefühle sollen über Wiedergutmachungshandlungen auf politischer Ebene geheilt werden. Das unakzeptable Konzept der Kollektivschuld resoniert also auf besondere Weise mit der innerpsychisch gefühlten Schuld vieler Deutscher. Der österreichische Politikwissenschaftler und Publizist Alexander Meschnig bringt es auf die Formel »Selbstzerstörung als Erlösungsphantasma«:

> »Man ist der stolze Vorreiter einer hysterisierten Klimabewegung, ergeht sich in Untergangsszenarien, beschwört Bilder der Apokalypse, hat in einer 16-jährigen Aktivistin eine Heilige gefunden und zerstört um eines Prinzips willen mutwillig die heimischen Industrien, auf denen der Reichtum des Landes beruht. Man stilisiert sich als moralische Autorität, steht hoch über den Trumps, Putins und Orbans dieser Welt und hat bereits in Gestalt der Partei der Grünen den gender- und diversitysensiblen ›neuen Menschen‹ institutionalisiert.
> Man folgt bis hin zur eigenen Selbstzerstörung abstrakten Rechtsprinzipien und gesteht in der Festhaltung an von der Wirklichkeit überholten Asylgesetzen allen Menschen auf der Welt ein prinzipielles Recht auf Partizipation am deutschen Sozialstaat zu. Man sieht überall Rechte oder Nazis und warnt unaufhörlich in aufgeregtem Ton vor Zuständen wie 1933, kategorisiert die gehäuften Gewalttaten der Eingewanderten aber immer noch als vernachlässigbare Einzelfälle.«[254]

Einzigartig verantwortlich

Was Frankl über die Helden des KZ geschrieben hatte, die über eine »Trotzmacht des Geistes« verfügten, wollten nachfolgende Forscher und psychologische Schulen vor allem in Bezug auf

Resilienz untersuchen und nutzbar machen. Schnell entstand der Eindruck, mit der »richtigen Haltung« ließe sich ein noch so schweres Schicksal wandeln – zumal Frankl selbst die schweren KZ-Jahre mit großer Würde und ohne psychische Schäden überstanden hatte. Wer nur die richtige Einstellung zu seinem Leiden entwickelt, so schien es, könne schließlich eine neue Selbstbemeisterung entdecken, die zu einer *tatsächlichen* Wandlung der konkreten Situation führt. Oder andersherum: Wer von Anfang an die richtige Haltung zum Leben entwickle, könne Leid prospektiv vermeiden. Frankl, der fortan als Urvater der Resilienzforschung gehandelt wurde, wehrte sich lebenslang gegen dieses Missverständnis einer geradezu calvinistischen Interpretation. Frankl hatte das exakte Gegenteil betont: *Der Mensch ist in ein Schicksal gestellt, das sich seinem Einfluss entzieht.* Frankl ging es nicht primär darum, Leid zu wandeln, sondern vielmehr um die Frage, wie man Leid würdevoll tragen kann und wie sich trotz eines nicht selbst verschuldeten Leidens Sinn erfahren lässt. Ob und inwieweit sich dadurch auch das konkrete Martyrium wandelt, bleibt jedoch immer eine Frage der Gnade und damit höheren Mächten überlassen. Das Anerkenntnis einer prinzipiellen Auslieferung an das Schicksal können säkulare Menschen jedoch keinesfalls akzeptieren. Das Aufbegehren an der falschen Stelle mündet letztendlich in den hypertrophen Selbstbemeisterungsfantasien von Transhumanismus und Technokratie: die menschliche DNA modifizieren und damit alle Krankheiten austricksen … den binären Code des Gehirns in eine Cloud uploaden und so dem Tod ein Schnippchen schlagen …

Das Bewusstsein über die Begrenzung der menschlichen Wirkmächtigkeit, mit der jeder Mensch früher oder später seine tragische Trias aus *Leid, Schuld* und *Tod* tragen muss, erfordert Reife, Demut und Lebenserfahrung. Im Gegenzug »gute Zeiten« als Geschenke des Lebens anzuerkennen und diese durch Dankbarkeit zu würdigen, geht mangels eines Bewusstseins über die

Nichtselbstverständlichkeit des Gegebenen verloren. Anstatt die leid-, schuld- und todfreien Phasen des Lebens zu nutzen und sich darin tatsächlich als wirkmächtig zu erleben, wird gehadert.

Obwohl Frankl der experimentellen Psychologie und Pharmakologie aufgeschlossen gegenüberstand und betonte, dass gewisse psychische Prozesse Psychopharmaka nötig machen, kommt er dennoch zu dem Schluss, dass eine effektive therapeutische Intervention, ohne weltanschauliche Fragen zu sondieren, verschenkt sei. Laut Frankl besteht die große Kunst eines Therapeuten darin, den Patienten bei seiner Sinnsuche zu bestärken – ohne ihm jedoch ein fertiges Weltbild aufzuoktroyieren. Grundsätzlich stellt sich Frankl mit dieser Forderung gegen die anderen Wiener Schulen von Freud und Adler sowie gegen alle psychologischen Schulen der Neuzeit, denn hier gilt bereits die Frage nach einem Lebenssinn als neurotisch:

> »In dem Moment, da man nach einem Sinn und Wert des Lebens fragt, ist man krank, denn beides gibt es ja in objektiver Weise nicht; man hat nur eigenstanden, dass man einen Vorrat an unbefriedigter Libido hat, und irgendetwas anderes muss damit vorgefallen sein, eine Art Gärung, die zur Trauer und Depression führt.«[255]

Freuds reduktionistische Interpretation des menschlichen Leidens als »frustrierte Libido« macht den Menschen ähnlich klein wie die Ausführungen eines Nick Chater, »der Mensch hat keine innere Tiefe«. In der Reduktion und Fixierung auf die Aspekte Macht (Adler) und Libido (Freud) sieht Frankl eine materielle, behavioristische Irrlehre, die er »Psychologismus« nannte. Frankl kritisierte Freuds Atheismus und die damit verbundene Hybris, die dem Menschen seine angeborenen spirituellen Empfindungen als illusionäres Wahnsystem wegrationalisiert. Das psychoanalytische

Bestreben, den Menschen über seine unbewusste Tier- und Triebnatur aufzuklären, würde innerste Überzeugungen überschreiben und führe letztendlich zu Nihilismus und Zynismus. In der Tatsache, dass diese Reduktionen überhaupt zu den prägenden Wiener Schulen werden konnten, erkennt Frankl die Befangenheit der Protagonisten im Zusammenwirken mit dem um die Jahrhundertwende aufkommenden Materialismus. Die Kritik gegen die reduktionistische Psychoanalyse überlässt Frankl in seinem Essay »Rudolf Allers als Philosoph und Psychiater« seinem großen Lehrer, als dieser fragt:

»›Man muss aber doch auch die Frage aufwerfen‹, meint Allers selbst, ›wieso sich ein solches Gebäude eine solche Anhängerschaft erwerben konnte. Ein Psychoanalytiker würde, wenn er solch einem Phänomen gegenüberstände, nicht fragen: Welcher logische oder kulturelle Sachverhalt liegt hier vor, sondern wird so argumentieren: Wie muss das Seelenleben dieses Menschen beschaffen sein, wie sehr muss er seine Mutter begehrt, seinen Vater gehasst, ihm den Tod gewünscht haben, seine Geschwister beneidet, seinen Stuhl zurückgehalten des Nebenlustgewinnes wegen – kurz, wie muss es in seinem Unbewussten aussehen, dass er diese oder jene Behauptung aufstellen und jene andere nicht akzeptieren konnte. Ich will nicht versuchen‹, fährt Allers fort, ›solche Waffen gegen die Psychoanalyse zu kehren. Mich interessiert die Persönlichkeit des Psychoanalytikers nicht, wie ihn die des Kritikers, ich polemisiere nicht gegen Komplexe, sondern gegen Formulierungen von Sachverhalten, die unabhängig von den Personen wahr oder falsch sind.‹«[256]

Für Rudolf Allers wie für Viktor Frankl besteht der Kern allen Leidens nicht in einer »frustrierten Libido«, sondern in der Auflehnung des Menschen gegen seine natürliche Endlichkeit. Allers erklärt:

> »Ich habe noch keinen Fall von Neurose gesehen, bei dem sich nicht als letztes Problem und als letzter Konflikt eine, wenn man es so nennen will, ungelöste metaphysische Frage enthüllt hätte, die Frage nach der Stellung des Menschen überhaupt, gleichgültig, ob es sich um einen religiösen oder nicht religiösen, katholischen oder akatholischen Menschen gehandelt habe. Damit hängt vielleicht die oft bemerkte philosophische Interessiertheit dieser neurotischen Menschen zusammen. Es ist falsch, wenn man, wie dies oft genug geschieht, in dieser metaphysischen Problematik wiederum eine Maske anderer Fragen oder den Ausdruck bestimmter Haltungen erblicken will. Es steckt nichts mehr ›dahinter‹, weder Triebverhältnisse noch Machtwille, sondern es ist recht eigentlich die letzte und wichtigste Frage, die diese Menschen beunruhigt und die sie sich nicht zu beantworten, ja, nicht einmal richtig zu stellen getrauen. So verstehen wir auch, dass eine verständige, liebevolle, schonende, geduldige, rein religiöse Seelenführung in vielen Fällen zugleich mit der Korrektur religiösen Verhaltens die der Neurose zu erreichen vermag, weil eine solche Beeinflussung tatsächlich am zentralsten Problem angreift.«[257]

Frankl ist neben C. G. Jung, Rudolf Allers und Abraham Maslow einer der wenigen herausragenden Psychiater, der einer mechanistischen und behavioristischen These widerspricht. Im Menschenbild Frankls ist der Mensch weder ein triebgesteuerter Primat noch ein Roboter mit zu wenig Rechenkapazitäten. Die Heiligkeit und Würde eines Menschen erkennt Frankl in seiner Einzigartigkeit und Kreativität – eben dies ist auch der Schlüssel, mit dem er seine Klienten in die Verantwortlichkeit und damit zur persönlichen Wirkmächtigkeit führen will.

Hier liegen auch die Dialektik und der Knackpunkt aller weltanschaulichen Widersprüche: Einerseits ist der Mensch in ein Schicksal gestellt und höheren Mächten unterworfen – zugleich ist er in seinem Einflussbereich ein freies Wesen, das wirkmächtig und schöpferisch handelt. Um diese Wirkmächtigkeit erfahren zu können, ist jedoch die Akzeptanz einer persönlichen Verantwortung dem Leben gegenüber nötig. Nur der verantwortlich handelnde Mensch kann sein Schicksal effektiv modellieren. Infantile Charaktere bleiben dagegen immer Spielball externer Mächte.

Natürlich stellt das materialistische, deterministische Weltbild *jedwede* Handlungsfreiheit des Menschen in Abrede. Was derzeit noch die Basis der Menschenwürde ist, beruht nach Ansicht des Bundesverfassungsgerichts auf der Vorstellung der menschlichen Entscheidungsfreiheit:

> »Dem Schutz der Menschenwürde liegt die Vorstellung vom Menschen als einem geistig-sittlichen Wesen zugrunde, das darauf angelegt ist, sich in Freiheit selbst zu bestimmen und zu entfalten.«[258]

Die Grundannahme, der Mensch sei ein freies und verantwortlich handelndes Wesen, ist zugleich auch die Basis des deutschen Strafrechts. Da die Neurowissenschaften jedwede Freiheit des menschlichen Handelns bestreiten, ist es jedoch nur eine Frage der Zeit, wann sowohl das Hauptargument der Menschenwürde als auch die Schuldfähigkeit des Menschen abgeschafft werden. Die Tendenzen, das deterministische Weltbild im Strafrecht anzuerkennen und damit eine prinzipielle Schuldunfähigkeit des Menschen zu postulieren, sind unverkennbar. Wie weiter oben bereits ausgeführt, halten Vordenker wie Harari den Menschen nicht einmal bei Mord für schuldfähig. Greift das deterministische Weltbild vollends, wird der Mensch endgültig zum unmündigen Wesen degradiert, das in allen (Fehl-)Entscheidungen vor sich selbst geschützt werden muss. Ernährungsgewohnheiten, CO_2-Fußabdruck und Impfstatus können dann nicht länger dem Einzelnen überlassen werden. Der Schutz des Menschen vor sich selbst kann folgerichtig nur durch eine nicht-menschliche Instanz gewährleistet werden – lückenlose Überwachung durch eine künstliche Intelligenz erscheint dann als adäquate Lösung.

Im Weltbild Viktor Frankls hingegen haben wir es mit dem Widerspruch eines unfreien *und* freien Wesens zugleich zu tun. In Demut das persönliche Schicksal tragen und dennoch der Verantwortung für die Freiheit auf den dem Menschen gegebenen Lebensfeldern nicht auszuweichen, ist das größte menschliche Rätsel, an dem sich Generationen von Philosophen abgearbeitet haben. Der erste Schritt, das Feld der eigenen Wirkmächtigkeit anzuerkennen und zu erfahren, ist die Bewusstwerdung von Einzigartigkeit: Jeder Mensch ist in seiner genetischen Anlage, seiner Zeitqualität, in die er hineingeboren wurde, sowie in seinen spezifischen Prägungen unersetzlich. Auch im spezifischen Leiden und dessen Transformation bleibt der Mensch einzigartig. Mehr noch im Wirken, um nicht zu sagen im authentischen Werkschaffen: Echte Kunst über den Weg eines selbstkonfrontativen Schaffens ist absolut einmalig.

> »Sobald also nur einmal, im Rahmen ebenjener geforderten Existenzanalyse, der Kranke seiner wesenhaften Verantwortlichkeit durch den Psychotherapeuten sich bewusst geworden ist, wird dieser, der Arzt, etwa die Lösung folgender zwei Hauptfragen dem Kranken selbst überlassen müssen:
> 1. Vor wem dieser sich verantwortlich fühle – z. B. ob vor dem eigenen Gewissen, oder: vor Gott – und

2. wofür er sich verantwortlich fühle, d. h. welchen konkreten Werten er dienend sich zuwendet, in welcher Richtung er den Sinn seines Lebens findet und welche Aufgaben ihn erfüllen.
[…]
Um also, wie gesagt, dem schlichten Menschen des Alltags seine volle Verantwortlichkeit bewusst werden zu lassen, können wir ihn etwa darauf verweisen, wie er mit seinem persönlichen Leid, aber auch mit seinen vielfachen Möglichkeiten, es zu besiegen, ganz vereinzelt dasteht; diesen Herrn XY oder diese Frau NN gibt es sozusagen im ganzen kosmischen Geschehen nur ein einziges Mal; und wie er bzw. sie mit ihrem Leben fertigwird, was diese Menschen tun oder auch unterlassen, das alles ist unwiederholbar und endgültig. Diese Menschen stehen mit ihrem Schicksal jeweils einzig da, niemand vermag es ihnen abzunehmen, die Aufgabe, es zu erfüllen, ist einzigartig und exklusiv. Aus diesem Bewusstsein der spezifischen Aufgabe jedes Einzelnen folgt dann automatisch das Bewusstsein der Verantwortung ihr gegenüber, ja mitunter geradezu das Gefühl einer gewissen Mission. Nichts aber vermag einen Menschen im Kampfe gegen Schwierigkeiten oder, wenn es darauf ankommt, im Ertragen des Unvermeidlichen stärker zu machen als eben dieses Gefühl, eine einmalige Aufgabe zu haben und in deren Erfüllung unvertretbar zu sein.«[259]
»Diese Unvertretbarkeit und Unersetzlichkeit jeder einzelnen Person ist jedoch das, was – zu Bewusstsein gebracht – die Verantwortung, die der Mensch für sein Leben und Weiterleben trägt, so recht in seiner ganzen Größe aufleuchten lässt. Ein Mensch, der sich dieser Verantwortung bewusst geworden ist, die er gegenüber dem auf ihn wartenden Werk oder einem auf ihn wartenden liebenden Menschen hat, ein solcher Mensch wird nie imstande sein, sein Leben

hinzuwerfen. Er weiß eben um das ›Warum‹ seines Daseins – und wird daher auch fast jedes ›Wie‹ zu ertragen vermögen.«[260]

Zu seinen Lebzeiten und im Gefüge eines untrennbaren Kosmos sind die Handlungen und Unterlassungen eines jeden Einzelnen für das Gesamtsystem von ungeheurer Bedeutung. Sich dieser einzigartigen Verantwortung bewusst zu werden und die damit verbundene Herausforderung anzunehmen, ist identisch mit dem Beginn der Heldenreise und der elementare Schritt der Menschwerdung vom Kind zum Erwachsenen.

Dennoch lautet die traurige Wahrheit, dass die meisten Menschen der von Frankl geforderten Bewusstwerdung ausweichen. Erwachsenwerden bedeutet, das einmalige Geschenk der menschlichen Freiheit verantwortlich zu nutzen – nur so kann sich der Mensch als schöpferisch und wirkmächtig erleben. Doch das Gewahrwerden von Einzigartigkeit geht immer mit der Bewusstwerdung tiefer Einsamkeit einher. Der Philosoph, Theologe und Therapeut John Bradshaw schildert den Schock, als ihm erstmalig seine Einzigartigkeit und die damit einhergehende Verantwortung bewusst wurde:

»Ich kann mich noch daran erinnern, als wäre es erst gestern passiert. Ich war zwölf Jahre alt und wartete auf den Bus, als ich auf einmal ein ungeheuer starkes Erlebnis meiner Ichhaftigkeit hatte. Irgendwie wurde mir in diesem Augenblick klar, dass ich ich war und dass es niemanden gab, der so war wie ich. Ich kann mich erinnern, dass ich Angst bekam, weil ich plötzlich begriff, wie allein ich war. Ich kann mich erinnern, dass ich dachte, meine Augen seien Fenster, aus denen nur ich blicken konnte. Mir wurde außerdem bewusst, dass niemand die Welt mit meinen Augen sehen konnte – aus den Fenstern, die meine Augen waren. Und ich wusste plötzlich, dass kein anderer Mensch wirklich in mir sein konnte, dass ich getrennt von allen anderen war. Ich war ich, und niemand konnte etwas daran ändern, gleichgültig, was man mit mir anstellen würde oder wozu man mich zwingen wollte. Ich einzigartig. In diesem Augenblick an der Bushaltestelle in der Fairview Street hatte ich intuitiv mein eigenes Wesen erfasst. Diese Intuition, die aus dem Staunen erwachsen ist, sollte sich in den kommenden Jahren noch oft vergeblich bei mir melden. Aber sie brachte mich dazu, Philosophie zu studieren und zu lehren, und sie sollte mich auch auf meine persönliche Reise zu meiner Ganzheit führen. Ich bin auch heute noch absolut von der Philosophie fasziniert. Das Gefühl des Seins, das Jacques Maritain als den ›siegreichen Stoß, durch den wir über das Nichts triumphieren‹ beschreibt, erfüllt mich mit Ehrfurcht.«[261]

Tatsächlich ist die von Bradshaw beschriebene Bewusstwerdung von Einzigartigkeit ein Erkenntnisschock, dem auch er viele Jahre lang auswich. Erst durch die Wandlung einer Krise – Bradshaw war viele Jahre ein abhängiger Alkoholiker – konnte er seine Talente verantwortlich und segensbringend nutzen. Ohne das Gefühl eines Getragenseins in einem metaphysischen Raum und ohne den Kontakt zu einer höheren innerpsychischen Instanz ist die von Frankl geforderte Verantwortungsübernahme nahezu ausgeschlossen. Auf der Basis eines rein materialistischen Weltbilds ist es wesentlich komfortabler, die deterministischen Postulate der Technokraten anzunehmen und sich freiwillig als automatisches Rädchen im Getriebe zu verorten, das ohnehin nichts auszurichten vermag. Der infantile Zug der Machtlosigkeit hat wenigstens den Vorteil, keinerlei Verantwortung für das Gelingen oder Nichtgelingen des eigenen Lebensentwurfs tragen zu müssen.

Es gibt vermutlich keinen Film, der den Umstand der Verkennung der eigenen Bedeutung für das Ganze so treffend beschreibt wie der Klassiker *Ist das Leben nicht schön?* (Originaltitel: It's a Wonderful Life) von Frank Capra aus dem Jahr 1946. James Stewart spielt darin den Bürger George Bailey, der sich in den Weihnachtstagen von einer Brücke stürzen will und daraufhin vom Engel Clarence gerettet wird. Als Bailey sein bisheriges Leben wegwerfen will, führt ihm Clarence die komplexen Kausalketten vor Augen, die sich ereignet hätten, wenn er niemals geboren worden wäre. Bislang hatte Bailey sein Leben als vollkommen unbedeutend eingeschätzt. Der hochtalentierte Bailey litt darunter, weit unter seinen Möglichkeiten geblieben zu sein – doch weit gefehlt: Die Vision des Engels Clarence macht Bailey klar, dass aus der friedlichen Kleinstadt Bedford Falls ohne seine Existenz das verkommene Pottersville geworden wäre, eine entseelte Kleinstadt ohne jede Hoffnung. Auch Harry, der Bruder von George, wäre bereits im Kindesalter gestorben, da er ohne die Rettung durch George ertrunken wäre. In der Folge hätte Harry auch nicht den Truppentransport im Zweiten Weltkrieg retten können, für den er als Held ausgezeichnet wurde. Auch die Frau von George wäre als alte Jungfer gestorben, seine vier Kinder wären nie geboren worden, damit wäre eine weitere Kette weitreichender Kausalitäten implodiert. Erst als George seine Einzigartigkeit und Bedeutung für das Leben der Stadt Bedford Falls und seiner Bewohner erkennt, beendet der Engel Clarence den Spuk, und George ist überglücklich, sein altes Leben wieder zurückzuhaben.

Kapitel IV – Die Verantwortung

Schöpferkraft

Weg des Künstlers

> »Individuation bedeutet: zum Einzelwesen werden, und, insofern wir unter Individualität unsere innerste, letzte und unvergleichbare Einzigartigkeit verstehen, zum eigenen Selbst werden. Man könnte ›Individuation‹ darum auch als ›Verselbstung‹ oder als ›Selbstverwirklichung‹ übersetzen.«[262]

Menschen, die sich dem Abenteuer der Heldenreise stellen, haben nicht nur die Dämonen ihrer Kindheit befriedet, zugleich haben sie auch ihre von Frankl postulierte Einzigartigkeit erfahren. Die Verantwortung, die sich aus dieser Bewusstheit ergibt, kann unmöglich Beliebigkeit tolerieren. Wie weiter oben bereits ausgeführt, ist es fortan nicht mehr egal, womit man den Großteil seiner Zeit verbringt. Ist der Zugang zum höheren Selbst erst einmal gelegt, werden neue Richtungsimpulse zugunsten einer authentischen Lebensinstallation unüberhörbar. Merkwürdige Synchronizitäten stellen sich ein, neue Menschen treten in das Leben und geben unerwartete Impulse. Intuitive Anziehungen werden geweckt für Inhalte, an die man zuvor nie gedacht hatte. Intuitionen, Träume und Gefühle, die man vorher beiseitegeschoben hätte, lassen den Helden auf seiner Reise nicht mehr los und fordern seine volle Aufmerksamkeit. Der Therapeut John Bradshaw schildert die Geschichte eines Klienten, den er Norman nennt. Norman war ein erfolgreicher, aber unglücklicher Anwalt, der sich durch hohes Detailwissen auszeichnete. Norman verlor so gut wie nie einen Fall, und andere Anwälte suchten seinen Rat. Eines Tages hatte Norman einen Traum, der ihn so traurig machte, dass er tagelang weinen musste. Norman konnte sich seine neue Traurigkeit einfach nicht erklären, denn normalerweise war er ein rationaler, abgeklärter Anwalt – dennoch hatte ihn der Traum in ein heulendes Elend verwandelt. Als Bradshaw seinen Klienten nach dem Traum fragte, erzählte dieser, dass er vom Verlust verschiedener Tiere gehandelt habe, vorwiegend Hunde und Katzen. Bei weiterer Nachfrage erinnerte sich Norman, dass er als Kind Tiere sehr geliebt hatte und dass er eigentlich Tierarzt werden wollte. Sein Vater jedoch, ebenfalls Anwalt, hielt dies für Blödsinn. Normans juristische Akribie und Fleiß ohne jede Freude hatten ihn in eine Arbeitssucht geführt, die hauptsächlich dazu diente, verschüttete Gefühle und Wünsche zu überdecken. Im Zuge der Therapie erkannte Norman den archetypischen Charakter seines Traums als Impulse seines höheren Selbst. Bradshaw wurde für seinen Klienten das, was Therapeuten und Lehrer idealerweise sein sollten, ein Bote und Hüter der ersten Schwelle, der dazu ermuntert, das Abenteuer der Heldenreise zu wagen.

In den folgenden Jahren begab sich Norman tatsächlich auf eine abenteuerliche Reise und studierte Veterinärmedizin, später eröffnete er eine erfolgreiche Tierklinik und wurde sehr glücklich. Er hatte sich seinen Lebenstraum erfüllt, die Verantwortung für sein Leben übernommen und sich authentisch installiert. Zur Lebensmitte hatte er sein »richtiges Haus bezogen« – wie es Joseph Campbell ausdrücken würde. Dennoch war der Übergang in das Abenteuer nur über die Wandlung einer Krise und Depression möglich gewesen und von größten Zweifeln begleitet. Das soziale System von Norman reagierte mit Entsetzen und Ablehnung, Vater und Kollegen erklärten Norman für verrückt. »Die alte Ordnung«, wie Bradshaw es nennt, versuchte alles, um Norman von seinem scheinbar verrückten Plan abzubringen.

Die Geschichte von Norman hat mich sehr berührt, denn sie ist meiner Geschichte sehr ähnlich. Auch ich begab mich zur Lebensmitte auf eine abenteuerliche Reise, von der jeder sagte, mein Vorhaben sei Wahnsinn. Obgleich ich als Therapeut und Dozent gearbeitet hatte, wurde ich mit 38 Jahren schwer krank und depressiv. In Wirklichkeit schlummerte seit Jahren ein Konflikt in mir, der meine gefühlten Berufungen als Heiler und Künstler nicht in Einklang bringen konnte. Aus einer Malerfamilie stammend, hatte ich seit meinem 20. Lebensjahr gemalt, dem Maler in mir hatte ich aber irgendwann eine endgültige Absage erteilt. Nach Jahren der Konzentration auf meine therapeutischen Tätigkeiten landete ich eines Tages in einem Krankenhaus für anthroposophische Medizin. Aus einer Intuition und Laune heraus schickte mir meine Schwester eine Leselektüre mit dem Titel *Der Weg des Künstlers – Ein spiritueller Pfad zur Aktivierung unserer Kreativität* von Julia Cameron. Das Buch schien, als sei es für mich geschrieben worden, und veränderte mein Leben. Mit 39 Jahren gab ich mein bisheriges Leben in Hamburg auf, trennte mich von einer dreizehnjährigen Beziehung und ging als völlig mittelloser Maler nach Berlin. In diesem Alter, als Autodidakt und mit dem Vorsatz, ausschließlich von Malerei leben zu wollen, war dies ein Plan, den auch meine alte Ordnung als Wahnsinn bezeichnete. Im Folgenden gebe ich eine Schilderung dieser Zeit wieder, mit der mein damaliges Künstlerbuch begann:

Es ist Winter, und Berlin-Mitte kommt mir im Vergleich zu Hamburg sehr exotisch vor. Die Straßen haben riesige Löcher und keinerlei Markierung, viele Häuser sehen noch aus wie nach dem Krieg, und vor allem riecht es so – anders. Mein klappriger Volvo-Kombi parkt in der Auguststraße vor »Clärchens Ballhaus«. Der

Kofferraum ist voller Gemälde. Eine herausgerissene Seite aus dem Berliner Branchenbuch, die mir als Stadtplan diente, liegt noch auf meinen Knien. Wie durch ein Wunder habe ich Berlins Galeriestraße gefunden und in wenigen Minuten werde ich in die renommiertesten Galerien Deutschlands gehen, um meine Werke zu präsentieren. Für mich steht zweifelsfrei fest: Sehr bald schon werde ich hier ausstellen …

Das ist lange her, und meine damalige Zuversicht kann ich heute nur als Gnade der Unwissenheit bezeichnen. Inzwischen hat Berlin sich und mich verändert. Die Straßen sind frisch geteert, jeder Linksabbieger weiß, wo er zu warten hat, und das Smartphone mit Stadtführer führt auf Wunsch ganz automatisch an markante Orte, auch in die Auguststraße. Die Häuser in Berlin-Mitte sind inzwischen noch weißer als in Hamburg-Eppendorf, und die damalige Berliner Luft, eine Mischung aus Ofenheizung, Zementstaub und U-Bahn-Muff, ist nur noch selten zu riechen. Wenn ich meine Berliner Zeit bis heute resümiere, muss ich gestehen: In all den Jahren hatte ich keine einzige Ausstellung in der Auguststraße. Berufskünstler wurde ich dennoch. Zudem gibt es inzwischen angesagtere Orte für bildende Künstler. Der Galeriezirkus Berlins zog weiter und mäandert seither durch verschiedene Bezirke – ein Siegerstadtteil als neues Kunstmekka ist noch nicht ausgemacht.

In meine Zeit als Neuling in der Berliner Kunstwelt fällt ein Ereignis, das ich wohl niemals vergessen werde. Mit einem Schlag offenbarte mir dieses Erlebnis das Hauptmissverständnis zwischen Menschen, die eine akademische Kunsterziehung genossen haben, und denen, die dies nicht haben. Ich war gerade Neumitglied im Berufsverband bildender Künstler Berlins geworden und sogleich nahm ich an einem Kurs teil, mit dem Titel: »Kunstmarkt und Galerie«. Der Kurs wurde von einer promovierten Kunsthistorikerin geleitet, und die elf Seminarteilnehmer waren ausnahmslos akademische Künstler, fünf davon aus einer Meisterklasse. In diesem recht homogenen Kurs war ich als Autodidakt eine Ausnahme, denn kurz zuvor war ich nicht durch ein Studium, sondern durch eine Aufnahmekommission Mitglied im Berufsverband geworden. Die Akademieabsolventen wollten in dem Seminar etwas über die Möglichkeiten und Strategien lernen, sich erfolgreicher auf dem Kunstmarkt zu installieren, denn offensichtlich war dies nicht Gegenstand ihres Studiums gewesen. Gleich zu Beginn fragte die Seminarleiterin, was wir von folgender These hielten:

Sie glaube, dass es unbewusste Vermeidungsstrategien von Künstlern gäbe, Erfolg zu haben und in der Öffentlichkeit zu stehen, weil es sich, im Gegensatz zu anderen angewandten Künsten, bei den Produkten um das Destillat sensibler, innerer Vorgänge handle. Diese könnten zu intim sein, um sie ohne Weiteres verkaufen oder zeigen zu können. Die Scham könnte zu hoch sein oder die Bindung an die Werke zu groß.

Ich war begeistert. Denn für mich hatte die Seminarleiterin den Nagel auf den Kopf getroffen. Doch zu meiner Verwunderung bekam sie, abgesehen von mir, kaum Zuspruch für ihre These. Die teilnehmenden Künstler schauten recht ratlos umher. Keiner konnte etwas damit anfangen. Niemand sonst meldete sich, um das zu bestätigen. Für alle übrigen Teilnehmer schien es nur objektive, äußere Widrigkeiten zu geben, die ihren Erfolg verhinderten. Die Möglichkeit, dass es dafür auch unerkannte tiefenpsychologische Gründe geben könnte, schlossen sie kategorisch aus. Als es dann im Anschluss zur Vorstellung der eigenen Arbeiten kam, verstand ich augenblicklich, warum. Hier wurde ein Konzept zur Gebäudebeleuchtung vorgestellt, blaue Lampen strahlten ein Gebäude bei Nacht an. Dort wurde ein Foto einer leeren Galerie gezeigt, ausgestellt wurde nichts, die Kunst bestand in der Raumwirkung als solcher, welche durch eine gelbe Folie erzeugt wurde, die am Schaufenster angebracht war. Schließlich wurde eine Arbeit vorgestellt, die Bauschutt in Fabrikhallen transferierte, auf dem später Unkräuter wuchsen. Eine weitere Arbeit bestand aus zusammengesteckten Strohhalmen, die würfelähnliche Gebilde mit ungleichen Kantenlängen zeigten. Kurz: Die gezeigten Arbeiten können als typische Vertreter ästhetisch-konzeptionell-intellektueller Kunst gelten. Und so hatte die Seminarleiterin mit ihrer These tatsächlich danebengelegen. Wo auch sollten bei derart intellektuellen Arbeiten »intime innere Prozesse« verborgen sein, deren Veröffentlichung einen Konflikt bedeuten könnte?

Dummerweise hatte ich als Erster meine Mappe gezeigt. Ich bin ein figurativer Maler, und meine Themen sind Verletzung und Gewalt … Und als nach mir die anderen Arbeiten gezeigt wurden, empfand ich eine große Scham. In völliger Naivität und der Annahme, unter Gleichgesinnten zu sein, hatte ich als Einziger etwas von meiner Seele offenbart – und das war in diesem Rahmen ziemlich deplatziert. Und so erfuhr ich in diesem Zusammenhang erstmals den breiten Graben zwischen intellektueller und selbstkonfrontativer Kunst. Und obgleich die Kollegen bemüht und nett zu mir waren, wurde aus ihrer Perspektive doch sehr deutlich, wie naiv mein Kunstansatz wirkte. Immerhin schien wenigstens die Seminarleiterin etwas mit meinen Werken anfangen zu können, und so war mir an diesem Tag eine Kunsthistorikerin näher als meine eigene Zunft – die in Wirklichkeit nicht meine war. Tatsächlich sollte es noch Jahre dauern, bis ich Kollegen traf, die ich wirklich als »meine Zunft« ansehen konnte.

Wie viele Menschen ohne kunstakademische Ausbildung glaubte ich, romantische Kunstideale seien ganz selbstverständlich die bestimmenden Motive eines Künstlers. Oder anders gesagt, meine Kunstideale entsprachen weitgehend den Vorstellungen des 19. Jahrhunderts: Ich glaubte, ein ernsthafter Künstler sollte die allgemein übliche Flucht vor seinen Gefühlen aufgeben. Statt Zerstreuung und Unterhaltung zu suchen, ging es im kreativen

Prozess um den ehrlichen Blick nach innen. Kreativität war für mich ganz selbstverständlich mit Sinn- und Selbstsuche verknüpft: Indem der Künstler seinen persönlichen Schmerz bearbeitet und sichtbar macht, können seine Ansätze anderen als Modell, Hilfe und Diskurs dienen.

Doch je etablierter und professioneller meine Berliner Kunstkontakte wurden, desto anachronistischer wirkte mein Kunstansatz. Und nach und nach wurde mir bewusst, dass meine Ansichten so ziemlich die beste Beschreibung davon waren, was Kunst im etabliert-akademischen Verständnis garantiert nicht ist.

Zu meiner Zeit als Neuling in Berlin erreichte die Konzeptkunst gerade ihren Höhepunkt als Leitideal. Kunst hatte sich in ihrem Bemühen um Autonomie und Zweckfreiheit so weit von der Gesellschaft entfernt, dass jeglicher Sinn- oder Botschaftsgedanke als absurd galt. Und: Kunst imitierte die Wissenschaft in fast allen Belangen. These, Antithese und Synthese, Zitate und kunsthistorische Bezugnahmen, aber auch Ironie, Zynismus, schnöde Unterhaltung oder rein ästhetische Positionen bestimmten das akademische Kunstbild.

Als selbstkonfrontativer Künstler folgten für mich bittere Jahre und ein dauernder Kampf um Anerkennung innerhalb der etablierten Kunstszene. Im Haifischbecken Berlin ist dies für akademische Künstler bereits schwer genug. Für einen Autodidakten, und zudem noch für einen Maler mit romantischer Kunstauffassung, schien es nahezu aussichtslos. Ignoranz und Nichtbeachtung waren die milderen Reaktionen, Hohn und Spott die härteren. Wenn das Klischee der »brotlosen Kunst« zutraf – so auf mich, denn viele Jahre waren begleitet von Mangel bis hin zu Armut. Nach einigen Ausbildungen und Mitgliedschaften in Künstlervereinen verstand ich schließlich besser, worin die Berechtigung des Abwehrreflexes der akademisch-etablierten Kunstwelt zur Laien- und Autodidaktenszene begründet lag. Ich gründete selbst eine

Produzentengalerie und wurde zunächst Mitglied und später Juror im Berufsverband bildender Künstler. Mit den Jahren wandelten sich meine Ausstellungsorte von feuchten Souterrains zu hellen Galerieräumen, schließlich nahm ich an Kunstmessen teil, wurde von einigen Sammlern entdeckt, und im Jahr 2011 erhielt ich einen internationalen Kunstpreis für Malerei. Kurzum, inzwischen bin ich in der etablierten Kunstwelt angekommen, ein Privileg, für das ich sehr dankbar bin. Was ich hier auf wenige Sätze verkürze, dauerte in Wirklichkeit viele Jahre, etliche davon voller Zweifel und materieller Not.

Dieser Bericht aus meinem damaligen Künstlerbuch ist nun wiederum viele Jahre her. Als ich mich vor zwanzig Jahren als Autodidakt und Quereinsteiger abmühte, in der etablierten Berliner Kunstwelt Fuß zu fassen, ahnte ich noch nicht, dass sich im Kunstbetrieb derselbe weltanschauliche Grundkonflikt spiegelt, der die Gesellschaft insgesamt und die akademische Welt im Besonderen dominiert: Der zeitgenössische Künstler ist in der Regel Materialist, oftmals noch ein zynischer. Zunächst und über viele Jahre hatte mich meine persönliche Heldenreise zu einem etablierten Künstler werden lassen. Der vorerst letzte Akt meines Abenteuers bestand für mich jedoch darin, erneut auch meine therapeutische und schriftstellerische Identität zu integrieren.

Kunst und Gesellschaft

> »Ich glaube, wir sind es dem Schöpfergeist schuldig, schöpferisch zu sein. Es ist keine moralische Schuld, sondern die moralische Antwort darauf, wer wir sind. Die Gottebenbildlichkeit des Menschen, von der die Bibel spricht, bedeutet doch vor allem, dass wir den Geist Gottes darin atmen, schöpferisch zu sein. Gott hat uns keinen Bedenkenträgergeist des Stillstands gegeben, sondern einen jungen Geist der Hoffnung, der Liebe und der Schöpfungskraft.

Wenn wir diesen Geist aufgeben, haben wir uns entschlossen, alt zu sein. Dann haben wir buchstäblich unseren Geist aufgegeben.«[263]

Im vorletzten Kapitel dieses Buches widme ich mich der Verantwortung des individuierten Bürgers. Im Mythos kehrt der Held von seinem Abenteuer als ein Gewandelter zurück in sein Kollektiv. Der ehemalige Held, die ehemalige Heldin wird jetzt zum weisen Mann oder zur weisen Frau, der bzw. die sich vor allem dadurch auszeichnet, dass er bzw. sie von den Abenteuern berichtet. So wird er oder sie zum Mentor bzw. zur Mentorin für jene, die ihren Widerstand vor der Reise überwinden wollen. Selbsterkenntnis und Authentizität des Einzelnen haben eine stark transformierende Wirkung auf das Kollektiv. Die Verantwortung des Helden liegt also in erster Linie darin, mit gutem Beispiel voranzugehen, denn niemand kann rein theoretisch von einer anderen Lebensweise »überzeugt« werden. Wer jedoch gelernt hat, ein authentisches Leben zu führen, wird automatisch zum Leuchtturm für jene, bei denen die Sehnsucht nach einem wahrhaftigeren Leben aufkeimt.

Mir ist natürlich bewusst, dass der von mir beschrittene Weg eines Künstlers für viele Menschen exotisch wirkt. Dennoch möchte ich im vorletzten Hauptkapitel dreierlei aufzeigen:

- Der Weg des selbstkonfrontativen Künstlers ist geradezu exemplarisch für den Monomythos.
- Kunst und Kreativität sind keine netten Beiwerke freier Gesellschaften, sondern deren Basis.
- Wesen und Charakter echter Schöpferkraft sind die Grundlagen der menschlichen Selbstwerdung.

Natürlich können die täglichen »Exerzitien«, die der Held auf seiner Reise gelernt hat, sehr vielfältig sein. Naturerleben, Musizieren, Kochen, Schauspiel, Gesang, Tanz, Sport, regelmäßige Treffen mit Freigeistern, bereichernde Gespräche, politische und weltanschauliche Bildung, aber selbstverständlich auch konkrete politische oder karitative Arbeit. Doch selbst für Viktor Frankl war die Hingabe an ein persönliches, kreatives Werkschaffen, neben liebevollen Beziehungen und Naturerleben, das zentrale Element der menschlichen Sinnerfüllung.

Es ist auffällig, dass der gelungene kreative Prozess, wie auch der gelungene therapeutische Prozess, dieselbe Grundvoraussetzung haben: das Zurücktreten des tagbewussten Ichs. Um als Künstler den sicheren, aber langweiligen Bereich zwischen Handwerk und Intellekt zu verlassen, damit wirklich innovative Kunst entstehen kann, muss das konformistische Ego des Künstlers kapitulieren. Das »nach Beifall Heischen«, das »Denken«, das »Konzipieren« und das über Jahre erlernte »Handwerk« müssen sterben, sofern mehr dabei herauskommen soll als Kitsch und nette Gebrauchskunst. Dasselbe gilt auch für den therapeutischen Prozess: Wie ich weiter oben bereits ausgeführt habe, muss das Ego des Klienten kapitulieren, bevor eine transformierende Erfahrung gemacht werden kann.

Letztendlich befindet sich ein selbstkonfrontativer Künstler in einem selbst gewählten therapeutischen Prozess, in dem er sich in fragend Schaffenden (Klient) und reflektierenden Kritiker (Therapeut) aufspaltet. Der innerpsychische, oftmals schmerzhafte Dialog schlägt sich im Werk nieder und wird im gesellschaftspolitischen Raum sichtbar. Hierfür muss der Künstler seine Angst, vom Kollektiv abgestraft zu werden, überwachsen. Mein Künstlerbuch begann daher mit einem Zitat von Leo N. Tolstoi:

> »Kunst ist das Mikroskop, das der Künstler auf die Geheimnisse seiner Seele einstellt, um diese allen Menschen gemeinsamen Geheimnisse allen zu zeigen.«

Neben den *wirklich* freien Wissenschaften gibt es für die Entwicklung einer Gesellschaft keine wichtigere Position als die freien Künste. Was allgemein als Unterhaltung, Zerstreuung und als nicht unbedingt notwendiger »Zusatz« fehlgedeutet wird, ist in Wirklichkeit eine zentrale Grundvoraussetzung freier Gesellschaften, um sich kritisch reflektieren zu können:

> »Die künstlerische Praxis ist eine ganz dezidierte, einmalige Fähigkeit, die vor sechshundert Jahren in Europa entwickelt wurde, den Anspruch eines einzelnen Menschen, ohne Hinweis auf seine Herkunft, seinen Stand, seine soziale Position oder sein Decking durch Banker oder Theologie, ernst zu nehmen, in dem, was er zu sagen hat. Denn die Beispielhaftigkeit dieser ohnmächtigen Individuen ist ja für alle anderen viel größer als diejenige, die aus irgendwelcher Legitimation entspringt. [...] Die Position des Individuums, der Geltungsanspruch der Aussage von einem Menschen, hinter der nichts steht – das heißt Kunst! [...] Warum haben Aussagen von Menschen Geltung, und zwar mehr als alle anderen, im Effekt der Wirkung, hinter denen gar nichts steht? Warum? Weil sie Aussagen zustande bringen, die aus sich heraus so interessant sind, dass selbst die zuhören müssen, die sich sonst auf völlig andere Weise legitimieren, nämlich durch Geld und Macht.«[264]

Aus der Aussage Bazon Brocks ergibt sich zwangsläufig, dass die üblichen Legitimationsansprüche jedweder Macht – via Geld, Moral, Institution und Ideologie – immer durch Künstler infrage gestellt werden können. Der Künstler, in seiner Rolle als »Narr« der Gesellschaft, kann die sonst üblichen Legitimationen zur Prägung von Meinungen auf recht freche Weise bypassen. Für etablierte Machtsysteme sind Künstler somit auf zweierlei Weise gefährlich:

Zum einen entwickelt der individuierte Künstler eine gewisse Respektlosigkeit gegenüber Obrigkeiten. Zum anderen erhalten seine Aussagen genuine Legitimation, *gerade weil* der Künstler nur für sich selbst spricht. Der Künstler wird so zum angstfreien Kind, das den Kaiser nackt nennen kann.

Selbstredend gibt es daher auch kein totalitäres Land in der Welt, das freie Kunst duldet. Der Umschlagpunkt einer freien Gesellschaft in Richtung Totalität wird zuerst an der staatlichen Einflussnahme auf freie Künste und freie Wissenschaften sichtbar. Dies ist der Lackmustest für den tatsächlichen Freiheitsgrad einer Gesellschaft. Seit 1945 stand dieser Test im Westen Deutschlands noch nie so sehr auf Rot wie während der Coronakrise. Honorige, freie Wissenschaftler, die dem offiziellen Corona-Narrativ widersprachen, wurden als »Schwurbler« diffamiert. Und die Teilnahme an kritischen Kunstaktionen, unter den Hashtags *#allesdichtmachen* und *#allesaufdentisch*, erwies sich für viele freie Künstler als existenzgefährdend.

Doch was sich am Künstler exemplarisch abbildet, gilt generell: Es sind immer ausschließlich Individuen, von denen echte Innovationen zugunsten der Gemeinschaft ausgehen. Einzig freie Geister, gesellschaftlich repräsentiert durch freie Wissenschaftler und freie Künstler, können der Gesellschaft neue Impulse geben. Der Philosoph Bazon Brock weist zu Recht darauf hin, dass von Kollektiven noch nie innovative Impulse ausgegangen sind. Verständlicherweise lieben gerade verunsicherte, infantile Geister kollektivistische Organisationsformen, da ihnen Gleichmacherei und der kleinste gemeinsame Nenner einen gewissen Schutz versprechen. Freidenker hingegen bevorzugen das *Team*.

Der Unterschied zwischen einem Team und einem Kollektiv könnte kaum größer sein: Ein Team besteht aus individuierten, selbstbewussten Spezialisten, die in Augenhöhe um die beste Lösung für ein Problem konkurrieren. Alles, was die westliche Welt großgemacht hat, geht auf *Teamleistungen* zurück – nicht auf Kollektive. Die Zeit der Kollektive – Nationalsozialismus, Kommunismus und Sozialismus – hat dagegen nur Stagnation, Mangel und Leid hervorgebracht. Heute ist der Niedergang westlicher Demokratien dem Umstand geschuldet, dass in allen großen Narrativen wiederum kollektivistische Ideale die Oberhand gewinnen. Wie im Nationalsozialismus und im Kommunismus wird echten Teamplayern, nämlich individuellen Freigeistern, der Kampf angesagt. In *Die Wiedergutmacher* und *Vom Verlust der Freiheit* habe ich den mannigfaltigen, kollektivistisch-normierenden Idealen der Neuzeit eigene Kapitel gewidmet: *Gender-Studies, strukturelle Gewalt, Gesinnungsethik, Kulturrelativismus, Critical Whiteness, politische Korrektheit, Cancel Culture, Nudging, Framing, positive Diskriminierung* dienen einzig der Diskreditierung des Individuums und stärken das Kollektiv:

> »Cancel Culture hat zwei Instrumentarien zur Verfügung, um eine linksgrüne Diskurshoheit sicherzustellen. Zum einen werden unliebsame Personen, insbesondere Publizisten, Wissenschaftler, Künstler und Journalisten, diffamiert und lächerlich gemacht. Das geschieht in der Regel mit der altbewährten Kombination aus Chauvinismus-, Sexismus-, Rassismus- und Nationalismusvorwürfen. Wer von derartigen Zuschreibungen getroffen wird, ist markiert und wird zur Persona non grata. Jedem, der fortan mit dieser Person Umgang pflegt, wird Solidarität mit dem Paria unterstellt; es startet ein Prozess, den ich in meinem letzten Buch als Hexenjagd beschrieben habe. Das zweite Instrument von Cancel Culture ist das sogenannte ›Deplatforming‹ (engl.: ›die Plattform nehmen‹), auch ›no-platforming‹ genannt. Hierbei werden unliebsame Meinungen ganz einfach aus dem Debattenraum entfernt, indem man sie ignoriert. Bücher

> liegen nicht mehr auf den Büchertischen aus. Rezensionen, selbst vernichtende, werden gar nicht erst geschrieben. Unbotmäßige Theaterstücke kommen gar nicht erst zur Aufführung. […] Unfreie Gesellschaften sind an der Normierung des Denkens ihrer Bürger interessiert. Kunst im klassischen Sinne ist jedoch ein dokumentierter, öffentlicher Individuationsprozess. Ein authentischer Künstler ist naturgemäß ein Wahrheitssucher. Ein selbstkonfrontativer Künstler vollzieht in übertragenem Sinne eine Therapie auf offener Bühne. Mehr noch, seine Erfahrungen werden danach in einem Werk konserviert, das die Zeit überdauert. Authentische Kunstwerke können daher eine enorme politische Sprengkraft entwickeln. Sie sind das Antidot zu Angst und Scham, mit denen man Menschen zur Anpassung und in eine Normierung zwingen kann. Seit jeher haben restriktive Systeme daher die politische Sprengkraft authentischer Kunst erkannt und entsprechend eingeschränkt. Gelebte Authentizität und Individualität sind nämlich ansteckend und damit höchst subversiv.«[265]

Nicht zufällig verkam das Prädikat »Querdenker« zum Unwort. Ursprünglich war Querdenken – auch »laterales Denken[266]« genannt – eine hochgeschätzte, kreative Denkmethode zur Ideenfindung. Wer sich heute von den normierten Denkvorgaben entfernt, wird jedoch sogleich als »Schwurbler« gebrandmarkt.

Wenn man mich fragen würde, welche der beiden Helfer mir auf meiner persönlichen Heldenreise nützlicher waren, *Kunstschaffen oder Therapie*, würde ich der Kunst den Vorzug geben. Natürlich habe ich mehrere Therapien gemacht und später selbst als Therapeut und Coach gearbeitet. Doch die wirklich tiefen Transformationen konnte ich in selbstkonfrontativen Kunstprozessen machen, nachdem ich meinem »Ruf« als Künstler gefolgt war. Zudem würde ich sagen, dass die Ressourcen für einen freien kreativen Prozess unmittelbarer und dauerhafter verfügbar sind als in einer zeitlich begrenzten therapeutischen Interaktion. Nicht jeder muss gleich zum professionellen Künstler werden, aber wer den heilsamen Prozess des autobiografischen Schreibens oder/und selbstkonfrontativen Malens für sich entdeckt hat, wird enorm davon profitieren und fortan kaum extern limitiert.

Im Gegensatz dazu stehen vor einer gelungenen Therapie einige Hürden. Nachdem der ohnehin seltene Glücksfall eingetreten ist, dass ein Mensch seine Abwehr aufgibt und den Mut zu einer Therapie aufgebracht hat, muss er zunächst einen kompetenten und zu ihm passenden Therapeuten finden. Dieser muss Termine frei haben, zudem werden für die meisten Klienten vermutlich nur Therapeuten infrage kommen, die von der Krankenkasse bezahlt werden. Dies wiederum schränkt die wirklich effektiven Therapieformen ohnehin drastisch ein. Im Setting selbst wird es schließlich darum gehen, den oben beschriebenen, einzigartigen Moment tatsächlich auch zu nutzen. In Wirklichkeit kann man es sich nämlich jahrelang in einer Therapie behaglich einrichten, ohne an diesen Punkt zu kommen. Der Sekundärgewinn einer Therapie liegt dann lediglich darin, sich besser vormachen zu können, man würde »an sich arbeiten«. Kurzum – in einem therapeutischen Setting Heilung und Individuation zu erleben, ist von vielen »Wenns« abhängig. Wenn ich bezüglich des Individuationsprozesses Kunst und Kreativität den Vorzug gegenüber einer Therapie gebe, meine ich selbstverständlich keine dekompensierten, psychischen Zustände, bei denen eine psychiatrische Behandlung erforderlich ist. Wenn das Kind in den Brunnen gefallen ist und eine Depression erst einmal den hormonellen Hirnstoffwechsel bestimmt, geht es selbstverständlich vorerst nicht um kreatives Schreiben oder Malen.

Kunst und Therapie stellen ohnehin die zwei Seiten einer Medaille dar, aus diesem Grund habe ich bereits im Kapitel

»5. Station – Der Aufbruch« die Serie *In Therapie* erwähnt: Regisseure und Autoren schaffen mit dem Drehbuch, der Auswahl der Charaktere und der engen Führung der Schauspieler selbst ein Kunstwerk. Große Kunst entsteht nicht durch Handwerk, Kunststudium oder Know-how. *In Therapie* kann das Geheimnis einer gelungenen Therapie nur deshalb so glaubhaft darstellen, weil es sich bei den Machern Éric Toledano und Olivier Nakache vermutlich selbst um individuierte Künstler handelt. Dasselbe gilt wahrscheinlich auch für die ausgewählten Schauspieler. Meine Vermutung wird durch die Tatsache gestützt, dass dieselben Macher auch für den Film *Ziemlich beste Freunde* verantwortlich sind. Der Film erzählt die anrührende Geschichte eines querschnittgelähmten Tetraplegikers, dem sein Pflegehelfer mit seiner unkonventionellen, authentischen Art neuen Lebensmut gibt. Wie auch *In Therapie* stellt der Film die alles entscheidende Frage an den am Leben (ver)zweifelnden Menschen: *Willst du das Leben zu diesem Preis?*

Was hier in der Sparte darstellende Kunst gezeigt wird, wurde zuvor erlebt und gefühlt. Aus diesem Grund kann ein Zuschauer, der selbst bereit ist, seine Abwehr aufzugeben, das Gezeigte auch nachempfinden. Serien und Filme wie *In Therapie* und *Ziemlich beste Freunde* zeigen die Doppelnatur von Kunst und Therapie: *Eine gute Therapie ist idealerweise kreativ, gute Kunst ist idealerweise heilsam.*

Unglücklicherweise haben beide Disziplinen einen zu harten Kampf um Autonomie und Anerkennung geführt, als dass ein »echter Künstler« und ein »guter Therapeut« zugestehen könnten, am selben Strang zu ziehen. Das Dogma der zeitgenössischen Kunst ist Zweckfreiheit. Sofern ein zeitgenössischer Künstler zugeben würde, dass seine Arbeit einen Zweck erfüllt, muss er die Welt der »Profis« verlassen. Verschoben ins Lager der »angewandten Kunst«, darf er zukünftig vielleicht noch Arbeiten auf einem Krankenhausflur ausstellen. Ein wenig leichter haben es Therapeuten. In ihrem Metier gelten »kreative Techniken«, womit meinst Töpfer- oder Malkurse im Bereich der Beschäftigungstherapie gemeint sind, immerhin noch als legitime Mittel. Letztendlich beäugen sich aber beide Seiten kritisch. Wer beide Disziplinen gleichermaßen professionell verfolgt, gilt in Deutschland als suspekt, in wenigstens einer Fachrichtung muss dieser Mensch ein Scharlatan sein. Was im angloamerikanischen Raum gang und gäbe ist, nämlich ein unterstellter Zuwachs an Kompetenz, wird im deutschsprachigen Raum zum Minusgeschäft. Hierzulande möchte man die Disziplinen ordentlich in Schubladen sortiert sehen, ein deutscher Fachmann bleibt bei seinen Leisten. Die Tatsache, dass sich die beiden Disziplinen auf natürliche Weise spiegeln und ergänzen, kann nur von großen Geistern erkannt werden, allen voran Joseph Beuys.

Mein Plädoyer für selbstkonfrontative und ganzheitliche Kunst wirft natürlich die Frage auf, was den »ganzen Menschen« eigentlich ausmacht. Über ein Anerkenntnis der Doppelnatur des Menschen möchte ich an dieser Stelle gar nicht mehr streiten. Danach ist dem Menschen eine animalisch-materielle wie auch kulturell-spirituelle Wesensseite zu eigen. Nach meinem Verständnis ist das Bemühen, beiden Naturen gerecht zu werden, immer das Ziel großer Kunst. Ohne allzu tief in die Philosophie einzusteigen, müsste man sich also zunächst einmal darauf einigen, dass der Mensch ein intelligentes, analytisches, reflektierendes und denkendes Wesen ist. Und man müsste sich ebenso darauf einigen, dass der Mensch ein fühlendes, subjektives, irrationales und intuitives Wesen ist. Zudem wäre es hilfreich anzuerkennen, dass das Bewusstsein nur einen Bruchteil der menschlichen Psyche ausmacht. Kreative Ganzheitlichkeit bedeutet deshalb auch immer ein Bemühen, unbewusste Elemente und den eigenen Schatten zum Ausdruck zu bringen. Anders gesagt: Ein ganzheitlicher Kunstansatz ist immer um die Synthese diametraler Pole bemüht, die zu jedem Menschsein gehören. Demnach verfolgt ein kreativer Ganzheitsanspruch die Synthese von

emotionalen und rationalen,
bewussten und unbewussten,
animalischen und kulturellen (spirituellen) Kräften.

Ziel großer Kunst war es immer, die Zwischenergebnisse dieser Synthesebemühungen zu dokumentieren und zu kommunizieren. Dieses romantische Kunstideal untersucht so das Verhältnis des Selbst zur Umwelt. Um herauszufinden, was das Selbst eigentlich ausmacht, sind zunächst aber Erfahrungen mit obigen Dualitäten erforderlich. Erst wenn durch das Ringen mit Widersprüchen ein Gefühl für das Selbst entsteht, kann es in einen Bezug zur Welt gesetzt werden. Und ein Künstler, der diese Positionsbestimmung verweigert, kann sich schwerlich in Bezug zur Welt setzen. Verortung, Kontext und Bezugnahme von Kunst sind ohne Zweifel wichtig, allerdings erst dann, wenn man weiß, wer sich zu wem in Bezug setzt. Was nur wenige Kunstprofessoren wie Markus Lüpertz beklagen, ist, dass zeitgenössische Kunst die Selbstwerdung in der Regel überspringt. So bleibt ihre Aussage zwangsläufig eklektisch, ironisch und zynisch. Allenfalls taugen die Ergebnisse als kommerzielles Produkt, nicht aber als Beitrag zur (Selbst-)Erkenntnis.

Da die Auseinandersetzung mit menschlicher Widersprüchlichkeit grundsätzlich schwierig und schmerzhaft ist, ist es allerdings ziemlich natürlich, diesem Prozess auszuweichen. In der Regel geschieht dies, indem man einfach einen der Pole leugnet. Sich mit nur einem Pol zu identifizieren (z. B. dem Intellekt), bedeutet für die Kunstwelt immer das Ausbilden einer künstlerischen Karikatur, im Kapitel »Scheinkämpfe« komme ich darauf zurück.

Kunst = Mensch

Joseph Beuys prägte einmal die legendäre Gleichung: Kunst = Mensch = Kreativität = Freiheit. Was Beuys damit sagen wollte ist, dass der Mensch erst im Entdecken und Ausleben seiner gegebenen Schöpferkraft zu dem wird, wozu er angelegt ist. Der Aspekt menschlicher Kreativität widerlegt das deterministische Weltbild von Yuval Noah Harari, Nick Chater und Co. Im kreativen Akt entsteht weitaus mehr als nur die ewige Neukombination zuvor erfahrener Inhalte.

> »Schöpferisch zu sein bedeutet, auf eine Art vermessen zu sein, denn man muss über das hinausgehen, was man schon weiß und kann. Das Nichtwissen ist Voraussetzung eines jeden schöpferischen Prozesses, denn wenn wir immer nur tun, worin wir uns sicher sind, ist alles, was wir tun, bestenfalls feige, schlimmstenfalls belanglos. Vielleicht ist der Glaube an Gott vor allem ein Protest gegen die Belanglosigkeit, denn es bedeutet, mit mehr zu rechnen als mit sich selbst. […] Der Schöpfungsprozess ist ein Akt, durch den etwas entsteht, was über dein Können und Wissen hinausgeht.«[267]

Eben diese Vorstellung wird vom mechanistischen Weltbild negiert. In der Ablösung des romantischen Kunstideals, das den Künstler noch als inspiriertes, beseeltes Wesen sah, hin zum intellektuellen Konzeptkünstler, der seine Werke denkend erschafft, bildet sich der gesellschaftliche Wandel einer spirituellen zur säkularen Gesellschaft ab.

Bereits zu meiner Zeit als Neuling in der Berliner Kunstwelt ist mir seitens etablierter Künstler und Kunstinterpreten eine große Aufregung aufgefallen, die sich auf den Begriff des *Genies* bezog. Allen voran der große Kunstkritiker und Bestsellerautor Hanno

Rauterberg wetterte gegen diesen seiner Meinung nach völlig überkommenen Begriff. Der Grund ist einfach nachzuvollziehen: Das Genius-Prinzip postuliert die Existenz transpersonaler Qualitäten, die jenseits des Künstlers liegen und die nicht allein durch Talent oder Hirnleitungen erklärbar sind. Das Konzept ist somit durch und durch idealistisch.

> »Das Gefühl unserer wirklichen Kräfte, Kräfte, die wir aus dem Universum selbst herzuleiten scheinen, kommt und geht [...] Es widerstrebt uns, darüber zu sprechen, weil wir nichts beweisen können, weil unsere Sprache unzulänglich ist und weil nur wenige Menschen zu dem Risiko bereit sind, sich darüber zu äußern. Sie müssten sagen: Da ist Geist – und diese Äußerung ist tabu.«[268]

Tatsächlich ist der Geniebegriff auf das Engste mit Bellows Äußerung über die »wirklichen Kräfte« verknüpft. Denn der Geniebegriff wird von der Vorstellung getragen, das Genie wäre ein Kanal oder Gefäß für eine Inspiration im reinen Wortsinn. Bellow hat bereits 1976 erkannt, wie heikel es ist, sich zu einer transpersonalen Quelle zu bekennen. Er tat es trotzdem und, wie ich finde, ausgesprochen elegant, indem er es beim Konjunktiv beließ. Bellow wusste um die Angreifbarkeit einer inneren Realität, deren Beweis einzig von einer selbst gemachten Erfahrung abhängt, die aber ohne diese Erfahrung immer den Charakter des Lächerlichen hat. Zeitgenössische Künstler, die sich offen zu einem holistischen Weltmodell bekennen, werden in der Regel scharf angegriffen. Ein gutes Beispiel für die zeitgenössische Sicht der Dinge ist der Bestseller von Hanno Rauterberg *Und das ist Kunst?!*. Vehement geht der Autor Künstler an, die dem Geniebegriff des 19. Jahrhunderts nahestehen. In geschliffener Weise führt er die »10 populärsten Irrtümer der Gegenwartskunst« auf, nur um festzustellen, dass sich die Argumente auf ein einziges verkürzen lassen: den Genieglauben des 19. Jahrhunderts. Denn hieraus leiten sich seiner Meinung nach alle übrigen »Irrtümer« ab. Für das seiner Meinung nach überkommene Kunstverständnis des Künstlers als Genie stellt der Autor fest:

> »Der Künstler ist ein Übermensch und hat Zugang zu tieferen Wahrheiten […], verpflichtet ist er keiner Öffentlichkeit, sondern nur sich selbst und den Mächten seiner Inspiration […] Für den Betrachter heißt das, er möge bitte schweigen, Künstler sollen geben, Betrachter sollen nehmen.«[269]

Dabei hält der Autor die Vorstellung, dass es tatsächlich eine Inspiration im reinen Wortsinn, nämlich eine transpersonale, intelligente Quelle geben könnte, an die der Künstler im kreativen Prozess Anschluss findet, für überholt, naiv und romantisiert. Da, wie Rauterberg völlig zu Recht erkannt hat, der Geniebegriff die direkte Trennlinie zwischen romantisch-moderner (idealischer) und postmoderner (materialistischer) Kunstvorstellung ist, lohnt sich eine nähere Betrachtung:

> »Ein Genie ist eine Person mit überragend schöpferischer Geisteskraft (›ein genialer Wissenschaftler‹, ›ein genialer Künstler‹) oder auch besonders herausragenden Leistungen auf anderen Gebieten. […] Das Wesentliche des Genies sieht man in seiner originalen Produktivität, die aus sicherer Intuition neue Schaffensbereiche erschließt. […] In der Renaissance begann man, mit dem Wort ›Genie‹ künstlerische Schaffenskraft oder die Quelle der Inspiration zu beschreiben.«[270]

Unschwer zu erkennen, lebt der Geniebegriff von der Vorstellung der »Intuition« sowie der »Inspiration« – beides natürlich Horrorbegriffe jedweder Aufklärung:

> »Unter Inspiration (von lat.: Inspiratio = Beseelung, Einhauchen von ›Spiritus‹ = Leben, Seele, Geist) versteht man allgemeinsprachlich eine Eingebung, etwa einen unerwarteten Einfall oder einen Ausgangspunkt künstlerischer Kreativität. Begriffsgeschichtlich liegt die Vorstellung zugrunde, dass einerseits Werke von Künstlern, andererseits religiöse Überlieferungen Eingebungen des (nicht notwendig personal verstandenen) Göttlichen seien.«[271]
>
> »Die Intuition ist die Fähigkeit, Einsichten in Sachverhalte, Sichtweisen, Gesetzmäßigkeiten oder die subjektive Stimmigkeit von Entscheidungen zu erlangen, ohne diskursiven Gebrauch des Verstands, also etwa ohne bewusste Schlussfolgerungen. Intuition ist ein Teil kreativer Entwicklungen. Der die Entwicklung begleitende Intellekt führt nur noch aus oder prüft bewusst die Ergebnisse, die aus dem Unbewussten kommen.«[272]

Für einen Materialisten wie Hanno Rauterberg ist das natürlich harter Tobak. Zunächst also wird der Geniekünstler im kreativen Prozess von transpersonalen Mächten inspiriert, doch damit nicht genug, sein Intellekt hat bei diesem Prozess allenfalls eine begleitende, dienende Funktion. Was für materielle Intellektuelle naiv bis lächerlich klingt, war immerhin für beachtlich lange Zeit Konsens bei der Definition von Kreativität.

> »Die Intuition ist ein göttliches Geschenk, der denkende Verstand ein treuer Diener. Es ist paradox, dass wir heute

angefangen haben, den Diener zu verehren und die göttliche Gabe zu entweihen.«[273]

Doch so historisch, wie es scheint, ist diese Vorstellung keineswegs. Wenn man nur ein wenig nachgräbt, beschreiben auch sehr viele zeitgenössische Künstler das Gefühl, Anschluss an etwas Größeres zu finden, wenn sie im Prozess des kreativen Flows sind. Offen mag dies natürlich niemand zugeben, und wer dies dennoch tut, ist entweder mutig oder naiv (oder der etablierten Kunstszene fern …).

Die materialistische Weltsicht kann die klassischen Intuitions- und Inspirationsbegriffe natürlich nicht gelten lassen. Hier haben allenfalls genetische Veranlagungen und die Summe von Erfahrungen, gespeicherten Bildern und gelernten Inhalten zu einem hirnorganischen Gewitter geführt. Kurz gesagt: In Hararis Affenhirncomputer kommt es zu elektrochemischen Prozessen, die entweder deterministisch oder rein zufällig sind, aber niemals genuin kreativ.

Als Genie im idealistischen Sinne galt dagegen eine Person mit außergewöhnlicher Schöpferkraft und Fähigkeiten, die tatsächlich als transpersonale Qualität angesehen wurden. Menschen mit besonderen Eingebungen und Talenten, die jenseits der Person oder ihrer Organleistungen lagen. Einer Person, deren Fähigkeiten sich zudem auch nicht aus den Möglichkeiten der Sozialisation, Ausbildung und Herkunft erschlossen. Mit Inspiration (Eingebung) und Intuition (Schaffen aus dem Unbewussten unter Umgehung des Intellekts) schafft das Genie etwas wirklich Neues, das selbst den Urheber überrascht. Die Selbstüberraschung im Ergebnis ist Ursache und kennzeichnend für die Bescheidenheit eines Genies: Im Gegensatz zu einer gesteuerten Denkleistung weiß das Genie ja, dass es eher als Kanal einer numinosen Energie benutzt wurde. Viele historische Genies gelten deshalb als bescheiden; inwieweit dies immer zutrifft, sei dahingestellt. Mir fallen spontan Albert Einstein, Leonardo da Vinci, Johann Wolfgang von Goethe, Johann Sebastian Bach, Pablo Picasso, Isaac Newton, Wolfgang Amadeus Mozart oder Ludwig van Beethoven ein. Auch Saul Bellow gab indirekt die eigentliche Quelle seiner Arbeit preis.

Die Vehemenz, mit der intellektuelle Materialisten wie Rauterberg den Geniebegriff angehen, macht deutlich, dass es hier tatsächlich um eine zentrale, weltanschauliche Frage geht. Rauterberg hat mit seiner Aufgeregtheit insofern recht, als dass er erkannt hat, dass der Geniebegriff nicht nur die direkte Trennlinie zwischen Romantikmoderne und Postmoderne ist: *Er ist die direkte Trennlinie des materiellen zum spirituellen Weltbild.* Über die wahre Bedeutung von Kreativität, nach ganzheitlich-spirituellem Verständnis, äußert sich John Bradshaw wie folgt:

> »Die Kreativität ist der Höhepunkt des Menschseins. Sie unterscheidet uns von den anderen Wesen der Schöpfung. Es ist uns Menschen vorbestimmt, uns selbst einen eigenen, unverwechselbaren Lebensstil zu schaffen. Sie können das als Vater oder Mutter tun, indem Sie die alte Ordnung in die Schranken verweisen. Ein anderer Mensch macht das, indem er sich weigert, die Rolle zu übernehmen, die die Gesellschaft ihm zuweist. Es gehört Mut dazu, sein Leben selbst zu gestalten und neue Seinsformen auszuprobieren. Kreativität hängt eng mit dem Begriff Erfolg zusammen. Meiner Meinung nach bedeutet Erfolg, dass man mit seinem Leben das tut, was man tun will. Joseph Campbell, der wahrscheinlich einer der größten Lehrer auf dem Gebiet der Deutung der Mythen ist, nannte es ›sein Glück finden‹. Und auch dazu gehört Mut – man muss Neues ausprobieren und wieder aufgeben und etwas Neues beginnen, wenn man feststellt, dass es so nicht funktioniert. Wir brauchen dazu

die Spontaneität, die Flexibilität und die Neugier des göttlichen Kindes. Wenn wir den Mut haben, unsere Wünsche zu artikulieren, geben wir dem Universum etwas Neues. In seinem Gedicht ›The Love Song of J. Alfred Prufrock‹ fragt T. S. Eliot: ›Kann ich es wagen, das Universum zu stören?‹ Und es ist tatsächlich so, dass jeder einzigartige Lebensstil, den ein Mensch erreicht, das Universum neu erschafft. Kreativität ist nicht nur die Krone des Menschseins, sie ist unser wahres Abbild Gottes. Wenn man schöpferisch ist, ist man im wahrsten Sinne des Wortes unserem Schöpfer ähnlich. Kreativität gibt uns die Möglichkeit, unser Leben wie unser eigenes Kunstwerk zu gestalten. Wenn wir das tun, tragen wir dazu bei, dass neue Strukturen für alles zukünftige Leben geschaffen werden. James Joyce hat das so ausgedrückt:
›Welcome, o life! I go to encounter for the millionth time the reality of experience and to forge in the smithy of my soul the uncreated conscience of my race.‹«[274]

Beuys vs. Warhol

Die diametralen Perspektiven des Kreativitätsbegriffs, als intellektuelle Leistung vs. transpersonale Kraft, bilden sich exemplarisch in den beiden Künstlerpersönlichkeiten Andy Warhol und Joseph Beuys ab. Andy Warhol entwickelt sein Kunstverständnis aus der ästhetisierten Sicht eines Grafikers, tätig in der Glitzerwelt New Yorks, in der sich Kunst und Kommerz schon früh vereinten. Joseph Beuys entwickelte sein Kunstverständnis aus den Trümmern einer ganzen Nation – als ehemaliger deutscher Soldat. Warhol und Beuys gehören derselben Generation an, und beiden Künstlern mag man eine schwierige Jugend attestieren. Doch das war es auch schon mit den Gemeinsamkeiten. Bilderbuchartig lässt sich nun nachverfolgen, aus welcher Instanz heraus beide Menschen die Antwort auf ihr Schicksal geben. Die Antwort Andy Warhols auf seine schwierige Kindheit lautete zweifellos: Werde so schnell wie möglich reich und berühmt.

> »Andy verstand das Verlangen unserer Gesellschaft nach Ruhm deshalb so gut, weil er seit frühester Kindheit süchtig danach war. Und als er begann, berühmt zu werden, wollte er immer berühmter und berühmter sein, er regte sich fürchterlich auf, wenn sein Name nicht täglich in der Zeitung stand.«[275]

Warhol geht sein Lebensmotto sehr systematisch an. Zunächst wird er Grafiker und verdingt sich im boomenden Werbe- und Verlagswesen. Schnell wird Warhol klar, dass er mit seinem Talent in der Werbewelt voraussichtlich schnell reich wird – wirklichen Ruhm gibt es aber woanders. Folgerichtig beschließt Warhol, das Lager vom Grafiker zum Künstler zu wechseln. Zu dieser Zeit dominiert der abstrakte Expressionismus den Kunstzeitgeist. Von jeher galt den Expressionisten Emotion mehr als Perfektion. Doch emotionaler Expressionismus ist nicht Warhols Sache, obwohl er in jungen Jahren ebenfalls malte. Stattdessen schließt sich Warhol einer neuen Antibewegung zum Expressionismus an, der Pop-Art. Für Pop-Art-Künstler zählen Außen- statt Innenwelten. Das kommt dem Werbegrafiker natürlich sehr entgegen, und so erklärt er kurzerhand die Ikonen und Produkte des Kapitalismus zur Kunst: Coca-Cola, Dosensuppen, Waschmittel und – warum nicht gleich das Symbol des Kapitalismus schlechthin – Dollarscheine werden seine bevorzugten Sujets. Dabei verlegt er sich von Anfang an auf Multiples:

»Warum nur eines machen, wenn man dreißig machen kann?« Sein Atelier nennt er dementsprechend »Factory«, denn hier entstehen die neuen Kunstwerke, zumeist Siebdrucke, in Serie. Eng bindet Warhol seine Mutter Julia in die Produktion der Werke ein. Fortan wird er für die nächsten Jahrzehnte mit ihr zusammenleben. Frau Warhola (Warhols richtiger Name) sorgt für Struktur und Management der Warholschen Kunstfabrik und mitunter signiert sie sogar die von ihr (mit-)produzierten Werke. Warhol bricht mit der Künstlerrolle des kritischen, sich in Opposition befindlichen Helden, vielmehr übernimmt er die Werte der amerikanischen Gesellschaft, Konsum und Kapitalismus, vollständig. Ich finde es amüsant, dass man Warhol im Nachhinein unterstellt, er hätte das amerikanische Gesellschaftssystem kritisieren wollen. Beschäftigt man sich mit seinen Motiven, wird überdeutlich, dass Warhol schlichtweg das wollte, was die meisten Amerikaner wollen: so reich und berühmt werden wie möglich. Doch in den 1960er-Jahren, als die Zeit reif war für Duchamps Definitions-, Auswahl- und Konzeptgedanken, passte das Reframing Warhols wie die Faust aufs Auge. Die Kunstkritiker überschlugen sich vor Begeisterung über so viel Frechheit: Bestehende Gebrauchsgrafik kurzerhand als Kunst zu deklarieren, schien ihnen noch verwegener zu sein als Duchamps Readymade, die Pissoir-Skulptur »Fountain« von 1914.

Zum Leidwesen der begeisterten Kunstkritiker, welche die Multiples der Campbell's-Suppendosen und Brillo-Seifenkartons noch in den Himmel lobten, entdeckt Warhol jedoch schließlich den ultimativen Dreh, wie er mit seiner Kunst Unsummen von Geld machen kann. Auf dem Gipfel seiner Popularität verdingt er sich als Mietkünstler für Stars. Für 25.000 Dollar Gage aufwärts bietet er seine Dienste als Fotograf an. Auf unzähligen VIP-Partys knüpft Warhol dafür systematisch Kontakte und gewinnt ebenso betuchte wie berühmte Kunden. Das Win-win-Argument nach dem Motto »Wir machen uns gegenseitig nur noch berühmter« leuchtet Stars wie Mick Jagger, Liza Minnelli und vielen anderen ein. Natürlich beginnt dadurch der Ruf Warhols als ernsthafter Künstler zu schwinden. Ende der 1970er-, spätestens in den 1980er-Jahren werden die Profanität seiner Sujets und der Hedonismus Warhols allzu augenscheinlich. Doch immer kurz vor der endgültigen Selbstdemontage steuert der Künstler dem drohenden Imageverlust erfolgreich entgegen. Zwischen den Serien der überaus lukrativen Starfotos wirft der Künstler den Kunstkritikern ein Stöckchen hin, an dem sie sich verbeißen können. Zum Nachsinnen geeignetere Sujets, wie Totenschädel oder Transvestiten, wirken dem allzu profanen Image der Auftragsarbeiten entgegen. Warhols zweite Identität als Regisseur und Filmemacher erwähne ich nur der Vollständigkeit halber. Stets suchte Warhol Menschen für seine Kamera, die bereit waren, etwas Persönliches von sich preiszugeben, gern sexuelle Aktionen oder sonstige Tabubrüche. In seiner Factory organisierte er ausschweifende Drogenpartys, die er fotografierte und filmte. Selbst Kunstkritiker verorten den weitaus größten Teil seines Filmschaffens als Kompensation persönlicher Defizite in Form von Voyeurismus.

Unverkennbar ist: Warhols Bemühungen, seinem inneren armen, kranken, homosexuellen Arbeiterkind zu entkommen, entstammen allesamt seinem Ego. Schließlich wird er selbst zu seiner eigenen Maske: Beziehungsunfähig und lebenslang ödipal an seine Mutter gebunden, entwickelte er spätestens, nachdem er Opfer eines Anschlags wurde, paranoide Wahnvorstellungen. Auf die Bemerkung eines Journalisten, dass Warhol in seinem ganzen Künstlerleben nie etwas Wesentliches über sich preisgegeben habe und ob sich das jemals ändern würde, antwortete Warhol wortkarg: »Nein.« Doch alle Maskerade nützte dem Künstler am Ende nichts. Weder Schönheits-OPs noch Perücke und auch nicht Reichtum und Weltruhm konnten die stets schwelende Depression verhindern.

Warhol diametral gegenüber steht der andere Jahrhundertkünstler, Joseph Beuys. Müsste man ein Lebensmotto für Beuys finden, so könnte dieses lauten: Nur das Bekenntnis meiner Wunde heilt mich und andere. Im Gegensatz zu Warhol ist Beuys ein politischer, empathischer und um das Gemeinwohl besorgter Künstler. Wie bei vielen konzeptlastigen Arbeiten wirkt auch die Arbeit von Beuys auf viele außenstehende Betrachter komplex und intellektuell. Komplex ist das Werkschaffen sicherlich. Ich glaube aber, dass der Eindruck der Kopflastigkeit überschätzt wird. Dafür sehe ich im Wesentlichen zwei Gründe. Zum einen hat Beuys durch seine recht antiquierte und gestelzte Sprache manchmal selbst für Verwirrung gesorgt. Vor allem aber ist dieser Eindruck intellektuellen Autoren zu verdanken, welche versuchen, das für sie sperrige Konzept des holistischen Weltbilds in den Griff zu bekommen. Denn betrachtet man die Arbeit von Beuys aus säkularisiert-materialistischer Perspektive, muss man schon einen weiten Bogen schlagen, um sie zu verorten. Ich vermute, dass – im Gegensatz zur Kunstfachwelt – Anthroposophen, Holistiker oder spirituelle Menschen einen leichteren Zugang zu Beuys'schen Ansätzen finden.

Anders als der ästhetisch geprägte Warhol war Beuys im Wesentlichen philosophisch beeinflusst. Friedrich Nietzsche, Johann Wolfgang von Goethe und insbesondere Rudolf Steiner haben ihn geprägt. Selbstverständlich hatte Beuys als Anthroposoph ein auf Transzendenz und Holistik ausgerichtetes Weltbild. Bereits in den 1970er-Jahren beklagte er die Abkopplung der Kunstelite von der Gesellschaft. Beuys' Arbeit gipfelte in der Vision von der Aufhebung der Dualität Künstler – Gesellschaft, mit dem Ziel der Entwicklung eines Netzwerks bewusst handelnder, kreativer Menschen zum Wohle aller.

Ein ästhetisierender Kunstprozess à la Warhol, ohne Fragestellungen an Endlichkeit, Verletzlichkeit und Heilung, wäre für ihn ebenso verschenkt wie undenkbar gewesen. Dabei beschränkte sich Beuys' Vision des Heilwerdens nicht auf das Individuum.

Beuys litt unter der Fragmentierung und Isolierung der Kunstismen. Stets versuchte er, die herkömmlichen Definitionen des Kunst- und Künstlerbegriffs zu erweitern. Beuys' Menschenbild entspricht dabei ziemlich dem anthroposophischen Entwurf des prinzipiell als kreativ angelegten Menschen mit quasi göttlichem Potenzial, das nur entwickelt werden muss. Die Vorstellung des Künstlers mit der Befähigung zur Kreativität als exklusives Phänomen war Beuys fremd. Beuys wollte letzten Endes nicht nur die Dualität Kunst – Gesellschaft überwinden, er wollte auch die Dualität Wissenschaft – Kunst überwinden. Das kreative Schöpfungsprinzip war für Beuys, ebenso wie für C. G. Jung, John Bradshaw und Viktor Frankl, Basis und Urantrieb des Menschseins, der Aspekt, der den Menschen erst zum Menschen macht. Kreativität aus der Nische des Exklusiven zu lösen und als universelles Gesellschafts- und Lebensprinzip zu erkennen, führt zwangsläufig zur Vision der »sozialen Plastik«. Der so erweiterte Kunstbegriff bezieht alle Gesellschaftsbereiche mit ein, natürlich und vor allem auch Politik und Wissenschaft.

> »Kunst ist das Element, aus dem heraus produziert wird, wo etwas entsteht … Arbeit, auch geistige Arbeit, ist Kunst … Schönheit ist der Glanz des Wahren … Ich habe mich immer als Hirte gefühlt … Plastik ist eine organische Form, wie ein Fußabdruck im Sande … Wort und Geste sind Ausdrucksmittel des Künstlers. […] Der erweiterte Kunstbegriff bezieht sich auf jeden Menschen, auf die gesamte Gesellschaft.«[276]

»Königspalast« (»Palazzo Regale«) ist Beuys' letztes Werk, das er nur vier Wochen vor seinem Tod vollendete. Für viele ist das Werk eine Art Resümee oder Testament. Alle Objekte im Werk wurden vom Künstler bereits in früheren Arbeiten verwendet oder sind eng mit der Biografie des Künstlers verwoben. In einem palastartigen Saal gibt es zwei Vitrinen aus Messing, in einer sargartig anmutenden Vitrine liegen ein eiserner Kopf, ein Luchsfellmantel, zwei Konzertbecken und ein Tritonshorn. Für mich erzeugt Beuys damit die Assoziation einer liegenden (schlafenden?) Figur, die Becken oder das Horn könnten Instrumente zur Erweckung darstellen. Doch der Künstler hat sich selbst zu seinem finalen Werk geäußert; in seinem letzten Interview im Dezember 1985 sagte er:

> »Mir geht es nicht um die Macht im institutionellen Sinne oder, noch schlimmer, um ein monarchisches Konzept, das heißt eine Sache, die mit dem ›Palazzo Regale‹, mit der Idee der staatlichen Herrschaft, zu tun hat. Den Palast, den wir zuerst erobern und dann würdig zu bewohnen haben, ist der Kopf des Menschen, unser Kopf. [...] Ich wollte zwei in meinem Werk stets gegenwärtige Elemente hervorheben, von denen ich glaube, dass sie in jeder Handlung des Menschen enthalten sein sollten, sowohl das Feierliche der Selbstbestimmung des eigenen Lebens und der eigenen Gesten als auch die Bescheidenheit unserer Handlungen und unserer Arbeit in jedem Augenblick.«

Für mich ist das Vermächtnis von Beuys sein unermüdlicher Hinweis auf Selbstbestimmung und Selbstwerdung, Achtsamkeit, Endlichkeit und Transzendenz. Dies ist gleichbedeutend mit dem Prozess der Heldenreise, als Prozess der persönlichen Individuation – zum Wohle aller.

Auch in der vielleicht zentralsten Arbeit von Joseph Beuys geht es meiner Meinung nach um die Frage, wie sich die persönliche Erfahrung der Individuation kollektivieren lässt. Wie kann man die wunderbare Erfahrung des Verlassens des persönlichen Gefängnisses, bestehend aus Scham und Angst, weitergeben? Die verblüffend einfache Antwort lautet: *Persönliche Individuation wird durch den Mechanismus der Authentizität kollektiviert.*

Es ist das Fallenlassen der Maske, das Aufgeben der Persona, welche Menschen ansteckt und veranlasst, dasselbe zu tun. Da das westliche gesellschaftliche Kollektiv aber auf Verbergen, Lüge und Scham aufgebaut ist, werden die Ersten, die sich zeigen, scharf attackiert. Doch umso mehr Menschen sich Freiheit und Wahrhaftigkeit anschließen, desto leichter wird der Weg. Den Schlüssel zur Kollektivierung der Individuationserfahrung kannte Joseph Beuys ganz genau. In seiner Arbeit »Zeige deine Wunde« von 1976 thematisierte er dies. Über die von Vergänglichkeitssymbolen strotzende Arbeit sagte Beuys:

> »Zeige deine Wunde, weil man die Krankheit offenbaren muss, die man heilen will. Der Raum [...] spricht von der Krankheit der Gesellschaft [...]. Dann ist natürlich der traumatische Charakter angesprochen. Eine Wunde, die man zeigt, kann geheilt werden.«[277]

Der individuierte Mensch ist frei. Was soll einem Menschen noch passieren, der im übertragenen Sinne bereits gestorben ist? Menschen nach ihrem Coming-out sind ein gutes Beispiel für den Prozess des Ego-Todes. Haben das Ego und das falsche Selbst zuvor noch gekämpft wie ein Löwe, ist es nach dem Ego-Tod egal, was passiert. Der Mensch ist frei und wahrhaftig. Deshalb haben Menschen in einer Krise, in der sie scheinbar alles verlieren, die Chance, alles zu gewinnen.

Drachenschwerter

Schatten

In dem Buch *Herztöne* untersucht Martin Schleske das Verhältnis zu seiner Arbeit, Kreativität und Gott. Der christliche Autor ist nicht nur Geigenbaumeister, sondern auch Weisheitslehrer und bildender Künstler, sein Buch ist daher mit eigenen Holzschnitten illustriert. Einer davon zeigt einen mächtigen Schmied vor einem Amboss, der etwas schmiedet. Im Hintergrund steht eine engelhafte Gestalt, die ein Schwert hält. Der Titel des Werkes lautet: *Schmiede das Schwert deines Engels.* Auch der Held im Mythos kann auf dem Gipfel seiner Not nicht höhere Mächte um Hilfe bitten, ohne zuvor alles gegeben zu haben. Die bedingungslose Hingabe an eine schweißtreibende Vorarbeit muss er selbst leisten, um seinen »Engel« mit einem Schwert ausstatten zu können. Das Schmieden der »heiligen Schwerter« für den Drachenkampf kann sehr vielfältig sein, persönlich haben mir psychologische Schattenarbeit, autobiografisches Schreiben und selbstkonfrontative Malerei geholfen.

Wenn das mehrdimensionale Menschenbild stimmt, das große Philosophen und Psychiater in den letzten einhundert Jahren propagierten, kämpft der Mensch in seinem begrenzten Tagbewusstsein stets um Einblicke in eben jene Kräfte, die ihn tatsächlich lenken. In den Jahren des Älterwerdens und der Anpassung an die Gesellschaft hat sich ein Selbstbild geformt, das C. G. Jung »Persona« nannte und das viele Menschen für ihre Identität halten. Dass unter dieser Fassade unbewusste Triebe, verdrängte Gefühle und Ängste das Handeln mitbestimmen, ist nur wenigen Menschen bewusst. Dieser sogenannte *Schatten* der menschlichen Psyche *ist* der Drache.

Über die »Schattenidentität« kann man nachdenken, so viel man will – der Intellekt kommt der verborgenen Wesensseite nicht auf die Schliche. »Nackt«, also nur mithilfe des Intellekts, kann man den Kampf mit dem Drachen nicht führen. Die königlichen Drachenschwerter, die der Held im Mythos oftmals selbst schmieden muss, bestehen daher aus Techniken, die es dem Tagbewusstsein ermöglichen, mit dem Drachen zu kommunizieren. Alle therapeutischen Methoden heben darauf ab, die Ratio zurückzudrängen, um über indirekte, spielerische Methoden Zugänge zum Unbewussten zu erhalten.

Der tagbewusste Mensch versucht Leid zu vermeiden, indem er seinen Schatten leugnet. In Wirklichkeit besteht der Mensch jedoch immer aus psychischen Gegensatzpaaren. Deshalb geben psychologische wie spirituelle Systeme dieselbe Antwort bezüglich der Polarität, sie lautet: *Kapitulation*. Kapitulation bedeutet nicht »Aufgeben«. Kapitulation bedeutet: Wahrnehmung und Akzeptanz der ständigen Ambivalenz der Psyche.

Kaum eine andere Psychologie beschäftigt sich so sehr mit der Integration des unbewussten Schattens wie die Lehre C. G. Jungs. Um diese Schattenintegration zu bewerkstelligen, kann der Mensch unmöglich mit nur einem Pol identifiziert bleiben. Wenn man nur mit dem tagbewussten Ich identifiziert ist, kann man den eigenen Schatten weder wahrnehmen noch akzeptieren. Wer nur mit seinem Intellekt identifiziert ist, und das sind die meisten, kann nicht mehr fühlen, wie es ihm geht. Umgekehrt gilt aber auch: Wer sich komplett von seinen Gefühlen hinreißen lässt, kann nicht mehr klar denken und erwachsen handeln. Ideal ist deshalb das Einüben einer *Metaposition* jenseits dieser Pole.

Der erste unabdingbare Schritt, diese Vogelperspektive zu erreichen, ist, mit dem Leugnen des jeweils anderen Pols aufzuhören. Der erste Schritt ist das Zugeständnis, dass ich prinzipiell zwei Seiten in mir habe, die sich widersprechen. Jeder Mensch ist expressiv und ästhetisch, intellektuell und emotional, kindisch und erwachsen, mutig und feige, bewusst und unbewusst. Von jeder guten Eigenschaft, von der ich überzeugt bin, sie zu haben, ist auch das negative Gegenteil in meinem Schatten wahr. Und von jeder schlechten Eigenschaft, von der ich überzeugt bin, sie zu haben, ist auch das positive Gegenteil in meinem (weißen) Schatten wahr. Wenn ich glaube, besonders rational und abgeklärt zu sein – ist ein Teil von mir emotional und irrational. Bin ich besonders stolz auf meine eheliche Treue – habe ich wahrscheinlich promiskuitive Fantasien. Bin ich ein glühender Atheist – habe ich spirituelle Bedürfnisse in meinem Schatten. Bin ich ausgewiesen religiös – habe ich meine agnostische Seite verdrängt.

Um die Anerkennung und Wahrnehmung des Schattens zu üben, ist es aber kaum hilfreich, über ihn nachzudenken. Denn das Bewusstsein kann ja nur den Teil erfassen, der bewusst ist. Trotzdem gibt es verlässliche Methoden, dem eigenen Schatten auf die Spur zu kommen. Zum Beispiel kann ich meinen Schatten an anderen erkennen, deren Eigenschaften ich hasse. Dabei zeigt der Grad meiner Emotionalität verlässlich an, wie sehr ich ein Thema in meinem Inneren kontrollieren muss. Bin ich eine Frau und regen mich sogenannte »Mannsweiber« auf, habe ich meine männlichen Anteile unterentwickelt. Bin ich ein Mann und finde andere Männer zu weich oder tussig, ist mit Sicherheit meine weibliche Seite unterentwickelt. Eine andere Methode, den Schatten zu sehen, ist, darauf zu achten, wie ich mich unter Alkoholeinfluss verändere. Schüchterne werden zudringlich, Schweigsame zu Quasselstrippen, Friedfertige zu Schlägern. Und dann wiederum komme ich meinem Schatten auf die Spur, wenn ich mir das Gegenteil der Eigenschaften vorstelle, auf die ich besonders stolz bin. Festzuhalten ist: Erst wenn wir die Leugnung des eigenen Schattens aufgeben, legen wir die Grundlage, dem Selbst begegnen zu können. Denn das Ich kann den Weg zum Selbst auf bewusste Weise weder durch Anstrengung noch Wille oder Konzentration finden. Wir können das Selbst nicht suchen – es findet uns. Dies kann jedoch erst geschehen, wenn das Ich aufgehört hat, seinen Schatten zu leugnen und zu bekämpfen: Die größte Chance, dem Selbst zu begegnen, besteht darin, mit dem Leugnen des Schattens und des Schmerzes aufzuhören. Mit dem Zugeständnis, die Polarität nicht lösen zu können, mit dem Zugeständnis, mit dem Latein am Ende zu sein oder anders gesagt: Mit dem Tod des Egos kommt das Selbst von allein hervor und übernimmt die Regie.

Diese prinzipiell sehr einfache Möglichkeit, dem Selbst zu begegnen, ist so unendlich schwer, weil das Ich nun mal Sitz des Bewusstseins ist und ein Sterben des Ich die bewusste Bejahung des (Ego-)Todes ist. Das Ich will »ums Verrecken« nicht sterben und seine Kontrolle aufgeben. Das Ich glaubt unterzugehen, wenn es seinen Schatten akzeptiert. Das Ich glaubt zu sterben, wenn es das Selbst zulässt, und die Wahrheit lautet: Das Ich hat recht. Wie im Kapitel »8. Station – Die Initiation« geschildert, gebiert der Ego-Tod tatsächlich einen anderen Menschen. Deshalb gelingt es vielen Menschen auch erst im Angesicht physischer Todesnähe, das Ich zurückzunehmen und das Selbst wirken zu lassen. Aus diesem Grund sind Unfälle, Krankheiten und Lebenskrisen so große Chancen zur Wandlung.

Die zweite Chance, dem Selbst zu begegnen, liegt im Überwinden der linear gefühlten Zeit. Achtsamkeit oder Gegenwärtigkeit zu üben ist ebenso effektiv wie die Anerkenntnis der Polarität. Zudem ist unser mentales Zeitempfinden ja ebenfalls polar: Entweder wir sind mental in der Vergangenheit – oder in der Zukunft. Auf menschliche Ängste bezogen heißt das: Entweder wir fühlen Groll, Scham oder Schuld über Geschehnisse, die bereits vergangen sind – oder wir haben Sorgen und Befürchtungen vor Dingen, die zukünftig geschehen könnten.

Der englische Coach, Philosoph und Therapeut Paul Lowe sagte einmal: »Im Moment des Konzepts sterben wir.« Was Lowe meinte, ist, dass das westliche Ideal von ein »Konzept haben« das

Gegenteil von »Gewahrsein« bedeutet. Achtsamkeit galt in Romantik und Moderne als Voraussetzung, um den Künstler für Intuition und Inspiration empfänglich zu machen. In der Postmoderne wandelte sich das künstlerische Ideal zum kalkulierbaren Konzept. Doch immer, wenn wir etwas planen, bedeutet dies, in der Zukunft zu sein. Oder wenn wir in der Planung auf etwas Bestehendes Bezug nehmen, sind wir in der Vergangenheit. Klar ist: Im Konzept verpassen wir hundertprozentig den Moment. Und da wir nur in der Gegenwart wirklich lebendig sind, »sterben« wir immer ein wenig, wenn wir konzeptionell tätig sind. Denn nur im Moment der Achtsamkeit sind wir wahrhaftig, machen keine Kompromisse und lassen uns nicht korrumpieren. Wir haben keinen Zensor, der uns mit Gedanken aus der Vergangenheit quält oder mit Ängsten vor der Zukunft. Mit anderen Worten: Nur im gegenwärtigen, bewussten Moment entfalten wir unser wirkliches Potenzial. So komplex die Ausdifferenzierung weltanschaulicher Systeme auch sein mag: Alle philosophischen, spirituellen und therapeutischen Systeme sehen in der Einübung des Gewahrseins das zentrale Fundament ihrer Lehren. Dabei haben Menschen unendlich viele Wege, Achtsamkeit zu üben.

Jeder *wirklich* kreative Prozess ringt daher mit der Überwindung von Polarität und bemüht sich um Achtsamkeit. Das macht ja den Konflikt im kreativen Prozess aus. Im Bemühen um Achtsamkeit wird jedoch schnell deutlich, dass dieselbe Abwehr, die für das Ausweichen vor Gefühlen verantwortlich ist, auch hier den Weg verstellt. Der achtsame Zustand selbst liegt zwar jenseits von Schmerz und Gefühl, doch die Einübung dieses Zustands ist erst mal mit dem Oszillieren zwischen Gelassenheit und Schmerz verbunden. Lax gesagt: *Am Anfang tut Achtsamkeit weh.* Achtsamkeitsübungen heißen deshalb so, weil man Achtsamkeit üben muss. Und weil dies am Anfang wehtut, machen Menschen aus denselben Gründen, wie sie ihren Gefühlen aus dem Weg gehen, auch einen Bogen um Achtsamkeitsübungen. Denn unachtsam zu sein und sich mit jeder Form von Zerstreuung, Genuss und Konsum zu betäuben, ist, solange dies noch funktioniert, der deutlich einfachere Weg.

Schreiben

Ein machtvolles Drachenschwert, mit dem man dem persönlichen Drachen auf die Schliche kommen kann, ist die Technik des autobiografischen Protokolls. Bevor ich meine ungeschminkte Familienbiografie *Die Heimat der Wölfe* schreiben konnte, nutzte ich viele Jahre die von Julia Cameron beschriebene Methode der »Morgenseiten«. Die Schwächen des eigenen Familiensystems nicht mehr deckeln zu müssen, sondern stattdessen die schicksalhaften Verflechtungen zu erkennen, in die alle Familienmitglieder eingebunden sind, ist eine wichtige Standortbestimmung auf dem Weg zur Heilung. Die leidenschaftlichsten Diskussionen im Anschluss an meine Lesungen hatte ich tatsächlich mit meiner Familienbiografie. Sowohl Zustimmung als auch Widerspruch schlugen sich in den Redebeiträgen der Zuschauer nieder, je nachdem, was für Erfahrungen gemacht wurden, und je nachdem, wie viel Aufarbeitung bereits stattgefunden hatte.

Julia Cameron wendet sich mit der Methode in ihrem Buch *Der Weg des Künstlers* an Menschen, die an der Schwelle zur Entdeckung ihrer Kreativität stehen, sich aber noch nicht trauen, der eigenen Intuition zu folgen. Cameron sieht, ebenso wie Joseph Beuys, Kreativität als zentrale Bestimmung eines jeden Menschen an, die freigelegt und entwickelt werden will. Sensibel und aus eigener Erfahrung beschreibt die Autorin viele Probleme authentischer Kreativität, einschließlich der Grundproblematiken wie Scham, Sucht, Zweifel, Selbstboykott und Existenzangst. Cameron schlägt als Basis zur Stabilisierung der Kreativität zwei Grundpraktiken vor, die sie »Morgenseiten« und »Künstlertreff« nennt.

Diese sicherlich nicht neuen Instrumente zur Selbstbegegnung würde ich auch empfehlen. Im Prinzip geht es um einen regelmäßigen, wertungsfreien Raum zur Selbstbegegnung *vor* der ausgewiesen kreativen Tätigkeit. Dieser Raum dient als Übungsfeld, Sparringplatz und Brücke zum Unbewussten und er ist explizit nicht als künstlerisches Leistungsfeld charakterisiert, um von vornherein Anspruch und Wertung zu eliminieren. Vielmehr hat dieser Raum reinen Dokumentationscharakter. Cameron schlägt die bekannte analytische Methode der wertfreien, spontanen Assoziation vor. Hierbei wird jeder aufkommende Gedanke ohne Wertung und ohne Kommentar schriftlich dokumentiert. C. G. Jung nannte dieses Verfahren »aktive Imagination« oder »Tagtraum«. In einem Brief schildert er die Methode:

> »Bei der aktiven Imagination kommt es darauf an, dass Sie mit irgendeinem inneren Bild beginnen. Betrachten Sie das und beobachten Sie genau, wie es sich entfaltet oder zu verändern beginnt. Vermeiden Sie jeden Versuch, es in eine bestimmte Form zu bringen […] Jedes seelische Bild […] wird sich früher oder später umgestalten, und zwar aufgrund spontaner Assoziationen […] Auf diese Weise können Sie nicht nur Ihr Unbewusstes analysieren, sondern Sie geben dem Unbewussten eine Chance, Sie zu analysieren. Und so erschaffen Sie nach und nach die Einheit von Bewusstsein und Unbewusstem, ohne die es überhaupt keine Individuation gibt.«[278]

Jung nutzte diese Methode intensiv für sich selbst, sowohl schriftlich als auch in der Malerei. Der zweite Aspekt, auf den Julia Cameron großen Wert legt, ist der »Künstlertreff«. Hiermit ist eine verbindliche Zusage an das innere Kind gemeint, einen täglichen, lustvollen Ausgleich zum Alltag zu schaffen. Ein Künstlertreff kann ebenso gut aus dem Besuch einer Eisdiele bestehen wie aus einem Waldspaziergang, wichtig ist nur, dass das Versprechen an das innere Kind tatsächlich eingehalten wird.

Nicht zuletzt der geniale Therapeut und Philosoph Jordan B. Peterson empfiehlt das selbstreflektierte, regelmäßige Schreiben. In seinem Buch *Jenseits der Ordnung*, Regel 9, benennt er ein ganzes Kapitel nach seiner Empfehlung: »Wenn alte Erinnerungen Sie noch immer quälen, schreiben Sie diese mit Sorgfalt vollständig nieder«:

> »Wir müssen uns unsere Erfahrungen wieder ins Bewusstsein rufen und die Lehre daraus ziehen. Sonst verharren wir in der Vergangenheit, werden von Erinnerungen gequält und geplagt durch unser Gewissen. Wir werden zynisch wegen des Verlusts dessen, was hätte sein können, werden gnadenlos gegenüber uns selbst und unfähig, Herausforderungen und Tragödien, mit denen wir konfrontiert werden, zu akzeptieren. Wir müssen uns entweder auf uns selbst besinnen oder leiden – und zwar proportional zu unserer Ignoranz und unserem Vermeidungsverhalten. Wir müssen all die Dinge, denen wir in der Vergangenheit ausgewichen sind, erfassen und jede verpasste Gelegenheit wiederaufleben lassen. Wir müssen es bereuen, dass wir das Ziel verfehlt haben, über unsere Irrtümer nachdenken, erlangen, was wir damals hätten erlangen sollen, und uns wieder neu zusammenfügen. Ich behaupte nicht, dass dies immer möglich ist! […] Anscheinend ist es uns nicht erlaubt, dass wir uns der Verantwortung entziehen, unser Potenzial zu verwirklichen. Und wenn wir in der Vergangenheit einen Fehler gemacht haben – egal aus welchem Grund –, dann zahlen wir den Preis dafür mit der Unfähigkeit, vergessen zu können, und mit Gewissensbissen wegen vergangenen Fehlverhaltens.«[279]

Peterson legt in hier erkennbar großen Wert auf den Punkt zwei der »tragischen Trias« von Viktor E. Frankl, »Schuld«. Dem Autor ist bewusst, dass der Mensch sehr wohl über höhere Moralinstanzen verfügt, die es ihm nicht erlauben, ohne psychische Deformationen Selbstverfehlungen zu verdrängen. Wer »vergessen« will, dass er seinen Lebensentwurf verraten hat oder dass er sich einem anderen Menschen gegenüber schuldig gemacht hat, muss enorme Kompensationen entwickeln, die sich früher oder später allesamt gegen ihn wenden. Peterson beschreibt nichts Geringeres als die furchtlose »Gewissensinventur«, die als zentraler Bestandteil der 12-Schritte-Selbsthilfegruppen weltweite Anwendung findet:

»Wir haben von uns eine gründliche und furchtlose Gewissensinventur gemacht«, Schritt Nummer 4, Emotions Anonymous. »Wir machten eine gründliche und furchtlose Inventur in unserem Inneren«, Schritt Nummer 4, Anonyme Alkoholiker. Nach einiger Zeit kann sich aus der persönlichen, fragmentierten Inventur ein Spannungsbogen herauskristallisieren, der einer Erzählung gleicht. Die Übergänge von Selbsterfahrung zur Kunst sind wie immer fließend.

> »Als Teilgebiet der Tiefenpsychologie ist auch die Selbstanalyse einerseits beheimatet im gesunden Bereich mit der […] vertieften Besinnung, Erinnerung, der Rechenschaft einer Lebensbilanz mit Folgerungen, Entschlüssen und Entscheidungen, mit Einsichten, Klarheiten und Plänen. Andererseits aber reicht die Selbstanalyse wesenhaft hinein in die Psychotherapie, in die Weite der vergessenen, versunkenen, verdrängten Erlebnisinhalte längst vergangener und überwunden geglaubter Kränkungen und seelischer Verletzungen. Sie deckt die verschütteten Ursprünge quälender Spannungen, neurotischer Hemmungen, verborgener Ängste, bedrohlicher Aggressionen, störender Missstimmungen,

unverständlicher Affektausbrüche usw. auf und trägt damit – oft bemerkenswert oder gar ausschlaggebend – zur Erhaltung oder zum Wiederherstellen der seelischen Gesundheit und Arbeitsfähigkeit bei.«[280]

Malen

Sie können nicht malen? Macht nichts! Wenn Sie es dennoch wagen, ohne jede Vorbereitung und idealerweise ohne jeden »Malkurs« einfach loszulegen, können Sie etwas erleben – versprochen! Bei jedem Discounter gibt es inzwischen Leinwände und Malsets zu kaufen, in jedem Baumarkt und in jedem Bastelshop. Warum ausgerechnet Malerei? Weil das Malen der erste und ursprünglichste schöpferische Impuls eines jeden Menschen ist. Gerade wenn Sie ein intellektueller Mensch sind, kann das Schreiben Sie immer noch davor schützen, tatsächlich in den Kontakt mit inneren Wesensanteilen zu kommen, die einige Psychologen »das innere Kind« nennen. Doch sicher erinnern Sie sich: Als Kind haben Sie vermutlich sehr gern gemalt – bis Ihnen ein Erwachsener oder ein Lehrer erklärt hat, wie man es »richtig« macht … Etwas in Ihnen wird Ihre ersten Bilder lächerlich finden. Sofern Sie Gesichter malen, werden die Augen zu weit oben, die Ohren zu tief und die Nasen zu lang sein. Etwaige Porträts werden keinerlei Tiefe haben, bestenfalls erinnern die Bilder an naive, afrikanische Totenmasken. Körper, ob von Menschen oder Tieren, werden keine stimmigen Proportionen haben, und auf die Gestaltung von Fingern und Füßen werden Sie vermutlich freiwillig verzichten. Außerdem werden Ihre Bilder knallig bunt sein, da Sie die Vollfarben direkt aus den Tuben benutzen. Knallgrüne, gelbe oder blaue, flächige Gestalten mit viel zu großen Kulleraugen und pechschwarzen Haaren werden Ihre Leinwände bevölkern. Die Ergebnisse werden wahrscheinlich an die Werke einer dritten Schulklasse erinnern, die gerade eine Malstunde absolviert hat.

Trotzdem wird etwas Wunderbares passieren: *Sie werden diese naiven Gestalten lieben*. Und je länger Sie Ihre ersten Bilder betrachten, desto stärker steigen längst vergessene Gefühle in Ihnen auf, deren Botschaften die völlig unbedeutenden, technischen Unzulänglichkeiten vergessen lassen. Früher oder später wird der Wunsch aufkeimen, Ihre Bilder aufzuhängen. Zum einen möchten Sie die Bilder öfter ansehen, um besser zu verstehen, wer oder was Sie da wirklich anschaut. *Zum anderen wollen Sie die Bilder aber auch zeigen*. Dies ist der Moment, auf den Sie sich vorbereiten sollten. Jetzt erst, mit dem Zeigen Ihrer Werke beginnen Sie, das Dreieck der Kunst zu schließen: Es besteht aus Ihnen, dem Werkstück und einem außenstehenden Betrachter. War der kreative Prozess mit Ihnen und dem Bild bereits intensiv, betreten Sie nun erneut die Drachenhöhle, denn: Der Malprozess hat Sie in einer Art Hassliebe mit dem Werk verbunden. Ein Teil von Ihnen steckt nun auf magische Weise in den Bildern, und mit der Präsentation liefern Sie sich auf eine neue und besondere Weise an die Welt aus. Etwas in Ihnen hat diese Brisanz intuitiv erfasst, deshalb haben Sie sorgfältig darauf geachtet, *wem* Sie Ihre ersten Bilder zeigen. Die Betrachter, die Sie ausgewählt haben, werden vermutlich Partner, Eltern und enge Freunde sein. Sie haben fest daran geglaubt, dies würde Sie schützen. Sie erhofften sich Bestätigung und Zuspruch, den Sie formal sogar erhielten. Doch in Gedanken gehen Sie die Rückmeldungen Ihrer Freunde noch einmal durch und plötzlich entdecken Sie diffuse Doppelbotschaften, die den vermeintlichen Zuspruch vergiften. Monate oder Jahre später wird Ihnen bewusst, dass Sie in Wirklichkeit etwas vollkommen Unerhörtes getan haben. Sie haben ein Tabu gebrochen, das in dieser Gesellschaft unter Strafe steht: Sie haben sich und das genuine Bedürfnis nach Kreativität ernst genommen – darauf stehen Verächtlichmachung und Beschämung.

Wenn ich Malerei als kreatives Medium präferiere, hat dies natürlich auch mit meiner eigenen Profession zu tun – was jedoch nicht heißen soll, dass ich Ihnen allen Ernstes eine Karriere als Kunstmaler empfehle. Ich möchte Ihnen lediglich eine Möglichkeit aufzeigen, ein höchst interessantes Spannungsfeld zu betreten, auf dem Sie sich auf ganz besondere Weise begegnen werden. Ebenso gut könnte dieses Feld auf dem Gebiet des Schreibens, der Musik oder in der darstellenden Kunst liegen. In jeder größeren Stadt gibt es Laienspielgruppen oder Improtheater. Doch welches kreative Medium Sie auch immer wählen – zwei sich widersprechende Eigenschaften werden Sie auf jeden Fall brauchen: *Respektlosigkeit* und *Respekt.* Seien Sie fürs Erste respektlos gegenüber jedweder Technik und lassen Sie sich nicht einreden, Kunst käme von Können. Und seien Sie höchst respektvoll mit dem Anteil, der sich nach so vielen Jahren aus der Deckung traut und der bereit ist, neue Erfahrungen zu machen. Für Therapeuten und Bestsellerautoren wie John Bradshaw und Julia Cameron ist der spielerische, kreative Teil das innere, vernachlässigte Kind, das viele Jahre darauf gewartet hat, Beachtung zu finden.

Das Modell des inneren Kindes fördert eine bewusste und modellhafte Trennung zwischen inneren, *fühlenden* Anteilen und einem beobachtenden, reflektierenden, tagbewussten Ich. Dieser Abstand gibt dem Klienten die Chance zu neuen Handlungsoptionen und zur Neubewertung seiner Lage. Dasselbe geschieht auch im kreativen Prozess, in dem Ego und Intuition, oder Ich und Selbst, miteinander ringen. Erst die Erfahrung der Aufspaltung in einen Beobachter einerseits und innere Anteile, die Gefühle haben, andererseits, ermöglicht die radikale Erlaubnis von Gefühlen – *ohne diese automatisch ausagieren zu müssen.* Ohne diesen Kunstgriff und bei voller Identifizierung mit den inneren Gefühlen bleibt einem Menschen nämlich nichts anderes übrig, als seine Gefühle entweder voll auszuagieren oder komplett zu unterdrücken. Nur die modellhafte Ich-Aufspaltung lässt eine nachträgliche Anerkennung und Zuwendung ehemals vernachlässigter

Anteile zu. Da die meisten Menschen die Gefühle aus ihrer Kindheit generell unterdrückt hatten, kann das erstmalige Wiedererleben ein dramatischer Vorgang sein. Mithilfe der Instanz des erwachsenen, nicht wertenden Beobachters ist es jedoch möglich, den fühlenden Anteil zu beruhigen und die kindlichen Gefühle endlich anzuerkennen. Damit kann sich der Wandel von Schmerz in Freude und Selbstliebe vollziehen.

In der sechsten Station der Heldenreise, »Der Drache«, hatte ich bereits dargelegt, dass es im Prozess der kindlichen Traumatisierung um ein Unterbinden von Gefühlen ging. Ereignis und Emotion trennten sich. Vereinfacht könnte man sagen, dass mit dem Prozess des Unterbindens von Gefühlen etwas fast schon Unheimliches einhergeht. Es wird nämlich gleichzeitig mit dem Verdrängen des Gefühls gleichermaßen der Entwicklungsstand der Person zum Zeitpunkt der Verdrängung konserviert. Das bedeutet, dass das kleine Mädchen oder der kleine Junge, der damals um seine authentischen Gefühle betrogen wurde, einen Persönlichkeitsanteil behält, der nicht mehr älter wird. Ein Teil des Kindes wird zu einer Schattenpersönlichkeit, und dieser Teil bleibt für immer der kleine Junge oder das kleine Mädchen – und zwar so lange, bis seine/ihre Frage beantwortet wird oder bis er/sie bekommt, was er/sie damals vermisste: nämlich das Anerkennen der damaligen Gefühle.

Das Trauma gleicht einer offenen Wunde als autarke Energie, die sich dafür einsetzt, Ereignis und Gefühl wieder zusammenzuführen. Natürlich wird die ganze Person physisch älter, dennoch ändert das nichts daran, dass es viele 40-Jährige gibt, die eine Instanz in sich tragen, die nach wie vor vier Jahre alt ist. Und zum Leidwesen der Umwelt verhalten sich Erwachsene, wenn sie unter Druck geraten, ja oft auch wie Vierjährige, nämlich dann, wenn ihr (Kinder-)Schatten die Regie übernimmt.

Im gelungenen kreativen Prozess können verletzte kindliche

Wesensanteile endlich die Anerkennung ihrer Gefühle erhalten, die ihnen über so viele Jahre verwehrt wurde. In der Folge wird aus einem lediglich gealterten Menschen ein tatsächlich erwachsener. Erst diese integrative Heilung ermöglicht den Wandel vom infantilen Untertanen zum mündigen und souveränen Bürger, der sich fortan weder manipulieren lässt noch seine Gefühle projiziert oder durch übersteuerte Wiedergutmacher-Programme befrieden muss.

Schild

Egal aus welchem kreativen Medium Sie Ihre Drachenschwerter schmieden, schnell werden Sie feststellen, dass der Held zudem noch einen Schild braucht, damit er die unweigerlich folgenden Angriffe der normierten Gesellschaft parieren kann. Dieser Schild besteht in erster Linie in dem Wissen, dass diese Attacken kommen werden.

Die merkwürdigen Misstöne, Abwertungen und zynischen Bemerkungen von nahestehenden Menschen, nachdem Sie Ihre Erstlingswerke zeigten, waren verletzend. Doch diese erste Erfahrung, nur weil Sie es gewagt hatten, Bilder zu malen oder kurze Texte zu schreiben, wird Sie fortan nie mehr verlassen. Je ernster Sie Ihre Bedürfnisse nehmen und je authentischer Sie sich im Zuge Ihrer Heldenreise aufstellen, desto weniger Stallgeruch zu den Angepassten werden Sie haben. Werden Ihre Entdeckungen und Leidenschaften gar zu Ihrer Profession, und darauf läuft es schlussendlich hinaus, werden Sie viele soziale Verluste hinnehmen müssen – im Gegenzug werden sich jedoch neue, bereichernde Freundschaften entwickeln.

In Wirklichkeit haben Sie die »8. Station – Die Feinde« betreten, in der Sie unweigerlich Argwohn, Neid und Missgunst erwecken. Sie haben das Weltgesetz der Prioritäten verraten, das da lautet: *Erst die Arbeit – dann das Vergnügen.* Etwas scheinbar

Kindisches, mit dem Sie keinerlei Geld verdienen und das keinerlei Nutzen hat, ist Ihnen plötzlich wichtig geworden. Anders gesagt: *Sie* sind sich plötzlich wichtig geworden, denn im kreativen Prozess haben Sie Ihre Einzigartigkeit entdeckt. Menschen, die sich in der Knechtschaft einer entfremdeten Arbeit befinden, wittern allein in Ihrer neuen Hingabe Verrat, selbst wenn es sich vorerst noch um ein Hobby handelt. Tatsächlich könnte nichts Schlimmeres geschehen, als dass Sie eines Tages mit Ihren Kindereien auch noch kommerziellen Erfolg haben.

Das Erste, was jeder Gesprächspartner bei einem Künstler abprüft, ist daher die Frage, ob der Künstler auch ökonomisch erfolgreich ist. Wenn man auf einer Party zu verstehen gibt, man sei Künstler, kann man sicher sein, dass einem prompt die Frage gestellt wird: »Und – kannst du davon leben?« Diese Frage ist im Grunde indiskret und frech. Es gibt eigentlich überhaupt keinen anderen Berufsstand, der so selbstverständlich mit dieser Frage konfrontiert würde. Dass diese Frage gerade Künstlern so unverblümt gestellt wird, ist folgendem Umstand zu verdanken: Der Frager kennt die wahrscheinliche Realität bezüglich der Künstlerarmut. Und die damit vorweggenommene Entwertung »Hast du nichts, bist du nichts« bringt den Befragten automatisch in eine Situation unter Augenhöhe. Und den armen Künstlerkumpel darf man schon mal jovial von der Seite anquatschen.

Dass sich wildfremde Menschen grundsätzlich für die finanzielle Realität von Künstlern interessieren, hat einen nachvollziehbaren Hintergrund: Die erwartete und erhoffte Antwort, *dass der Künstler arm ist*, dient der Selbstberuhigung und rechtfertigt den eignen Lebenskompromiss. Tatsächlich ist ein *erfolgreicher* Künstler für angepasste Menschen ein Affront, denn er ist der lebende Beweis, dass doch sein kann, was nicht sein darf: Das Leben könnte ohne Selbstverrat und zentrale Kompromisse schön sein. Aus Sicht eines unzufriedenen Arbeitnehmers ist der Deal folgender:

Du bist ein Künstler, und ich gestehe dir zu, dass du selbstbestimmter und freier lebst als ich. Du verleugnest dich nicht, bist dir treu und machst dein Ding. Das ist okay, und ich gönne es dir, denn du bezahlst es mit Mangel, Armut und Isolation …
Ich werde extern reguliert, bin unfrei und schleppe mich jeden Tag ins Büro. Hier mache ich einen langweiligen Job und verleugne mich. Dafür kann ich mir allerdings einige Trostpflaster leisten, von denen du nur träumen kannst. Ich mache zweimal im Jahr Urlaub, fahre ein dickes Auto und habe ein tolles Haus …

Für alte Freunde von mir war meine »Spinnerei«, als Maler nach Berlin zu gehen, so lange okay, wie ich von Armut und Hartz IV bedroht war. Inzwischen kosten meine Mittelformate einige Tausend Euro, und meine Bücher laufen gut. Spätestens wenn man ökonomischen Erfolg mit seinen Berufungen hat, wird das nicht jede alte Freundschaft überleben.

Auf die zwei Hauptinstrumente, mit denen man Freigeister abwertet und auf Abstand hält, habe ich weiter oben bereits hingewiesen: *Pathologisierung* und *Beschämung*. Der Mut, ihren Drachenkampf öffentlich zu machen, löst unweigerlich Angst und Abwehr bei jenen aus, die sich vor der Heldenreise drücken. Mit größter Abwehr ist immer dann zu rechnen, wenn die in den Werken enthaltene Botschaft die Ich-Grenzen des Betrachters angreift. Bevor der Rezipient das Risiko einer Selbsthinterfragung eingeht, greift er zum Mittel der Projektion. Eigene bedrohliche Anteile werden auf den Freigeist projiziert und dort bekämpft. Bedenken Sie: *Der Bote des Mythos sind jetzt Sie.* Denken Sie an die ersten Stationen des Monomythos: Helden, die ihren Aufbruch zum Abenteuer verweigern, gehen den Boten im Mythos hart an. Auf einer meiner Ausstellungen legte einmal eine Frau verständnisvoll eine Hand auf meine Schulter und sagte mit therapeutisch warmer Stimme: »Es ist doch gut, wenn jemand wie Sie Bilder malt – andere laufen Amok und bringen Leute um.«

Die Dramatisierung der Aussage verhinderte effektiv die persönliche Auseinandersetzung mit dem Werk, die Ausstellung wurde zum Gruselkabinett. So ließ sich aus wohliger Distanz auf die Abgründe eines anderen schauen – keinesfalls aber auf die eigenen. Die Pathologisierung des kreativen Boten ist ein simpler, aber effektiver Schutzmechanismus, mit dem fast alle authentischen Künstler zu kämpfen haben: *Der Künstler wird zum Patienten.* Derselben Abwehrmethode war auch Joseph Beuys ausgesetzt. Dabei liegt der Schritt, den Kreativen zu pathologisieren, natürlich nahe: Wenn der kreative Prozess eine Art *Therapie* ist, was ich weiter oben ja selbst zugestanden habe, muss der Anwender der Methode folglich *krank* sein. Dabei verzerrt das Leugnen des eigenen Schattens die Wahrnehmung enorm: *Jeder Mensch, der nicht bereit ist, seinen Schatten anzusehen, interpretiert Menschen, die den Mut haben, dies zu tun, als kränker.*

Eine Stufe härter als das Mittel der Pathologisierung ist die Beschämung. Der Versuch, den Kreativen zu pathologisieren, ist vergleichsweise harmlos. Jemanden als krank zu bezeichnen, lässt eine gewisse Milde zu. Der arme Mensch kann ja nichts dafür. Er ist eben krank. Und das war's auch schon. Eine weitere Beschäftigung lohnt nicht.

> »Jemanden zu beschämen, ist der Versuch, einen Menschen daran zu hindern, sich auf eine Art und Weise zu verhalten, die uns peinlich ist.«[281]

Beschämung und Demütigung sind dagegen ein aktiver aggressiver Akt, der Energie und Einsatz erfordert. Doch an Energie mangelt es nicht, wenn das Ich sich genötigt sieht, sich gegen den eigenen Schatten zu wehren. Hier zeigt sich auch das große Paradox zwischen Über-Ich-gesteuerten und authentischen Menschen – ich hatte bereits darauf hingewiesen: Konformistische Menschen zeigen lediglich Ich-Aspekte, von denen sie annehmen, dass sie dafür Zuspruch erwarten können. Authentische Menschen zeigen zudem auch Anteile, die sie selbst hinterfragen. Da normalerweise nur gezeigt wird, was man bejaht, wird Künstlern generell unterstellt, das Werkschaffen zeige stets Bejahung.

Die Abwehr des eigenen Schattens mithilfe der Methode der Beschämung ist identisch mit dem Sündenbockprinzip und der Grund für jedwede Hexenjagd: Latent schwule Männer reagieren extrem aggressiv auf Schwule. Orthodox Gläubige, die ihre Sexualität unterdrücken, reagieren extrem auf sexuelle Freizügigkeit. Der frischgebackene Nichtraucher reagiert extrem auf den (Noch-) Raucher. Besonders Über-Ich-gesteuerte und sich selbst ausbeutende Mütter reagieren besonders aggressiv auf vermeintliche »Rabenmütter«. Man kann sicher sein: Je vehementer jemand etwas ablehnt und verdammt, desto wahrscheinlicher muss er genau dieses Thema in seinem Unbewussten unter Kontrolle halten.

Scheinkämpfe

Intellektualisierung

Der beschriebene Prozess einer authentischen Kreativität ist befreiend, heilend, kraftvoll und schön. Im Flow des Schaffensprozesses haben Gedanken, Schmerzen und Zeit keine Relevanz mehr. In der nachfolgenden Lebensinstallation im Sinne einer Berufung findet der entfremdete Arbeitsprozess sein Ende. Der Zustand ist das im Mythos beschriebene Geschenk des Helden, das Goldene Vlies, der Gral und die Krone. Aber: Dieses Geschenk wird dem Helden erst zuteil, nachdem er den Drachen besiegt hat. Oder besser noch, wenn er mit seinem Drachen Frieden schließen konnte. Auf den kreativen Prozess bezogen heißt das: Der Versuch, sich authentisch kreativ zu betätigen, bedeutet zunächst Kampf, Scheitern und (Ego-)Tod. Nur durch Kampf und Kapitulation, und nicht am Kampf vorbei, erhält der Held sein Geschenk.

Die im Kapitel »Drachenschwerter« beschriebenen Erfahrungen mit Kreativität lebten in erster Linie vom Neubeginn. Unschuld und Unbedarftheit bei der Entdeckung eines neuen kreativen Mediums hatten dafür gesorgt, dass der emotionale Output höher war als die Frustration. Doch so schnell gibt sich das Ego nicht geschlagen. Früher oder später will es den kreativen Prozess für sich nutzen. Der kreative Prozess im Hobbyraum trägt nicht, und irgendwann wird klar: Der Drachenkampf gleicht keinem schnellen Sprint, sondern einem Marathon. Im Kampf mit dem Drachen gibt es Rückschläge, taktische Rückzüge und Scheinkämpfe. Manche Helden machen sich so geschickt davon, dass sie sich und anderen glaubhaft vormachen, noch immer mit dem Drachen zu kämpfen. Doch in Wirklichkeit haben sie aufgegeben und schleichen nur noch angstvoll um die Drachenhöhle herum.

Wer zu große Angst vor Prüfungen hat, beginnt zu mogeln. Die Ich-Abwehr ist ausgesprochen kreativ, wenn es darum geht, sich und anderen vorzumachen, man sei auf dem Weg oder man hätte den Drachenkampf aufgenommen. So kann man dreimal in der Woche zu einem Therapeuten gehen oder sich mit allen Insignien als professioneller Künstler installieren, einschließlich des kommerziellen Erfolgs, und sitzt bezüglich der Heldenreise noch immer auf dem Sofa.

In meinem Künstlerbuch hatte ich drei Abwehrstrategien beschrieben, die professionelle Künstler benutzen, um dem schmerzhaften Weg ihrer Individuation auszuweichen. Damals ordnete ich drei Ich-Abwehrstrategien drei »Künstlertypen« zu:

1. *Intellektualisierung* – der denkende Künstler
2. *Vermeidung* – der Handwerker-Künstler
3. *Regression* – der süchtige Künstler.

Da Intellektualisierung, Vermeidung und Regression zu den gängigsten Ich-Abwehrstrategien einer infantilen Gesellschaft gehören, ist die nähere Betrachtung kreativer Bypässe auch für Nichtkünstler interessant:

> »Intellektualisierung steht für die Überbetonung des Verstandesmäßigen bei einem Menschen. Dabei werden Emotionen und Gefühle auf die Logik reduziert. Psychologisch wird das Verhalten damit erklärt, dass die Person durch abstraktes Denken bzw. Generalisierung emotionale Konflikte kontrollieren oder minimieren will. Der Therapeut John Bradshaw schreibt: ›Durch Generalisieren und Universalisieren sorgt man dafür, dass die Kategorien so weit und abstrakt gefasst sind, dass man den Kontakt zur konkreten, sinnlich erfahrbaren Wirklichkeit verliert.‹«[282]

Bezüglich des kreativen Prozesses hat Intellektualisierung, zum Beispiel im Schaffen von theoretischer Konzeptkunst, den Vorteil, Ängsten und Gefühlen ausweichen zu können. Ich möchte jedoch zunächst einen mentalen Zustand vorstellen, den eigentlich jeder Kreative ersehnt: *den Flow*. Ein Flow-Zustand kann entstehen, wenn sich im Handelnden viel Erfahrung und unbewusste Kompetenz angesammelt haben. Plötzlich sind alle Ausführungen stimmig – ohne sagen zu können, warum. Der Forscher Mihály Csíkszentmihályi, ein Wissenschaftler ungarischer Herkunft, gilt als Koryphäe für diesen Zustand:

»Flow (engl. fließen, rinnen, strömen) bezeichnet das Gefühl der völligen Vertiefung und Aufgehens in einer Tätigkeit, auf Deutsch in etwa Schaffens- oder Tätigkeitsrausch, Funktionslust.«[283]

Bereits 1975 beschrieb Csíkszentmihályi die Bedingungen für den Flow-Zustand. Neben dem subjektiven Erleben von hoher Konzentration, Zeitlosigkeit, Mühe- und Sorglosigkeit während des Flow-Zustands beschrieb der Forscher auch zwei wesentliche Bedingungen für das Flow-Erlebnis:

- *Die Tätigkeit hat ihre Zielsetzung bei sich selbst.*
- *Die Aktivität hat eine unmittelbare Rückmeldung für den Handelnden.*

Zunächst fand ich es interessant, dass eine Bedingung für Flow im Selbstzweck liegt. Das heißt, die Motivation für die Handlung sollte nicht berechnend im Außen liegen, um etwas zu erreichen, zum Beispiel weil man sich eine Belohnung oder anderweitige Vorteile erhofft. Förderlich für Flow-Zustände ist eine Motivation für die Sache selbst, sie liegt in der Erlebnislust des Prozesses, einfach, weil die Tätigkeit Spaß macht oder weil man etwas dabei lernen kann.

Eine der drei großen Bedingungen, so etwas wie *Lebenssinn* zu empfinden, sah Viktor Frankl in eben dieser Qualität, die er *Werkschaffen* nannte. Ein Mensch im Flow vergisst sich ebenso wie ein Mensch, der liebt oder der in einer intensiven Naturbetrachtung aufgeht. Dies sind wichtige Möglichkeiten der Selbsttranszendenz.

Ebenso interessant erschien mir die zweite Bedingung für das Flow-Erlebnis: Der Prozess hat eine Rückmeldung, eine Art Feedbackschleife, die ein anvisiertes Ziel entscheidend verändern kann. Es wurde mir klar, dass mit dieser Bedingung tatsächlich eine *aktive* Tätigkeit gemeint ist – und kein mentaler Prozess. Zum anderen wurde deutlich, dass sich nicht alle aktiven Tätigkeiten gleichermaßen gut für das Flow-Erleben eignen. Begünstigend scheinen Prozesse mit einer gewissen Unschärfe zu sein. Denn nur bei Techniken mit einem gewissen Maß an Kontrollverlust kann auch mit überraschenden Rückmeldungen gerechnet werden. Ist eine Technik zu starr und ausgereift, kann dies für das Flow-Erleben eher hinderlich sein. Weiterhin ist auch eine gewisse Ergebnisoffenheit im Prozess entscheidend, denn hat der Handelnde eine zu starke Zielfixierung, wird er neue Informationen im Feedback eher als Störung denn als Chance wahrnehmen.

Unabhängig von den Feedbackschleifen aktiver, kreativer Prozesse ist jedoch unbestreitbar, dass es offensichtlich rein *mentale kreative* Prozess gibt. Dies führt mich zu einem sehr alten Streit in der Kunstwelt, nämlich zwischen den Befürwortern der Konzeption und den Befürwortern des Prozesses. Konzeptionisten setzen auf den mentalen Prozess, die spätere, aktive Ausführung interessiert sie nicht mehr sonderlich. Diese könnte auch durch einen Handwerker, Assistenten oder Schüler erfolgen. Den Prozessbefürworten ist dagegen zu viel Konzeption suspekt. Sie empfinden zu viel Vorplanung als Korsett, das sie im aktiven, kreativen Prozess nur beengen und behindern würde. Natürlich kamen mir bei diesen Überlegungen gleich Malerkollegen in den Sinn, denn auch in der Malerei gibt es die Vertreter beider Richtungen.

Ein Fotorealist, aber auch ein konkreter Maler ist bemüht, eine Konzeption (Farbkomposition, realistisches Sujet, Fotovorlage) handwerklich so genau wie möglich umzusetzen. Die Werke dieser Maler sind »gut« oder »gelungen«, je mehr sie den Vorgaben (Foto, Realität, mathematische Gleichung etc.) entsprechen. Der informelle Maler ist die Antithese dazu – er setzt voll auf den Prozess. Denn erst im Prozess erhält er die erforderlichen Rückmeldungen zu immer neuen Handlungsaufträgen, und es wäre ihm gänzlich unmöglich vorherzusagen, wie das Werk am Ende des Prozesses aussehen wird. Das Werk des informellen Malers hat vielleicht nur einen minimal mental generierten Quotienten, denn sein Werk wird zu 90 Prozent aus einem aktiven Prozess heraus generiert. Dieses Verhältnis kann bei konzeptuellen Malern nahezu umgekehrt sein.

Kunstwerke können grundsätzlich sehr unterschiedliche Anteile von mentaler oder prozesshafter Kreativität haben, dabei gilt: Extreme genießen immer Schutz. Reibung und Konflikt entstehen immer in einer Grauzone, die anerkennt, dass der Mensch Handelnder und Denkender zugleich ist. Um beim Beispiel Malerei zu bleiben: Persönlich fasziniert mich eine Malerei, die versucht, beiden Aspekten gerecht zu werden. Als expressiver Realist konzipiere ich Sujets und habe durchaus technische Vorgaben zu erfüllen (Figur, Perspektive etc.). Andererseits lassen mein dynamischer Farbauftrag und Duktus sehr viel Raum für Unwägbarkeiten und Kontrollverluste. Und genau hier lauern Konflikt und Scheitern – zugleich aber auch die große Chance zum Flow.

Kreativität von vornherein auf mentaler Ebene zu belassen, schließt auf jeden Fall schon mal ein sehr großes Konfliktpotenzial aus. Dies kommt dem intellektuellen Künstler mit seinem starken Bedürfnis nach Kontrolle natürlich entgegen. Doch die »Vorteile« intellektueller Kunst sind noch weit umfassender. Kunst vorwiegend denkend zu erschaffen, ist ein effektiver Schutz vor Selbstbegegnung, denn:

Denken und Fühlen schließen sich aus.

Der kreative Prozess ist ein Kampf zwischen Zensor (Über-Ich) und Emotion (Es oder Kindheits-Ich). Und dieser Kampf findet natürlich gar nicht erst statt, wenn der Künstler vorsichtshalber nur in einer einzigen Instanz bleibt, vorzugsweise im Über-Ich. Sie erinnern sich an den Trick zwischen Uptime und Downtime, den ich in »4. Station – Die Weigerung« beschrieben hatte: Es war eine

Technik, nicht ins Fühlen zu kommen, wenn man nur immerzu die Sinne kitzelt. Doch derselbe Vorgang passiert auch, wenn wir immerzu nachdenken. Denn Emotion und Ratio sind, wie C. G. Jung es sehr treffend beschrieb, mit einer Wippe vergleichbar. In beiden Repräsentanzen gleichzeitig zu sein, ist so gut wie unmöglich.

Immer wenn wir intensiv denken, fühlen wir uns nicht. Umgekehrt gilt aber auch: Immer wenn wir intensiv fühlen, können wir nicht mehr richtig denken. (Das kennt wohl jeder, der schon einmal richtig verliebt war …) Dabei kann man tatsächlich denksüchtig werden. Denn immer wenn ich intensiv denke, erkläre, argumentiere, verorte, konstruiere und relativiere – kann ich mich nicht fühlen. Oder, um das Bild der inneren Anteile zu benutzen: Wenn ich mich vollständig mit dem rationalen Eltern-Ich identifiziere, werde ich mein emotionales inneres Kind nicht mehr wahrnehmen. Und so gibt es intellektuelle Menschen, die ihren Zustand für so normal halten, dass ihnen der Konflikt Emotion vs. Ratio überhaupt nicht bewusst ist. Sie haben das Fühlen über die Jahre völlig verlernt und sind im Denken und Bewerten derart ausgebildet, dass sie kaum mehr mitbekommen, dass ihnen jegliche Sinnlichkeit und Empathie abhandengekommen ist.

Der Neurobiologe Prof. Dr. Gerald Hüther weist in einem seiner Vorträge darauf hin, dass in unserer Gesellschaft authentische Gefühle schon im frühen Kindesalter mit rationalen Erklärungen überschrieben werden. Hat ein Kind eine authentische, empathische Regung, wird diese in der Regel mit kognitiven Erklärungen beantwortet. Ich würde hinzufügen: insbesondere wenn es sich bei den Eltern um vortraumatisierte Individuen handelt. Passiert diese Hemmung von Empathie wiederholt und dauerhaft, verändert sich das menschliche Gehirn:

> »Ich muss die Netzwerke, die diese Empathie hervorbringen, dieses Mitgefühl, die muss ich weghemmen, so lange,

> bis das nicht mehr da ist. Und die hemme ich weg, indem ich kognitive Erklärungen obendrüber setze, und irgendwann sind dann hemmende Verschaltungen so gut ausgebildet, dass ich alles kognitiv erklären kann und nichts mehr fühle. Und dann sind wir in unserer heutigen Welt angekommen.«[284]

Was für die gesamte Gesellschaft gilt, gilt auch für den kreativen Prozess: Künstler, die vorwiegend konzeptuelle, distanzierte, konstruierte, intellektuelle und erdachte Kunst machen, haben den Konflikt der Retraumatisierung im kreativen Prozess nicht. Was Professor Hüther beschreibt, Rationalisierung und Intellektualisierung, gehört zu den verbreitetsten kollektiven Ich-Abwehrstrategien unserer empathielosen Gesellschaft. Und obwohl sich die Kunst als Antipode zur Gesellschaft versteht, folgte sie der Säkularisierung und Intellektualisierung der Gesellschaft sehr bereitwillig. Jung sah im Säkularisierungsprozess und im Versagen der institutionalisierten Religionen den Hauptgrund für eine zunehmend neurotischer werdende Gesellschaft. Wenn Gefühle, Intuition, Mythos, Geheimnis und Rituale keinen Platz mehr haben, trennt sich der Mensch von seinen Wurzeln. Das Ergebnis kann man am Umgang der technokratischen Gesellschaft mit Tieren, Natur, Krankheit und Tod sehen.

Vermeidung

> »Als Vermeidungsverhalten wird das grundsätzliche Vermeiden bestimmter Situationen oder Handlungen, durch die Unannehmlichkeiten oder Bedrohungen für den Körper, die Seele oder die soziale Stellung erwartet werden, bezeichnet. […] Diese vorauseilende oder imaginäre Komponente ist einerseits schützend, andererseits verhindert sie neue Erfahrungen und kann das Leben erheblich einschränken.

> Da Vermeidung die Erfahrung verhindert, die Situation bewältigen zu können, ist Vermeidungsverhalten extrem stabil.«[285]

Wie eben deutlich wurde, birgt eine aktiv-handelnde Kreativität einige Risiken. Denn ein kreativer Prozess, der auf einer mentalen Idee basiert und sich dann einem aktiven Umsetzungsprozess stellt, führt sehr häufig zu einem Konflikt mit dem Ego. Um die Brüskierung des Egos zu verstehen, ist es hilfreich, sich einmal anzusehen, wie Handwerk funktioniert:

Jeder Handwerker benutzt zunächst einmal ein mentales Modell, das er anvisieren kann. Auf dem Weg zum Ergebnis gleicht er dann temporäre Zwischenergebnisse mit seiner Zielvorgabe ab und modelliert sie, bis das Zielmodell (annähernd) erreicht ist. Will ein Schreiner einen Tisch bauen, macht er sich zunächst eine Maßzeichnung dieses Tisches, dann bearbeitet er das Holz so lange, bis es dieser Maßzeichnung entspricht. Der Tisch ist also von einer virtuellen Idee in die Realität gehoben worden. Dieses Vorgehen hält allerdings keine allzu großen Überraschungen bereit, denn eigentlich steht das Ergebnis ja schon vorher fest. Das Ziel von Handwerk ist eine möglichst wiederholbare und exakte Umsetzung einer virtuellen Vorgabe, denn es hat sich bewährt, ein Haus oder einen Tisch zunächst zu planen, zu berechnen und dann erst umzusetzen.

Aktiv-kreative Prozesse können grundsätzlich sehr nah oder sehr weit entfernt von der Handwerker-Analogie sein. In der Regel hat jedoch jeder Kreative zunächst eine »Idee«, ein Modell, das er umsetzen will. Mit zunehmender Ausgestaltung und Beschäftigung mit der Idee verliebt sich aber sein Ego in die mentale Vorgabe. Und je mehr eine mentale Vorlage erdacht wurde (und nicht intuitiv erfasst), desto mehr identifiziert sich das Ego mit der Vision. Denn Denken ist eine Eigenschaft des Egos. Das Ego hält erdachte Produkte für »seine«. Mit dieser Identifikation fühlt es sich der Idee verpflichtet und sorgt im Beginn des aktiv-kreativen Prozesses für eine möglichst exakte Umsetzung der Idee. Anders gesagt: Das Ego ist ein Handwerker und Kopist. Doch je expressiver, dynamischer und unwegsamer der Umsetzungsprozess der Vision wird, desto mehr tauchen Wendungen und neue Impulse auf, die es bekämpfen muss. Denn das Ego empfindet sie als grobe Störungen auf seinem Weg zur exakten Umsetzung der geistigen Vorlage. Doch wie bereits festgestellt: *Wenn wir immer nur tun, worin wir uns sicher sind, ist das Ergebnis belanglos*. Um die Ebene des Handwerks zu verlassen und *wirklich* kreativ zu werden, muss die Vision des Egos überwunden werden. Dieser Prozess ist immer schmerzhaft, denn das Ego verteidigt mächtig »seine« Idee. An dieser Stelle das Ego loszulassen, die Kontrolle aufzugeben und sich unbewussten Kräften oder der Intuition anzuvertrauen, ist aber die Nahtstelle zu echter Kreativität und damit zur Selbsttranszendenz.

Dies ist der weiter oben zitierte »Ego-Tod«, sowohl in einer Therapie als auch in einem kreativen Prozess. Joseph Beuys bezeichnete diesen Aspekt als »Ich-Konfrontation«, die großen Mut erfordert, denn im Gegensatz zu bewährtem Handwerk birgt das Betreten von expressivem Neuland immer die Möglichkeit des Scheiterns. Doch die Möglichkeit des Scheiterns ist nun mal der Preis für echte (Neu-)Schöpfungen. Ein wirklich kreativer Mensch muss bereit sein, seine ursprüngliche Vision zu überwachsen. Er muss offen und wach bleiben für Hinweise, Wendungen und Neues.

Das Ego ist der Anteil, der für den ästhetisierenden Prozess verantwortlich zeichnet. Es überwacht die Brauchbarkeit des Werkes für die ästhetische Welt. Das Ego entspricht dem Ich-Anteil, mit dem sich der Schaffende identifiziert und mit dem er nach draußen in die Welt tritt. Das Ego möchte gefallen. Und so manche innere Wahrheit könnte diesem Gefallenwollen gefährlich werden …

Dagegen steht das Unbewusste für das rauschhaft expressive Element im kreativen Prozess. Es sucht Grenzen zu überwinden und Konventionen zu sprengen. Das Unbewusste ist der Teil im kreativen Prozess, der sich aus Sicht des Egos verplappert und Geheimisse preisgibt. Es ist der unerhörte Teil, den das Ego als Exhibitionisten bekämpft. Doch genau dieser Teil sorgt auch für einen höheren Expressionsgrad des Werkes. Gewinnt nun ein Pol an Übermacht, wäre das Werk beispielsweise hyperexpressiv, leidet das Ästhetische. Ist ein Werk jedoch zu angepasst ästhetisch, leidet die Expressivität. Ein um Ganzheitlichkeit bemühter Kreativer surft auf schmalem Grat zwischen zielgerichtetem, ästhetischem Handeln und expressivem Überwinden von Grenzen. Der Grat, auf dem dieses »absichtslose Wollen« geschieht, ist sehr schmal:

Auf der einen Seite des Grates lauert Beliebigkeit, nämlich dann, wenn sich der Künstler zu sehr im expressiven Prozess verliert und jedem beliebigen Impuls folgt. Auf der anderen Seite des Grates lauert Wiederholung des Bewährten, nämlich dann, wenn der Künstler sich zu sehr an ästhetisches Handwerk klammert. Der kreative Konflikt zwischen ästhetisierenden und expressiven Kräften kann so schmerzhaft werden, dass es kaum verwundert, dass Künstler versuchen, ihm ganz auszuweichen.

Friedrich Nietzsche beschrieb in seiner »Geburt der Tragödie« diese dualen Kräfte als dionysisches und apollinisches Prinzip. Das expressionistische, dionysische Prinzip geht auf den griechischen Gott Dionysos zurück. Er ist der Gott des Rausches, der Freude und der Zügellosigkeit. Im Rausch überwindet er Grenzen und steht damit gegen alles Konventionelle. Im Gegensatz dazu steht das apollinische Prinzip für die in Form gebrachte, ästhetische Seite der Kunst. Dieser Aspekt ist angepasster, verdaulicher und harmonischer. Erst im Zusammenwirken der beiden Antipoden sieht Nietzsche wahre Kunst entstehen. Auf Dionysos als Gott der expressiven Kräfte komme ich zurück, wenn es um die dritte Variante kreativer Bypässe geht, den süchtigen Künstler. Denn nicht umsonst trägt der griechische Gott Dionysos den römischen Beinahmen Bacchus, also »Gott des Weines«.

Den Kampf zwischen Ego und Unbewusstem habe ich in obigem Beispiel natürlich nur der Einfachheit halber und exemplarisch an die Ebenen mentaler Prozess (Denken = Ego) und aktiver Umsetzungsprozess (Intuition = Unbewusstes) gekoppelt. Für einen expressiven Maler wie mich gilt dieses Beispiel so ja auch. Selbstverständlich besteht dieser Konflikt zudem auch noch innerhalb eines mentalen Prozesses. Hier sind dieselben Kräfte wirksam, Ego und Intuition, stehen sich auch hier gegenüber. Und natürlich gibt es auch auf der mentalen Ebene ein »virtuelles Handwerk«, an das sich der Künstler klammern kann und mit dem sich sein Ego identifiziert. Bestes Beispiel wäre der Schriftsteller, der scheinbar ja nur »mental« arbeitet und auf den ersten Blick keinen Unwägbarkeiten eines aktiven Umsetzungsprozesses ausgesetzt ist. Doch tatsächlich durchleidet er dieselben kreativen Konflikte zwischen Expression und Anpassung oder, mit anderen Worten, zwischen Ego und Unbewusstem. Um auf den klassischen Handwerker-Künstler zurückzukommen: Im aktiven, kreativen Prozess vermeidet der Handwerker-Künstler sowohl die Impulse seiner Intuition als auch allzu große technische Unschärfen. Er schützt sich, indem er sich in ein starres Raster von bewährten Handlungsaufträgen und Vorgaben zwängt, die er zuverlässig abarbeitet und wiederholt. Diese Vorgehensweise lässt nur wenig Raum für das Aufsteigen unbewussten Materials. Handwerker-Künstler haben in der Regel ein hohes technisches Niveau erreicht, das sie als Schutzpanzer einsetzen – zum Preis echter Innovation.

Kunst und Handwerk werden leider immer wieder verwechselt. »Kunst kommt von Können«, auf diese zu simple Aussage ziehen sich leider auch immer wieder Künstler zurück. Gerade im Bereich Realismus kenne ich Maler, die sich zu wahren (Handwerks-)Meistern ihres Fachs entwickelt haben. Den Werken fehlt für mein Empfinden dennoch oft Entscheidendes. Das Paradoxe an Kunst ist, dass sie ohne Handwerk nicht auskommt – und doch kein Handwerk ist. Ein Maler kann viele Jahre lang Malunterricht nehmen und ein großer Techniker werden – bleiben Emotion und Intuition unterentwickelt, bewegt er sich dennoch nur im angewandten Bereich. Möglicherweise wird dieser Maler ein guter Grafiker oder er bemalt Wände in Trompe-l'œil-Manier. So banal es auch ist: Kunst kommt nicht allein von Können.

Handwerker-Künstler sind sehr verbreitet, sie kommen in allen Kunstsparten vor. Es gibt Handwerker-Maler, -Musiker und -Schauspieler. Oft wird hier die Not zur Tugend erklärt, der Handwerker-Künstler empfindet sich als besonders »gut«, trifft er so nah wie möglich eine Vorgabe (Noten, Farben, Vorlagen etc.). Beispielsweise sind Handwerker-Pianisten präzise und verlässlich, aber ihr Spiel hat den Charme eines mechanischen Pianos. Kunstsparten, die kollektiver und hierarchischer organisiert sind als die bildende Kunst, arbeiten eigentlich recht gern mit Handwerker-Künstlern, denn es sind keine Solisten.

Deshalb gibt es unter Studio- oder Orchestermusikern und in der Film- und Theaterindustrie eine ganze Menge davon. In der bildenden Kunst schließen sich Handwerker-Künstler oft zu Gruppen zusammen, um ein riesiges Wandgemälde zu vollenden oder zu sonstigen gemeinschaftlichen Realisationen, bei denen vor allem Handwerk und Verlässlichkeit zählen.

Regression

> »Kreativität braucht notwendig den bewusst herbeigeführten oder erlaubten ästhetischen Kontrollverlust.«[286]

Die dritte Strategie der kreativen Ich-Abwehr, Regression und Sucht, findet auf einer komplett anderen Ebene statt als die beiden vorangegangenen:

Die Strategien Intellektualisierung und Vermeidung lassen erst gar kein unbewusstes Material aufsteigen.

Der Künstler bleibt komplett in der Begrenztheit seines Bewusstseins beziehungsweise in seinem Über-Ich. Dagegen lässt die Strategie der Regression unbewusstes Material zu – allerdings zum Preis der Ich-Überforderung, Psychose und Sucht. Zwar ist diese Variante dadurch um ein Vielfaches gefährlicher – dafür aber auch weniger statisch. Mithilfe der Intellektuellen- oder Handwerkerstrategie kann man sich über viele Jahre oder ein Leben lang vor der Heldenreise drücken. Mit der Ausweichstrategie *Sucht* geht dies nicht. Wenn auch unerlöst, so ist der süchtige Kreative dennoch derjenige, der dem Kampf mit dem Drachen am nächsten steht. Er ist leider aber auch derjenige, der am ehesten untergehen kann. Suchtverhalten stellt eine Selbstmedikation dar, die immerhin erkennen lässt, dass sich der Held recht weit in die Drachenhöhle vorgewagt hat – nun aber nicht mehr weiterweiß.

Suchtverhalten im kreativen Prozess stellt den Versuch dar, dem ersehnten Ego-Tod etwas nachzuhelfen. Viele Menschen benutzen enthemmende Drogen, beispielsweise um den Sex haben zu können, den sie sich wünschen. Schon ein, zwei Gläschen Sekt oder wenige Züge Haschisch bringen den Zensor zum Schweigen und erhöhen den Spaß im Bett. Genau dasselbe passiert auch im kreativen Prozess: Der Gott der Ekstase (griechisch: »das Außersichgeraten, die Verzückung, aus sich heraustreten, außer sich sein«, Wikipedia) und der Gott der expressiven Kreativität sind ein und derselbe: Dionysos. Deshalb ist der emotional-expressive Künstler wie kein anderer gefährdet für Sucht. Ein expressiver, kreativer Zustand, der das Ego erfolgreich zurückdrängt, ist ohnehin rauschhaft. Doch dieser Rausch lässt sich noch verstärken, wenn der Künstler enthemmende Drogen einsetzt. Der Dionysoseffekt ist weder eingebildet noch ein Trick, die Wahrheit ist und bleibt: Expression wird durch Enthemmung befördert. Der Grund hierfür ist einfach: Enthemmung durch Drogen lässt für den Zeitraum des Rausches den Schatten zu. Und die – wenn auch nur temporäre – Anwesenheit des Schattens macht die Persönlichkeit ganzer, reicher und expressiver. Doch dieses unintegrierte Spiel mit dem Schatten gleicht Stevensons Novelle von Dr. Jekyll und Mr. Hyde, soll heißen: Der Schatten wird auf diese Weise keineswegs gezähmt, vielmehr übernimmt und vernichtet er schlussendlich die Gesamtpersönlichkeit.

Friedrich Nietzsche sah im Gott des Rausches und der Ekstase vor allem einen Gott für musische Künstler. Vielleicht hatte er gar nicht so unrecht, denn in diesem Zusammenhang fällt mir der Club 27 ein. Zum Club 27 zählt man Musiker, die sich durch zweierlei auszeichnen: expressive Hochbegabung und frühen (Drogen-)Tod. Es waren Supertalente wie Jimi Hendrix, Janis Joplin, Brian Jones, Jim Morrison oder Kurt Cobain. In jüngster Zeit zählt man auch Amy Winehouse zum Club. Als ich Amy Winehouse auf einem ihrer letzten Konzerte in Berlin sah, war für mich die Tragik von Expression und Auflösung zum Greifen spürbar. Künstler unter dem Dionysos-Prinzip zünden die Kerze an zwei Enden an.

Der berühmteste bildende Künstler des Dionysos-Prinzips ist natürlich Vincent Willem van Gogh. Hochbegabung, Expressivität, Sucht, Depression, Selbstverstümmelung und schließlich Selbstmord begründeten in van Gogh den Dionysos-Künstlertypus schlechthin. Natürlich gibt es zudem Dutzende bildende Künstler und Schauspieler dieses Typus.

Nach wie vor wird die öffentliche Diskussion zum Thema Sucht an den wirklichen Ursachen vorbei geführt. Wie in unserer Gesellschaft üblich, wird zunächst das Augenmerk auf eine monokausale, wenn möglich stofflich-dingbare Ursache gelegt – und weniger auf einen (Verhaltens-)Prozess. Denn Prozesse sind schwer zu untersuchen und zu durchschauen, da sie aus sehr vielen individuellen Faktoren bestehen. Es ist natürlich einfacher, eine Substanz wie z. B. Nikotin, Alkohol, Kokain oder Cannabis als Übel zu brandmarken, und dementsprechend konzentrieren sich die meisten Diskussionen auf Suchtstoffe. Diese gelte es mit restriktiven Maßnahmen in den Griff zu kriegen, und sofort hätte man weniger Süchtige. Dabei ist die Illusion des Suchtstoffs als Suchtursache auch für die Betroffenen real, denn der dahinterliegende Prozess der emotionalen Überforderung bleibt ja unbewusst. Zunächst hält auch jeder Betroffene Zigaretten oder Alkohol (oder was auch immer) für das Übel und denkt, wenn ich das los bin, ist alles in Ordnung. Doch seit Jahren trockene Alkoholiker wissen natürlich, dass die Arbeit nach dem Weglassen der Substanz eigentlich erst beginnt. Denn das Alkoholtrinken war nur ein Symptom, es diente der Flucht vor Gefühlen – die ohne Alkohol umso verstärkter ins Bewusstsein aufsteigen. Glücklicherweise kommt man heutzutage endlich weg von der Fixierung auf den Suchtstoff. Vielmehr begreift man Sucht als konditioniertes Verhalten, mit dem Ziel, Gefühle zu unterdrücken. Der Psychiater Thomas Trobe schreibt dazu:

> »Unter Suchtverhalten verstehen wir alles, was wir tun, um nicht mit unseren Ängsten oder Schmerzen in Berührung zu kommen. Fast jeder legt die eine oder andere Art von Suchtverhalten an den Tag, etwa durch Konsum von Alkohol, stimmungsverändernden Drogen, Essen, Nikotin oder Koffein. Auch Fernsehen und Filme, Einkaufen oder ständiges Beschäftigtsein kann eine Sucht sein, ebenso Routine, als ein Mittel, unser Leben so zu strukturieren, dass wir zu unbewussten Robotern werden.«[287]

Das Schwierige am Konditionierungsprozess ist, dass die Bindung an einen Suchtstoff oder Verhaltensprozess unbewusst und schleichend abläuft. Dabei ist es dem Gehirn ziemlich egal, ob es sich um einen stoffgebundenen Vorgang (Zigaretten, Alkohol, Cannabis) oder prozessgebundenen Vorgang (Essen, Fernsehen, Sex, Pokern) handelt. Entscheidend ist, dass ein Gefühl erfolgreich unterbunden wird, noch bevor es sich entfalten kann. Dabei gilt die Regel: Je höher das Bedürfnis ist, ungewollte Gefühle zu verdrängen, desto größer ist auch die Gefahr, eine oder mehrere Süchte zu entwickeln.

Wenn die Psychiatrie recht hat und der Hauptgrund für Sucht die Abwehr von Gefühlen ist, wird es kaum mehr verwundern, dass expressive Künstler häufig Suchtprobleme entwickeln. Es wurde bereits deutlich, dass sich im kreativen Prozess Intuition und Ratio als polare Systeme gegenüberstehen, soll heißen: Sie schließen sich aus. Aufgabe des Künstlers ist es jedoch, beides zu vereinen, denn gute Kunst braucht gleichermaßen ästhetisierte wie expressive Anteile. Und es wurde ebenso deutlich, dass im Künstler emotional-kindliche gegen rational-zensierende Kräfte stehen. Kurz: Polare Kräfte spannen das Ich des Künstlers auf wie eine Feder.

Doch was genau treibt den inneren Zensor mit solcher Macht, das Produkt des intuitiven Prozesses zu verändern, ins Moderate abzumildern oder gar zu zerstören? Warum ist es so überaus schwer, authentische hyperexpressive Ergebnisse einfach stehen zu lassen? Ich vermute, es liegt daran, dass sich im Kunstwerk für alle Zeit die innere Wahrheit des Künstlers konserviert und kommuniziert. Das innere Kind hat das, was es früher niemals durfte, schließlich doch ans Licht gebracht – für jedermann und für alle Zeit sichtbar. Und das kann der innere Zensor, als Anteil der inneren Eltern, niemals zulassen. Um in diesem Sturm zu überleben, greifen viele expressive Künstler zu Drogen. Am gängigsten ist natürlich Alkohol. Drogen haben für emotional-expressive Künstler einen dreifachen »Nutzen«:

1. Der Zensor wird zum Schweigen gebracht. Im Rausch wird er karikiert, lächerlich gemacht oder ganz verhindert.
2. Schattenanteile werden evoziert und genutzt. Zuvor schambelastetes Material kann unter Drogen genutzt und ausformuliert werden.
3. Unweigerlich auftauchende Emotionen werden abgemildert, verzerrt und benebelt. Zudem haben viele Drogen eine direkt euphorisierende Wirkung.

Natürlich ist der Einsatz von Drogen nur das Notprogramm des Helden auf seiner Reise. Bezüglich des kreativen Prozesses gilt: Das Zeitfenster, in dem noch eine sinnvolle Arbeit möglich ist, ist ziemlich klein: Ist man zu nüchtern, geht's noch nicht, ist man zu betrunken, geht's nicht mehr. Zudem sind stoffliche Süchte inflationär, das heißt, die Dosis muss gesteigert werden, und so entwickelt der Kreative über kurz oder lang ein Suchtproblem. Obendrein ist das Problem nur vertagt, denn der Zensor kommt ja wieder. Spätestens wenn man wieder nüchtern ist. Dann wird die Arbeit eben im Nachhinein be- und entwertet, womöglich sogar vernichtet. Außerdem bildet sich im kreativen Akt ja nur der eigentliche Zustand der Künstlerpsyche ab. Und Drogen, die dann früher oder später zum Alltag des Künstlers gehören, verhindern grundsätzlich Selbstbegegnung und damit auch jedwede Entwicklung:

> »Wer Betäubungsmittel benutzt, erlebt vielleicht ein wenig Erleichterung von der täglichen Folter des Verstands, zugleich wird er aber auch davon abgehalten, genügend bewusste Gegenwärtigkeit zu erzeugen, um über Gedanken hinauszugehen […] Es ist keine Alternative, auf einen

Bewusstseinszustand zurückzufallen, der noch unter dem Verstand liegt.«[288]

Doch das hält viele emotionale Künstler nicht davon ab, Alkohol quasi als Betriebsstoff einzusetzen. Ich kenne Dutzende, vielleicht auch an die hundert Künstlerateliers. Und überquellende Aschenbecher und Batterien von Altglas, als stumme Zeugen einer Sucht, sind hier wahrlich nicht selten. Für einen emotionalen Künstler, der sich in einer Sucht verfangen hat, kann es nötig werden, einige Schritte zurückzutreten. Denn ohne sich zuerst dem Suchtproblem zu stellen, wird er auch sein kreatives Problem nicht lösen. Kann ein regressiv-süchtiger Künstler sein Suchtproblem nicht lösen, stirbt er auf eine dieser drei Weisen:

Er bringt sich aktiv um und begeht Suizid.
Er bringt sich passiv um und stirbt verfrüht an den Folgen des Drogenmissbrauchs.
Er bringt sich seelisch um, indem er stumpf und depressiv wird.

Jenseits aller Bewertungen und wider besseres Wissen bleibt jedoch eine Tatsache bestehen: Das Beispiel eines Vincent van Gogh, etlicher Rockmusiker, Schauspieler und Schriftsteller zeigt, dass es zweifelsohne regressive, süchtige Künstler gibt, die mindestens kurzfristig großartige und authentische Kunst erschaffen haben. Diese Künstler gleichen einer kurzen, aber hellen Flamme, die dennoch in der Lage war, die Gesellschaft zu erhellen. Nach meinem Empfinden gewährt mir diese Kunst Einblicke in die menschliche Seele, an die intellektuelle oder Handwerker-Kunst niemals heranreicht.

Damit möchte ich die Beschreibung der gängigsten drei Ich-Abwehrstrategien von Künstlern abschließen, die ich weitgehend aus meinem früheren Künstlerbuch übernommen habe. Mit den

Varianten Überintellektualisierung (denkender Künstler), Vermeidung (Handwerker-Künstler) und Regression (süchtiger Künstler) habe ich Grundprinzipien kreativer Bypässe beschrieben. Die Kategorisierung dient lediglich der Verdeutlichung, im realen Leben gibt es selbstverständlich alle nur erdenklichen Mischformen. Es gibt süchtig-intellektuelle Künstler, intellektuelle Handwerker-Künstler usw. Ebenfalls nicht explizit erwähnt sind Entertainer, Zyniker, Ironiker usw., die sich auf alle Varianten verteilen können. Alle Ausweichstrategien stellen letztlich den verzweifelten Versuch dar, der Begegnung mit dem höheren Selbst auszuweichen. Diesen Versuch beschreibt der dänische Philosoph Søren Kierkegaard in seiner Darlegung »Die Krankheit zum Tode«:

> »Verzweiflung ist eine Krankheit im Geist, im Selbst, und kann so ein Dreifaches sein: verzweifelt nicht sich bewusst sein, ein Selbst zu haben; verzweifelt nicht man selbst sein wollen; verzweifelt man selbst sein wollen.«[289]

Als abschließende Überlegung lassen sich Kierkegaards »Verzweiflungen« auch auf meine Typologien übertragen:

»Verzweifelt nicht sich bewusst sein, ein Selbst zu haben« = der intellektuelle Künstler. Der intellektuelle, säkulare Mensch ist sich ja nicht (mehr) bewusst, dass er auch Geist ist. Er lebt voll aus dem Intellekt und Ego heraus und kann den Sinn seiner lebendigen Existenz nur durch ein »mehr davon« (Wissen, Geld, Macht oder Genuss) erfahren. Hauptaufgabe für diesen Typus wäre *Bewusstseinserweiterung.*

»Verzweifelt nicht man selbst sein wollen« = der Handwerker-Künstler. Der Handwerker-Künstler vermutet sehr wohl eine metaphysische Existenz, aber er akzeptiert das damit einhergehende Ausgeliefertsein nicht. Stattdessen versucht er, die Impulse des

Selbst (die ihm Angst machen) durch Kontrolle zu beherrschen. Hauptaufgabe für diesen Typus wäre *Hingabe*.

»*Verzweifelt man selbst sein wollen*« = der süchtige Künstler. Das Ego dieses Künstlers kämpft mit dem Selbst, wie es tatsächlich ist, und mit dem, wie er glaubt, wie es sein sollte. Anders gesagt scheitert der süchtige Künstler an seinem Selbstideal. Der süchtige Künstler erlebt seine Nähe zum Selbst als überwältigend oder inakzeptabel. Hauptaufgabe für diesen Typus wäre *Akzeptanz*.

Wie eingangs bereits geschrieben: Die Abwehrstrategien der drei »Künstlertypen« sind nicht spezifisch für Künstler, prinzipiell lassen sich diese Charakterisierungen auf jeden Menschen übertragen.

Kapitel V – Das Bekenntnis

Der Zauberlehrling

Mitte November 2022 hielt ich einen Vortrag auf dem von Gunnar Kaiser initiierten Seminar »Krise und Heilung« in Genf. In der Publikumsdiskussion nach meinem Referat ist mir erneut aufgefallen, dass einige Zuhörer mein Abschussresümee als zu desillusionierend wahrnehmen. Nach großer Zustimmung für meine Thesen will ein Teil des Auditoriums dennoch glauben, dass sich in dieser Gesellschaft in naher Zukunft und auf breiter politischer Basis alles zum Guten wendet.

Menschen, die meine Bücher lesen, leben in der Regel seit mehreren Jahren in einem Umfeld der Aufklärung, dies führt nicht selten zu einer Verkennung, wie es außerhalb dieser Enklave tatsächlich aussieht. In der gesellschaftlichen Repräsentanz stellen erwachsene Bürger die Minderheit, der Löwenanteil besteht aus verführten, ängstlichen Menschen. Diese Masse an indoktrinierten und entwurzelten Bürgern hat so gut wie keine Chance, das Angebot der transhumanistischen, technokratischen Agenda abzulehnen. Denn für verängstige Seelen ist Freiheit kein hohes Gut. Der Vorschlag, dass Polly das Fliegen aufgibt und brav in seinem Käfig bleibt, erscheint vielen Menschen fair – immerhin werden ihm dafür Sicherheit und ein Cracker versprochen.

Spreche ich hinter vorgehaltener Hand mit anderen Freidenkern und Philosophen, geben viele zu, dass der gesellschaftliche Freiheitskampf verloren scheint. Der Naturphilosoph und Universalgelehrte Jochen Kirchhoff spricht in einem seiner Videos offen aus, dass die weltliche Kräfteverteilung eindeutig zugunsten der Unfreiheit ausgehen muss – sofern hier nicht andere kosmische Kräfte regulierend eingreifen. Viele Aufklärer sind zurückhaltender als Kirchhoff, wenn es darum geht, diese wahrscheinliche Niederlage einzugestehen. Wenn ich in meinen Vorträgen in die konsternierten Gesichter von Eltern schaue, die nicht wahrhaben wollen, wohin sich die westliche Gesellschaft in den nächsten 30 Jahren entwickeln wird, verstehe ich den Reflex zur Leugnung voll und ganz. Dennoch stehen die Kräfteverhältnisse technokratische Agenda vs. freie Bürgerschaft vermutlich neun zu eins. Warum dann überhaupt noch Bücher wie dieses? Warum verschleißen sich Aufklärer wie Gunnar Kaiser bis zum persönlichen Untergang, um die gesellschaftliche Dampfwalze einer Technokratie aufzuhalten?

Schaut man genauer hin, wird klar, dass viele Freidenker ihre Prämissen geändert haben. Die Erfahrung mit Corona hat unmissverständlich gezeigt, dass man als intellektueller Aufklärer gegen das oligarchische Medienkartell nebst nachfolgender Massenbildung nahezu machtlos ist. Vielen scheint es inzwischen eher darum zu gehen, sich gemeinsam mit anderen Freidenkern Soziotope zu schaffen, in denen der Geist der Freiheit wachgehalten werden kann und innerhalb derer man auch in einer kranken Gesellschaft gesund bleibt. Diese Inseln der Freiheit dienen einerseits als Refugien und andererseits als Kristallisationspunkte für eine neue Ordnung, sofern die technokratische Gesellschaft an ihr Ende kommt – auch wenn dies womöglich noch Jahrzehnte dauern kann. Trotzdem sind alle in diesem Buch geschilderten Skills und »Drachenschwerter« nötiger denn je, um die kommende Zeit gesund zu überstehen.

Inzwischen gibt es eine Reihe hervorragender Philosophen und Denker, die den fatalen Selbstläufercharakter der neuen

Machtmaschine präzise beschrieben haben. Jochen Kirchhoff, Gunnar Kaiser, C. J. Hopkins und Paul Kingsnorth weisen darauf hin, dass hier der Zeitgeist selbst waltet. Gleich einem Golem, den der Mensch in seiner Dummheit und Hybris schuf, haben sich die neuen Erkenntnisse aus Bionik, Nanotechnik, Biotechnik, Gentechnik, Überwachungselektronik und KI zusammenschlossen und selbstständig gemacht. Ähnlich wie in Goethes Ballade *Der Zauberlehrling* schaut der Mensch auf die von ihm erschaffene »Maschine«, die inzwischen gänzlich ohne ihn auskommt und die immer neue Zugzwänge schafft, denen der Mensch nachkommen muss. Einen Ausknopf scheint es nicht zu geben. Eine neue Dimension künstlicher Intelligenz lernt inzwischen selbstständig, immer klüger zu werden. Diese KI labt sich an Billionen Terabytes des immer rasanter wachsenden Internets, verwaltet das Geldvermögen der Menschen, lernt, wie man das menschliche Genom hackt, versteht, wie man Nervenzellen mit Algorithmen verbindet, wie man schmerz- und empathielose Soldaten mit Muskelzellen von Tieren züchtet, wie man Roboter erschafft, die 50-mal schneller und unverwundbarer sind als Menschen, wie man vollkommen neue Waffen baut, die allein mit Tönen und Frequenzen alles Lebendige töten, und wie man im Zusammenspiel mit Gentherapeutika, 2-D-Nanomaterial auf Grafitbasis und 5G-Antennen Menschen auf Knopfruck hormonell fernsteuern kann. Noah Harari schildert in seinem Buch *Homo Deus* die begeisterten Erfahrungen der Journalistin Sally Adee, die an einer Scharfschützenausbildung teilnahm. Adee wurde beim Schießtraining mit einem »transkraniellen Helm« ausgestattet, der jegliche Selbstzweifel auf elektronischem Wege abschaltete:

> »Das Experiment veränderte Adees Leben. In den folgenden Tagen merkte sie, dass sie eine ›beinahe spirituelle Erfahrung‹ gemacht hatte. ›Es war zwar nicht so, dass ich mich klüger

gefühlt oder schneller gelernt hätte; was mir den Boden wirklich unter den Füßen wegzog, war das Erlebnis, dass zum ersten Mal in meinem Leben alles in meinem Kopf endlich die Klappe gehalten hatte ... Mein Gehirn ohne Selbstzweifel, das war eine Offenbarung. Da war plötzlich diese unglaubliche Stille in meinem Kopf ... Ich hoffe, Sie können es mir nachfühlen, wenn ich sage: In den Wochen nach meinem Erlebnis wollte ich eigentlich nur eines, nämlich wieder zurück und wieder diese Elektroden am Kopf spüren.‹«[290]

Es ist längst keine technische Utopie mehr, dass in naher Zukunft transhumanistisch »behandelte« Menschen so weit von ihrem höheren Selbst ferngehalten werden können, dass die den Menschen zur Individuation treibende Sinnfrage überhaupt nicht mehr gefühlt werden kann. Dieser neue Mensch wird darüber weder Schmerz noch Bedauern empfinden. Doch sofern das Ziel eines sich autark entwickelnden Universums in der Bewusstseinsentwicklung des Individuums liegt, fällt ein Planet unter transhumanistischer Agenda für diesen Zweck für Äonen Zeitalter aus. Dass der konsequente Ausbau der materialistischen, technikgläubigen Gesellschaft zu einer entseelten Menschheit führen muss, haben Philosophen und Freigeister bereits vor einhundert Jahren erkannt. Geradezu prophetisch äußert sich der Begründer der Anthroposophie, Rudolf Steiner:

»Man soll sich nur nichts vormachen. Man steht vor einer ganz bestimmten Bewegung. Wie damals auf jenem Konzil in Konstantinopel der Geist abgeschafft worden ist, das heißt wie man dogmatisch bestimmt hat: Der Mensch besteht nur aus Leib und Seele, von einem Geist zu sprechen ist ketzerisch – so wird man in einer anderen Form anstreben, die Seele abzuschaffen, das Seelenleben. Und die Zeit wird kommen, vielleicht gar nicht in so ferner Zukunft, wo sich auf solch einem Kongress wie dem, welcher 1912 stattgefunden hat, noch ganz anderes entwickeln wird, wo noch ganz andere Tendenzen auftreten werden, wo man sagen wird: Es ist schon krankhaft beim Menschen, wenn er überhaupt an Geist und Seele denkt. Gesund sind nur diejenigen Menschen, die überhaupt nur vom Leibe reden. – Man wird es als ein Krankheitssymptom ansehen, wenn der Mensch sich so entwickelt, dass er auf den Begriff kommen kann: Es gibt einen Geist oder eine Seele. – Das werden kranke Menschen sein. Und man wird finden – da können Sie ganz sicher sein – das entsprechende Arzneimittel, durch das man wirken wird. Damals schaffte man den Geist ab. Die Seele wird man abschaffen durch ein Arzneimittel. Man wird aus einer ›gesunden Anschauung‹ heraus einen Impfstoff finden, durch den der Organismus so bearbeitet wird in möglichst früher Jugend, möglichst gleich bei der Geburt, dass dieser menschliche Leib nicht zu dem Gedanken kommt: Es gibt eine Seele und einen Geist. – So scharf werden sich die beiden Weltanschauungsströmungen gegenübertreten. Die eine wird nachzudenken haben, wie Begriffe und Vorstellungen auszubilden sind, damit sie der realen Wirklichkeit, der Geist- und Seelenwirklichkeit gewachsen sind. Die andern, die Nachfolger der heutigen Materialisten, werden den Impfstoff suchen, der den Körper ›gesund‹ macht, das heißt so macht, dass dieser Körper durch seine Konstitution nicht mehr von solch albernen Dingen redet wie von Seele und Geist, sondern ›gesund‹ redet von den Kräften, die in Maschinen und Chemie leben, die im Weltennebel Planeten und Sonnen konstituieren. Das wird man durch körperliche Prozeduren herbeiführen. Den materialistischen Medizinern wird man es übergeben, die Seelen auszutreiben aus der Menschheit.«[291]

Der englische Autor Paul Kingsnorth hat drei lesenswerte Essays über die radikalen Gesellschaftsumbrüche im Zuge der Coronakrise geschrieben, für ihn sind die letzten zwei Jahre eine einzige Offenbarung. Für Kingsnorth zeigt sich nun endlich offen, worüber er seit Jahren schreibt und was er die »Machtübernahme der Maschine« nennt. Der Autor meint damit die allgegenwärtige Verschmelzung von Technik, künstlicher Intelligenz, Algorithmen, digitalem Netzwerk und Kontrolle, in dem der Mensch zunehmend Opfer seiner Hybris wird:

> »Corona hat sich als perfektes kontrolliertes Experiment für die Einführung der nächsten Stufe der Evolution der Maschine erwiesen. Dies ist das fehlende Teil des Puzzles, ohne das der Rest nicht entschlüsselt werden kann. Die Erzählung ergibt erst dann einen Sinn, wenn wir verstehen, dass sich eine neue, radikale Form des Tech-Autoritarismus vor unseren Augen entfaltet. Das ist weder zufällig noch vorübergehend. In der EU sind Smartphone-gestützte Impfpässe seit mindestens 2018 vorgesehen. Das gesamte Pandemie-Szenario wurde weniger als ein Jahr vor Ausbruch der Pandemie durchgespielt. Die Technologie war bereit, und die folgenden Schritte lange vorausgeplant. Alles, was nötig war, war ein auslösendes Ereignis. Wie ich in meinem letzten Aufsatz schrieb, wird die Zukunft in einer kollaborierenden Gesellschaft gleichermaßen von Zusammenbruch und hartem Durchgreifen bestimmt sein. So fängt es an. […] Wir sehen, die Maschine tut das, was sie immer tut; das, was ich in den letzten sechs Monaten verfolgt habe. Sie nutzt die Ereignisse aus, um ihre Vorherrschaft zu festigen. Sie kolonisiert unsere Gesellschaften, unsere Körper und unseren Verstand. Sie ersetzt die Natur durch Technologie und die Kultur durch Handel. Sie macht uns zu Teilen ihrer Betriebs-

> matrix, und sie benutzt unsere Angst, um ihren festeren Griff zu rechtfertigen. Wenn wir Angst haben, begrüßen wir Kontrolle, wir begrüßen Autoritarismus, wir begrüßen starke Führer, die uns retten, indem sie ›die Anderen‹ ausschließen. Wir geben bereitwillig unsere Freiheit für Sicherheit auf. Doch am Ende werden wir beides verloren haben. Die Angst nimmt uns an der Hand und führt uns zur nächsten Etappe einer langen Reise, die weg von der Erde und in die Künstlichkeit führt – weg von der menschlichen Freiheit in das digitale Netz.«[292]

Kingsnorths Perspektive ist deshalb so interessant und klug, weil sie wegführt vom zu schlichten Bild der diabolischen Macher hinter den Kulissen, den Klaus Schwabs und Bill Gates dieser Welt. Kingsnorths »Maschine« ist größer, denn es ist der Zeitgeist selbst, der hier waltet, wobei die Protagonisten rund um das WEF lediglich austauschbare Zauberlehrlinge einer unvermeidlichen Entwicklung sind. Trotzdem gilt es, Position zu beziehen. Transhumanisten und Materialisten ölen die Maschine. Menschen, denen das Leben heilig ist, legen ihr Steine in den Weg. Dass ich dennoch näher auf die zeitgenössischen Maschinisten wie Klaus Schwab, Bill Gates und Yuval Noah Harari eingegangen bin, liegt einfach daran, dass sich in ihren Statements so offen der Fahrplan für unsere nahe Zukunft offenbart. Der neue Plan für diese Welt ist nicht konspirativ, wie viele meinen. »Verschwörungstheoretiker« werden in diesem Sinne gar nicht gebraucht. Der Einstieg in eine neue globale Weltordnung, über die Umwege einer Pandemie- und Klima-Erzählung, ist weder Verschwörung noch Theorie – die dahinterliegende Agenda wird seitens des Weltwirtschaftsforums offen beworben:

> »Die von Klaus Schwab in seinen Büchern und somit öffentlich vorgestellten Ideen über die zu gestaltende Zukunft der

> Menschheit können sehr beunruhigend sein: Er ist ein klarer Befürworter des Transhumanismus und der Möglichkeit, das Genom künftiger junger Generationen zu verändern. Die Projekte des WEF, teilweise bereits implementiert, sehen vor, dass wir durch Smart-Identitätsnachweise, digitale Währungen (und vermutlich Abschaffung des Bargelds), CO_2-Fußabdruck-Apps, aber auch in den noch zu errichtenden Smart Cities überall getrackt werden können. Selbst vor Kindern wird nicht haltgemacht, denn diese sollen mittels implantierbarer Chips künftig besser ›auffindbar‹ sein. Kurz, es geht im Wesentlichen um Kontrolle – und zwar um die Kontrolle der Elite über das Volk. Bei all dem handelt es sich wohlgemerkt nicht um Verschwörungstheorien, sondern ganz konkret – was der Leser im Buch und anhand der Anmerkungen selbst nachprüfen kann – um eine plutokratische Übernahme nationaler Regierungen und internationaler Organisationen durch Infiltrierung mit dem Ziel, eine ›neue Weltordnung‹ zu errichten.«[293]

»Geheim« sind diese Pläne also mitnichten. Im Grunde ist es eher so: Die Menschen *wollen* nicht glauben, was ihnen die Herren der Maschine vortragen. Der Chefdirigent und Taktgeber der neuen Ordnung, Klaus Schwab, hat an vielen Stellen zugegeben, dass Corona »eine der am wenigsten tödlichen Pandemien ist, die die Welt in den letzten 2000 Jahren erlebt hat« und dass »die Folgen für die Gesundheit und Sterblichkeit gering sein werden«.[294] Dennoch wird Schwab nicht müde zu betonen, dass Corona der beste Einstieg zu einer transformierenden Agenda ist, in der nationale Parlamente ihre Macht an globale, privatfinanzierte Gremien abgeben müssen. Corona habe das »Fenster der Möglichkeiten« aufgestoßen, um endlich die *Vierte industrielle Revolution* umzusetzen. Aber gerade weil der Plan kein Geheimnis ist und außerdem so futuristisch daherkommt, gibt es seitens vieler Bürger den Reflex der Leugnung.

> »Es waren und sind immer dieselben Inhalte: eine Hymne auf die rettende Gnade des globalen Kapitalismus, verpackt in Klischees der sozialen Gerechtigkeit und aufstrebendem NGO-Sprachgebrauch. Vielfalt, Lebendigkeit, Gleichheit, Inklusivität, Armutsbekämpfung, Mutterschaft, Apfelkuchen: Seit sie in den späten 1990er-Jahren zum ersten Mal Opfer von Aktivistenmassen vor ihren Konferenzzentren wurden, haben die Kapitäne der schwarzen Schiffe des globalen Kapitalismus darauf geachtet, ihre Raubzüge als Wohltätigkeitsprojekte zu tarnen, angetrieben von einem Lennonschen Wunsch nach universeller Einheit.«[295]

Der megatechnische Pharao

In der christlichen Terminologie besteht der ewige Widersacher Gottes aus dem Archetyp des Erzengels Luzifer, dessen Hauptanliegen darin besteht, Menschen und Engeln zu erklären, dass es einen allmächtigen und allgütigen Gott nicht gibt. Im Urmythos will Satan den Menschen die Augen öffnen und ihnen zeigen, dass sie selbst Gott sein können.[296] Gott zu vergessen und den Menschen mithilfe der Technik an seine Stelle zu setzen, ist das große Versprechen der *Vierten industriellen Revolution*. Die leidige Auslieferung an einen insuffizienten Körper und die Angst vor dem Tod könne der Gottmensch selbst abstellen, verspricht die neue Religion. Sofern man nur tief genug in die menschliche DNA eingreife und nur konsequent genug die Algorithmen des Gehirns erforsche, um das Bewusstsein in ein technisches Äquivalent zu übertragen, gehörten Krankheit und Tod der Vergangenheit an. Mithilfe von Abstraktion, Reduktion und der Beschreibung mathematischer Formeln soll das Mysterium des Lebens entzaubert und beherrschbar werden. Jochen Kirchhoff betont den mit Händen zu greifenden Erlösungsgedanken, der die transhumanistische Idee dominiert. Nur so lässt sich auch die hohe emotionale Ladung verstehen, mit der Kritiker des neuen Glaubenssystems als »Ketzer« diffamiert werden. Wer heutzutage auf die reduktionistische Begrenztheit von Wissenschaft und Technik verweist, verrät den neuen Heilsweg.

Jochen Kirchhoff, der sich selbst als »Prediger in der Wüste« bezeichnet, erkennt in Paul Kingsnorths »Maschine« den »megatechnischen Pharao«, vor dem sich der zeitgenössische Mensch freiwillig in den Staub wirft. Kirchhoff ist meines Wissens der einzige Philosoph, der den dämonischen Charakter der *Vierten industriellen Revolution* offen anspricht:

> »Eine Welt ohne ein Innen, ohne Bewusstsein also, die nur das Außen als verbindlich erachtet und mehrheitlich von Wesen bewohnt wird, die ihr eigentliches Innensein im geistig-kosmischen Sinne vergessen oder verraten haben, ist nicht nur absurd und unmenschlich, sondern auch dämonisch. Wobei diese Dämonie fortlaufend kaschiert, ja geleugnet werden muss, weil sonst die ›Akzeptanz der Menge‹ nicht mehr gegeben ist. Ohne die fortdauernde Beschwörung des Heils, ja der Erlösung durch die technische Weltbemächtigung würde der Great Reset nicht greifen. Im Letzten geht es um eine Art lebensfeindlicher Erlösung, die als Weltrettung und Weltgesundung daherkommt. In dem Coronairrsinn wird dies geradezu holzschnittartig vorgeführt. Die Coronaregime bedienen sich solcher Weltrettungsfantasien, die durchgängig einen religiösen Touch haben, wenn sie nicht überhaupt zur Religion geworden sind, einer dogmatischen und totalitären überdies.

Das mit der Dämonie meine ich keineswegs nur intellektuell-metaphorisch, um gleich ein mögliches Missverständnis abzuräumen. Es gibt das Böse, wie auch immer wir es jetzt fassen wollen. Eine Diskussion über die ›Ontologie des Bösen‹ allerdings ist weitgehend müßig und führt nur in jene sattsam bekannte Form der ideologischen Auseinandersetzung, bei der nichts herauskommt.«[297]

Die Versprechen der neuen Priesterkaste münden zwangsläufig in eine Gesellschaft, die ihre Freiheiten und ihre Würde verlieren wird. Bei diesem Angriff auf die Freiheit und deren Abwehr herrscht weder Waffengleichheit, noch ist das Immunsystem der Gesellschaft stark genug, der Attacke zu widerstehen, denn: Nahezu alle die Freiheit schützenden Organe, freie Presse, (wirklich) freie Wissenschaft und freie Künste, sind längst der Massenhypnose zur »wissenschaftlichen Notwendigkeit« einer angeblichen »Gefahrenabwehr« verfallen. So gesehen hat die Gesellschaft ein »Akquiriertes Immun-Defizienz-Syndrom«, da die Abwehrorgane selbst vom Virus der Technikgläubigkeit infiziert wurden. »Wenn die Wissenschaft forscht und spricht, hat der Philosoph zu schweigen«, stellt Kirchhoff lapidar fest. Und er hat ja recht: Kaum ein Denker wagt heutzutage noch den offenen Widerspruch, denn »was hätte er schon ernsthaft zu sagen, solange er nicht selbst zum Rechenmeister wird, zum abstrakten Zauberlehrling?«.

Jochen Kirchhoff beschreibt den Kampf um die Freiheit dieses Planeten als kosmisches Drama, in dem sich wiederum der Monomythos abbildet:

»Was man überwiegend wahrnimmt, gleicht dem wüsten Land der Gralserzählung. Und da ist wenig Hoffnung. Und doch gibt es diese Spur. Davon bin ich überzeugt. Ich glaube nicht an die Vernichtung der Erde. Das Schöpferische wird siegen. […] Die Erde (›Gaia‹) als Teil der rundum lebendigen und bewusstseinserfüllten Galaxie – es gibt in ihr unzählige belebte und bewohnte Gestirne – wird, wie jeder Organismus, alles versuchen, ›sich zu erhalten‹, das eigene organische und seelisch-geistige Immunsystem aufzubieten, um die bedrohenden destruktiven Energien abzuwehren. Menschen, die sich ihrer innersten Natur als kosmisch-geistige Wesen wirklich bewusst werden, wirken daran mit. […] ›Gedanken sind wirksame Faktoren des Universums‹, sagt Novalis. Offenbar gibt es ein Geisterringen im Kosmos, einen Antagonismus von schöpferischen und destruktiven, regressiven Kräften. Etliche Mythen und Mythologeme sowie Neomythen in Büchern und Filmen künden davon, auch Philosophen wie Heraklit, Giordano Bruno, Jakob Böhme, Friedrich Wilhelm Joseph Schelling, Friedrich Nietzsche – mit Abstrichen –, Helmut Krause und Jochen Kirchhoff tun es auf ihre Weise. In dieses Geisterringen sind wir involviert, ob wir es wollen oder nicht. […] Was hier möglich ist, wird geschehen. Davon gehe ich aus. Und ganz sicher bedarf es dazu eines bestimmten Kairos, einer bestimmten höheren Konstellation, die sich im Vorhinein nicht abgreifen lässt. […] Und formelhaft würde ich sagen: Raus aus der Matrix der Vernichtung und Knebelung und wach werden! Vom ›kosmischen Idioten‹ zum ›kosmischen Anthropos‹. Vielleicht ist es angezeigt, von einer metaphysischen Revolution zu reden. Das schließt unzählige konkrete Entscheidungen und Schritte ein vonseiten der schöpferischen Geister. Alles wird davon abhängen, wer wir wirklich sind, wenn ›es darauf ankommt‹. Und damit ist nicht nur der angedeutete Kairos irgendwann in der näheren oder ferneren Zukunft gemeint, sondern das Hier und das Jetzt. Jetzt kommt es darauf an. Die Diener des megatechnischen

> Pharaos sind nicht müde, sondern voll erschreckender Munterkeit. Aber wir sollten den Gegner nicht überschätzen, natürlich auch nicht unterschätzen. Die Götzen sind schon ›angefressen‹, ihre Diener schlagen um sich, weil sie die Bedrohung spüren. Insofern ist diese jetzige Phase besonders gefährlich, aber gerade dadurch auch hoffnungsvoll.«[298]

Um das Erwachen der »schöpferischen Geister«, die Kirchhoff als Gegenkraft zu den destruktiven Kräften sieht, ging es in diesem Buch. Schöpferkraft und Selbsterkenntnis werden jenen zuteil, die das Abenteuer ihrer Heldenreise vom Ich zum Selbst gemeistert haben. Corona war der Lackmustest, an dem sich der Bewusstheitsgrad des Einzelnen ablesen ließ. Dass nicht jeder sofort diesen großen Charakter- und Intelligenztest bestanden hat, ist verständlich und verzeihlich. Wer aber bei jetzigem Erkenntnisstand den technokratischen Großangriff auf die Freiheit immer noch leugnet, wird fortan kaum zum Lager derer gehören, »auf die es ankommt«. Zukünftig wird man am Lebensstil eines jeden Zeitgenossen ablesen können, ob es sich um einen Diener der Maschine handelt oder um einen erwachten Bürger.

> »Die Fähigkeit, das Leben in die eigenen Hände zu nehmen, kann jedoch nur von einem selbst entdeckt, gewollt und erlernt werden. Nie war der Anreiz kleiner, genau dies zu tun. Und nie zuvor war es vermutlich wichtiger. De facto ist die Gesellschaft seit Jahren in einem komatösen Zustand, in dem sie kaum etwas fühlt, wenig will und noch weniger macht. Der moderne Mensch ist umschmeichelt, überheblich, verweichlicht und komfortsüchtig, während er sich für ausgesprochen smart und gebildet hält. Was auch immer um ihn herum passiert: Er glaubt den Durchblick zu haben. […] Der Weg zur Erkenntnis der Welt ist nicht selten durch das

eigene Ego versperrt, welches immer auf der richtigen Seite sein will, also oft fast blind der vom aktuellen Zeitgeist vorgegebenen Haltung folgt. [...] Wenn die Pandemiejahre irgendeinen positiven Sinn hatten, dann doch den: Der Schleier des Nichtwissens ist gefallen, die Spreu hat sich automatisch vom Weizen getrennt, jeder weiß jetzt, woran er ist und auf wen er sich verlassen kann und auf wen nicht. Dies ist ein unschätzbares Kapital, hat es doch die wahre Lebenswelt herauskristallisiert und uns gezeigt, was echt ist und was nicht. Wer verblichenen ›Freundschaften‹ hinterhertrauert, beweint eine Fata Morgana. In der Katastrophe nimmt die Klarheit zu.«[299]

Das Schöpferische

Wissenschaft und Technik sind nicht per se schlecht. Quantenmechanische Erkenntnisse ermöglichen den Bau der Atombombe oder einen Bewusstseinssprung der Menschheit, je nachdem, wie man damit umgeht. Diese enorme Verantwortung hat führende Physiker wiederholt zu einem Appell an die Menschheit veranlasst. Am 9. Juli 1955 veröffentlichten Bertrand Russell und Albert Einstein das »Russell-Einstein-Manifest«. In diesem Manifest ging es um die Ächtung von Kriegen als Mittel der Politik. Angesichts des damals gerade begonnenen atomaren Wettrüstens eine äußerst nachvollziehbare Forderung. Dass es trotz Nichtbeachtung des Manifests in den folgenden Jahrzehnten dennoch zu keiner Vernichtung der Menschheit kam, ist vermutlich jenen unsichtbaren Gegenkräften zu verdanken, die diesen Planeten und seine Bewohner schützen.

In der Tradition dieses Manifests verfasste 2005 Hans-Peter Dürr als zeitgenössischer Physiker das »Potsdamer Manifest«. 130 renommierte Wissenschaftler und Wissenschaftlerinnen sowie Persönlichkeiten aus aller Welt unterzeichneten es. Darin geht es nicht mehr allein um die Gefahren nuklearer Kriege, sondern um die globale Bedrohung durch technokratische Strukturen. Das Manifest ist ein Plädoyer für ein neues, ganzheitliches Denken, das die Probleme dieser Zeit lösen könnte. Der Untertitel des Manifests lautet: »*We have to learn to think in a new way.*«

Im Zentrum steht die aus der Quantenmechanik gewonnene Erkenntnis, dass das materialistisch-deterministische Weltbild schlichtweg falsch ist. Diese Erkenntnis ist die Grundvoraussetzung allen Wandels. Denn die Dominanz radikaler, oligarchischer Machtstrukturen ist eng mit dem mechanistisch-deterministischen Weltbild verbunden. Diese Weltsicht, die den Gesetzen des »fressen oder gefressen werden«, dem Ideal des »Homo oeconomicus« folgt, hat für einen Raubbau an Ressourcen gesorgt, der die Biosphäre an den Rand der Kompensationsmöglichkeiten gebracht hat. Doch die gute Nachricht lautet: Ganzheitliche Bewusstseinsentwicklung sowie die Kenntnis des tatsächlichen, nicht deterministischen Wissenschaftsstands, sind für eine starke Gegenkraft verantwortlich, die diese Entwicklung aufzuhalten vermag. Ein kurzer Auszug aus dem Potsdamer Manifest:

> »Diese vielfältigen Krisen, mit denen wir heute konfrontiert sind und die uns zu überfordern drohen, sind Ausdruck einer geistigen Krise im Verhältnis von uns Menschen zu unserer lebendigen Welt. Sie sind Symptome tiefer liegender Ursachen, die wir bisher versäumten zu hinterfragen und aufzudecken. [...] Das materialistisch-deterministische Weltbild der klassischen Physik wurde mit seinen starren Vorstellungen und reduktiven Denkweisen zur vorgeblich wissenschaftlich legitimierten Ideologie für große Bereiche des wissenschaftlichen und politisch-strategischen Denkens.«[300]

Das Manifest beschreibt schließlich die Konsequenzen, die sich aus quantenmechanischen Erkenntnissen ergeben, nämlich nicht Determinismus, sondern Allverbundenheit, Potenzialität, Synchronizität und vieles mehr. Die für dieses Buch vielleicht spannendsten Aussagen liegen jedoch in folgender Feststellung: Die Förderung von Kreativität und Individualität sind die maßgeblichen Schlüssel für die Ablösung des überholten Weltbilds:

> »Eine solch neue Sichtweise öffnet uns auch die Möglichkeit, Kreativität und die Gabe absichtsvollen und gemeinschaftsbezogenen Handelns für uns Menschen als genuin (nicht eingebildet) zu erkennen und daran auch zu glauben. Diese Sichtweise enthält die Basis für unser Streben nach Freiheit und Entfaltung von Individualität und erlaubt uns, anders sein zu können, ohne dabei die zugrunde liegende Allverbundenheit zu verlieren. […] Wir müssen verengte und mechanistische Strategiemuster, Reduktionen, Mittelwertsbildungen fallen lassen und sie ersetzen durch Beweglichkeit, Offenheit und Empathie, um neue offen gestaltbare Schöpfungs- und Handlungsräume zu ermöglichen.
> Das öffnet uns ein Füllhorn echt kreativer Lebendigkeit, integriert durch organismische Kooperation. Die prinzipiell genuine Kreativität in einer zeitlich wesentlich offenen Welt ist es, die hier die vermeintlich unlösbaren Fesseln sprengt und eine immense Vielzahl erfolgreicher Lebensstile eröffnet. […] Das schöpferisch-erfinderische Potenzial, das sich in der individuellen Besonderheit des eigenen Weges ausdrückt, erhöht den Ideen- und Entwicklungsreichtum für eine Vielzahl von Lebensstilen, für Neu- und Fortentwicklungen von Bestehendem und stellt so einen unersetzbaren Wert dar. So realisiert sich die hohe produktive Potenzialität menschlich-schöpferischen Handelns auch

> ökonomisch im Sinne eines alle bereichernden Plus-Summen-Spieles.«[301]

Letztere Aussage ist von Freidenkern wie Joseph Beuys, Jochen Kirchhoff, C. G. Jung, Viktor Frankl und vielen anderen formuliert worden, sie beschreibt die Vision der Beuys'schen »sozialen Plastik«. Kurz gesagt: Logotherapie, analytische Psychologie, Beuys' Kunstverständnis und Kirchhoffs »schöpferischer Mensch« gehen Hand in Hand und kommen alle zu demselben Schluss: Echte Kreativität hat Individuation zur Folge – und dies ist kein isolierter Prozess eines Einzelnen, sondern ein kollektiver Prozess, der diese Welt vor dem dunklen Zeitalter des Transhumanismus bewahren kann.

Die gute Nachricht lautet: Der transhumanistischen Technokratie wohnt ein paradoxer Mechanismus inne, dessen Selbstlimitierung bereits in der Coronakrise sichtbar wurde. Die totale Umsetzung »technischer Notwendigkeiten zum Schutz« kehrt sich ab einem gewissen Punkt um und wendet sich gegen das Leben selbst. Der Schatten und die Grausamkeit des Systems werden derart offensichtlich, dass der Irrweg offen zutage tritt. Kirchhoff drückt es so aus:

> »Wenn der technische Mensch als praktizierender Götzendiener die menschliche, die geistig-kosmische Substanz, die selbst ihm als Potenzial innewohnt, komplett ruiniert, zerstört das auch ihn selbst. Und das weiß oder ahnt er. Das ›Stahlskelett‹ der globalen Intellektualkultur ist tot und bleibt tot, und ohne das Absaugen und ständige Vernutzen dessen, was den Menschen in seiner eigentlichen Würde ausmacht, ist auch der Homo technicus am Ende. Er verdurstet in seiner abstrakten Wüste, weil er alle lebendigen Quellen zugeschüttet hat. Und das erkennt er wohl erst,

> wenn es zu spät ist. Der technische Imperialismus widerlegt sich selbst, wenn er umfassend siegt oder zu siegen vermeint. Er implodiert in sein eigenes Nichts hinein …«[302]

Das Schlusswort möchte ich dem englischen Autor Paul Kingsnorth überlassen, der trotz seiner schonungslosen Analyse der technokratischen Gesellschaft zu einem letztendlich versöhnlichen Resümee kommt:

> »Die Sache ist die: Aus irgendeinem Grund fühle ich trotz allem, was die Zukunft zu bringen scheint, und trotz der neuen teilweisen Abriegelung einen seltsamen Hoffnungsschimmer. Kontrollsysteme sind nie von Dauer. Die Welt liegt jenseits unseres Verständnisses und unserer Kontrolle, und das gilt letztlich auch für die Menschen. Wir verstehen uns selbst kaum. Vielleicht ist Klaus Schwabs Wunsch, ›die Welt zu verbessern‹, echt und spürbar, aber er wird sie dennoch nie fest genug in die Hand nehmen können, um sie seinem Willen zu unterwerfen. Wer kann das schon?
>
> Die Welt ist kein Mechanismus: Sie ist ein Mysterium, an dem wir täglich teilhaben. Wenn wir versuchen, sie umzugestalten wie ein globaler CEO oder sie zu erklären wie ein Essayist, werden wir scheitern: schwach oder glorreich, aber wir werden scheitern. Die Maschine, das Technium, das Metaversum: Wie auch immer wir unser Babel des 21. Jahrhunderts nennen, und wie überwältigend es uns im Moment auch erscheinen mag, es kann am Ende niemals siegen, denn es ist eine Manifestation des menschlichen Willens und nicht des Willens Gottes.
>
> Wenn Sie nicht an den Willen Gottes glauben, nennen Sie es stattdessen das Naturgesetz: So oder so, es spricht zu uns dasselbe. Es sagt, sanft oder bestimmt: Du bist nicht

verantwortlich. Ich kann nicht so tun, als würde ich das alles verstehen. Alles, was ich habe, sind meine Intuition und diese Worte. Aber ich denke, dass die Welt überraschender und lebendiger ist, als ich manchmal sehe oder sogar glauben will. Ich glaube, dass der Coronamoment einen uralten, andauernden Kampf zwischen dem Geist der Wildnis und dem Geist der Maschine verdeutlicht und dass dieser Kampf in uns allen jede Minute des Tages weitergeht. Manchmal müssen Schlachten geschlagen, Positionen bezogen und Grenzen gezogen werden. Dies ist einer dieser Momente. Wenn wir beginnen, alle Geschichten zu verstehen, die im Spiel sind, können wir erkennen, an welcher wir teilnehmen und welche Entscheidungen wir treffen müssen: wofür wir stehen und wofür nicht.

Hier im Norden ist Winter. Morgen ist die Sonnenwende. Im Westen Irlands ist es dunkel, feucht und kalt. Die Zeiten toben um uns herum, und es kann schwerfallen, einen klaren Kopf zu behalten. Aber hier werden nachts Kerzen in den Fenstern angezündet, denn es ist Advent, und ein unerwartetes Licht bricht durch den kürzesten aller Tage. Die Zeiten verlangen jetzt, dass wir uns an einige der alten Tugenden erinnern und sie pflegen. Wir könnten mit dem Mut beginnen: Mut und Geduld. Es mag Jahre, Jahrzehnte, Jahrhunderte dauern, aber die Maschine, die wir gebaut haben, um das Leben selbst zu steuern, um die Welt in unsere eigene kleine Form zu pressen – wird am Ende zusammenbrechen, und die summenden Drähte werden verstummen. In der Zwischenzeit ist es unsere Aufgabe, die Form der Tyrannei zu verstehen, damit wir ihr widerstehen können. Aber D. H. Lawrence wusste es, alle Propheten wussten es: Die Erde kann nicht zurückgesetzt werden. Nicht von uns, niemals.«[303]

Anmerkungen

Bibliografie Corona

Arvay, Clemens G.: Wir können es besser. Wie Umweltzerstörung die Corona-Pandemie auslöste und warum ökologische Medizin unsere Rettung ist. Quadriga 2020

Arvay, Clemens G.: Corona-Impfstoffe: Rettung oder Risiko? Wirkungsweisen, Schutz und Nebenwirkungen der Hoffnungsträger. Quadriga 2021

Bahner, Beate: Corona-Impfung. Was Ärzte und Patienten unbedingt wissen sollten. Rubikon 2021

Bhakdi, Sucharit: Corona Fehlalarm? Zahlen, Daten und Hintergründe. Zwischen Panikmache und Wissenschaft. Goldegg 2020

Bhakdi, Sucharit: Corona unmasked. Neue Daten, Zahlen, Hintergründe. Goldegg 2021

Böttcher, Sven: Wer, wenn nicht Bill? Anleitung für unser Endspiel um die Zukunft. Rubikon 2021

Christ, Alexander: Corona-Staat. Wo Recht zu Unrecht wird, wird Menschlichkeit zur Pflicht. Rubikon 2022

Fischer Rodrian, Jens: Die Armada der Irren. Künstlerischer Widerstand in pandemischer Zeit. Rubikon 2022

Frank, Gunter: Der Staatsvirus. Ein Arzt erklärt, wie die Vernunft im Lockdown starb. Achgut Edition 2021

Kaiser, Gunnar: Die Ethik des Impfens. Über die Wiedergewinnung der Mündigkeit, Europa Verlag 2022

Kaiser, Gunnar: Der Kult. Über die Viralität des Bösen. Rubikon 2022

Klöckner, Marcus, Wernicke, Jens: »Möge die gesamte Republik mit dem Finger auf sie zeigen.« Das Corona-Unrecht und seine Täter. Rubikon 2022

Lausen, Tom, van Rossum, Walter: Die Intensiv-Mafia. Von den Hirten der Pandemie und ihren Profiten. Rubikon 2022

Lütge, Christoph, Esfeld, Michael: Und die Freiheit? Wie die Corona-Politik und der Missbrauch der Wissenschaft unsere offene Gesellschaft bedrohen. riva 2021

Maaz, Hans-Joachim, Czycholl, Dietmar: Corona-Angst. Was mit unserer Psyche geschieht. Frank & Timme 2020
Meyen, Michael: Die Propaganda-Matrix. Der Kampf für freie Medien entscheidet über unsere Zukunft. Rubikon 2021
Muhm, Miryam: Die Wahrheit über Covid-19. Licht ins Dickicht der Halbwahrheiten und wie Sie sich vor dem Virus schützen. Europa Verlag 2020
Osrainik, Flo: Das Corona-Dossier. Unter falscher Flagge gegen Freiheit, Menschenrechte und Demokratie. Rubikon 2021
Pürner, Friedrich: Diagnose Pan(ik)demie. Das kranke Gesundheitssystem. Langen-Müller 2021
Schreyer, Paul: Chronik einer angekündigten Krise. Wie ein Virus die Welt verändern konnte. Westend 2020
Unger, Raymond: Das Impfbuch. Über Risiken und Nebenwirkungen einer COVID-19-Impfung. Scorpio Verlag 2021
Wodarg, Wolfgang: Falsche Pandemien. Argumente gegen die Herrschaft der Angst. Rubikon 2021
Van Rossum, Walter: Meine Pandemie mit Professor Drosten. Vom Tod der Aufklärung unter Laborbedingungen. Rubikon 2021

Bibliografie allgemein

Alexander, Eben: Blick in die Ewigkeit. Die faszinierende Nahtoderfahrung eines Neurochirurgen. Heyne Verlag 2016
Arendt, Hannah: Elemente und Ursprünge totaler Herrschaft. Piper Verlag 1991
Arvay, Clemens G.: Wir können es besser. Wie Umweltzerstörung die Corona-Pandemie auslöste und warum ökologische Medizin unsere Rettung ist. Quadriga 2020
Bly, Robert: Die kindliche Gesellschaft. Kindler 1997
Bly, Robert: Eisenhans. Ein Buch über Männer. Rowohlt 2005
Bode, Sabine: Die vergessene Generation. Die Kriegskinder brechen ihr Schweigen. Klett-Cotta 2015
Bradshaw, John: Das Kind in uns. Wie finde ich zu mir selbst. Droemer Knaur 2000
Bradshaw, John: Wenn Scham krank macht. Verstehen und überwinden von Schamgefühlen. Knaur MensSana 2006
Cameron, Julia: Der Weg des Künstlers. Ein spiritueller Pfad zur Aktivierung unserer Kreativität. Knaur MensSana 2009
Cameron, Julia: Der Weg zum kreativen Selbst. Sieben Pfade zur Entdeckung des inneren Künstlers. Droemer Knaur 2001
Cameron, Julia: Inspirationen für ein schöpferisches Leben. Spirituelle Wege zu mehr Kreativität. Knaur 2005

Campbell, Joseph: Der Heros in tausend Gestalten. Insel Taschenbuch 1999
Campbell, Joseph: Die Kraft der Mythen. Artemis & Winkler 1994
Chesterton, Gilbert Keith: Orthodoxie. Eine Handreichung für die Ungläubigen. Eichborn 2001
Dahlke, Ruediger: Mind Food. Wie wir unsere mentale Gesundheit gegen Manipulation und Brainwash des Systems stärken. Scorpio Verlag 2022
Desmet, Mattias: Die Psychologie des Totalitarismus. Europa Verlag 2023
von Dohnanyi, Klaus: Nationale Interessen. Orientierung für deutsche und europäische Politik in Zeiten globaler Umbrüche. Siedler Verlag 2022
Drewermann, Eugen: Wozu Religion? Sinnfindung in Zeiten der Gier nach Macht und Geld. Herder 2003
Dürr, Hans-Peter: Potsdamer Manifest 2005. We have to learn to think in a new way. Potsdamer Denkschrift. Oekom Verlag 2006
Engels, David: Auf dem Weg ins Imperium. Die Krise der Europäischen Union und der Untergang der römischen Republik. Europa Verlag 2014
Esders, Michael: Sprachregime. Die Macht der politischen Wahrheitssysteme, Manuscriptum 2020
Ferenczi, Sándor: Schriften zur Psychoanalyse. Band I. Fischer 2015
Ferguson, Marilyn: Die sanfte Verschwörung. Knaur Verlag 1982
Frankl, Viktor E.: …trotzdem ja zum Leben sagen. Ein Psychologe erlebt das Konzentrationslager. Penguin Verlag 2018
Frankl, Viktor E.: Wer ein Warum zu leben hat. Lebenssinn und Resilienz. Beltz Verlag 2017
Ganser, Daniele: Illegale Kriege. Wie die NATO-Länder die UNO sabotieren. Eine Chronik von Kuba bis Syrien. Orell Füssli 2016
Gates, Bill: Wie wir die nächste Pandemie verhindern. Piper 2022
Gates, Bill: Wie wir die Klimakatastrophe verhindern. Piper 2021
Gracia, Giuseppe: Die Utopia-Methode. Der neue Kulturkampf gegen Freiheit und Christentum. Frontis Verlag 2022
Guérot, Ulrike: Wer schweigt, stimmt zu. Über den Zustand unserer Zeit. Und darüber, wie wir leben wollen. Westend Verlag 2022
Harari, Yuval Noah: Homo Deus. Eine Geschichte von Morgen. C. H. Beck Verlag 2020
Harari, Yuval Noah: Eine kurze Geschichte der Menschheit. Pantheon Verlag 2015
Häring, Norbert: Schönes neues Geld. PayPal, WeChat, Amazon Go – Uns droht eine totalitäre Weltwährung. Campus 2018
Huxley, Aldous: Schöne neue Welt. Ein Roman der Zukunft. Fischer Klassik 2014
Jeanmaire, Alexander: Der kreative Funke. Handbuch für Kreativität und Lebenskunst. ars momentum 2009

Jung, Carl Gustav: Von Religion und Christentum. Einsichten und Weisheiten, ausgewählt von Franz Alt. Walter Verlag 1986
Jung, Carl Gustav: Von Mensch und Gott. Ein Lesebuch, ausgewählt von Franz Alt. Walter Verlag 1989
Jung, Carl Gustav: Über Grundlagen der Analytischen Psychologie. Die Tavistock Lectures 1935. Fischer Verlag 1975
Jung, Carl Gustav: Archetypen. Urbilder und Wirkkräfte des Kollektiven Unbewussten. Patmos Verlag 2022
Jung, Carl Gustav: Bewusstes und Unbewusstes. Beiträge zur Psychologie. Fischer Verlag 1990
Kierkegaard, Søren: Die Krankheit zum Tode. Reclam Verlag 1997
Kirchhoff, Jochen: Kosmos. OVALmedia 2022
Kraus, Josef: Der deutsche Untertan. Vom Verlust des eigenen Denkens. Langen-Müller 2021
Koestler, Arthur: Die Armut der Psychologie. Zwischen Couch und Skinner-Box und andere Schriften. Fischer 1989
Koestler, Arthur: Die Wurzeln des Zufalls. Suhrkamp 1974
Kohl, Walther: Leben oder gelebt werden. Schritte auf dem Weg zur Versöhnung. Integral 2011
Lazar, Oliver: Jenseits von Materie. Bewegende Erfahrungen eines Wissenschaftlers mit der geistigen Welt und seine Jenseitsforschung. Giger Verlag 2021
Le Bon, Gustave: Psychologie der Massen. Nikol 2009
Maaz, Hans-Joachim: Das falsche Leben. Ursachen und Folgen unserer normopathischen Gesellschaft. C. H. Beck 2019
Maaz, Hans-Joachim: Das gespaltene Land. Ein Psychogramm. C. H. Beck 2020
Matuschek, Milosz: Wenn's keiner sagt, sag ich's. Verengte Räume – Absurde Zeiten. Fifty-Fifty 2022
Mazzucato, Mariana: Mission. Auf dem Weg zu einer neuen Wirtschaft. Campus 2021
Mohr, Reinhard: Deutschland zwischen Größenwahn und Selbstverleugnung. Warum es keine Mitte mehr gibt. Europa Verlag 2021
Monbourquette, Jean: Umarme deinen Schatten. Negative Energien in positive verwandeln. Herder 1997
Muhm, Miryam: Die hypnotisierte Gesellschaft. Wie unser Denken von Politik, Medien und Werbung gelenkt wird. Europa Verlag 2021
Muhm, Miryam: Die Krake von Davos. Angriff des WEF auf die Demokratie. Europa Verlag 2023
Murray, Douglas: Wahnsinn der Massen. Wie Meinungsmache und Hysterie unsere Gesellschaft vergiften. FinanzBuch Verlag 2022
Murray, Douglas: Der Selbstmord Europas. Immigration, Identität, Islam. FinanzBuch Verlag 2018

Orwell, George: 1984. Ullstein Buch 1981
Peck, Morgan Scott: Der wunderbare Weg. Eine neue spirituelle Psychologie. Goldmann Verlag 2004
Peterson, Jordan B.: 12 Rules For Life. Ordnung und Struktur in einer chaotischen Welt. Goldmann Verlag 2019
Peterson, Jordan B.: Beyond Order – Jenseits der Ordnung. 12 weitere Regeln für das Leben. FinanzBuch Verlag 2021
Rauterberg, Hanno: Und das ist Kunst?! Eine Qualitätsprüfung. Fischer Taschenbuch 2008
Rupps, Martin: Wir Babyboomer. Herder Verlag 2008
Saehrendt, Christian: Das kann ich auch! Gebrauchsanweisung für moderne Kunst. DuMont Buchverlag 2007
Saehrendt, Christian, Kittl, Steen T.: Das sagt mir was. Sprachführer Deutsch – Kunst/Kunst – Deutsch. DuMont Buchverlag 2008
Schleske, Martin: Herztöne – Lauschen auf den Klang des Lebens. adeo Verlag 2016
Schwab, Klaus: COVID-19. Der große Umbruch. Forum Publishing 2020
Schwab, Klaus: Die Vierte Industrielle Revolution. Pantheon Verlag 2016
Sheldrake, Rupert: Sieben Experimente, die die Welt verändern könnten. Goldmann 1997
Sheldrake, Rupert: Das schöpferische Universum. Die Theorie des morphogenetischen Feldes. Ullstein 2009
Strasser, Christian: Das erwachende Bewusstsein. Aufbruch in die neue Zeit. Scorpio Verlag 2010
Sünner, Rüdiger: Zeige deine Wunde. Kunst und Spiritualität bei Joseph Beuys. Europa Verlag 2015
Tolle, Eckhart: Jetzt! Die Kraft der Gegenwart. Kamphausen 2010
Trobe, Thomas: Liebeskummer lohnt sich doch: Co-Abhängigkeit in Beziehungen und die Ängste des Inneren Kindes. Schrodt Verlag 2000
Unger, Raymond: Die Heimat der Wölfe. Ein Kriegsenkel auf den Spuren seiner Familie. Eine Familienchronik. Europa Verlag 2016
Unger, Raymond: Die Heldenreise des Künstlers. Kunst als Abenteuer der Selbstbegegnung. CreateSpace Publishing 2013
Unger, Raymond: Die Wiedergutmacher. Das Nachkriegstrauma und die Flüchtlingsdebatte. Europa Verlag 2018
Unger, Raymond: Vom Verlust der Freiheit. Klimakrise, Migrationskrise, Coronakrise. Europa Verlag 2021
Unzicker, Alexander: Auf dem Holzweg durchs Universum. Warum sich die Physik verlaufen hat. Hanser Verlag 2012
Ustorf, Anne-Ev: Wir Kinder der Kriegskinder. Die Generation im Schatten des Zweiten Weltkriegs. Herder Verlag 2016

Vogler, Christopher: Die Odyssee der Drehbuchschreiber, Romanautoren und Dramatiker. Mythologische Grundmuster für Schriftsteller. Autorenhaus Verlag 2018

Weber, Andreas: Alles fühlt. Mensch, Natur und die Revolution der Lebenswissenschaften. thinkOya 2014

Wilber, Ken: Wege zum Selbst. Östliche und westliche Ansätze zu persönlichem Wachstum. Goldmann Verlag 2008

Wilber, Ken: Vom Tier zu den Göttern. Die große Kette des Seins. Herder Verlag 2001

Wilber, Ken: Halbzeit der Evolution. Der Mensch auf dem Weg vom animalischen zum kosmischen Bewusstsein. Fischer Verlag 2009

Wiesenthal, Simon: Die Sonnenblume. Über die Möglichkeiten und Grenzen von Vergebung. Europa Verlag 2015

Wolff, Ernst: Wolff of Wall Street. Ernst Wolff erklärt das globale Finanzsystem. Promedia 2020

Zukav, Gray: Die tanzenden Wu Li Meister. Der östliche Pfad zum Verständnis der modernen Physik. Vom Quantensprung zum schwarzen Loch. Rowohlt 2012

Endnoten

1 Raymond Unger, Das Impfbuch, Scorpio Verlag 2021
2 Vorwort von Raymond Unger in: Das Einsamkeits-Buch – Wie Gesundheitsberufe einsame Menschen verstehen, unterstützen und integrieren können, Hogrefe 2018
3 Christopher Vogler, Die Odyssee der Drehbuchschreiber, Romanautoren und Dramatiker: Mythologische Grundmuster für Schriftsteller, Autorenhaus-Verlag 2018
4 Christopher Vogler, Die Odyssee der Drehbuchschreiber, Romanautoren und Dramatiker: Mythologische Grundmuster für Schriftsteller, Autorenhaus-Verlag 2018
5 Die deutsche Hysterie, István Bibó, Insel 1991, zitiert nach Alexander Meschnig, Achgut.com, »Die deutsche Hysterie«, 03.03.2019
6 Robert Habeck, Patriotismus – Ein linkes Plädoyer, Gütersloher Verlagshaus 2010
7 Raymond Unger, Vom Verlust der Freiheit, Europa Verlag 2021
8 Cicero, »Sehenden Auges in den Absturz«, Jan Schoenmakers, 04.07.2022
9 Spiegel, »Solche Bürger sind nicht besorgt, sondern bescheuert«, Nikolaus Blome, 22.08.2022
10 Tagesthemen, Detlef Flintz, 12.10.2021
11 YouTube, Kanal »Funk«, »Robert Habeck (Die Grünen) im Kreuzverhör 2022«, 15.09.2022
12 Raymond Unger, Die Wiedergutmacher – Das Nachkriegstrauma und die Flüchtlingsdebatte, Europa Verlag 2018
13 Welt, »Habecks größter Fehler? Er hat auf die falschen Leute gehört«, 29.08.2022
14 Cicero, »Was, wenn das alles genau so gewollt ist?«, Jens Peter Paul, 28.08.2022
15 www.publicomag.com, »Den Wohlstand spielerisch in die Tonne treten«, Alexander Wendt, 06.09.2022
16 Bild, »Vom Industrieland zum Industriemuseum!«, 05.10.2022
17 tichyseinblick.de, »Bei Maischberger rät Habeck Unternehmen: Vor Insolvenz einfach aufhören zu arbeiten«, 07.09.2022

18 Der Postillion, »Ihre Oma ist nicht tot, sie hat nur einfach erst mal aufgehört zu atmen«, 07.09.2022
19 Der Standard, »Wie der Strompreis entsteht – und was sich am Merit-Order-Prinzip ändern könnte«, 21.08.2022
20 Tagesschau.de, »Gaspreis springt auf über 300 Euro«, 25.08.2022
21 Focus, »Strompreis-Irrsinn: Habeck sieht zu, wie Windbranche Milliarden-Gewinne einheimst«, 23.02.2022
22 Bild, »Schweden-Grüner geht auf Habeck los«, 09.09.2022
23 letztegeneration.de, »Verlesung offener Brief – letzte Generation stellt Ultimatum«, 16.02.2022
24 Facebook, Post Knut Löschke, 28.09.2021
25 YouTube, »Übersterblichkeit steigt massiv an – was ist der Grund?«, Marc Friedrich, 20.11.2022
26 Netzfund
27 Spiegel, »Impfpflicht! Was denn sonst?«, Nikolaus Blome, 07.12.2020
28 WDR, »Kölner Treff«, Heidelinde Weis, 14.10.2022
29 Zeit-Online, »Eine Diskriminierung von Ungeimpften ist ethisch gerechtfertigt«, 23.07.2021
30 ZDF, Kolumnistin Sarah Bosetti, 03.12.2021
31 MDR, »Corona-Impfung – Ungeimpfte zu Unrecht beschuldigt?« Christiane Cichy, 30.11.2022
32 Vorwort von Ulrike Guérot in: Möge die gesamte Republik mit dem Finger auf sie zeigen – Das Corona-Unrecht und seine Täter, Marcus Klöckner, Jens Wernicke, Rubikon 2022
33 MDR Aktuell, »Bürgerdialog in Zwickau«, 24.11.2022 (inzwischen aus der ARD-Mediathek gelöscht)
34 Dutzendfach dokumentiert in den freien Medien
35 Deutsche Welle, »Steinmeier: ›Lage in China erfüllt mich mit tiefer Sorge‹«, 28.11.2022
36 ZDF, »Berlin direkt«, 22.05.2022
37 Spiegel, »Dieses Virus zeigt sich von seiner zähen Seite«, 30.05.2022
38 Gunnar Kaiser, Der Kult, Rubikon 2022
39 Gunnar Kaiser, Die Ethik des Impfens, S.13ff. Europa Verlag 2022
40 Finanznachrichten.de, »BioNTech: Ist die Party vorbei?«, Dennis Austinat, 20.04.2022
41 Deutscher Bundestag, Drucksache 20/899, 03.03.2022
42 Zeit-Online, »Faktencheck: Zweifelt BioNTech am eigenen Impfstoff?«, 09.05.2022
43 Welt, »Völliger Mangel an Transparenz und Verantwortlichkeit«, 22.10.2022
44 multimedia.europarl.europa.eu/de/video/ep-special-committee-on-the-covid-19-pandemic-lessons-learned-and-recommendations-for-the-future-extracts-from-the-exchange-of-views_I231213

45 Berliner Zeitung, »Oskar Lafontaine: Kimmich hat recht«, 26.10.2021
46 MDR, MDR-Podcast, Prof. Kekulé, 15.11.2022
47 Das Impfbuch, Raymond Unger, Scorpio Verlag 2021
48 mdr.de, »Charité-Arzt fordert Ambulanzen für Impfgeschädigte«, Matthias Toying und Jana Olsen, 03.05.2022
49 mdr.de, »Charité-Forscher fordert Ambulanzen für Impfgeschädigte«, Matthias Toying, 23.05.2022
50 archive.org/web/
51 mdr.de, »Charité-Arzt fordert Ambulanzen für Impfgeschädigte«, Matthias Toying und Jana Olsen, 03.05.2022
52 Die Weltwoche, »Covid aus der Spritze«, 26.11.2022
53 mdr.de, Anmerkungen der Redaktion zum Artikel: »Charité-Forscher fordert Ambulanzen für Impfgeschädigte«, 23.05.2022
54 www.charite.de/service/klinische_studien_detail/item/studien_detail/impfsurv/
55 MDR-Fernsehen, Umschau, »Hirnschädigung nach Impfung – Wie Hinterbliebene um Aufklärung kämpfen«, Ana Plasencia, 29.11.2022
56 ZDF-heute, »Long-Covid-Symptome nach Impfung – Impfgeschädigte fühlen sich im Stich gelassen«, Susana Santina, 04.12.2022
57 KBV, »Impfstoffe gegen COVID-19 – Vergleich Anzahl der Impfungen mit der Anzahl der codierten Impfnebenwirkungen 2016–2021«, 16.06.2022
58 Wochenblick, »Französischer Experte warnt eindringlich vor Corona-Impfung von Pfizer!«, 19.12.2020
59 Stand Sommer 2022
60 FAZ, »Wie Ulrike Guérot die Wirklichkeit verdreht«, 03.06.2022
61 Spiegel, »Was 100.000 Tote zusätzlich mit dem Klimawandel zu tun haben«, 13.10.2022
62 Statistisches Bundesamt, Pressemitteilung Nr. 480, 15.11.2022
63 Welt, »Rätselhafte Todesfälle in Europa«, 07.09.2022
64 BR24, »Übersterblichkeit: Das sagen Experten zur hohen Sterberate«, 21.11.2022
65 Welt, »Rätselhafte Todesfälle in Europa«, 07.09.2022
66 Tagesschau, »Statistik mit fragwürdigen Methoden«, 25.11.2021
67 Welt, »Die falschen Horrorzahlen der AfD«, 15.12.2022
68 pubmed.ncbi.nlm.nih.gov, »Covid 19 vaccines and the misinterpretation of perceived side effects clarity on the safety of vaccines«, Raymond D Palmer, 01.09.2022
69 tkp.at, »US-Studie: Ungeimpfte für Impfschäden verantwortlich«, Thomas Oysmüller, 29.11.2022
70 Tagesschau, »Rentenversicherung macht dickes Plus«, 28.12.2022
71 Welt, »Demokratische Institutionen kommen in Bill Gates' Masterplan nicht vor«, 02.05.2022

72 Cicero, »Auf dem Weg zur Weltnotstandspolitik«, 22.05.2022
73 Welt, »US-Gesundheitsbehörde ließ sich von acht Labormäusen überzeugen«, 14.09.2022
74 FAZ, »Die Zahl der ankommenden Flüchtlinge steigt rasant. Bayern und Sachsen fürchten eine Lage wie 2016. Es sei nur eine Frage der Zeit, bis man wieder Zeltstädte errichten müsse.« 16.09.2022
75 ZDF, Markus Lanz im Gespräch mit Richard David Precht, 12.07.2022
76 Erfindung der amerikanischen PR-Agentur Hill & Knowlton, bezahlt von der kuwaitischen Exilregierung
77 Falschbehauptung von Colin Powell vor der UN, die er später als Schandfleck seiner Karriere bezeichnete
78 Koalitionsausschuss, »Deutschland steht zusammen. Maßnahmenpaket des Bundes zur Sicherung einer bezahlbaren Energieversorgung und zur Stärkung der Einkommen«, 03.09.2022
79 Zitat, zugeschrieben Julian Assange, diverse Facebook-Posts
80 Welt, »Wenn die Ukraine endet, endet auch Europa«, Sascha Lehnartz, 24.09.2022
81 ZDF, Markus Lanz im Gespräch mit Richard David Precht, 12.07.2022
82 Spiegel, »Die Kanzler-Flüsterer«, Martin Rupps, 09.12.2008
83 Focus, »Ukraine leitet russisches Gas nach Westen und erhält dafür Milliarden von Putin«, 07.04.2022
84 Youtube.com, »26th Forum 2000 Conference | Day 1«, 31.08.2022
85 Twitter, Gerhard Papke, 01.09.2022
86 NZZ, Tagesbriefing, »Debatte um Annalena Baerbocks Äußerungen zur Unterstützung der Ukraine«, 02.09.2022
87 »Wir führen einen Krieg gegen Russland und nicht gegeneinander«, Außenministerin Annalena Baerbock, Europarat, Straßburg, 24.01.2023
88 NZZ, »Putin zieht eine Parallele zwischen Stalingrad und dem Krieg in der Ukraine – und erinnert an Russlands atomare Schlagkraft«, 02.02.2023
89 Berliner Zeitung, »US-Medien geben Sahra Wagenknecht recht: Putin kassiert mehr als vor dem Krieg«, 03.06.2022
90 Spiegel, »Gazprom verkündet Rekordergebnis und stoppt Lieferung über Nord Stream 1«, 31.08.2022
91 Berliner Zeitung, »Mega-Deals: Indien kauft russisches Öl und verkauft es teuer nach Europa«, 13.06.2022
92 Facebook, Matthias Matussek, 05.09.2022
93 Tagesschau, »Keine gemeinsamen Ermittlungen«, 14.10.2022
94 Markus Langemann, »Von Buback lernen«, 22.10.2022
95 Focus, »Russland hat Sprengstoff schon beim Bau der Pipelines angebracht«, 03.10.2022

96 Berliner Zeitung, »Seymour Hersh im Interview: Joe Biden sprengte Nord Stream, weil er Deutschland nicht traute«, 14.02.2023
97 Cicero, »Und wenn es doch die USA waren?«, Ralf Hanselle, 09.02.2023
98 seymourhersh.substack.com, »How America Took Out The Nord Stream Pipeline«, 08.02.2023, deutsche Übersetzung: clubderklaren-worte.de, »Wie Amerika die Nord Stream-Pipeline ausschaltete«, 09.02.2023
99 Die Weltwoche, »Gut und Böse«, 14.07.2022
100 Der Tagesspiegel, »Wie ist das nun mit Baerbocks ›wertegeleiteter Außenpolitik‹?«, 17.12.2021
101 Die Presse, »Wie Katar den Krieg im Jemen anheizt«, 03.09.2020
102 Wladimir Putin, Rede in der Duma, 07.07.2022
103 Welt, »Jede Situation, in der die russische Armee verliert, würde in die Katastrophe führen«, 04.05.2022
104 Welt, »Es gibt nur einen einzigen Weg raus aus diesem Krieg«, 08.06.2022
105 PAZ, »Das Risiko, dass der Krieg auf Deutschland übergreift, ist sehr real«, 05.10.2022
106 ZDF, Markus Lanz, 02.06.2022
107 Raymond Unger, Vom Verlust der Freiheit, Europa Verlag 2021
108 konfliktmag.de, »Der ukrainisch-russische Krieg«, Interview mit David Engels, 24.03.2022
109 Welt, »Ich könnte mir vorstellen, dass eine Atomwaffe über der Ostsee abgeworfen wird«, 07.05.2022
110 Bayerischer Rundfunk, »Moskauer Philosoph rechnet ab: ›Russen sind unfähig zu Mitleid‹«, 11.05.2022
111 Der Tagesspiegel, »Hungern, leiden, fliehen: Putins Armee ist eine Sklavenschule«, 30.03.2022
112 Tagesschau.de, »Putin will eine Ukraine ohne Bevölkerung«, 10.10.2022
113 Heise.de, »US-Abgeordnete fordern die Einstufung des Asow-Regiments als Terrororganisation«, 02.11.2019
114 Wikipedia, »14. Waffen-Grenadier-Division der SS«
115 Frankfurter Rundschau, »Ukrainischer Botschafter Andrij Melnyk unterstützt ultrarechtes Asow-Regiment«, 10.05.2022
116 Wissenschaftlicher Dienst des Bundestags, Aktenzeichen WD2-3000-025/22
117 Frankfurter Rundschau, »Ukrainischer Botschafter Andrij Melnyk unterstützt ultrarechtes Asow-Regiment«, 10.05.2022
118 Berliner Zeitung, »›Black Rifles Matter‹: Scharfe Kritik an Nancy Faeser«, 27.7.2022
119 »Rise Above Movement«, White supremacy extremist group, headquartered in Southern California

120 courthousenews.com, »United States of America vs. Robert Rundo, Robert Boman, Tyler Laube and Aaron Eason«
121 Welt, »Das heutige Asow-Regiment hat nichts mehr mit dem ›neonazistischen‹ Bataillon zu tun«, Anton Shekhovtsov, 22.04.2022
122 Süddeutsche Zeitung, »Selenskyjs Sieg ist Ausdruck eines kranken politischen Systems«, 22.04.2019
123 Der Freitag, »Geschichtsstunde mit Putin«, Ausgabe 30/2021
124 FAZ, »Das Russische abwürgen«, 18.01.2022
125 Berliner Zeitung, »›Entrussifizierung‹: Kritik an Verbot russischer Bücher in Ukraine wird lauter«, 29.06.2022
126 Wikipedia, »Iwan Alexandrowitsch Iljin«
127 Jährliches Treffen von Journalisten, Politikern, Wissenschaftlern und Personen des öffentlichen Lebens aus Russland und anderen Ländern
128 Wikipedia, »Rede Wladimir Putins auf der Waldai-Konferenz in Sotschi 2014«
129 Nationalistischer Politiker, Politologe und politischer Philosoph
130 Berliner Zeitung, »Nato und Ukraine: ›Wir bleiben wachsam‹«, 06.04.2022
131 Weltwoche, »Geostratege Mearsheimer: Der Westen trägt eine Hauptverantwortung für das Ukraine-Desaster«, 14.05.2022
132 Berliner Zeitung, »Die Ukraine ist die neueste Katastrophe amerikanischer Neocons«, 30.06.2022
133 rand.org, »Overextending and Unbalancing Russia«, Document Number RB-10014-A, 2019
134 Wikipedia, »Neokonservatismus«
135 Berliner Zeitung, »Die Ukraine ist die neueste Katastrophe amerikanischer Neocons«, 30.06.2022
136 konfliktmag.de, »Der ukrainisch-russische Krieg«, Interview mit David Engels, 24.03.2022
137 konfliktmag.de, »Der ukrainisch-russische Krieg«, Interview mit David Engels, 24.03.2022
138 George Friedman, Rede vor dem Chicago Council on Global Affairs, diverse YouTube-Beiträge
139 China Daily, »EU loses most from US-instigated conflict: China Daily editorial«, chinadaily.com.cn, 20.09.2022
140 Spiegel, »Der Iwan kommt – und feste druff – Wie die Amerikaner den großen Atomschlag in Europa übten«, 30.04.1989
141 Welt, »Selenskyj irritiert mit Forderung nach ›Präventivschlag‹ der Nato«, 07.10.2022
142 Spiegel, »Ukrainische Armee bekommt offenbar Unterstützung von US-Söldnern«, 11.05.2014
143 Welt, »›Wir wurden praktisch hingerichtet‹ – Das Massensterben der russischen Soldaten«, 23.11.2022

144 NZZ, »Inkompetent und verantwortungslos: Der verheerende Angriff auf Soldaten zeigt, wie wenig Russlands Armee aus Fehlern lernt«, 03.01.2023
145 Pro7, »Putin will den Krieg unterbrechen: 100.000 tote russische Soldaten erwartet«, 30.11.2022
146 Raymond Unger, Die Wiedergutmacher – Das Nachkriegstrauma und die Flüchtlingsdebatte, Europa Verlag 2018
147 Tagesspiegel, »›Absolut unerwartet‹: Putin zeigt sich enttäuscht von Merkel wegen Äußerungen zur Ukraine«, 09.12.2022
148 NZZ, »Putin zieht eine Parallele zwischen Stalingrad und dem Krieg in der Ukraine – und erinnert an Russlands atomare Schlagkraft«, 02.02.2023
149 YouTube, Rede Viktor Frankl, Rathausplatz Wien 1988, Gedenkjahr zum »Anschluss« Österreichs an Nazideutschland, diverse Aufzeichnungen
150 freischwebende-intelligenz.org, »Kakistokratie: Warum haben die Unfähigsten noch das Sagen?«, Milosz Matuschek, April 2021
151 Raymond Unger, Die Wiedergutmacher, Europa Verlag 2018
152 Joseph Campbell, Der Heros in tausend Gestalten, Insel 1999 (Liste zitiert aus Wikipedia: »Heldenreise«)
153 Joseph Campbell, Der Heros in tausend Gestalten, Insel 1999
154 Jean Monbourquette, Umarme deinen Schatten, Herder Verlag 2009
155 Eckhart Tolle, Jetzt! Die Kraft der Gegenwart, Kamphausen Verlag 2010
156 C. G. Jung: GW 11, § 497
157 Eugen Drewermann, ZDF Nachtstudio, »Erklär mir die Welt«, 06.02.2012
158 Gunnar Kaiser, Der Kult, Rubikon 2022
159 Wikipedia, »Krise«
160 Gunnar Kaiser, Der Kult, Rubikon 2022
161 Bibel, Matthäus 5, 13–16
162 Joseph Campbell, Die Kraft der Mythen, Artemis & Winkler 1994
163 C. G. Jung: GW XVII, §331a
164 C. G. Jung: GW XV II, § 331
165 Wikipedia, »Frédéric Pierrot«
166 Julia Cameron, Der Weg des Künstlers: Ein spiritueller Pfad zur Aktivierung unserer Kreativität, Knaur 2013
167 NDR, 3nach9, Markus Lüpertz, 19.04.2013
168 Sibylle Knauss, Der Glaube, die Kirche und ich, Kröner 2022
169 Joseph Campbell, Der Heros in tausend Gestalten, Insel 1999
170 Anpassung einer Mehrheit von Menschen einer Gesellschaft an pathogenes psychosoziales Verhalten, Hans-Joachim Maaz, Das falsche Leben, C. H. Beck 2020
171 Wikipedia, »Der Waldgang«

172 Jaiminiya Upanishad Brahmana, vedischer Weisheitstext
173 Joseph Campbell, Der Heros in tausend Gestalten, Insel 1999
174 Martin Schleske, Herztöne – Lauschen auf den Klang des Lebens, adeo Verlag 2016
175 ZDF Nachtstudio, 11.09.2011
176 C. G. Jung: Psychologie und Religion, dtv 1991
177 Raymond Unger, Die Heimat der Wölfe, Europa Verlag 2016
178 Hans-Peter Dürr, »Potsdamer Manifest«, 2005
179 www.wirtz.ch
180 Eckhart Tolle, Jetzt! Die Kraft der Gegenwart, Kamphausen Verlag 2010
181 FAZ, »Habecks Lieblingsökonomin«, 06.08.2022
182 Mariana Mazzucato, Mission: Auf dem Weg zu einer neuen Wirtschaft, Campus 2021
183 Mariana Mazzucato, Mission: Auf dem Weg zu einer neuen Wirtschaft, Campus 2021
184 Tichyseinblick.de, »Die Frau, deren Wirtschaftsvorstellungen Robert Habeck umsetzen will«, Klaus-Rüdiger Mai, 02.09.2022
185 ntv, »Die USA verdienen bei jedem Tanker 200 Millionen Euro«, 06.10.2022
186 Klaus von Dohnanyi, Nationale Interessen: Orientierung für deutsche und europäische Politik in Zeiten globaler Umbrüche, Siedler 2022
187 Heinrich Böll Stiftung Sachsen, »Simulative Demokratie – Ein qualitativer Wandel des Systems«, 29.08.2014
188 Wikipedia, »Postdemokratie«
189 Süddeutsche Zeitung, »Philanthrokapitalismus – Geld für die Welt«, 19.08.2016
190 Ruediger Dahlke, Mind Food, Scorpio Verlag 2022
191 arte, »Genlabor Afrika«, Text zur Sendung, Ausstrahlung: 01.07.2022
192 Süddeutsche Zeitung, »Philanthrokapitalismus – Geld für die Welt«, 19.08.2016
193 YouTube, Kommentar von »Noprach«, 28.05.2022
194 Gunnar Kaiser, Der Kult, Rubikon 2022
195 Gunnar Kaiser, Der Kult, Rubikon 2022
196 ZDF-Kolumnistin Sarah Bosetti, 03.12.2021, Twitter
197 Videobotschaft des bayerischen Ministerpräsidenten Markus Söder, 11.07.2020
198 Tichyseinblick.de, »Die Nichtannahme von Verfassungsbeschwerden kann niemand kontrollieren«, Dr. Ulrich Vosgerau, 27.04.2022
199 Raymond Unger, Vom Verlust der Freiheit, Europa Verlag 2021
200 Twitter, Olaf Scholz, 14.09.2022
201 NZZ, »Deutschland braucht Demokraten, aber kein ›Demokratiefördergesetz‹«, Alexander Kissler, 14.12.2022

202 Hannah Arendt, Elemente und Ursprünge totaler Herrschaft, Piper Verlag 1991
203 Martin Schleske, Herztöne – Lauschen auf den Klang des Lebens, adeo Verlag 2016
204 Geo, »Es gibt keinen Hinweis, dass ein Unterbewusstsein existiert«, Christoph Kucklick, Nick Chater, 13.09.2022
205 Yuval Noah Harari, Homo Deus, C. H. Beck 2020
206 Burkhard Hofmann, Und Gott schuf die Angst – Ein Psychogramm der arabischen Seele, Droemer 2018
207 Yuval Noah Harari auf dem World Economic Forum 2018 (zitiert nach Ole Skambraks: »Harari, der Transhumanismus und Wege aus der Matrix«, transition-news.org)
208 multipolar-magazin.de, »Die Abschaffung der Seele«, Julia Weiss, 10.05.2022
209 Klaus Schwab, Die Vierte Industrielle Revolution, Pantheon 2016
210 Yuval Noah Harari, Homo Deus, C. H. Beck 2020
211 YouTube, SRF Kultur, Sternstunde Philosophie, »Yuval Harari erzahlt die Geschichte von morgen.«, 18.04.2017
212 OVALmedia, »Die Wiederbeseelung der Welt«, Jochen Kirchhoff, 30.05.2022
213 Yuval Noah Harari, Homo Deus, C. H. Beck 2020
214 Yuval Noah Harari, Homo Deus, C. H. Beck 2020
215 Youtube.com, »Yuval Noah Harari ve Daniel Kahneman Söyleşisi«, 20.05.2015
216 Yuval Noah Harari, Homo Deus, C. H. Beck 2020
217 »Das wird Russland ruinieren«, Annalena Baerbock zum Sanktionspaket gegen Russland
218 www.marijnpoels.com/pandamned-deutsch
219 www.bbc.co.uk/beyondfakenews/trusted-news-initiative/
220 Nachdenkseiten.de, »Dokumenten-Leak: Wie die Bundesregierung an einer ›Narrativ-Gleichschaltung‹ zum Ukraine-Krieg arbeitet«, Florian Warweg, 29.09.2022
221 Welt, »Die Machtmaschine des Bill Gates«, 19.09.2022
222 Welt, »Die Machtmaschine des Bill Gates«, 19.09.2022
223 Welt, »Die Machtmaschine des Bill Gates«, 19.09.2022
224 Business Insider, »Von Gastarbeiter-Kindern zu Milliardären: BioNTech-Chef Uğur Şahin und seine Frau Özlem Türeci gehören jetzt zu den 10 reichsten Deutschen«, 10.08.2021
225 Spiegel, »EU-Abgeordnete bekommen teils geschwärzten Impfstoffvertrag zu sehen«, 12.01.2021
226 Handelsblatt, »Milliardenteurer Impfstoff-Überfluss: Bund will vereinbarte Lieferungen abbestellen«, 16.12.2022

227 Welt, »Bundesregierung ist verpflichtet, 375 Millionen Dosen BioNTech-Impfstoff abzunehmen«, 03.01.2023
228 Wikipedia, »Chatham House«
229 eswi.org/eswi-tv/marc-van-ranst-communication-and-public-engagement/
230 NZZ, »Christian Drosten erklärt die Pandemie für beendet – die Reaktionen zeigen, wie autoritätsgläubig Deutschland bis heute ist«, 27.12.2022
231 Facebook, Frank Martin, 20.05.2022 (Repost eines FAZ-Kommentars)
232 YouTube, Gunnar Kaiser, »Humor, Männlichkeit & Krebs – im Gespräch mit Nikolai Binner«, 05.06.2022
233 Berliner Zeitung, »CDU-Politiker Vaatz fordert Rücktritt der gesamten ZDF-Führung«, 31.01.2022
234 Berliner Zeitung, »CDU-Politiker Vaatz fordert Rücktritt der gesamten ZDF-Führung«, 31.01.2022
235 tagesschau.de, »Sieben Tage der Zerstörung«, Nils Dampz, 5.11.2022 (Original nur über Wayback-Machine abrufbar)
236 Hannah Arendt, Elemente und Ursprünge totaler Herrschaft, Piper 1991
237 Gunnar Kaiser, Die Ethik des Impfens, Europa Verlag 2022
238 Mattias Desmet, Die Psychologie des Totalitarismus, Europa Verlag 2023
239 Sigmund Freud, Massenpsychologie und Ich-Analyse, Anaconda 2022
240 Das Einsamkeits-Buch: Wie Gesundheitsberufe einsame Menschen verstehen, unterstützen und integrieren können, Hogrefe 2018
241 psychotherapie-mann-heim.de
242 Gunnar Kaiser, Der Kult, Rubikon 2022
243 Twitter, Liane Bednarz, 30.09.2022
244 Twitter, Jonas Danner, 10.10.2022
245 Trotzdem ja zum Leben sagen, Viktor Frankl, Kösel 2009
246 Die Sonnenblume – Über die Möglichkeiten und Grenzen von Vergebung, Nicola Jungsberger (Herausgeber), Europa Verlag 2015
247 Hannah Arendt, Elemente und Ursprünge totaler Herrschaft, München 2020
248 Viktor Frankl, Trotzdem ja zum Leben sagen, Kösel 2009
249 Jochen Kirchhoff, Kosmos, OVALmedia 2022
250 Wikipedia, »Logotherapie« und »Existenzanalyse«
251 YouTube, Rede Viktor Frankl, Rathausplatz Wien 1988, Gedenkjahr zum »Anschluss« Österreichs an Nazideutschland, diverse Aufzeichnungen
252 Raymond Unger, Vom Verlust der Freiheit, Europa Verlag 2021
253 NZZ, »Der Nationalismus des verweigerten Nationalismus – warum es sich gut anfühlt, deutsch zu sein«, Hans-Georg Moeller, 27.8.2019

254 Achgut.com, »Die deutsche Hysterie«, Alexander Meschnig, 03.03.2019
255 Sigmund Freud, Briefe 1873–1939, Fischer Verlag 1960
256 Viktor E. Frankl, Wer ein Warum zu leben hat: Lebenssinn und Resilienz, Beltz 2017
257 Viktor E. Frankl, Wer ein Warum zu leben hat: Lebenssinn und Resilienz, Beltz 2017
258 Wikipedia, »Freier Wille«, Rechtslage in Deutschland
259 Viktor E. Frankl, Wer ein Warum zu leben hat: Lebenssinn und Resilienz, Beltz 2017
260 Viktor E. Frankl, Trotzdem ja zum Leben sagen, Kösel 2009
261 John Bradshaw, Das Kind in uns: Wie finde ich zu mir selbst, Droemer Knaur 1992
262 C. G. Jung, Der Individuationsprozess in der analytischen Psychologie, Gesammelte Werke, Band 7, Patmos Verlag 2015
263 Martin Schleske, Herztöne – Lauschen auf den Klang des Lebens, adeo Verlag 2016
264 rbb-Kultur, Bazon Brock, Debatte mit Natascha Freundel und Heinz Bude, 07.07.2022
265 Raymond Unger, Vom Verlust der Freiheit, Europa Verlag 2021
266 Lateinisch für latus, »Seite«
267 Martin Schleske, Herztöne – Lauschen auf den Klang des Lebens, adeo Verlag 2016
268 Saul Bellow in seiner Rede anlässlich der Verleihung des Nobelpreises für Literatur
269 Hanno Rauterberg, »Und das ist Kunst?!«
270 Wikipedia, »Genie«
271 Wikipedia, »Inspiration«
272 Wikipedia, »Intuition«
273 Albert Einstein
274 John Bradshaw, Das Kind in uns: Wie finde ich zu mir selbst, Droemer Knaur 1992
275 Bob Colacello, Freund Warhols und Herausgeber des Interview Magazine
276 WDR, Originalton Joseph Beuys im Filmporträt, 1979
277 Wikipedia, »Zeige deine Wunde«
278 Wikipedia, »Tagtraum«
279 Jordan B. Peterson, Beyond Order – Jenseits der Ordnung. 12 weitere Regeln für das Leben, FinanzBuch Verlag 2021
280 Klaus Thomas, Selbstanalyse. Die heilende Biographie, ihre Abfassung und ihre Auswirkung, Thieme 1976
281 Julia Cameron, Der Weg des Künstlers: Ein spiritueller Pfad zur Aktivierung unserer Kreativität, Knaur 2013

282 Wikipedia, »Intellektualisierung«
283 Wikipedia, »Flow«
284 YouTube-Kanal Gerald Hüther, »Gerald Hüther – Wer nichts unternimmt, verliert seine Lebendigkeit!«, 05.12.2022
285 Wikipedia, »Vermeidungsverhalten«
286 Martin Schleske, Herztöne – Lauschen auf den Klang des Lebens, adeo Verlag 2016
287 Thomas Trobe, Liebeskummer lohnt sich doch: Co-Abhängigkeit in Beziehungen und die Ängste des Inneren Kindes, Schrodt Verlag 2000
288 Eckhart Tolle: Jetzt! Die Kraft der Gegenwart, Kamphausen Verlag 2010
289 Søren Kierkegaard, Die Krankheit zum Tode, Reclam Verlag 1997
290 Yuval Noah Harari, Homo Deus, C. H. Beck 2020
291 steinerverlag.com, Rudolf Steiner, GA 177, »Die spirituellen Hintergründe der äußeren Welt«
292 transition-news.org, »Der Impfmoment, Teil I«, Paul Kingsnorth, 06.02.2022
293 Miryam Muhm, Die Krake von Davos – Angriff des WEF auf die Demokratie, Europa Verlag 2023
294 Klaus Schwab, Thierry Malleret, »Covid-19: The Great Reset«, Geneva: WEF, 2020
295 transition-news.org, »Der Impfmoment, Teil III«, Paul Kingsnorth, 11.03.2022
296 Bibel, 1. Mose 3,5
297 OVALmedia, »Die Wiederbeseelung der Welt«, Jochen Kirchhoff, 30.05.2022
298 OVALmedia, »Die Wiederbeseelung der Welt«, Jochen Kirchhoff, 30.05.2022
299 www.freischwebende-intelligenz.org, »Welche Schwingung wollen wir der Welt mitgeben?«, Milosz Matuschek, 21.01.2023
300 Hans-Peter Dürr, »Potsdamer Manifest«, 2005
301 Hans-Peter Dürr, »Potsdamer Manifest«, 2005
302 OVALmedia, »Die Wiederbeseelung der Welt«, Jochen Kirchhoff, 30.05.2022
303 transition-news.org, »Der Impfmoment, Teil III«, Paul Kingsnorth, 11.03.2022

MIX
Papier | Fördert gute Waldnutzung
FSC® C014889
FSC
www.fsc.org

Der Umwelt zuliebe
- produzieren wir zu über 90 % in Deutschland
- achten wir auf kurze Transportwege
- drucken wir auf Papier aus verantwortungsvollen Quellen

Umschlaggestaltung: Hauptmann & Kompanie Werbeagentur, Zürich
Lektorat: Silwen Randebrock, Berlin
Layout & Satz: Robert Gigler, München
Druck & Bindung: Pustet, Regensburg
ISBN 978-3-95890-544-3